大里浩秋・孫安石 編著

留学生派遣から見た近代日中関係史

御茶の水書房

まえがき

大里浩秋

今、『留学生派遣から見た近代日中関係史』と題するこの本を上梓することになった。本書は、題名につけたごとく、日中相互の留学生派遣の実態を通して近代の日中関係史がいかなるものであったのかを考え、明らかにすべく努めた作品群である。論文と資料編の順に内容を簡単に紹介したい。

論文は、日本人の中国留学に関する三篇と、中国人の日本留学に関する六篇を収めている。近代以降日本人が中国に留学し始めるのは、明治初年のことで、陸軍が中国語の習得と中国事情調査のために若者を派遣しているが、当時の留学は、今と違って学校に入って勉強するのではなく、個人的に中国人教師を探して中国語を学び、あとは独力で中国を歩き回って調査したことをもって留学と称しているのである。その辺の事情に始まって大正、昭和と外務省や銀行など各種団体が留学生を派遣する状況や、留学生個人の体験を概括的に述べているのが桑兵「近代の日本人中国留学生」である。孫安石と大里浩秋の論文は、前者「戦前の外務省の中国への留学生派遣について」が明治・大正期を中心に述べているのに対して、後者「在華本邦補給生、第一種から第三種まで」は昭和期を扱っているという違いがあるものの、いずれも外務省が中国に留学生を派遣した事情と個別留学生の動きを明らかにするものであり、次第に緊迫の度を増す対中関係に役立つ外交人材を育てるべく苦心する外務省の派遣内容の変化を追うことができる。

中国人日本留学に関わる六篇は、川崎真美論文が明治期を扱い、孫安石論文が明治から昭和までを扱う以外は一九三〇年代から四五年までの時期を扱っている。川崎「駐清公使矢野文雄の提案とそのゆくえ」は、清末に中国からの留学生派遣が開始される直前における、いわば清朝が派遣を考える契機となったとみなされている矢野文雄の提案をめぐる日中政府双方の反応を明らかにしている。孫「戦前中国人留学生の「実習」と「見学」」は、学校で勉強するという形ではなく役所や工場で専門知識や技術を習得することを目的とした留学の実例を紹介している。あとの四篇は、劉振生「「満州国」日本留学生の派遣」は「満州国」からの、祁建民「善隣協会と近代内モンゴル留学生教育」は内蒙古からの派遣状況をそれぞれ紹介しており、川島真「日本占領期華北における留日学生をめぐる動向」は華北から、三好章「維新政府と汪兆銘政権の留学生政策」は維新政府、ついで汪兆銘政権が置かれた南京からの派遣状況を紹介している。この四篇はいずれも、日本が「満州」から中国全土へと軍事的、外交的攻勢を強めた時期に日本側の主導下に展開された留学派遣の実態を明らかにしている点で共通するものがある。

以上論文九篇に言及した。日本人の中国留学については、従来は個別留学生に言及した文章はいくつかあるものの、歴史の流れを総体的にとらえようとする研究がなかった点で、今回の三篇は一石を投じたことになる。また、一九三〇年代から四五年までの日本留学に関する研究が皆無に等しい状況にあったのを打破して、今回の諸論文がそれぞれの地域からの派遣の事情を明らかにすることができた点で、本書が今後の留学生研究に与える影響は少なくないであろう。

次に資料編について一言する。中華民国国史館「教育部留日事務檔案」は、国史館に大量に所蔵されている中国人日本留学関係の原資料を、長年国史館に勤務した林清芬さんが表の形で要領よく紹介したものである。「同仁会と『同仁』」および「日華学会と『日華学報』」は、中国人留学生の受け入れに関わった日本側二団体とそこで長年にわたって発行されていた機関誌について紹介するとともに、それぞれの機関誌の目次を整理して紹介したもので、全冊揃った形でそれらの機関誌を保存している図書館が皆無の現状においては、内容を確認する点でなおのこと役立つであろう。さらに「『留東学報』目次」は、一九三〇年代半ば日本留学中の中国人が発行した同人誌で、日本の中国への侵略拡大に警戒心を強めつつある留学生の問題関心を知ることができ、『中国留日同学会季刊』は、日中戦争勃発後に汪兆銘政権の周辺にいる日本留学体験者によって組織された団体の機関誌で、『留東学報』に集まった留学生とは立場を異にして当時の日本の中国への関わりには反対しない内容で構成されている。いずれも今後この研究を進める上での貴重な資料となろう。

本書は、先に公刊した『中国人日本留学史研究の現段階』（御茶の水書房、二〇〇二年）の続編として準備されたものである。科研共同研究のメンバー（大里浩秋、三好章、孫安石、川島真）に加えて、桑兵、劉振生、祁建民、川崎真美、林清芬五氏の協力を得て内容を充実させることができ、前作の不足を補い、今後の研究への問題提起が出来たと自負するものである。読者諸兄姉の忌憚のないご批評をお願いする。

留学生派遣から見た近代日中関係史　目次

目次

まえがき ……………………………………………………… I

近代の日本人中国留学生 ……………………………… 桑 兵 … 3

　一　留学か、諜報活動か　4
　二　「学問をする留学生」　14
　三　学習と生活　21

戦前の外務省の中国への留学生派遣について …… 孫 安石 … 37
　――明治、大正期を中心に

　はじめに――桑兵氏の問題提起について　37
　一　明治初期の中国・北京へ留学生派遣　40
　二　明治一〇年代の留学生の選抜試験　43
　三　明治一〇年代の留学生活と学力試験　48
　四　香港留学の意味について　52
　五　明治三〇年代の留学制度の改革をめぐる論議　55

vi

目次

六　外務省留学生の東亜同文書院への委託教育――一九二〇年代の新たな動き 57

結びにかえて 63

駐清公使矢野文雄の提案とそのゆくえ .... 川崎真美 … 69
　　――清末における留日学生派遣の契機

はじめに 69

一　福建省不割譲問題 71

二　留学生派遣の提案 74

三　提案のゆくえ 82

むすびにかえて 86

戦前中国人留学生の「実習」と「見学」 .... 孫　安石 … 95

はじめに――留学と実習、そして見学 95

一　清末の実業関係の留学生と実習の要求 96

二　留学生の実習と日華学会――一九一〇年代～一九二〇年代 101

三　一九二三年の対支文化事業の展開と中国人留学生の実習 104

VII

むすびに 108

在華本邦補給生、第一種から第三種まで ……………… 大里浩秋… 111

はじめに 111
一 補給生制度の定義、およびそれを実施するに至る背景 114
二 実施一、二年目の状況 119
三 三年度以降の状況 129
四 在支特別研究員 144
まとめに代えて 146

「満州国」日本留学生の派遣 ……………… 劉 振生… 153

はじめに 153
一 満州国日本留学生の概況 155
二 在職者留学生の派遣 157
三 留学生派遣機関 166
四 留学生の生活 176

おわりに　186

善隣協会と近代内モンゴル留学生教育……祁　建民…195

一　善隣協会の設立と留学生教育機構　198

二　在日モンゴル留学生の状況　201

日本占領期華北における留日学生をめぐる動向……川島　真…213

はじめに　213

一　戦時下の対日協力政権派遣留学生の位置づけ　215

二　華北における留日学生同学会の創立と興亜高級中学開校　220

三　興亜高級中学の留学生派遣事業　225

おわりに　232

維新政府と汪兆銘政権の留学生政策 ……………………………………… 三好　章 239
　　——制度面を中心に

　はじめに 239
　一　一九三七年七月以前の国民政府の留学生政策 240
　二　汪政権以前の留学生政策 242
　三　汪政権の留学生政策 247
　小結 254
　あとがき 267

資　料　編

資料1　中華民国国史館「教育部留日事務檔案」紹介 …………… 林　　清芬 3
資料2　同仁会と『同仁』……………………………………………… 大里浩秋 43
資料3　日華学会と『日華学報』……………………………………… 大里浩秋 105
資料4　『留東学報』目次 ……………………………………………… 大里浩秋 193
資料5　『中国留日同学会季刊』目次 ………………………………… 川島　　真 209

x

留学生派遣から見た近代日中関係史

近代の日本人中国留学生

桑　兵

中日両国の文化交流は、要約すれば古代には日本が中国に学び、近代には中国が日本に学んだといえる。しかし、古代中国では日本に赴いて学問を探求する者はまれであったのに対し、近代日本では中国に来て学問をするものは少なくなかった。とくに義和団事件以後、日本の留華学生の数は次第に増加する傾向にあった。かれらの身分は複雑で人品は一様ではなく、近代の中日関係史において様々な役割を果したので、その役割に対しては一定の評価をしがたい。しかし両国の文化交流面においては、依然として古代から続く積極的な意味を有した。ところが、惜しいことに関連する史実については研究者の論及がとても少ない。関係する分野の中では中国の留日学生を研究する著書が最も豊富であり、近年来、日本から中国に来た顧問や教員および中国から日本に来て諸所を巡った役人の研究も続々と展開され、人目を引くような成果を得ているが、日本の留華学生についての論述は依然としてない。この歴史現象の経過を追求することは、近代中日文化交流史を豊かにするだけでなく、近代中日関係の重要な変化を理解する助けになるであろう。この期間に、日本の東亜同文会等の団体は前後して中国に東洋学館、日清貿易研究所、東亜同文書院等の教育機関を創設した。招集した日本の学生は、時には留学生と称されることもあった。しかし上述の機関の運営や教育はすべて日本人によって担われて実際には日本国内の学校に等しく、日本の学者のこれらに対する研究が深いので、ここでは議論の対象とはしない。

一　留学か、諜報活動か

徳川幕府末期から、西洋文明の影響を受けて日本は欧米各国に続々と留学生を派遣した。彼らは官費、藩費、私費の三種に分けられるが、主には各藩によって派遣された。一八七三年になると、その累計総数は三七三人になり、そのうち官費生は二五〇人であった。明治初年には海外留学生は外務省が管理を担い、一八七〇年一二月太政官は「海外留学規則」を公布し、陸海軍の留学生のほかは、大学がすべてまとめて管理することにし、それらを官選、志願の両種に分けた。官選のうち、華族、大学生および一般人はそれぞれ太政官、大学、府藩県庁によるテストによって選抜された。この年の八月と一一月、大学南校、東校はそれぞれ派遣する留学生の審査を行った。一八七一年、明治政府は文部省を設立し、そこが留学生事務を接収管理することになった。翌年「学制」を公布し、そのうちの第五八〜八八章は「海外留学生規則事宜」として、選抜派遣の具体的な方法と待遇を詳細に規定した。その中の官費の項目はさらに初等、上等に分けられ、それぞれ中学と大学の卒業生の中から選抜することとした。毎年の定員は前者が一五〇名、後者は三〇名とされた。しかし、この時期すでに海外にいる留学生の多くはもともと各藩が派遣したものであったため、多くの問題が存在した。一つは、全ての留学生の八二・三パーセントが薩長土肥の四藩が派遣したものであり、その残りがようやく各藩に分担されたという点である。もともと各藩の学生は藩費によって賄われていたが、廃藩置県後、国費による支出に統一されたので、出資と人の分布が合わなくなったのである。二つには、留学生のうち軍人が多数を占め、彼らは厳格に選抜テストによって選ばれておらず、勉強ができなかったため、評判がとても悪くて国の品格を辱めた。三つには、文部省の設立当初、大学およびその他の経費を含んでも毎年の予算は八〇万円にすぎなかったのに、留学生の学費は二五万円にものぼるということがあった。これらの問題を考慮に入れ、当時大学東校副校長に任じていた九鬼隆一（この年文部少丞、大丞に昇級した）は、各藩の留学生を廃止し大学の法、理、文、医の各科の正式な学生の中から優秀者を選抜して留学させることを提案した。一八七三年末、日本政府は全海外留学生を呼び戻す命令を下し、最初の計画では統一試験を行って審査するというものであったが、その後さっぱりとその考えを捨てて、大学の中から改めて五〇余名を試験により選抜して欧米に派遣した。一八七四年、文部省は海外留学生監督を設けて統一的に官費生を管理し、翌年にはまた貸費生規則を制定した。この一連の強力な措置によって混乱した状況が速やかに改まった。明治政府が海外留学生を派遣した主な目的の一つは、教員を養成して高等教育機関に高給で招聘した外人教師に取って代えることであった。一八七六年になると、文部省はアメリカ、イギリス、フランス、ドイツ、ロシア、スイスおよび中国籍の教師合わせて七八名を招聘した。彼らの月収は全部で一七、二一七円に達し、年収の総額は二〇万円を超えた。明治政府の教育を重視する決意を示しているとはいえ、やはり負担が重過ぎた。留学生が次第に学業を終えて帰国し教職に就くと、外国人教師の数はそれにつれて次第に減少していった[1]。

明治初期日本では欧化が流行して、文部省の管轄範囲内の留学生はひたすら欧米に出向いて新しい知識を学ぶというものであり、中国への留学生をまったく含んでいなかった。一八九九年になって、ようやく「清国」の文字が文部省の留学事務関係の書類中に現われ、中国は日本が留学生を派遣する対象国となった。しかし近代日本の留華学生の歴史は、上述したものよりはるかに古いものである。一八七一年五月、佐賀と薩摩の両藩出身の成富清風、福島九成、黒岡季備、水野遵、小牧昌業、田中綱常らが内務卿大久保利通によって派遣され、留学生名義で来華しているのである。その二ヵ月後、吉田清貫、児玉利国、池田道輝らも相次いで来華した。これらの留学生が「維新後の支那留学の先駆」と称される明治初年の第一期「清国留学生」[2]である。

これらの留学生は中国に着いた後、それぞれ北京と上海に向かった。その目的は二つで、一つは中国語を学ぶことであり、二つに中国の国情を調査することであった。彼らはもともとすでにかなりの程度の漢学の基礎知識を有しており、彼らのうち、福島九成、小牧昌業、田中綱常らは漢学者の家庭に生まれたか、専門の訓練を受けたことがあって、素養ができていたので、中国の人士と十分に筆談をすることができた。だから学習面では主に口語と文章語を練習した。名義は留学であるが、どこかの学校に入ったわけではなかった。こういう情況は、近代日本の留華学生史において一貫して続いたばかりでなく、かなり一般的なものであった。

近代初期に日本から中国に来た学者や学生について、外務省の第一期清国留学生だった瀬川浅之進は当時を総括して「当時の中国研究には大体以下の四種類がある。其の一は漢学を修めて支那人と詩文を研究するもの、其の二は地理兵制を調査するもの、其の三は真実に日支が提携して行かねば亜細亜の将来が安心出来ぬという見地から、政治経済を研究し、両国の親和を保持せんとするもの、其の四は従来支那語の出来るのは長崎の通事のみであったが、新たに語学を学ぶと共に時文を研究せんとするもの[3]」だと語っている。彼が言及しているのは、一八七七年以降の情況ではあるが、これ以前にも適用できるものである。明治維新後の最初の来華留学者は、大体第二種と四種の混合である。一八七一年に、琉球の漂流民が台湾住民に殺された琉球事件が起こり、日本の朝野はこの機に乗じて盛んに煽り立て、征台の叫び声が世間で騒がれた。三年後、日本政府は征伐を口実に台湾に出兵した。この戦役で留華学生は重要な役割を演じ、征台行動のための準備を行い、一八七三年三月、福島九成、黒岡季備は日本の公使が取り次いだ命令を奉じて、画家の安田老山の弟子を装って上海を出発し、四月に淡水に上陸して、台北、彰化、嘉義、台南及び南部の各地を実地調査し、山河の地理を実測し風俗人情を調べたうえで、一八七三年三月、北京に来た特派全権大使副島種臣に報告した。これはこの事件に関する報告の先駆けとなるもので、当局者の高い評価を得、福島はこれによって文化担当の駐厦門領事に転任となった。このときの行動で描いた台湾地図は、後に台湾侵略の軍事行動において非常に重要な働きをした。予定よりも早く帰国して軍職についていた陸軍中尉田中綱常、海軍大尉児玉利国は征台論争の急先鋒樺山資紀少佐と副島種臣に従って相次いで来華した。双方が合流した後、六月下旬樺山、田中、児玉らは北京で命令を待っていた成富清風らを率いて南下し、上海、福州を経て八月下旬台湾に到着して、淡水、打狗などの地で偵察を行った。この時日本政府では征韓論を巡って激しい論争が繰り広げられ、閣議はとうとう決裂して、政変が起こり、台湾問題はしばらく棚上げにされた。児玉、成富は樺山の密旨を携えて、一二月に東京に戻り、政府が台湾に対して戦争を仕掛ける決意をするよう促した。戦争期間、上述した各人及び吉田清貫、池田道輝は中国通として軍に従って行動し、翻訳を担当し、機密文書を整理し、参謀として部署の調整にあたったりした。唯一軍事行動に介入しなかった小牧昌業も、福島、黒岡、吉田、児玉らと共に善後の交渉に参加した。

　この後、日本の陸海軍、外務省、大蔵省、農商務省、会社や銀行、中国関連の民間団体はみな続々と人を中国留学に派遣した。陸海軍方面では、一八七三年一一月、陸軍少尉向郁と中尉美代清元が、軍事視察及び中国語学習のため北京に留学した。一八七七年山口五郎太は厦門に留学し、八〇年代には鈴木恭堅、河野主一郎、柴五郎が海軍留学生名義で相次いで福州に留学した。規模が比較的大きなものとしては、一八七九年に参謀本部が一度に一四人を北京留学に派遣したものがある[4]。第一回留学生と同様に、彼らの中には中国語の口語と文章語を学ぶ一方で、大使館や領事館の武官及び駐華日本軍将校の取締りの下で、情報収集などの諜報活動に従事する者もいた。また、留学生の名義を隠れ蓑にしてもっぱら諜報工作を行う者さえいた。例えば河野主一郎は中国に滞在したわずか一年の間に、軍令部の命を奉じて、寧波、厦門、香港、広東、芝罘、天津、北京、大沽、山海関、牛庄、旅順などの要地において軍隊の配置、砲台などの施設及び風俗民情を調査し、見聞きしたことを詳細に記して軍令部に報告して、使命を完遂した。山口五郎太はさらに蘇亮明と名を変えて、中国服を着て至る所で軍事情況を視察し、いわゆる福州組の中国撹乱計画に積極的に参加し、さらに東洋学館を創設して大陸経営の人材を育成するように煽った。だから人々は日本の留華学生というと、往々にしてスパイのイメージを連想するのである。

しかし、一八七九年に参謀本部が派遣した一四名の学生は、軍人の身分というわけではなく、東京外国語学校中国語専攻の中から選ばれた「清国語学生」であった。この事は当時参謀本部管西局長であった桂太郎と大きな関係がある。桂は早くから中国に武官を派遣して、軍事情報の収集を強化し、とっさの必要に備えることを提案していた。その後さらに「隣邦兵備論」を著し、対清作戦案を起草し提出した。一八七八年に参謀本部が設立され、桂は管西局長に就任した後、すぐに実施に取り掛かり、以前に派遣していた将校を呼び戻すと同時に、北京、天津、上海、漢口、広州、厦門、牛庄に一三名の将校を派遣してとくに地理や政情を調査させ、将来の対華作戦時における戦略決定や用兵のよりどころにしようとした。この事は情報活動を一層専門化し、効率を高めることになった。文官職の中国語留学生を派遣したのは、中日両国の折衝の摩擦が増えて大規模な武装衝突が起こることは必至と考え、軍隊の中に大勢の中国語が出来る人間を育成するために、教師を準備する必要があったからである。これらの留学生は帰国後、各地の鎮台及び士官学校で中国語を教え、文官職ではあるがその目的はやはり軍事行動にあった。

中日両国が互いに公使館や領事館を設置すると、外交事務が増え、言語要員を養成する必要に迫られた。もともと外務省の管轄下であった漢語学所は、官費生を一〇名擁し、後に文部省に合併され、外国語学校に編入された。一八八三年八月、外務省公信局長浅田徳則は中国語を専門に学ぶ留学生を中国に派遣すべきであるという中田敬義の建議を受けて、「清国留学生規則」を制定した。中田はもともと漢語学所の学生であり、中国語の語法と発音が各地で異なることに鑑みて、在校中に中国に留学することを希望したが、それは叶わずに、当時外務省秘書官になっていた。彼と浅田、田辺太一、鄭永寧らの四名が試験の委員を務め、試験による選抜と推薦を経て、第一期は瀬川浅之進、西源四郎、田辺雄三郎、小田切万寿之助、呉大五郎、鈴木行雄ら六名を派遣し、第二期は豊島捨松、大河平隆則、山崎桂、横田三郎らを派遣し、以後は毎年一度試験を行い（年度によっては事情により中止となった）続々と派遣した。これ以前に、外務省はすでにもともと各藩が派遣した留学生を用いる傾向にあり、例えば一八七四年に水戸藩藩主によって北京に派遣されて言語や文学を学んだ河西粛四、小松崎吉郎は二年間の留学を経て、公使館二等見習い書記生となり、その後さらに留学生監督の職に就いた。この後、さらに私費留学生らを転じて外務省の留学生とする事例がしばしばあった。しかも、外務省自体も当時、例えば一八八〇年に派遣した呉永寿のように不定期に少数の留学生を派遣したことがあるが、一八八三年からは一層制度化した。軍事留学生とは異なり、彼らは一般に公使館内で勉強すると同時に、初歩的な外交官事務を研修した。多くの場合期限は二、三年で、まれに八年に及ぶ者もいたが、学び終えると現地で、あるいは帰国して外交官となった。広東語を学ぶために香港の皇仁書院に留学生を派遣したことがあり、前後してここで学んだ者には、安広伴一郎、杉村濬、高須太助、大河平隆則、山崎桂、豊島捨松、田辺雄三郎、小田切万寿之助らがいた。そのため同書院は「我が対支外交舞台に幾多の人物を輩出した淵叢である」[5]と称された。

大蔵省から派遣された者は、井上陳政一名だけであった。彼は印刷局製版部に勤めていたが、一八七七年に日本を訪れた清朝駐日公使の何如璋、副使の張斯桂、参事官の黄遵憲、楊守敬らが学問に秀で、多くの日本の漢学家と往来して詩の応酬をすることが多かったので、翌年大蔵省は井上に清国公使館に行って漢学を専門に研究をすることを命じた。一八八二年、何如璋が任期を終えて帰国すると、井上はさらに大蔵省の派遣で何に従って来華して学習を継続し、前後北京、福州で何如璋から制度掌故を学び、杭州では俞樾に詩文を習った。俞樾は「曲園自述詩」の中でそのことを次のように記している。「甲午の年、日本東京の大蔵省留学生井上陳政字子徳は、その国命を奉じて中国に留学し、私の門下で授業を受けることを願ったので、これを断るわけにはいかずに、留めることとした。彼はすこぶる学問を好み、古文に秀でていた」。中国にいる間、井上はさらに直隷、山東、陝西、山西、河南、湖北、江蘇、浙江、福建、広東、江西、安徽などの省を巡り、六年間の留学を経て、帰国後に『禹域通纂』上下二巻を著した。それは、政体、財政、内治、外交、刑法、学制、兵備、通商、水路、運輸、物産、風俗の一二部に分けられ、合計二、〇三三頁にもなり、さらに付録の三五三頁には、当時清国で要職に就いている各人の略伝を載せてあり、一八八八年大蔵省より出版した。来華する前に印刷局長得能通昌は井上に「日清聯交の必須は、言を俟たず。然れども彼邦風土事情に熟達し能く終始を通観するに非ざれば、安んぞ聯交を得ん。所謂事は人に由て立ち、人は事に由て顯はる。汝此行、善く余が意を体し、鞠育の労を虚しうする勿れ[6]。」と言い聞かせた。しかし井上はその望みに応えられなかったといえる。惜しくも中日関係が日増しに悪化していく情勢下では、「熟達」「通観」も国交には無益であり、後に日本の駐華公使館に勤めた井上自身もまた義和団事件の際に亡くなったからである。

　農商務省留学生はまた練習生と呼ばれたが、一八九九年に派遣された者に安永東之助がいる。同年三井会社も留華学生派遣計画の実施を決めた。当時三井は上海に支店を持ち、経営業務は主に買弁を仲介に行ったが、利潤の損失が大きすぎたことから、現地の特殊な業務や市況に精通しかつ中国語を話すことができる者を養成して、徐々に買弁制を排除しようと考えた。第一期募集生は高木陸郎、内田茂太郎、横山直行らで、翌年にはまた森恪、綾野磯太郎、児玉貞雄、上仲尚明、江藤豊三らを採用し、第一期陸軍語学留学生だった御幡雅文を招聘し、彼から北京語と上海語を学んだ。この一年前、横浜正金銀行は法学士である大隈行一、藤平純一、小貫慶治ら新入社員三名を、上海、広東、北京にそれぞれ留学させ中国語を学ばせる一方で、金融や商業の状況を学ばせて事業振興、あるいは業務拡大に役立てようとした。

日本の中国関連団体が留華学生を派遣するという話はとても早くから出ていて、一八七七年一二月、振亜社の設立当初にはすでに、中国と留学生を交換する考えがあった。しかしその後は、主には日本人が自ら学校をつくって訓練育成を行った。一八九九年、東亜同文会上海支部長の井手三郎の求めに応じて、同会は前後して広東に六名、上海に四名を派遣した。広東に着いた橋本金次、内田長二郎、熊澤純之助、山下稲三郎、松岡好一、遠藤隆夫らは、広東語を学ぶと同時に、この会の広東支部の活動を手伝った。松岡はさらに『知新報』の編集に参加し、その上保皇会による秘密計画に介入した。ほかに、日本のいくつかの仏教宗派も、中国に勢力を発展させようとして留学名義で使者を派遣した。例えば一九〇〇年来華した川上季三は西本願寺の派遣であり、一九〇一年真宗大学卒業後に来華した松本義成も、浄土真宗西本願寺に属する愛知県の法通寺から派遣されている。

自費留学生は一定の比重を占めており、例えば一八八二年来華の山崎桂、一八八三年の田島藏之助、横田三郎、吉澤善次郎、一八八八年の奈良崎八郎、尾本寿太郎、福原伴十郎、一八九〇年の森井国雄、一八九七年の小村俊三郎、一九〇〇年の安藤辰五郎、櫛引武四郎らがおり、その中には、後に官費に転じる者や、もともと軍人だった者もいた。

初期の留学生は、官費、自費にかかわらず大体三種類に分けることができる。一つは留学を名目にした大陸浪人やスパイで、日常生活を通して会話を学ぶほかには、彼らは事実上いかなる書物の知識も学ばずに、諸処を巡っては地理や地形、風俗や人情、軍事施設および軍隊編成を調査した。例えば一八八三年に来華した田島藏之助は、一〇余年間、少しばかりの薬品や雑貨を携帯して各地を漫遊し、訪れていないのは一八省中広西、雲南の両省のみだと称した。一八八四年に来華した外務省官費生中西正樹は、学習期間に勝手に北京を離れて一年間華北、華中、西北、西南の七省を遊歴した後、荒尾精の漢口楽善堂に加わった。一八八二年私費留学生として北京に到り、翌年外務省留学生に転じた横田三郎は、一八八九年にモンゴルへ旅行して、この地に初めて足を踏み入れた日本人だといわれている。彼らは中国政府の法律及び中日間の条約や規定を無視し、いつも中国服を身に付け[7]、各地の各種反清勢力を利用し、あらゆる手段を尽くして騒ぎを起こそうとした。一度中日間で紛争が起これば、彼らはすぐに軍隊に身を投じ、道案内になるか、参謀になるか、スパイになった。二つは就職に役立てるために、中国の文章語や関連する専門知識を学ぶというもので、外務省及び会社や銀行の留学生の多くはこれに属した。陸軍参謀本部が派遣した御幡雅文は、留学期間に外務省から欧州留学に向かうよう命じられたが、中国を研究する必要があると考えて命に従わずに引き続き北京で中国語を学んだ。後に長期にわたって教職に就き、多くの漢語人材を育成した[8]。三つは中国文化、学問の世界に情熱を抱き、語学を学ぶほかに現地の儒学者とすすんで交際し、もっぱら名の知れた先生のもとを尋ねるというもので、この部類に当てはまる者は多くはなく、井上陳政のほかには、山崎桂、吉澤善次郎、野口多内、豊島捨松、森井国雄、宮島大八らがいた。彼らは現地の義塾や書院に入るか、名の知れた先生の門下に加わった。例えば、山崎はまず北京で多くの満州人・漢人の学者に学び、その後、梁家園義塾に入って文学を研修し、豊島は上海の正蒙書院に入り、宮島、野口は保定の蓮池書院に入った。吉澤は俞樾に師事して漢文を学び、野口は呉汝綸に師事し、豊島は正蒙書院院長の張煥綸に師事し、森井は前後上海、北京、天津等の地で、宋恕、葉瀚、汪康年、張錫鑾、賈景仁らに学び、経史諸子百家、歴代の制度及び留学した同時期の文学を研究した。宮島は張廉卿に師事し、七年間に張は前後して保定の蓮池書院、武昌の江漢書院、襄陽の鹿門書院の主宰者となり、さらに西安にも赴いたが、宮島はずっとつき従って離れなかった[9]。豊島の父は金沢藩の儒学者で、彼は中国の学者との付き合いが広い岡千刃の紹介で、張煥綸に学んだ。張は日常生活面で配慮をしたばかりか、時には会話や筆談をして孤独を慰めた。当時豊島は若くて血気盛んで、少しもはばからずに中国の不振の原因を指摘し、孔孟の教えを攻撃したが、そのたびに張は懇々と教え諭す手間を惜しまなかった。もしも豊島が中国の少年の文弱であるのは儒教の経典の過ちであるといえば、張はそれは儒学の経典の罪ではなく、これを頑なに奉じる中国人の罪であると答えている。清朝の起源や中日関係、そして東西の相違点に関する二人の筆談からは、当時の中日両国人士の態度の違いを見て取ることができる。

生曰：敝邦相傳、貴國朝廷、出於我源義経之裔、義経係於清和源氏、貴朝国號、基於此。

師曰：此説爲奇異。然敝邦始祖説亦窈渺、有謂自天女降正者、此蓋附会。古来符瑞之説、與貴國説上世者同然。鄙意本朝起於和林、當是金裔耳。其始甚微、不過一匹夫耳。因有雄略、爲衆所推、漸爲部落之長、闢地日廣、遂成雄圖。

生曰：敝邦與貴國、交通最久、彼此來往、不必論何裔誰係也。我两國人種既同、書亦同文。總之、敝邦與貴國爲兄弟國矣。

師曰：左氏云：非我族類、其心必異。今日歐洲之人、眞非我族類也。然以情情理浹之、亦正無異。故孔説得最好云、曰：海之内皆兄弟也。眞聖人之言也。左氏之説、反覺不大。

生曰：眞然。但西人其心不易測、是以難輙親。

師曰：西人雖悪之、而不能不媿服之。何也。他實有足以勝我之道也、特我東方。人心散漫須有一大学識、而兼有大權力者、登高一呼、萬山皆應使天下聾者瞽者、精神一振。此願不知何日可慰。

生曰：聽高論、佩服易勝。愚意若貴國有其人挽回國政而遠駕西人、則我東方諸國何必媿服西人。必將遂於近敝邦朝廷亦鋭意謀治、他日果駕西人、則貴國之於敝邦亦當如此矣。我兩國素唇齒此輔也。

師曰：敝與邦貴國爲唇齒、此就今日言之耳、今日外侮甚多。不得不輯和家庭以禦之。然兩國朝廷擧動、尚未坦白氷心。鄙人深切憂之、今幸交岡先生。及諸兄所説皆與鄙意相同。莫大幸事。他日我輩或有尺寸之柄願各勿忘今日之言。

生曰：我朝廷素有善隣之意、特派生等留學於貴國者。亦欲使交貴國大家名士、以通兩國之意固兩國之好也(10)。

惜しいことにその後、事態は決して二人の筆談で願っているようには発展しなかった。中日間で衝突が起こるたびに、とくに日清戦争のような大規模な軍事行動においては、いわゆる中国通の人数が足りなかったので、各種留華学生の多くは召集されて通訳を担当することになったが、彼らの役割は決して平和をゆるぎないものにするために役立つものではなかった。日本の留学生を育てたことのある保定の蓮池書院は、まず義和団事件の際に深刻な被害を受け、修復を経たあとにまた日本の中国侵略戦争によって破壊された。しかしこれによってこの時期のあらゆる留華学生をスパイとみなすことはできないのであり、とくに三つ目の留華学生は、二〇世紀における「学問をする留学生」の原型となったのである。

二　「学問をする留学生」

日本の文部省は海外留学生管理の専門行政機関とはいえ、一九世紀後期の三〇年間ほとんど中国に関する事務がなかった。この期間、海外留学生に関する規則は何度か変化し、一八八二年には貸費生を官費に改め、それは文部卿によって東京大学卒業生の中から該当する者を選んだ。一八八五年にはまた選抜範囲を文部省が直轄する学校の師範科のような専門にまで拡大したが、派遣した者はとても少なく、毎年およそ五人から一〇人であった。これより先に、さらに東京大学の教員は五年の任期を勤めると、給料と自費で学術研究を目的とした海外留学ができることを規定した。[11]一八九二年に公布した「文部省外国留学生規程」では、当省派遣の留学生の総数が同時に二二名を超えてはならないと規定した。[12]以後しだいに増加して、一八九六年には三五名と定め、翌年は六〇名に拡大し、続けて定員制限を取り消した。それはなぜかといえば、日清戦争以前には日本政府の財政収支はひどく逼迫していたが、戦争を経て高額の賠償金を得て財政状況が改善したからである。そのほか初期留学生の待遇はいくらか良いものであり、貸費生の時期には旅費のほかに、一人当たり毎年一、〇〇〇円が支給された。また官費に改められた当初は、毎年一八〇ポンドあるいは一、八〇〇円が支給されていたが、一八九八年になると毎年一五〇ポンドあるいは一、五〇〇円に減少した。[13]

範囲の拡大と定員の増加は、主に教師を育成することを目的として留学生を派遣していた文部省が、中国に留学生を派遣することを可能にした。一八七七年に東京大学が成立した際、法、理、文、医の四つの学部を設立し、そのうちの文学部第一科は史学、哲学、政治であり、第二科は和漢文学であった。史学科は適当な教授を得なかったため、一八七九年に廃止された。また和漢文学科も受験者がまことに少なかった。大学側は国学、漢学が絶えることを危惧し、間に合わせの策として一八八二年に古典講習科（国書科）を設立し、翌年には中国古典講習科（漢書科）を設立して、それらを文学部の付属とした。漢書科は日本の漢学の伝統を継承し、史学、法制、考証などを教えたが、二年経って止めることとなった。この時日本では国粋主義が次第に盛んになり、漢学はこれに伴って復興の兆しを見せた。一八八六年に東京帝国大学と改称し、明治天皇の指図で文科大学内に単独で漢文学科を設立し、以後哲学、史学科も設立して、中国に関する関連学科を増やした。[14]一八九六年には、さらに京都大学を創設する動議が出された。その頃井上円了が書いた「漢学再興論」は漢学、国学、西学の変遷の大勢を分析し、「維新以前にありては漢学の勢力非常に熾んにして漢学を離れて学問なき程の有様なりき。然るに太政一変して以来我学問の方針亦一変し漢学を貶して固陋の学となし、欧米日新の学にあらすんば復た講すべからさるもの丶如く考へ、論孟経書の如きは紙屑屋の玩ふ所となり、是れ迄聖経として崇め奉りし典籍か一朝堕落して経師屋の下張か豆屋の袋となるに至れり……是れ先きに盛を極めて後に衰を極めたるものにあらすして何ぞや。果して然らは漢学の大勢亦一変せさるへからさるは実に自然の数の動かすべからさる所なり。近年国学漸く勃興し国語文典を講習する学舎諸方に起り、その勢殆んと洋学を圧倒せんとする景況を現せり。余此の時已に予言して曰く、是漢学再興の前兆なりと」「近く十年間の東京私立学校の景況を見るに、最初四五年間は政治法律学校独り盛大を極め、此種の学校は其数最も多きにも拘らず何れの学校も皆夥多の在学生を有せしか、其後形勢漸く一変し学生の方針は文学に傾くに至り、帝国大学にありては文科大学に入学する者年々其多きを加へ数種雑誌中文学雑誌最も読者の愛顧を得るに至れり。而して其文学は国文或は西洋文学なるも、今後は漢文之に代りて世人の注意を引くに至るへし」、「漢学再興の機運の熟せる[15]」としている。

一八九九年、東京大学文科助教授服部宇之吉は、漢学研究を目的に文部省から選抜、派遣され中国とドイツにあわせて四年留学することになり、その年九月に北京に赴いた[16]。一九〇〇年四月、建設途上の京都大学は狩野直喜を法学部講師の名義で文部省留学生として中国に派遣し、帰国後に文科大学創設のために役立てようとした[17]。しかしこのとき、義和団運動がすでに北京、天津地区にまで及んでおり、北京の市街地では外国人に対する態度がしだいに激しくなっていた。服部と狩野はもともとは東四牌楼北六条胡同の旧日本公使館の陸軍武官官舎に住んでいたが、その後情勢が深刻なものとなって、公使館区域内に移り、二ヶ月間の「北京篭城」を体験した。義和団運動は国際漢学界と何か因縁めいたものがあるのか、服部と狩野はのちにそれぞれ東西両京の中国学界の指導的人物となり、時同じくして閉じ込められていた東京日日新聞社特派員古城貞吉も、のちに日本における近代中国学の元老の一人となった。さらにフランス公使館にはのちに西洋漢学の権威となった、パリ学派の指導者ペリオがいた。服部、狩野両名の文部省留学生のほかには、外務省留学生の野口多内、正金銀行留学生の小貫慶治、西本願寺留学生の川上季三、及び留学生の大和久義郎、竹内菊五郎らがいた。彼らは義勇隊を編成し、自費留学の名義で来華していた陸軍大尉安藤辰五郎を隊長として、作戦及び補助活動に参加した。八月中旬、八カ国連合軍が北京に入り、公使館の包囲は解かれた。九月中旬、服部、狩野は文部省の命を受けて帰国した[18]。

文部省が服部を中国に派遣した本来の目的は留学ではなく、中国の維新改革に鑑みて、元文部大臣外山正一と東京女子高等師範学校長の矢田部良吉らが中国に人を派遣し教育者育成を援助することを主張し、服部を候補者に推薦したのである。こうすることで中国の親日傾向を培い、日清戦争以来の緊張関係を緩和するばかりでなく、さらに中国の教育権を奪いコントロールすることが出来るとした。文部省はこの主張を受け入れたが、中日両国政府は当時、まだこれについて正式な交渉をしていなかったので、留学生名義ではあったがその目的は中国の教育界を指導することであった。しかし服部が来華した時期は、丁度戊戌政変後の清政府が保守排外に向かっていた時で、中国の高官や名士と友人になって、中国の教育に影響を及ぼそうとする試みは、多くは避けられるか遠まわしに拒まれ、会うことを許したのは袁昶ただ一人であったので、中国の民族性と一般国情を研究することに変更せざるを得なかった。彼はのちにドイツ留学に転じたが、一九〇一年九月、清政府が新政を開始したので、日本政府は急ぎ電報を打って帰国を命じ、清政府の招聘に応じて北京に赴き、京師大学堂師範館の正教習となった[19]。狩野は一九〇一年に再度来華して上海に三年留学し、日本人の経営する旅館に滞在し、中国研究に志す在華外国人士が組織した英国アジア協会北華分会図書館で勉強するとともに、江南を周遊して張之洞、羅振玉、沈曾植、鄭孝胥、陳毅らと交際した[20]。初めての留学で彼らにもっとも深い印象を与えたものは、中国民衆の激しい排外意識や彼らに面と向かって死を恐れない精神を見せつけるものさえいることであった。しかし公使館が包囲される以前には、服部、狩野らはまだ琉璃廠の本屋に本を探し求めに行っていた[21]。これはのちに吉川幸次郎に「学問をする留学生」と称される者にとって一般的な行動であり、つまり彼らが上述のごとき日本人留華学生とはやはり違うということを示している。

義和団事件の痛ましい教訓を経て、中国の朝野は新しい教育を普及する重要性をはっきりと認識した。そうして日本はこの機に乗じ、中国に対する交流と影響を拡大させた。一九〇一年四月に公布施行された「文部省外国留学生規程細則」は、留学生の学費を欧米各国、清国、韓国行きの三種に分け、それぞれ一、八〇〇円、一、二〇〇円、一、〇〇〇円とし、別に支度費を二〇〇円、一五〇円、一〇〇円と規定した。二年後さらに中国への片道の旅費を一四〇円とする規定を補充した[22]。一般的な傾向は依然として欧米留学であったが、いずれにせよこの規定は志ある中国研究者に正式な機会を提供することとなった。一九〇六年、長い間創立の準備をしていた京都大学の文科大学は、日露戦争の勝利によって財源の問題が解決して、ついに創立の運びとなった。教師の多くは東京大学の出身者であったが、その風格や主張は異なるものであった。こうして形成された中国学派は、東京の東洋学と並び立った。以後日本政府の奨励および教育の発展につれて、大学数は増加し、専門学校や高等学校の水準が向上し、中国を専門に研究する人の数は日増しに増加し、中国留学が専門化する傾向ができた。始めはやはり個別ばらばらの動きをとり、語学を学ぶには自ら教師を見つけて教わり、掘り下げて儒学や歴史、文学を研究するには優れた師に弟子入りし、ある者はあちこち回って学者を訪ね、書籍、雑誌を調べ、名所を遊覧し、古跡を尋ねた。一九〇七年から一九〇九年までに、京都大学の桑原騭蔵は東洋史研究のために文部省留学生として来華し、東京大学の宇野哲人も文部省留学生の名義で来華した。一九一〇年初、松崎鶴雄は長沙に行って葉徳輝、王闓運を師として、「説文」、「尚書」などの古典を学んだ。

同年末にはまたさらに三名の日本人が王を尋ねて師とし、そのうちの日本善隣書院を卒業した小平総治は元史を学ぶことを希望した。ところが、王自身全くモンゴル語に通じていなかったので、沈曾植と曾広鈞を尋ねるが良いと告げている。この年文部省が派遣した塩谷温は、欧州留学から帰国すると、あらかじめの計画のとおりさらに中国留学に向かい、やはり長沙に行って葉徳輝の門下に入り、詞と曲を学び身近に辛亥革命を目撃し、一九一二年八月になって帰国した(23)。

中華民国期、すなわち日本の大正時代になると、日本の朝野は日増しに中国問題を重視するようになり、各教育機関における中国研究が著しく増加した。水準を高め研究を推し進めるために、文部省が引き続き経済援助をしたほかに、いくつかの民間の財団も出資して奨学金制度を作って留学を奨励した。例えば、東京には岩崎奨学金があり、京都には懐徳堂奨学金、上野育英会奨学金等があった。懐徳堂の金はもともと内藤湖南個人に与えたもので、五、〇〇〇円だけだったが、岩崎、上野は資金が豊富だった。上野は大阪の実業家で、一〇万円を出資して京都大学に基金を設立し、中国の文学、歴史、哲学を研究する教授が協議し、大学院生を選抜して中国留学に派遣し、原則は毎回一名、二年を期限にすると規定しており、京都大学の中国研究に大きな影響を与えた(24)。この時期に前後して文部省から派遣された者に、一九一六年の鈴木虎雄、一九二一年の藤塚隣、一九二二年の羽田亨、一九二五年の和田清、青木正児がいた。岩崎奨学金で派遣された者には、一九二〇年の諸橋轍次、一九二一年の竹田復（のちに転じて文部省研究員となった）がいた。上野育英会から派遣された者には一九一九年の岡崎文夫などがいた。

二〇年代後期から三〇年代に、日本の留華学生に資金援助する日本の機関はまた拡大傾向にあった。例えば、帝国学士院の松方基金は留華学生に門戸を開放し、東亜考古学会も専門の基金を獲得した。この会は一九二五年に成立して、東京と京都の考古学者の協力によって結成されたもので、その目的は中国の学者と協力して考古発掘を行うことであり、それと同時に北京大学と東京、京都大学間で留学生を交換したが、その資金は外務省が提供したという。[25] このほかに、日本が義和団事件の賠償金を使って始めた「東方文化事業」は、一九三〇年一一月より在華日本留学生への補助を始め、三種に分けたうちの第三種は日本の大学あるいは専門学校卒業、及びそれと同等の学歴を持っていて中国の大学研究所あるいは専門学校で研究している者を対象とした。[26] 帝国学士院の松方基金によって資金援助を受けた者には一九二七年の加藤常賢がおり、文部省から中国に派遣された者には、一九二八年に倉石武四郎、塚本善隆、楠本正継がおり、一九二九年に大淵慧真、玉井是博、奥村伊九良、原富男、鳥山喜一がいた。東亜考古学会は一九二八年に開始し、毎年一人で、順次駒井和愛、水野清一、江上波夫、三上次男、田村実造が派遣された。上野育英会が資金援助した者には佐藤広治、吉川幸次郎（最初は自費だった）、木村英一、小川環樹、今西春秋らがいた。「東方文化事業」が資金援助した者は多く、例えば一九三六年の平岡武夫、一九三七年の奥野信太郎のほかに目加田誠や桂太郎等がいた。しかし、全体から見れば文部省が留華学生を派遣する比率はとても少なかった。文部省年報によれば、一九一八年から一九三五年の間で、留学生の派遣が最も多かった年は一九二二年で二一七名に達し、一九一九年から一九二八年及び一九三一年はいずれも一〇〇名を超えた。在外留学生の人数を累計すれば、一九二二年から一九二八年までは毎年約三五〇人から四五〇人であり、そのうちで中国に留学した者は最も多い時で六人、一般的にはわずか三、四人であり、後に一人にまで落ち込み、誰もいない年さえあった。[27]

これと同時に、その他の種類の留学生も派遣を続けた。一九〇七年に宇野哲人が留学した時に、三井の留学生都築、鈴木、母袋らと宿をともにした。一九二三年と一九二四年に、日本の大谷大学教授稲田円成、東京大学教授木村泰賢、法相宗長佐伯定胤らが相次いで来華して太虚法師と仏教留学生を交換することについて協議した。[28] 一九二七年以前、北京は政治・文化の中心だったので、各種留学生が集まった。東城東四牌楼演楽胡同三九号の延英舎に住む者だけで、二〇人にもなった。北伐後国民政府が南京に都を定めると、政治や軍事に密接な関係を持つ外務省と陸軍の留学生は続々とそこから移っていき、延英舎に住む者は一〇人足らずにまで減った。しかし学問をすることを目的に中国に来た留学生数はかえって増加傾向にあり、当時北京の東には延英舎の吉川幸次郎、水野清一、江上波夫、三上次男がおり、北には六条胡同に本願寺の塚本善隆、大淵慧真がおり、南には船板胡同の日本旅館一二三館に加藤常賢、玉井是博、楠本正継がおり、絨線胡同の盛昱の旧邸に奥村伊九良がおり、西には孫人和の家に寄宿した倉石武四郎がいた(29)。その後来華者はさらに増え、一九三〇年から一九三三年まで中国に留学していた法本義弘は、原、森口、鈴木、杉村、熊田、山野、福本、吉田、倉井ら一〇数名の留学生の北京での生活状況を記している。それによると、この時東単牌楼付近にはいわゆる「日本人村」があり、留学生は大興学会を組織した(30)。中日戦争期間、依然として留学生の名義で来華する日本人がいたが、その性質はもはや以前とは同じではなく、主観的意図がどうであれ、すべては文化侵略を構成するものとして見るしかないものであった。

三　学習と生活

日本の来華留学生の種類は一様でなく、その生活、学習及び活動もまた各々異なるものであった。その中で、学問をすることを目的に来華した者の多くは各大学の教師で、多くの者がすでに助教授で教授の場合もあり、さらには卒業したばかりの者あるいは在学中の大学院生もいたが、すでに将来赴任する大学や専門分野が決まっていたので、目的意識が強かった。留学地はほぼ北京に集中していたが、専門研究の必要からその他の地方に変える者もあった。例えば、羽田亨は奉天でラマ僧についてモンゴル語を学び、青木正児は昆曲を理解するために上海に行った。生活面は、各人の費用の出所によって決まった。一九世紀末、外務省留学生は毎月三五円、公使館付属の語学生は毎月六〇円であった。三〇年代、文部省第三種留学生は毎月一二〇円で、上野育英会は毎月二〇〇円、帝国学士院の松方基金は毎月三〇〇円、文部省が在外研究員名義で中国に派遣した者の多くは、助教授以上の肩書きを持っていたので、待遇はさらに良くて三六〇円に達した。一九二二年、文部省は外務省、陸軍以外のすべての在外研究員（逓信省、水産講習所、関東庁および台湾、朝鮮の総督府が派遣したものを含む）の待遇を統一して、三種類の地方と二つの等級に分け、その中で中国、シベリアを含む丙等の地方の高等官は毎年三、〇〇〇円、裁判官は毎年二、四〇〇円であった[31]。しかし当時の外務省下級職員は毎月わずか八〇円であった。二〇年代初期、北京の物価は比較的低くて、月極めで車を雇うと一ヶ月一九元で、人を雇うと九元だった。のちに国際金融市場で銀価が急落したため、銀本位の中国貨幣は金本位の日本円と比べて大幅に価値が下落し、二〇〇円は中国銀五〇〇元と交換することが出来た。北京の物価は上昇の傾向にあって高い水準を維持したが、衣食住に交通費を合わせても総額で一人当たり毎月一〇〇元にいたらなかった（家賃、食費はあわせて三〇円）[32]。初期の北京で家を借りることはかなり難しく、服部宇之吉が来華した時には旧公使館宿舎に住まざるを得ず、鈴木虎雄が来華した時もやはり相当に手間がかかった[33]。以後次第にこの状況は改善され、余裕のある者は日本旅館に住み、その他の者は中国人の家に寄宿するか、民家を借りるか、共同で宿舎に住むかした。三〇年代に入ると、北京の各大学の周囲に多くの学生アパートが出現し、個々の留学生が入居して、中国の学生と一緒に生活することもあった。食事は多くがめん食であり日本の習慣とは異なったが、家主の賄いがつくか食堂に出かけて食事をしたりした。外出時は多く人力車を用いた。当時の中日両国の国力は異なったが、食事に文句をつける者はとても少ないばかりか、かえって北京の料理に対する印象は深いものであり[34]、中国の留日学生の反応とは明らかに違っていた[35]。ただ入浴に関してはもともと清潔を好む日本に遠く及ばず、中国の都市の銭湯の汚さ、乱雑さは、常に日本の留学生がからかい、非難する対象となった。この時すでに洋服を着ることが都市でだんだんと流行りだしていたので、日本人が中国で中国服を着ることを禁止する規則はいつの間にか取り消された。ふつう日本人留学生の多くは洋服を着たが、京都大学の倉石武四郎と吉川幸次郎は、狩野直喜の中国を研究するには中国文化に染まるべきであるという主張の影響を受け、当時の北京で流行していた服装をまねて中国服を着た。

学習面は、まず第一に語学とりわけ口語の勉強だった。これは日本の留学生にとって大いに頭通の種となった。中国各地の方言は多種多様で、同じ北京市街でさえ、八種の発音があったという。単純に日常生活を通して学習するだけでは、意思疎通に支障がないとはいえず、北京語を学ぶことが必須であった。二〇世紀初頭、北京にはまだ語学専門の学校が無く、個人の教師を招くとしても町中で資格のある者は一〇名にすぎなかったので、授業料がかなり高く、毎日一時間教えると一ヶ月の月謝は五元から一〇元となり、二時間になるとその倍であった。そのため、初期留学生は当時同学会の名義で霞公府に清語学堂を作り、共同で教師を頼んだ(36)。のちにまた霞公府に同学会が組織され、数十名の日本の青年が毎日午前に集中して中国語を学び、留学生もその中に参加した(37)。民国以後、旗人は特権的地位と生活の保証をなくし、また専門的な技能を欠いていたので、別のやり方で生計を立てざるを得ず、字の読めない者は人力車夫となったが、学識のある者の生活を支える道の一つは、来華外国人が北京語を学ぶ時の訪問教師となることであった（日本人留学生はこれを出張教授と称した）。旗人が使う直隷なまりの中国語は、当時の上流社会におけるまずまず標準的な北京語で、一般の中国人のように南北各地の方言が入り混じったものではなく、また旗人は過去の生活が平穏なものだったので、清朝の礼節制度についてあるいは各種民俗の状況を少しばかり知っていたので、とりわけ清代の学問と社会を理解しようとする日本の留学生に歓迎された。清朝貴族出身の奚待園は前後して多くの日本の留学生を教えた。北京にその頃日本人留学生の中国語教師を担当したことがある人にはさらに金国璞、駱亮甫、馬杳昌がおり、上海には延年らがいた。教師の増加によって、なんと二〇余年間学費は下がり続けた。二〇年代末頃になると、口語を教えるだけの場合毎日二時間で一人につき毎月五元で、文学などを教えるのは一人につき毎月一〇元だった。留学の一年目はふつう語学を学んだが、専門のテキストがなかったので、多くは「紅楼夢」や四書を教材とした。本の知識のほかに、時として留学生は制度、民俗、演劇などの方面に関することを質問し、解答を求めた[38]。

次は専門学習についてである。多くの日本人留学生が実際に中国に来て研究を行っており、それゆえふつうは特定の学校に入ることはしなかった。例えば、加藤常賢は中国の家族制度を研究課題としたが、中国の大学には当時まだそれに関する課程はなく専門家はいなかったので、主に市中で実際に結婚式や葬儀などの現実生活を調査した。竹田復も北京大学と師範大学の研究室で沈尹黙、黎錦熙らに質問に答えてくれるよう頼んだだけで、他の時間は自身の勉学に明け暮れた。師を尋ねて学習するものにいたっては、丁寧な指導を受けることができた。塩谷温は葉徳輝に元曲を学び、葉は「元曲研究序」の中でそのことに触れ、「私は曲本をたくさん所蔵していて、その主なものを取り出して彼に見せると、彼は疑問を分析し難しいところをたずねてひたすら勉強し、雨雪が道に積もろうがいつも本と筆を持って私の家を訪ね、数ある本にあたっていた。彼が経典を好んで読むのは、私の門下の者を超えていた。」と記している。塩谷が教えを受けていた時、葉は「字を解き、句を分ち、出典を挙げ、故事を弁じ、源泉滾々として、一瀉千里、毫も凝滞あるなし。朝より午、午より晩、善く教え善く誘き、会心の処に至れば、舌を鼓して三嘆し、筆下風を生じ、毛髪の如き細楷を正書し、十行二十行直に下り、楽しんで時の移るを知らず……夏日酷暑、流汗紙に滴るも顧みず、冬日厳寒、指頭凍りて管を操る能はざるも厭はず、その秘笈を開き、底蘊を傾けて余に授けられたり[39]」。

二〇年代以降日本人留学生の中には、例えば倉石武四郎、吉川幸次郎、水野清一、目加田誠などのように、北京大学などの学校に入って聴講生になる者が次第にあらわれるようになった。一九二八年吉川は、馬幼魚の「中国文字音韵概要」、「経学史」と朱希祖の「中国文学史」、「中国史学史」を聴き、のちにはまた前後して銭玄同の「古今声韵沿革」、沈兼士の「文字学」、陳垣の「正史概要」、倫明の「版本源流」、余嘉錫の「目録学」、呉承仕の「三礼名物」などを聴いた。考古の留学生の場合は馬衡の「金石学」を選んで聴いた。規程によると、科目を一旦選ぶとそれを変更することはできずかつそれを登録しなければならなかったが、試験を受ける必要はなかった。[40] 同時にまた彼等は中国の大学の選修課程に在籍した。他に毎週一回西城にある漢軍旗人の楊鐘羲宅で詩文と清朝学術史を学んだ。楊氏はかつて王国維とともに廃帝溥儀の南書房で兼任の仕事についたことがあって、清朝の掌故制度および学術の源流に通じていて、著述が多く、日本の学者や留学生との付き合いが広くて、雪橋講舎を開きかつ日本人が発行する雑誌『文字同盟』に広告を載せたが、受講希望者が少なかったことから開講することができなかった。[41] 文学を勉強している奥野信太郎は、北京大学では「帳簿整理の如き」態度で文学を研究しているのが不満で、「精緻の学風に乏しく……詩文を談ずるに足るもの無」く、中国文化の精髄を体験するためにはかえって奚待園の『紅楼夢』の講義から得るところが多い、と考えている。[42]

本の知識を学ぶことはただ日本人留学生が中国に来る目的の一つに過ぎず、かつ主要な目的ではなく、もっと重要なのは実地に中国社会を理解することだといってよく、あるいは各種の活動を通して中国の歴史文化と風俗人情制度を知ることであったといえる。そしてこれに呼応して、日本人留学生の中国における活動は主には次の数項目であった。一、学者を訪ねる、二、書籍を探し購入する、三、名所旧跡を観察する、四、芝居を観、歌を収集する。

学問することを目的にした留学生は、現地でその国の学者に教えを請うことは全面的に中国の歴史や文化を理解する上で半分の努力で倍の効果を持つものだといえる。中日の学者間の交流往来の歴史は古いものがあり、とりわけ近代になってからは学者の相互訪問は日増しに増えてお互いの理解も増進した。このことは日本人留学生が高名な学者を訪ねる際にも便利なことだった。とくに二〇年代以後は、小柳司気太、今関寿麿、橋川時雄、杉崎勇造らが中国に長期に滞在していて、文化界の人士と広く交わり当時の学術動向をよく摑んでいた。そのうち東方文化事業総委員会の仕事に就いていた橋川は、中国滞在が二〇年余に及び、「中国の学者との交友の広さは現代の第一人者と称され」[43]、かつ在華の日本人留学生に一定の責任を負っていて、盧溝橋事件の後日本が「東亜文化協議会」なるものを組織して一九三八年に北京で最初の会議を開いたときには、彼が在華留学生の状況を紹介している[44]。留学生が中国の学者に教えを請おうとする際には、往々にして彼らが指示を出したり推薦したりした。そこで、日本人留学生は中国の学者の状況についてときには中国人よりもわかっていて、自分の研究テーマにとってどの学者の教えを受けたらいいかを知っていた。例えば、一九一九年岡崎文夫は宋学を学ぼうとして、家に閉じこもってなかなか外出しない馬一浮を訪ねるべきだと知った。彼は同時に留学した武内義雄、諸橋轍次、佐藤宏治および今関天彭らとともに勉強したり古今を縦横に語り合ったりする他に、「時には相携えて名儒碩学の門を叩」いている[45]。

このとき人をたじろがせるような日本の侵略拡大によって、中国人の反日感情があまねく高まっていたけれども、学者は真剣に学問を求める日本の青年に対してはそれとは区別して応対し熱心に援助した。竹田復が中国に来ると、沈尹默は当時の排日の気運を顧みずに、「私たちは同学の士だ」といって、多くの研究上の便宜を与えた。諸橋轍次は留学期間に沈曾植、鄭孝胥、陳宝琛、姚永朴、姚永概、馬通伯、柯劭忞、樊増湘、王樹柟、葉徳輝、王国維、康有為、章炳麟、蔡元培、楊鍾羲、胡玉縉、張元済、傅増湘、周作人、銭稲孫、胡適、倫明、楊樹達、馬幼魚、陳垣、黄節、馬叙倫、朱希祖、孫人和、孫徳謙、沈尹黙、沈兼士、馬衡、馬鑑等に会ったことがある[46]。吉川幸次郎らが留学した頃は中日関係はやや緩和されていて、前後して知り合った中国南北の学者や文士には楊鍾羲、王樹柟、江瀚、傅増湘、汪栄宝、徐乃昌、金松岑、袁励准、梁鴻志、李宣龔、李宣倜、呉士鑑、李詳、張元済、徐鴻宝、陳寅恪、楊樹達、黄侃、孫人和、胡光煒、馬幼魚、馬廉、馬衡、呉承仕、呉梅、朱希祖、沈兼士、銭玄同、銭稲孫、趙万里、李根源、王君九、潘博山、潘景鄭、王佩諍、王大隆、呉湖帆、陶冷月等がいる。一九二九年七月楊樹達は訪ねてきた倉石武四郎を接待し、「この人は頭脳明晰であり、またきわめて学を好むこと、まさに恐るべきものあり」と感じた。[47] 一九三六年五月平岡武夫が来華したときは、すでに両国の間は一触即発の状況に置かれていたが、彼は橋川時雄の紹介で東方文化事業総会北平人文研究所の『続修四庫全書』提要の編集に参与していた学者と知り合っただけでなく、さらに日本人を意識的に避けていると言われていた顧頡剛の款待を得たし、反日派と見られていた陶希聖にも会っている。日本に留学したことのある学者は一層日本人留学生が真っ先に訪ねる対象となった。周樹人、作人兄弟は、前後して竹田復、青木正児、木村英一、塚本義隆、水野清一、倉石武四郎、目加田誠、桂太郎らを接待したことがある。[48] もしも北京で留学生たちが格別の待遇を受けたというならば、江南を訪ねた吉川の場合は中国の青年と同じような待遇を受けて、自分はすでに半分中国人だと感じさせるほどだった。

日本人留学生が来華する目的の一つは研究資料の収集であり、そこで本を探し本を買うことが中国での活動の重要な内容であった。武内義雄は北京の京師図書館でおびただしい数の四庫全書を見、上海商務印書館では印刷中の四部叢刊の各種珍本を見た時に、気持ちが高ぶってしばらく収まらなかった。のち上海商務印書館の図書が不幸にして日本軍の戦火に焼かれた時には、江南の書店主の抗議の声がまっすぐに日本の友人宅まで伝わった。吉川幸次郎はほぼ三分の一の時間を本の購入に充てた。日本人留学生が北京で主にいく場所は二か所あり、一つは瑠璃廠、もう一つは隆福寺で、そこは当時の有名な二大古書店街であった。前者にある来薫閣、通学斎、後者にある文奎堂は留学生が最もひいきにした書店であった。この時期政局が繰り返し動揺したことから、多くの古書が市場に流出して中国の学者の注意は古代史に向けられ年代が早い珍書が重視された。他方日本人留学生は清代の学術に注目して、主にこの方面の書籍を購入した。ある人は一日おきに出かけてそのたびに必ず収穫があった。経費が豊富にあるとはいえ、買うものが多すぎて帰国の旅費さえも使ってしまって本屋に借金する者さえあった。この何軒かの本屋の主人陳杭、孫殿起、趙殿成等は、少なからぬ日本人留学生と親交を結んだ。北洋政府の時期には学界が圧迫されて、一九二〇年代中期には「北京の本屋の商売は今や数人の日本人によって支えられている状態であり」中国の学者は「悲哀」[49]を感じざるを得なかった。北京で本を購入する以外に、各地を遊覧する際に、とくに江南の各都市でも往々にして現地の名の知れた本屋、例えば蘇州の鄒百耐、揚州の邱紹周などを訪ねて古書を買った。吉川が帰国する時には、郵送した書籍小包は三〇〇個にも達した。戦前の日本の教授の待遇は中国にはるかに及ばなくて、少なからぬ学者の蔵書の主な部分はつまりは留学期間に買った書籍であった。研究に必要な珍本や秘蔵本に至っては、手段を尽くして閲覧してはそれを抄録するか写真に撮った。中国の収蔵家は知識を求めてやってきた熱心な外国の後進に対しては優遇する態度に出て、秘して人に見せないような珍本古書でさえ取り出して見せた。

　名所旧跡を遊覧することは、留学生の重要な活動項目であった。各種の奨学金は日常の生活費以外にもさらに一定額の旅費を提供するものが多く、それは調査旅行に使われた。中国各地の仏教建築や塑像芸術、および古代の碑刻はとりわけ日本学術界が重視するところであった。北京市内および付近の宮殿や寺観の他にも、山西の大同、陝西の西安、河南の洛陽、開封、河北の易県、房県などの地は、留学生が比較的多く足を踏み入れた場所だった。桑原隲蔵は中国に二年留学する間に前後四回陝西、山東、河南、内蒙古、江南などを旅行し観察した。宇野哲人も山東、陝西に行ったことがある[50]。青木正児は留学期間に、前後して北京、上海を中心に、河南、山西、および長江中下流の各地を遍歴し、鄭州、開封、洛陽、大同、雲崗、八達嶺、居庸関、上海、寧波、鎮海、舟山、沈家門、普陀山、曹娥、紹興、銭塘、嘉興、湖州、蘇州、常熟、廬山、鎮江、南京、蕪湖、安慶、九江、漢口、洞庭湖、長沙などに行った[51]。東亜考古学会が派遣した留学生の場合はさらに集団で蒙古、綏遠、チチハルに踏み入って、古い長城や細石器文化遺跡を調査し、匈奴時代の青銅器を収集した。一九三〇年に留学した江上波夫は、一年間に前後チチハル、山東、旅順、綏遠、内蒙古を調査し、その活動が完了すると留学生活も終わりを告げた[52]。名所旧跡の遊覧は、中原、山東と江南一帯に行くのが多く、その中でも南京、蘇州、杭州、揚州が最も多かった。少なからぬ人が旅行記を書いて旅の抒情をつづり、例えば桑原隲藏の「考史遊記」、宇野哲人の「長安紀行」、武内義雄の「江南汲古」、岡崎文夫の「兗豫紀行」等はみな名作である。

戯曲は中国文化の結晶であるが、近代の京劇は昆曲にとって代って勃興し、名家が輩出して奇抜さとあでやかさを競って国劇の誉を得た。そして戯曲研究はその頃の学術界とりわけ国外研究者の重視するところとなった。そこで、芝居を見ることがつまりは日本人留学生が中国文化に浸る際の重要な活動となり、短期の留学者の場合も、あらゆる手段を講じて有名な俳優の芝居を見ようとした。完全には歌の意味がわからなくても大体の筋はわかるし、さらに重要なことはその雰囲気を直接に肌身で感じることができるからだった。清末民国初年の留学生がよく行く北京の劇場は広和楼、燕喜堂、天楽園、慶楽園で、その後は東安市場の吉祥戯院と前門外の開明戯院であった。しかし研究の角度から出発すると、学者は昆曲をより重視した。鈴木虎雄は北京に留学した時に現地の優れた劇評家と交流し[53]、「桃花扇」を学んだことがあり、加藤常賢は胡琴を学んだことがあった。理解が深い者はさらに皮簧と昆曲の比較を試みようとした。現代中国に関心を持つ留学生は流行の富連成科班および中国戯曲音楽院付属中国高級戯曲職業学校に注目するほかに、好評を受けつつある新式の話劇「日の出」の上演状況を心にとめていた[54]。青木正児が留学した時は北京の昆曲はほぼ活動が途絶えた状態にあったので、彼はわざわざ改めて上海に出かけ、徐園でわずかに残っている蘇州昆劇伝習所の童伶の歌を聴いた[55]。他には、北京の風俗人情や節句の過ごし方も留学生が注意し理解し肌で味わおうとした事柄だった。[56]

近代の中日関係は、侵略と反侵略の総体的な対抗において、確かに異なる発展の方向が存在した。日本が次第に大陸政策を推し進めるという大きな背景の下で、中国に留学した学生はどんな類型に属するかを問わず、学問を追究するものを含めて、この制約を受けないではいられなかった。彼らの調査研究活動の成果は見るべきものがあって、日本の中国研究を素早く発展させて当時の国際漢学界の中心の一つとなったが、同時にまた彼らの研究成果は往々にして日本政府さらには軍部が中国を理解する際のよりどころとなり、いわゆる日支提携、東亜共栄の国策に奉仕するものとなった。しかし、その中のある人々は留学を通じて中国の文化と民族性の優れた点を肌身で感じ取り、あるいは歴史や自然の風光を熱愛することで中国を心から思う気持ちが生まれた。狩野直喜は中国に生まれなかったことを恨むとよく口にし、一般の人がよくないと考えることにも懐かしむ気持ちを露わにしたのは、その極端な現れであろう。[57]中国の学者が京都を訪問すると、必ず狩野宅に行ったが、その時狩野はよく中国服に着替えることで客への礼儀ともてなしの気持を示した。[58]倉石武四郎や吉川幸次郎らは、中国人になることが留学の目的であり、在華期間に「全面中国化」しただけでなく帰国後も引き続き中国服を着、中国語を話した。さらに重要なことは、学問と生活の両面で中国人の価値観を理解したことである。中日両国は「同文同種」の言い方があるとはいえ学術に関する見解はまことにかけ離れている。しかも中国の学者は普通人物や著作に対する評論は筆を使ってあらわすことはせず、ただ口や耳を通じて伝えあうことでのみ彼我の区別を理解するのである。このことは、中国の今の学術方法に基づいて中国の文化や歴史を研究したいとする京都学派にとってはとても重要なことであった。加藤常賢、宇野精一らは旅費を使い終わった時に、どんな証拠によっても古書店から借金を得られなくて、信なくば立たずというのは抽象的な概念ではなく中国社会をつなぐ大事な支えであると感じ、それゆえ中国人を尊敬し中国人は偉大であると考えた。[59]平岡武夫は易県で調査をしている時にたまたま盧溝橋事件に遭って戦闘中の中国側に身を置くことになったが、現地の警察の保護を得て無事に生還することができ、彼本人とかつて易県で調査したことがある武内義雄はいずれも、これは奇跡だと叫んだのである。平岡はまた、戦争期間中に顧頡剛が昆明から送ってあちこちを転々とした親筆の掛け軸を受け取った。[60]松崎鶴雄、塩谷温は、知識を学ぶだけでなく礼儀の文化の薫陶を受けた。塩谷がはじめて葉徳輝に弟子入りしたとき、同門の楊樹達が入ってきて葉を見て手で頭を打って声を発して叩頭の意を示したのを見て、中国の礼儀のさかんであるのに驚いた。松崎はのちに葉にまじめに師事し、長期に中国に滞在して広く中国の学者と交わり、日本の敗戦後も帰国を願わず、「懇ろに促されてのち旅立った」。別れに臨んで陳垣、鄧之誠らに手紙を送り「多年の高誼を思い、とても去るに忍びない[61]」と書いた。このような中国を熱愛する気持ちは、当時日本があまねく中国を蔑視するような状況下では、日本の中国侵略行動を阻止するには力が足りなかったけれども、戦後には中日の民間交流を推進する上での重要なエネルギーに転化して、中日友好を増進する面で積極的な役割を発揮した。実際、中日における二度の戦争間における両国関係を研究すると、積極的な要素は主にはやはり民間にあり、「学問をする」日本人中国留学生がその中の重要な一翼を担ったことは明らかである。

●注

（1）教育史編纂会編『明治以降教育制度発達史』第一巻、龍吟社、一九三八年、八一六—八四八頁。
この書は、長編資料集の性格を具えている。他に、梅渓昇『お雇外国人——概説』（鹿島研究所出版会、一九六八年）によれば、文部省が雇用した外国人（教師およびその他を含む）は、一八七三年は一二七名、七四年は一五一名、七七年は一〇九名、八二年は五三名、八八年は一〇五名、八九年は一〇九名で、以後次第に減少した。

(2) 東亜同文会編『対支回顧録』下巻、原書房、一九六八年、七八―九二頁。
(3) 東亜同文会編『続対支回顧録』下巻、原書房、一九七三年、二四八頁。
(4) この一四人は、川上彦六、杉山昌矢、柴田晃、御幡雅文、関口長之、大澤茂、谷信敬、平岩道知、瀬戸晋、原田政徳、沼田正宣、末吉保馬、草場謹三郎、富地近思である。
(5)『続対支回顧録』下巻、二四〇頁。
(6)『対支回顧録』下巻、二四四頁。
(7) 中国各地の方言は多岐にわたり、また中日の人士は外形が同じで区別がつけにくいので、一八七一年に中日間で結んだ修好条約第一一条で、李鴻章の求めに応じて日本人は中国では中国服を着ることを禁止した。
(8) 葛生能久『東亜先覚志士記伝』下巻、国龍会出版部、一九三六年、一三四―一三五頁。
(9)『対支回顧録』下巻、七〇五頁。
(10)『続対支回顧録』下巻、二五九―二六〇頁。
(11)『明治以降教育制度発達史』第二巻、四六三頁。
(12)『明治以降教育制度発達史』第三巻、六六六頁。
(13)『明治以降教育制度発達史』第四巻、四六〇―四六三頁。
(14) 五井直弘『近代日本と東洋史学』、青木書店、一九七六年、一五―二一頁。
(15) 井上圓了「漢学再興論」、『東華』第一号、一八九七年二月。
(16)「本会員の海外留学」、『史学雑誌』第一〇編第七号、一八九九年七月。
(17)「狩野直喜博士年譜」、『東方学』第四二輯、一九七一年八月。
(18) 服部宇之吉「北京篭城日記」、大山梓編『北京篭城記他』、平凡社、一九六五年、一一三、一三五頁。
(19)『続対支回顧録』下巻、七四四―七四六頁。「服部先生自叙」、『服部先生古希記念論文集』、冨山房、一九三六年、一三―一六頁。

(20)「狩野君山先生と支那の学人」、「狩野先生と中国文学」、『吉川幸次郎全集』第一七巻、筑摩書房、一九七四年、二四三、二五七頁。

(21) 狩野直喜「清国談」、『支那学文藪』、東京書房、一九七三年、三〇八頁。服部宇之吉「北京篭城回顧録」、『北京篭城記他』、二〇一頁。

(22)『明治以降教育制度発達史』第四巻、四六五、四六九頁。

(23) 王闓運「湘綺楼日記」、呉相湘主編『中国史学叢書』之四、台北学生書局、一九六四年、九三八、九五四、九七一頁。塩谷温「先師葉郎園先生追悼記」、『斯文』第九年第八号、一九二七年八月。「先学を語る、塩谷温博士」、『東方学』第七二輯、一九八六年七月。

(24)「先学を語る、岡崎文夫博士」、『東方学』第七〇輯、一九八五年七月。

(25)「学問の思い出、原田淑人博士を囲んで」、『東方学』第二五輯、一九六三年三月。「先学を語る、浜田耕作博士」、『東方学』第六七輯、一九八四年一月。「先学を語る、水野清一博士」、『東方学』第七五輯、一九八八年一月。

(26) 黄福慶『近代日本在華文化及社会事業之研究』、中央研究院近代史研究所専刊（四五）、一九八二年。

(27)『日本帝国文部省年報』第五〇―六二号（一九二二―三五年）。

(28) 釈印順編『太虚法師年譜』、北京宗教文化出版社、一九九五年、八六―八七、九六―九七頁。

(29) 吉川幸次郎「水野清一君挽詞」、『吉川幸次郎全集』第二三巻、筑摩書房、一九七六年、六三五―六三六頁。

(30) 法本義弘「滞支見聞控」、「北京留学生覚書」、『支那覚え書』、東京蛍雪書院、一九四三年、九―一〇、二五七―二七二頁。

(31)『明治以降教育制度発達史』第七巻、一九三九年、七七四、七八三頁。

(32)「学問の思い出、竹田復博士を囲んで」、『東方学』第三七輯、一九六九年三月。「学問の思い出、加藤常賢博士を囲んで」、『東方学』第三九輯、一九七〇年三月。吉川幸次郎「留学時代」、『吉川幸次郎全集』第二二巻、筑摩書房、一九七五年、三七一―三七二頁。

(33) 鈴木虎雄「北京より」、『芸文』第七年第六号、一九一六年六月。

(34) 奥野信太郎「燕京食譜」、「小吃史の記」、『随筆北京』第一書房、一九四〇年。

(35) 中国人日本留学生の日本の飲食に対する恨みは極めて多い。周作人「日本的衣食住」、鍾叔河編『周作人文選』第二巻、広州出版社、一九九五年、三〇九―三一四頁参照。

(36) 「燕京見聞録」、『史学雑誌』第一五編第八、一二号、一九〇四年八、一二月。宇野哲人『考史遊記序』、弘文堂、一九四二年、七頁。

(37) 武内義雄「学究生活思い出」、『武内義雄全集』、角川書店、一九八〇年、四一九頁。

(38) 吉川幸次郎「留学時代」、『吉川幸次郎全集』第二二巻、三八一―三八二頁。奥野信太郎「北平通信（一）――間崎万里氏宛通信」、『三田評論』第四七四号、一九三七年二月。

(39) 塩谷温「先師葉郎園先生追悼記」。

(40) 『吉川幸次郎全集』第一六巻に原件写真がある。聴講生は授業参加時に理解の程度を試験された。

(41) 「学問の思い出、倉石武四郎博士を囲んで」、『東方学』第四〇輯、一九七〇年九月。楊氏は清朝の史実や掌故にも殊に詳しかったが、話すのが苦手でいつも客と黙々として向かい合っていた。

(42) 奥野信太郎「北平通信（二）」、『三田評論』第四七四号、一九三七年二月。

(43) 長瀬誠「日本之現代中国学界展望」、『華文大阪毎日』第二巻第八期、一九三九年八月。

(44) 小林澄兄「東亜文化協議会」、『三田評論』第四九四号、一九三八年一〇月。

(45) 武内義雄「はしがき」、『武内義雄全集』第一〇巻、角川書店、一九七九年、八頁。

(46) 諸橋轍次『支那の文化と現代』、皇国青年教育会、一九四二年、八五―九四頁。

(47) 楊樹達『積微翁回憶録』、上海古籍出版社、一九八六年、四三頁。

(48) 『魯迅全集』第一四巻、人民文学出版社、一九八九年、及び『周作人日記』、鄭州大象出版社、一九九六年を参照した。

(49) 陳智超編注『陳垣来往書信集』、上海古籍出版社、一九九〇年、一七六―一七七頁。

(50)「考史遊記」参照。
(51)「青木正児年譜」。唐振常「呉虞與青木正児」、『中華文史論叢』一九八一年第三輯、上海古籍出版社、一九八一年より重引。『呉虞日記』下冊、四川人民出版社、一九八六年、二六一頁。
(52)「学問の思い出、江上波夫先生を囲んで」、『東方学』第八二輯、一九九一年七月。
(53)鈴木虎雄「北京より」。
(54)奥野信太郎の慶応義塾塾監局あての手紙、『三田評論』第四八〇号、一九三七年八月。奥野信太郎「演劇の二道場」、『随筆北京』一二〇―一二二頁。
(55)青木正児『中国近世戯曲史・序』。
(56)青木正児「昆曲劇と韓世昌」、「見た燕京物語」、「春聯から春灯まで」、「支那の鼻煙」、『江南春』所収、平凡社、一九七二年。奥野信太郎「街巷の声音」、「空地と雑芸」、『随筆北京』所収。
(57)吉川幸次郎「狩野直喜氏支那文学史解説」、『吉川幸次郎全集』第二三巻、五九五頁。
この文によれば、狩野が東京での教授歓迎会で夜に寒山寺に出かけて、ある人が船の上で小用を足したことを思い出して面白かったと語って、その場にいた人をびっくりさせた。狩野が中国が好きなことは皆知っていたが、この程度のことかと思ったからである。「先学を語る、狩野直喜博士」、『東方学』第四二輯、一九七一年八月。
(58)『積微翁回憶録』四七頁。
(59)「学問の思い出、加藤常賢博士を囲んで」、『東方学』第三九輯、一九七〇年三月。
(60)平岡武夫「顧頡剛先生」、『東方学』第六二輯、一九八一年七月。武内義雄「訪古碑記」、『武内義雄全集』第一〇巻、一八八頁。
(61)『陳垣来往書信集』第二二六、三八五頁。

（原載は『近代史研究』、中国、一九九九年三月号、今回内容の一部を改訂した。翻訳は金子良太（神奈川大学中国言語文化修士課程在学）が担当した）

戦前の外務省の中国への留学生派遣について

——明治、大正期を中心に

孫　安石

はじめに——桑兵氏の問題提起について

中国人留学生の日本留学史については、戦前の実藤恵秀氏の先駆的な業績があり、戦後にはその業績を継承すべく阿部洋氏を中心とするグループが進めた一連の優れた研究がある(1)。また、大里浩秋・孫安石編『中国人日本留学史研究の現段階』は中国人留学生に関連する最新の研究成果をまとめている(2)。そして、これらの研究の中で最も多くの研究成果が蓄積されているのが明治期における中国人の日本留学に関する部分であることに、異論の余地はなかろう。この明治期の中国留学生が注目されるのは、日清戦争以降多くの中国人留学生が来日し、彼（彼女）等を経由して、清末の中国に日本の近代化というモデルが紹介され、中国社会の政治や社会体制に大きな影響を与えたという理由の他に、日本側の受け入れ先である各大学や外務省、文部省などに比較的豊富な関連資料が現存していたことによるところが大きい。

ところで、同じ時期の明治期の日本人の中国留学については、未だに十分な検討がなされずにいる。例えば、石附実『近代日本の海外留学史』や渡辺実『近代日本海外留学生史』などが日本人の海外留学を取り扱ってはいるものの、その分析の対象はあくまでも欧米諸国を中心とするものであった[3]。石附実が「はしがき」で述べている「近代日本の形成にあって、西洋文化の導入と需要は焦眉の急務であった。西洋先進諸国に追いつくことが至上の命題とされた明治時代には、海外への留学が大いに重視され、多くの学生たちが欧米に送られた[4]」という問題関心からは、中国への留学生の派遣に関する分析が重視されることはないだろう。

日本人の中国留学に関連した問題提起として最も注目すべき論考は、桑兵氏によって発表された「近代日本留華学生」であるように思われる[5]。桑兵氏は日中文化交流史の重要な一部をなす「留華学生[6]」に関連する先行研究が極めて少ないことを指摘し、東亜同文会編『対支回顧録』や『続対支回顧録』、さらに個人の回想記をもとに、日本人の中国留学に関連するいくつかの重要な点を明らかにした。すなわち、

（一）文部省が日本人の海外留学を管轄した明治初期における日本人は主に欧米に留学し、中国へ留学したことを意味する「清国」という文字がみえるのは明治三二（一八九九）年からである。

（二）明治初期の比較的早い時期に派遣された成富清風、福島九成、黒岡季備、水野遵、小牧昌業、田中経常などが中国への留学生の先駆である。

（三）明治初期の日本人留学生は主に北京と上海に派遣され、その留学の目的は中国語の学習と中国の国情を調査することであった。

（四）明治一六（一八八三）年八月を前後した時点で外務省による「清国留学生規則」が完備されたが、日本人留学生は外交官の任につくために広東語を修得する必要があって、一部は香港の皇仁書院に留学した。

（五）日本の留学生は一八九〇年代から一九二〇年代までの間は中国語の学習のために留学したが、一九二〇年代の後半からはいわゆる東方文化事業の援助を得て、中国に対する文化侵略の様相を強く帯びるものとなった。

（六）一九三〇年代の北京に留学した日本人は、北京の東単牌楼の付近にいわゆる日本人村を形成し、大興学会という団体を組織していた。[7]

しかし、これらの記述はいずれも前掲の回顧録や回想記を基にしているもので、その記述を裏付ける一次資料の提示には至っておらず、その多くは不明なままである。また、一概に日本人中国留学生といっても、彼等が派遣される省庁（文部省、陸軍省、外務省など）や地方の県、民間団体などによって留学の内容は大きく異なるため、今後、省庁、県、民間団体の関連資料を発掘していく必要がある。

そこで本稿では、明治期から大正期にかけて外務省が派遣した日本人の中国留学がどのような制度や規定によって行われ、どのような選抜試験が行われたのか、派遣留学生の北京と上海での学習の様子はどうであったか、規定の留学期間を終了した後、さらに香港に留学する理由は何か、そして、一九二〇年代に入って、外務省の留学生が東亜同文書院に委託される経緯はどうだったのかなどについて外務省外交史料館が所蔵する資料をもとにして明らかにしていきたい。

ここで言及する外務省外交史料館の資料について、一つ断っておかなければならない。それは本稿が取り上げる日本人の中国留学生に関連する資料類は外務省の資料のなかでも散逸が激しく、明治から大正、昭和にいたるまで関連資料がそろっているわけではなく、時期によっては詳細を極める反面、記録がまったく見つからない時期もあるという点である（原文には中国、清国、支那などの用語が混在する。本文では中国という用語で統一したが、原文引用の際には原文をそのまま使用した。また、引用の際にはカタカナ表記をひらがなに直し、適宜句読点を加えた。□は判読不明の字をあらわす)。

一　明治初期の中国・北京へ留学生派遣

明治初期における留学生の派遣が欧米の先進諸国に向けてのものであったことは周知の通りであるが、中国への留学生がまったくなかったわけではない。例えば、渡辺実は『近代日本海外留学生史』において、京都大学が所蔵する『古田文書』三〇二四を紹介するなかで、明治四(一八七一)年の記録として清国へ留学した人員七名(小牧善太郎、伊地知清次郎、黒岡勇之丞、福嶋礼介、成富忠蔵、桑原戒平、水野淳造)の実名を紹介している[8]。この留学生らが明治三年の太政官布告第九五八号によって発表された「海外留学条例」に基づいたものであろうことは推測されるが、彼等がどのような過程をへて中国へ留学したのかは不明なところが多い。

外務省の記録として日本人の中国留学に関連する具体的な記述は、「北京留学生増員の儀に付建議」(明治一六年四月、一八八三年)から始まる。明治期の日本人の中国留学派遣を理解するための貴重な記録であるので、やや長くなるのを承知でその一部を引用しておく(図-1を参照)。

「我東洋の交渉日に繁く公私往復月に多を加ふるの今日に際し、別して一葦水を隔る日清韓三国に於ては其関係の益々密にして事務の彌々多端なるは蓋し勢いの已むへからさる者なり。随て其国語吏牘文に通暁する人物を造るは方今の要務たること論を待たず。然るに本省官員中支那の言語吏牘文に通暁する者僅に二三名に過ぎず。而して此少数の人又清韓の公署に派遣せられ目下本省に在るは鄭永寧氏と中田敬義氏の二人あるのみ。日常省務さへ時あり反訳通弁に差支を生することあり。[9]（後略）」。

この建議書の文面から、明治の初期日本と清国、韓国を巡る外交交渉が増える中、外務省が中国語と韓国語の言語に精通した人材を必要としていたことがよくわかる。しかし、人材の養成は簡単なものではなかった。例えば、言葉だけなら東京外語学校（後の東京外国語大学）の生徒でまかなうこともできる。しかし、外務省の仕事は外交機密の事務を取り扱う関係上、言葉だけでは職務を全うすることが難しい。

そこで、中国語に精通した外務官僚を自前で養成する必要が出てくる。いわゆる外務省の派遣による日本人の中国留学の始まりである。勿論、外務省の留学生派遣はこの年に始まったわけではない。例えば、建議書によれば、先年より留学生を北京に派遣して、官話と時文を講習させているが、派遣留学生と外務省との間に正式な契約があるわけではなく、一般に留学の成果が達成されれば殆ど職を外務省に求めるものはない、という状態であったという[10]。

このような問題を打開するために、外務省は文部省と連携し、予算として銀貨五千円を準備し、有望の生徒を精選して留学させることを計画した。留学生派遣のための予算をどのように捻出するかについては、外務省の検査課の作成による

図－1

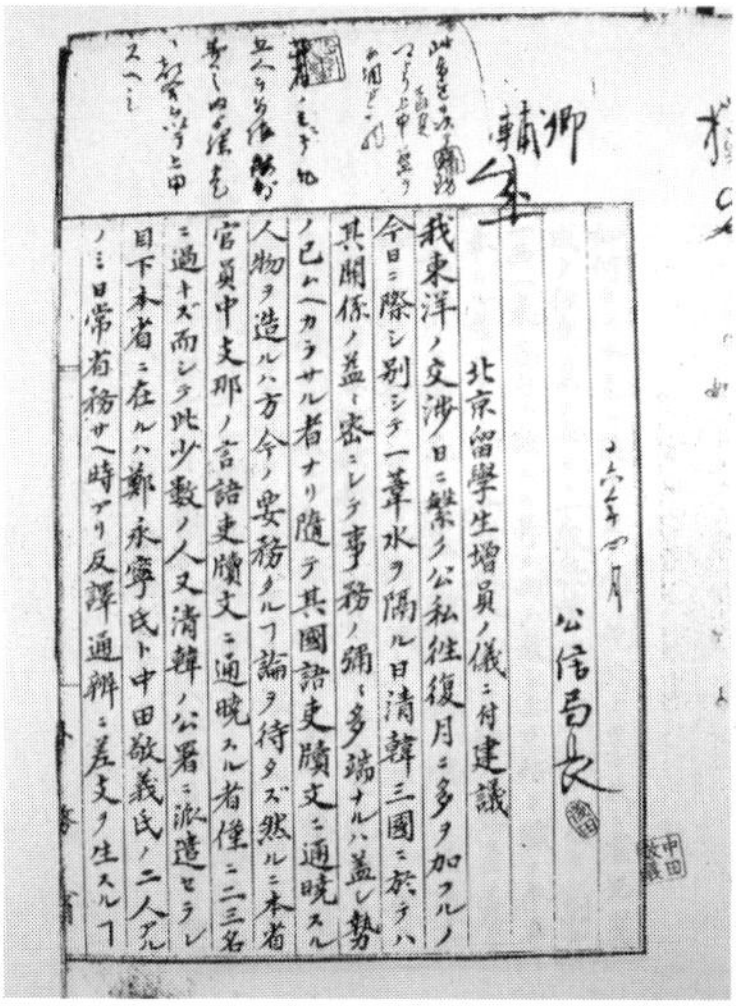
公信局長
北京留學生增員ノ儀ニ付建議
我東洋ノ交渉日ニ繁ク公私往復月ニ多ヲ加フルノ今日ニ際シ別シテ一葦水ヲ隔ル日清韓三國ニ於テハ其關係ノ益ミ密ニシテ事務ノ彌ミ多端ナルハ蓋シ勢ノ已ムヘカラサル者ナリ隨テ其國語吏牘文ニ通曉スル人物ヲ造ルハ方今ノ要務タルヿ論ヲ待タズ然ルニ本省官員中支那ノ言語吏牘文ニ通曉スル者僅ニ二三名ニ過ギズ而シテ此少數ノ人又清韓ノ公署ニ派遣セラレ目下本省ニ在ルハ鄭永寧氏ト中田敬義氏ノ二人アルノミ日常省務サヘ時アリ反譯通辨ニ差支ヲ生スルヿ

出典：外務省外交史料館所蔵『清国へ本省留学生派遣雑件』（請求番号6-1-7-1）より。

図-2

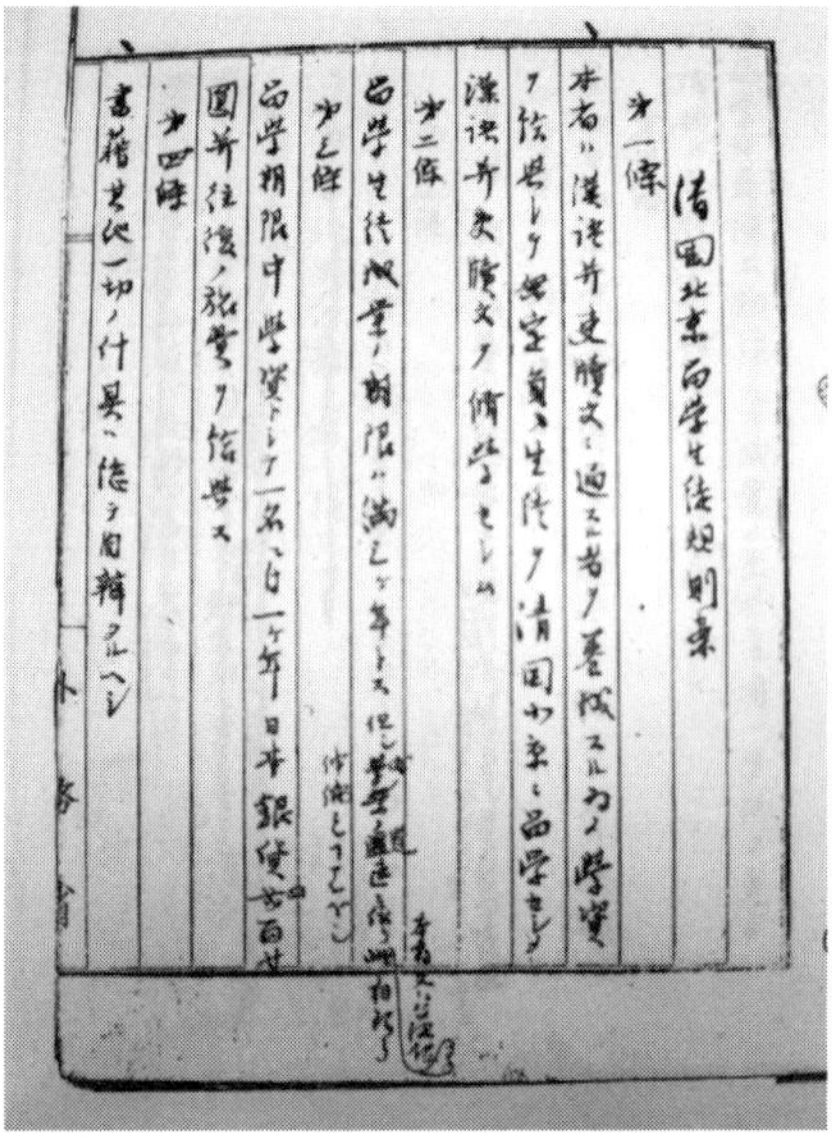

出典:「清国北京留学生徒規則案」(外務省外交史料館所蔵『清国へ本省留学生派遣雑件』請求番号6-1-7-1、所収)。

資料がその詳細を伝えてくれる。すなわち、外務省は、北京の公使館予算から銀一、〇〇〇円分と天津の領事館の予算から約一、〇〇〇円弱を工面し、留学生一名当たり銀六〇〇円を支援することにし、まずは合計二名の留学生を派遣することが計画された。

計画と予算が確保された時点で、次は留学生に関連する規則と取締に関連する規定が必要になってくる。外務省外交史料館『清国へ本省留学生派遣雑件』(請求番号6-1-7-1)に収録されている「清国北京留学生徒規則案」と「留学生取締条規案要領」がおそらくそれに当たるものであろう(図-2、図-3を参照)。

なかでも注目されるのが、「清国留学生取締条規案要領」である。それによれば、外務省から中国へ派遣された留学生は(一)駐劄公使の管制下でその命令に服従し、(二)公使館内、または周辺の適当なところに居住し、(三)一定の時間を勉学に当て、(四)公使が留学生の品行方正と学業を点検し、将来の望みがない場合は帰国を命じる、という管理のもとで勉学に励むことが求められた[11]。

以上、明治一六(一八八三)年を前後した時期の外務省留学生が北京へ派遣される経緯をみてきたが、この計画は、同じ年の外務大輔吉田清成の太政大臣三条実美宛の上申「北京へ留学生派遣の義に付上申」(六月二日)を経て、実行に移された。

「近来我東洋諸国の交際日に繁劇に赴き、公私往復月に増多を加え、別して清国の如きに於ては其関係愈々切密緊要に渡り、（中略）今般本省にて品行性質および学問適当の者凡そ五名を択し、三年を以て卒業の期限となし、成業の上は必ず本省の指名に服すべきを予約して北京に派遣し、其国語吏牘等を就学せしめ度（後略）」[12]。

この上申書の内容から、中国や韓国などとの外交交渉が増える中、中国語や中国事情に詳しい人材の育成を急ぎたい、という外務省の意図が良くわかる。

図-3

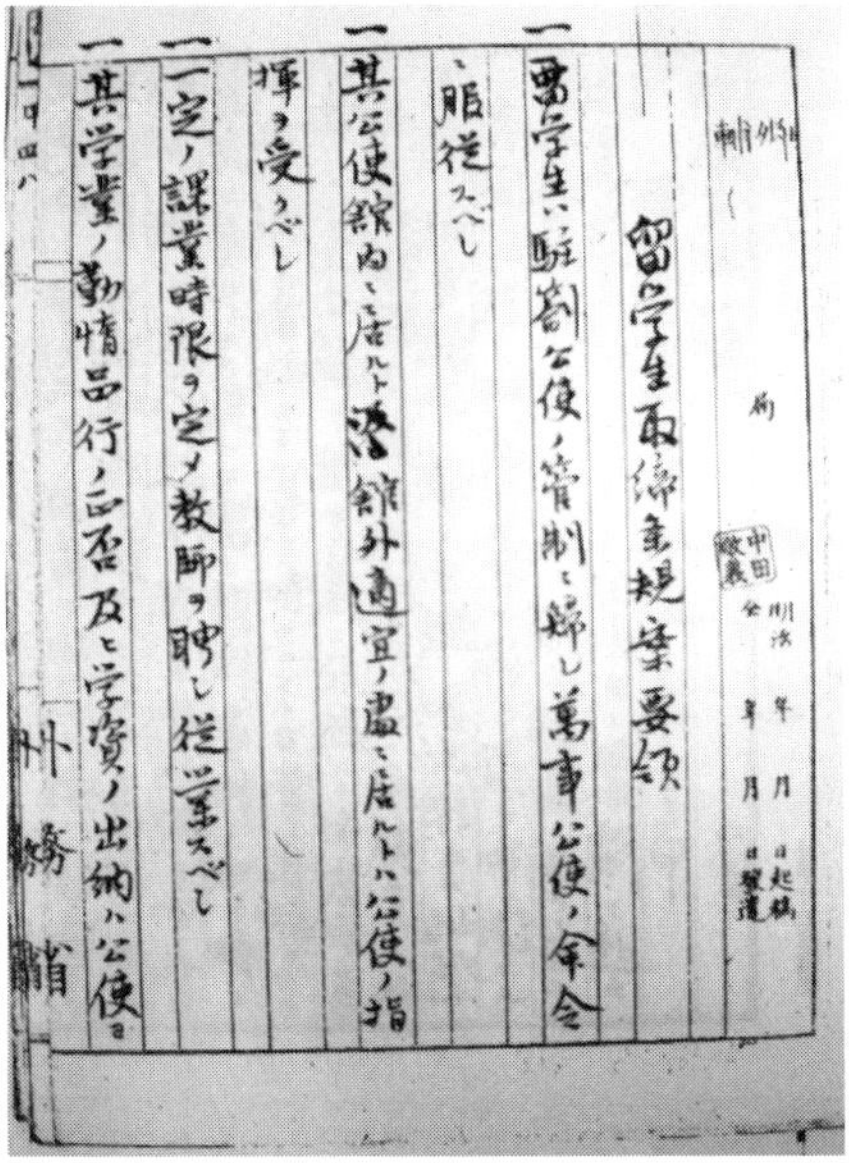

留学生取締条規案要領

一　留学生ハ駐劄公使ノ管制ニ歸シ萬事公使ノ命令ニ服従スベシ

一　其公使館内ニ居ルト館外適宜ノ處ニ居ルトハ公使ノ指揮ヲ受クベシ

一　一定ノ課業時限ヲ定メ教師ヲ聘シ従業スベシ

一　其学業ノ勤惰品行ノ正否及ヒ学資ノ出納ハ公使ヨ

外務省

出典：「留学生取締条規案要領」（外務省外交史料館所蔵『清国へ本省留学生派遣雑件』請求番号 6-1-7-1、所収）。

二　明治一〇年代の留学生の選抜試験

それでは北京に留学する人材はどのように選抜されたのか。この選抜試験の具体的な内容と基準などについては、「清国留学として瀬川浅之進以下北京へ派遣に関する件」（明治一六年七月）と題した文書が詳しい[13]。

外務省が文部省に委託して実施した学業試験の

受験者名簿には、瀬川浅之進、田邊熊三郎、豊島捨松、黒柳重昌、磯部栄太郎、西源四郎、徳丸作蔵、伊藤小三郎、山田万里四郎、鈴木行雄、呉大五郎などの名前が見える。

選抜試験の具体的な内容は、

（一）「外国人の馬匹購入が禁じられている北口で日本人が馬匹を購入し起きた紛争に対応する」という想定で中国側への照会文を作成する。

（二）清国官僚を納涼に誘う文章を作文する。

というもので、外務省の記録には受験生の答案用紙と採点に際しての書き込み、そして、受験者が自ら記した志願書と履歴書、保証書などの一連の書類がファイルされている。明治一六（一八八三）年に行われた中国への留学生選抜試験では瀬川浅之進、田邊熊三郎の二名が外務省の北京留学生として選抜された。

この選抜試験を受験した全員の履歴書は現存しないので、断定することはできないが、そのうちの田邊熊三郎と鈴木行雄は、興亜会が運営した支那語学校を経て、東京外国語学校で勉学しており、瀬川浅之進と呉大五郎も東京外国語学校に在籍して中国語を勉強していたことがわかっているので、初期の外務省派遣留学生はおそらく東京外国語学校が独占していた可能性がある。[14]

この選抜試験に時期をあわせて最終的にまとめられた「清国北京留学生規則」（全十二条）[15]は外務省の留学生が中国へ派遣される際の指針に当たる重要な規則なので、ここで全文を紹介しておく。

「清国北京留学生規則」

第一条　留学生は清国留学中漢語並吏牘文を学習し、兼て其国の経史を購読するものとす。
第二条　留学生徒成業の期限は満三ヵ年とす。
第三条　留学期限中学資として一名に付一ヵ年日本銀貨四百二十円並往復の旅費を給与す。
第四条　書籍其他一切の什具は総て自弁たるべし。
第五条　留学生徒は留学中総て北京在留我国公使の管理に属し、其訓示命令に服従すべし。
第六条　成業の上は本省に対する報酬義務として満五ヵ年間は必ず身を本省に委し、応分の職務に従事すべし。
　但奉職中は相当の月俸を給与す。若し本人の請願に依り其職を辞する時は既に受領したる学資及び旅費を一時に返弁すべし。
第七条　留学中たりといえども公使の命令に依て臨時公務に従事せしむ。
第八条　留学中不品行又は犯罪に依て生徒を免する時は、当初より給与したる総ての金額を六十日以内に賠償せしむ。
第九条　留学中怠惰性不勉強にして成業の見込なき者は、生徒を免し給与の金額を賠償せしむること第八条の如し。
第十条　疾病事故等の為め止むを得ずして退学を願出る者は、詮議の上願意を許すことあるへし。
　但帰朝の旅費を給与せす。且従前給与せし学資を返納せしむると否やは本省に於て之を定むべし。
第十一条　留学生徒の志願者は別紙第一号の志願書式に第二号の保証状を具して本省に志願書を差出すべし。
第十二条　留学生徒の保証人たる者は東京府下の居住にして身元正しく財産ある者二名以上たるべし。

外務省が中国に留学生を派遣する計画が実現されたことは、とくに中国在勤の公使や領事から高く評価された。例えば、清国特命全権公使の榎本武揚は明治一七（一八八四）年四月に外務卿井上馨宛に留学生の留学期間延長を建議する中で次のように述べている。

「日清の交際逐年繁多に相成候折柄文筆上の漢学而已にては所詮実用に適せざる所より、昨年中語学学生五名程北京表に御派遣相成候は時世適当の御挙措にて必らず将来に其結果を見るべくと致し欣喜候（後略）」[16]。

榎本武揚は外務省の留学生派遣が時期適切なものであったと高く評価していることがわかる。しかし、問題がまったくなかったわけではない。まず、外務省は選抜した学生が疾病やその他の事故にあった場合の対応を準備しなければならなかった。

とくに日本と生活環境が違う中国での留学生活で多くの留学生は病気にかかり、療養を願い出る願書を度々外務省宛に送っている。例えば、明治一七（一八八四）年から外務省派遣の留学生で天津で勉強をしていた呉大五郎は、翌年の明治一八（一八八五）年五月に耳痛を患い、洋医のブレーサル氏に診察をしてもらったが病気は好転せず、頭痛が加わって日夜苦痛に耐えないので、日本に一時帰国して静養したいと希望する願書を外務省宛に提出している[17]。ここで名前が見える呉大五郎は、同年五月に日本へ一時帰国し、九月には病気が全快して再度北京へ向かっている。

もう一つの問題は、中国の中央政界においては北京官話をもって基本的な外交交渉に望めるにしても、その他の商業や工業に関連する経済関係の情報を蒐集し分析するためには、どうしても広東語を操ることができる人材を育成する必要があったということである。清末から諸外国との対外貿易に門戸を開いていた広東系の商業ネットワークを相手にするためには、広東語人材の確保は焦眉の課題であったといえよう。そこで、榎本武揚は次のような対策を打ち出すことを外務大臣井上馨に上申している。

「清国南方に於て北京官話は其他の官吏丈には通ずべきも、農工商賈の徒には全く通ぜざる由に付不都合不尠、旁以て僅か五名の生徒にては折角の御趣意も徹透不致場合も可有之と致憂慮候。就ては此上尚語学生五、七名程度御精選有之南北地方に御分遣被成度、左候へば該生徒等他日成業の上は南北有用の場所に於て屹度御用便に可相成と被存候（後略）[18]」。

そこで、井上馨は榎本武揚の中国に対する留学生の増員要請について、左大臣の熾仁親王宛に次のような上申書を提出しているのである。

「（前略）今日益清国と交りを篤し商を昌んにするの際に当り、単に北方の官話而已に通熟するを以て充分なりとするの場合に無之、南方の語学も亦必要之事と存候間、更に天津上海の二ヶ所へ弐名つつを置き猶北京へも三名を加へ合て七名を増派候様致度[19]」。

以上、明治一七（一八八四）年を前後した時期に、中国との外交交渉で活躍する人材を育成することを目標に外務省が留学生を派遣する計画を立案し、選抜試験を経て、北京に留学生を派遣する過程を見てきた。それでは中国での留学生活はいかなるものであっただろうか。

三　明治一〇年代の留学生活と学力試験

中国に留学した外務省派遣の留学生の留学生活の全容を把握することは容易ではないが、学業成績と中国の地方方言との格闘、そして、英語の勉強などについては部分的ながら外務省が記録を残している。

まず、学業成績については、明治一八（一八八五）年に北京の公使館で鈴木行雄、横田三郎、山崎亀造、中西正樹の四名に対して実施した学力試験の報告が現存しているので、その一端を知ることができる。清国特命全権公使塩田三郎が外務省宛に宛てた同報告によれば、北京の公使館で実施された学力試験は、各自の中国語の習得程度を把握し、進捗のレベルに見合う教師を手配するために行われたもので、「官話問答」、「官話訳題」、「京報訓点」、「照会和訳」、「啓文和訳」、「照会作題」、「啓文作題」（合計七科目）を二日にかけて実施し、試験官としては金国璞（国子監の監生）、紹昌（内閣中書）、耆昌（乙酉挙人）、申承恩（揆什戸）の四名が当たった。その時の成績は表−1が示すとおりである。

この試験についてはさらに、「北京留学生試験成績審査意見書」という文章が残されており、当時の外務省がどのような意図で留学生試験を行ったのか、を推察することもできる。[20] 成績審査意見書によれば、学業の優劣は留学期間の長さが関係することが考えられることから留学生年月を合算したところ、

（一）鈴木行雄—留学三五ヶ月（一八八二年八月二八日、東京に於て官費留学生拝命）。

（二）横田三郎—留学四〇ヶ月（一八八二年六月、私費を以て北京に到り、一八八三年八月一四日、北京に於て官費留学生拝命）。

（三）山崎亀造―留学四一ヶ月（一八八一年一〇月私費を以て北京に到り、一八八三年三月帰国し、同年七月二四日、東京に於て官費留学生拝命。同一一月一日北京到着）。

（四）中西正樹―留学三七ヶ月（一八八二年九月私費を以て天津に到り、一八八三年八月一四日、天津に於て官費留学生拝命。後に北京に移住す）という期間であった。

この留学期間と学業の進歩を比較してみれば、中西正樹の学業進歩が最も優れ、次が横田三郎であるが、概ね四名の学力には大差が認められず、全体の評価としては学業の進歩は甚だ緩慢であったというものであった。勿論、これは留学生の不勉強のみが原因ではなく、その他の根本的な原因があるとし、以下の五点を指摘している。

（一）学術の時勢に適しておらず、留学という貴重な時間を無益な学問の勉強に費やしていること、（二）学術の進歩をみるには三年という期限は短いもので、才色を備えた者でも、様々な知識を吸収することは難しいこと、（三）北京留学期間中の勉学は二、三名の中国人教師に頼ることが多く、欧米のような学校カリキュラムで勉強するわけではないこと、（四）留学生の勉学を監督する担当者や勉学の進歩を図る試験などが行われていなかったこと、（五）留学生に対する資金援助が少なく、雇用できる教師は限られ、学習時間が短いこと。

留学生の勉学が思うように進まない原因の中で（一）～（三）までは中国側の受け入れ先の問題として改善は見込めないが、（四）と（五）

表－1　明治19（1886）年9月18・20日官費留学生試験成績表（北京、公使館にて）

	中西正樹	山崎亀造	鈴木正雄	横田三郎
官話問答	80	68	76	76
官話訳題	80	64	64	60
京報訓点	20	18	16	14
照会和訳	18	20	16	14
啓文和訳	18	20	16	10
照会作題	62	74	76	64
啓文作題	64	72	60	66
合計点数	342点	336点	324点	308点

は日本側の対応如何によっては解決できるとし、その改善策として（一）学科のカリキュラムを確立すること（滞在を六年間とする）、（二）留学生の勉学をチェックできる監督者を設けること、（三）学資の補給を増やすことを提案している。

とくに留学期間を六年間に延長すべきことについて、意見書は「日清関係の益重大に赴くを先見して其学に志せし以上は、身命を抛ち始末従事するは蓋し有志者の本懐なるべし。欧米人の清国に僑居する者多くは十年以上の久に及ひ一身を東洋の間に委棄したるか如く」とした上で、外交交渉の舞台では中国語の他に英語による交際ができる必要があることからさらに三年ほど英語学習の時間が必要であると述べている。

外務省から選抜された留学生は、中国への留学という目標がかなっていざ中国へ派遣されてはみたものの、しかし、現地に落ち着いて間もなく、またその他の問題に悩まなければならなかった。とくに深刻であったのは、各地方で使われる方言の影響で北京官話という共通の中国語の学習が思うように進まなかったことであった。

ここで、明治一八（一八八五）年五月に提出された大河平隆則と足立忠八郎の「留学転地願」という上申書をみてみたい。

まず、二人は明治一七（一八八四）年七月二四日に外務省より中国留学を命じられ、九月以来上海に滞在して勉学に励んでいるが、上海では北京官話のほか上海方言が多く使われているので北京官話の勉強が思うように進まないことを、次のように報告している。

「昨十七年七月二十四日外務省より清国留学の命を蒙り当上海滞在被申付、同年九月十六日渡航仕候。以来御趣意に遵ひ、教師を聘し南京官話並に官牘を講究し、傍ら人情風俗に心を留め他日朝恩万一を酧ひ奉らんことを期望罷在候。然るに上海の地は一種固有の土話にして教師の外、官話を以て応答するもの無之、為に進歩の遅鈍なるを覚え、且つ吾邦人は勿論欧米人の営運出入するもの夥多なるより土人の志向も自然移化し、衣食住に至るまで他と一様ならざるもの有之（後略）」[21]。

この報告の内容から、上海の地方方言のため北京官話の勉強が進まない悩みと上海の急速な欧米化で中国的なものがなくなっているという観察を読み取ることができよう。このような理由から二人は、上海を離れ長江沿岸の漢口と宜昌に転地して留学を続けたい旨を上海領事安藤太郎に上申し、明治一八（一八八五）年九月に漢口への転地が許可されている。

漢口での二人の勉学ぶりについては、漢口領事町田実一の報告によってその一端を垣間見ることができる[22]。それによれば、二名は漢口を拠点に中国語の勉強を続ける他、内地旅行などにも出かけ、明治二〇（一八八七）年二月と三月に行われた試験では表-2のような成績を収めた。

町田の報告によれば、「両名の品行に就ては不都合の行為更に無之、身体健康何れも後望ある人物と被存候。此上の送第六六号を以て御申越の取締内規御制定相成次第右に基き注意差加へ、他日要用の人と相成候様精々監督可致候」というものであったから、上々の評価であったといえよう。

表-2　明治20年2月と3月に実施された大河平隆則と足立忠八郎の試験成績

	大河平隆則	足立忠八郎
官話問答	甲	乙
官話訳題	甲	乙
京報訓点	甲	乙
照会和訳	甲	乙
啓文和訳	甲	甲
照会作題	甲	乙
啓文作題	甲	乙

出典：「公信第十五号」、外務省外交史料館所蔵『外務省留学生関係雑件』請求番号6-1-7-6-1より作成。

四　香港留学の意味について

ところが、実際に留学生が派遣され、二年、三年と時間が経過するに従い様々な問題が浮上してきた。その最も重大な問題は所定の留学期間を終えた人材を適材適所に配置することであった。すなわち、外交舞台での活躍が期待される人材は、中国語の運用能力の他に外交舞台での交渉を任される実務能力と英語による交渉能力が必要であったのである。

桑兵氏は論考「近代日本留華学生」の中で、留学生は所定の期間が修了すれば中国にとどまり、あるいは日本に帰国して外交事務につき、一部の人は広東語の学習のために香港皇仁書院に留学した、と記述しているが、留学生の香港への派遣は単なる広東語の学習のためではなかった[23]。勿論、広東語学習の必要性がとくに経済方面では切実に必要であったことは言うまでもない。例えば、若干時代を下るが、大正元（一九一二）年七月に広東総領事の赤塚正助は広東へ外務省留学生派遣を要請する「広東留学生派遣方稟申の件」と題する次のような一文を外務大臣内田康也宛に提出しているのである。

「広東は唯り南支那に於ける商業の中心点なるのみならず、北支那各地に於ても広東商人の勢力は実に蔑るべからさるものあり。其他南洋各地に在留する支那人中にても又もっとも有力な一部を占め居る有様にて、広東商人の所在分布せる範囲は頗る広大なるも、（中略）前顕事情御考察の上合格者一名とくに土語研究の為当地へ御派遣相成候様所詮義相成度[24]」。

しかし、中国に派遣された外務省の留学生が香港へ再び派遣される理由は、広東語の学習の他に英語を学習するためというものであった。この間の事情について「清国留学生満期後処分法議案」（明治一九年、一八八六年）は次のような認識であった。

「（前略）留学生の満期成業の者は本省中に適職の位置ある場合に於ては其学力才能に応じ相当の俸給を給して之を使用せられ、其位置なき場合に於ては、始り之を清国に在る公使館若く領事館附属語学生とし、半日若くは数時間館中に在って相当の館務を執らしめ、其余暇を以て英語を学習せしむることに致度。元来清国留学生は其修得する所、其見聞する所僅かに清国一地に界限し、欧米の学術国情に至ては茫然たるを以て自ら其見識狭隘にして、外交上の事は勿論通商上のことに於いても現今開明の時勢に適し難く。故に後来亜細亜地方の事務に使用せんと欲するには、清語（筆者注―中国語）の外必ずや英学を兼修せしむること必要（後略）」[25]。

中国での留学生活を無事終了した留学生に対して、さらに英語の学習を追加する計画は直ちに実行に移された。すなわち、翌年の一八八七年六月には北京、天津、漢口の公使と領事に三名の留学生を香港に留学させることを命じる以下の電文が打電されている。

「清国留学生は従来、支那学のみを学習し来し処、後来清国公館の館務に従事せしめ□□英語をも兼修せしめ方緊要と省し。然るに清国に於ては支那語および英語共規則立ちたる学校の設けナシ、且監督の方法も自ら不十分に□処、幸い香港中央学校の設け有、専ら東洋人の為め英（英語）清（中国語）両学を教授し別紙の通り学課にて可

図-4

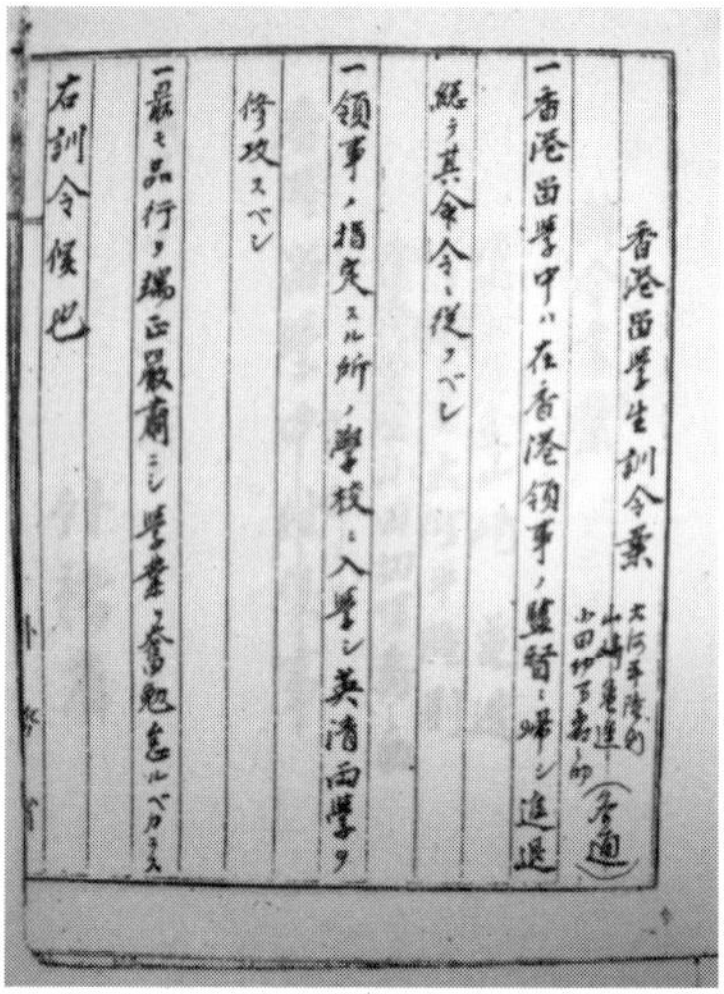
香港留學生訓令案

一香港留學中ハ在香港領事ノ監督ニ帰シ進退

総テ其命令ニ従フベシ

一領事ノ指定スル所ノ學校ニ入學シ英清両學ヲ

修攻スベシ

一最モ品行ヲ端正厳粛ニシ學業ヲ奮勉怠ルベカラス

右訓令候也

出典：「香港留学生訓令案」、外務省外交史料館所蔵『外務省留学生関係雑件』請求番号6-1-7-6-1、所収）。

なり適当なる課程の様見受け、就ては目下其地留学生（天津では小田切万寿之助、北京では山崎亀造、漢口では大河平隆則）一名を択び香港留学を命し（後略）」。[26]

当時、香港留学を命じられた上記三名の学生には、留学期間中は香港領事の監督を受けることと、領事が指定する学校に入学して、英語と中国語の勉強に勤しむことが訓令された（図-4を参照）。そして、外務省留学生の香港留学のために急遽準備されたのが「香港留学生徒規則」である。それによれば、香港留学生は留学期間中学費として一名につき日本銀四二〇円並往復の旅費が支給され、成業の上は本省に対する報酬義務として五カ年間にわたり職務に従事することになっている[27]。

以上、明治一六（一八八三）年を前後した時期、日本の外務省において中国に留学生を派遣する制度が確立し、留学生が選抜、派遣される過程、中国現地における学力試験のこと、さらには香港に留学する意味などについて述べてきた。それでは、次は、外務省派遣の留学生制度が一つの転機を迎える明治三五（一九〇二）年を前後した時期の動きをみてみたい。

五　明治三〇年代の留学制度の改革をめぐる論議

日清戦争と義和団事変を経て、中国との政治、経済方面における交流がさらに増加したことは、外務省の中国関係の人材育成を加速するよう迫るものであると同時に、明治以来の清国留学生制度の改善が必要であることを改めて認識させるものであった。この間の事情を「在清国外務省留学生に関する件」（明治三五（一九〇二）年）[28]は次のように述べている。

「清国に関する諸問題が欧米諸強国とますます重大な課題を有するに至りしより以来、各国政府は従前に比し一層多くの留学生を当国に派遣して、国語国情の研究に頗る力を用い居候。此等各国留学生派遣の方法に付ては大約二様の区別あるものの如く身受けられ候」。

そこで留学生を派遣する諸外国の派遣方法として、一つは普通の学識を有する程度の弱年の学生を派遣し、厳重なる監督の下に学校の授業に参加するイギリスやアメリカ式の制度、もう一つは、大学卒業生、または同等の学力のある者を採用し派遣するドイツやロシア式の制度が考えられるが、日本は大学卒業または同等の学力のあるものが外務省留学生として受験することは考えられないので、イギリスやアメリカのように若年留学を採用すべきであるとする。これによれば、イギリスは二〇歳前後の大学を卒業した学生から定員五名の中国派遣留学生を採用し、北京公使館内に居住し、公使館雇用の中国語教師から数時間の中国語を勉強し、一年ごとに試験を実施し、五〇ポンドの奨学金を支給し、卒業試験の合格者は公使館の通訳、または内陸の副領事として採用し、平均六年間の時間を語学勉強に費やしているといい、アメリカもこの制度に追随する動きを見せているという。

しかし、これに比べれば、「列国中清国に対し最大なる利害関係を有し同種同文の関係よりして清国研究に最も多くの利便を有し最詳に清国を知り得べき本邦人中には、意外にも真に清国を知れるもの極めて小数なる次第有之候」という状況を打破する必要があり、中国への留学生を増やす奨励策として、次の五か条にわたる改善策を提示している。[29]

① 中国への留学生を採用するに当たり尋常中学卒業以上の学力、または、書記生試験と同等の試験に合格すること。ただし、その試験科目の外国語に英語、またはフランス語を含めること。

② 中国への留学生の定員を六名とし、北京に派遣し、公使館構内または指定の場所に居住させ、公使館内で一定の時間を学習に当てること。

③ 留学生は公使の総監督の下に属し、公使は館員のなかから監督主任を指名し、六ヶ月毎に試験を実施すること。

④ 留学生は中国語の他に英語、またはフランス語を勉強させ、その他、国際公法、刑法、商法、経済学の中から研究を行い、毎年一回論文をつくり、公使経由で外務大臣に提出すること。

⑤ 三年の留学期間が終了した時点で卒業試験を行い、合格者は七級以上の外務書記生に任命し、中国の公使館、または領事館に勤務させること。とくに、成績が優秀なものは欧米の公使館や領事館に勤務させること。

その他にも作成部局や作成者は不明であるが、ほぼ同じ時期に提出されたと推定される「支那語書記生通訳生学生の件」という題の文書が留学生制度の改正策を提案している。[30] それによれば、「従来在支各公館に支那語に通達したる館員の少なきか為、公務の遂行上甚大の不便ありたる処、近年我が一般経済界の盛況に連れ談語に熟達せる書記生通訳生にして辞任したるもの少なからず」、その対策を怠れば、各領事館の事務に与える影響は計り知れなくなるとし、成績優秀者について破格の待遇をすることを提案している。

すなわち、将来、副領事または通訳官として任用する見込みある人材には欧米諸国に三年以上在勤させ、昇給や手当ての面においても厚遇し、人材を集めることを主張する。その具体的な方法として、（一）現に中国に滞在中の留学生に対して、年二回定期的に日本語の中国語訳と中国語の日本語訳、さらに、論文問題を定めて解答させ、外務省任用の際にはこの成績を反映させること、（二）また、留学生採用の方法として、選抜試験の他に、外国語学校、同文書院、東洋協会学校、善隣書院の四学校より成績優秀者を外務省留学生として採用すること、（三）各府県の中学校、台湾、朝鮮、および関東州の中学校卒業生で優秀な人材は上記の四学校に入学させ、同じ条件で厚遇することなどを提案している。

以上、明治期の外務省派遣の留学生が中国で派遣される過程について述べてきたが、その後の大正期の初期の留学生に関連する外務省の記録は管見の限りでは見当たらない。大正期とは、中国では辛亥革命の後の中央政局が混乱した時期を含め、さらに一九一五年を前後した二一カ条要求などをめぐって日中関係が最も険悪になって時代であったので、外務省からの留学生派遣が容易ではなかったことを推測できるが、そのような政局が外務省留学生の中国派遣にどのような影響を及ぼしたのか、は今後さらなる資料の発掘を待つ必要がある。

六　外務省留学生の東亜同文書院への委託教育——一九二〇年代の新たな動き

ところで、時期を経た大正八年からは外務省の中国派遣の留学生の動向を窺える資料がいくつか現存している。以下、これらの資料を参考に一九二〇年代の外務省派遣の留学生が上海の東亜同文書院に委託教育される過程について触れておきたい。[31]

東亜同文書院とは、「支那保全」を主旨とする東亜同文会が中国で開設した教育機関の一つで、明治三三（一九〇〇）年に南京で開設した南京同文書院にその淵源を求めることができる。

東亜同文書院の歴史については既に多くの先行研究があるのでここでは触れないが、一九二〇年代の東亜同文書院は、上海徐家匯虹橋路校舎時代と呼ばれ、学校の教育と施設共に充実して最盛期を現出していた時代であった。例えば、藤田佳久氏は「『幻』ではない東亜同文書院と東亜同文書院大学」のなかで、ビジネススクールとして誕生した東亜同文書院は一九一四年に従来の商務科と政治科に加え、農工科が増設され、総合高等専門学校へ発展し、一九一七年の虹橋路校舎の完成によって理想的なキャンパスを実現したとまとめている。[32]

たしかに、東亜同文書院が目指した教育の方針が政治、経済、教育部門における日中の人材育成であったことは、外務省が目指す中国専門家の育成という目標とも大いに合致するものであった。そこで、外務省は、最初は、東亜同文書院の卒業生を外務省の留学生として採用することからはじめ、後には留学生の教育全般を東亜同文書院に委託する関係へと発展することになる。ただし、東亜同文書院が外務省の留学生教育を受託していたことについて『東亜同文書院大学史』は触れていないので参考にすることはできない。そこで、いまは断片的ではあるが、外務省外交史料館が所蔵する史料によりながら外務省の留学生教育と東亜同文書院との関係について触れておく。

まず、最初に大正九（一九一九）年七月の上海総領事有吉の報告「外務省留学生志望者募集方に関する件」[33]によれば、当初、外務省は上海の同文書院卒業生の中から一部の学生を試験により外務省派遣の留学生として採用し、三ヵ年の中国語と蒙古語を修学させ、外務省書記生として採用することを東亜同文書院側と交渉し、毎年一定数の人員を採用する計画を立てた。外務省が中国に派遣する留学生を東亜同文書院の卒業生から採用することを計画したのは、中国に興味をもつ優秀な人材を毎年確保することがなかなか難しかったことに原因がある。その事情を「支那語留学生採用案」は次のように述べている。

「支那語留学生の養成は□急務とするに拘らす、他語留学生に比し応募者少なく、現在支那留学生は大正五年度に採用せる三名あるのみにて昨年両名の留学生試験には一名の合格者をも採る能はす、今回の試験に於ても規定募集人員八名に対し僅かに四名の応募者あるのみにて、其応募者中幾名の合格者を□きやすら疑しい状態にあり。（後略）[34]」。

外務省としては、中国への留学を希望する学生の募集が思うようにいかないために、新たな対策を必要とし、そこで登場したのが東亜同文書院への教育委託と、そこの卒業生の中から留学生を採用する計画であった。

この東亜同文書院を媒介とした留学生教育の計画は、僅か四ヶ月後の一九一九年一一月には横山英、前田正憲、奥山実太、池田千嘉太、衛藤隅三の五名の教育委託が東亜同文書院宛に依頼される形で実現した。この五名の留学生の東亜同文書院への教育委託については、北京駐在公使小幡酉吉から上海総領事山崎馨一に宛てた「外務省留学生監督方の件」にその詳細が記されている。

「右五留学生は過半当地の留学を命せられたる処、本人の学力其他勉強監督の必要上、貴地同文書院に委託教育をなし、各当人の成績により或は必ずしも三年の終了を待たす更に当地に一年乃至二年支那語文の習得を為さしむる方、至極適当と認め、本省大臣に稟申の結果、今回愈貴地留学を命せられ、不日出立□候[35]」。

このときの留学生の費用は、大体年額の九〇〇円の他に五割の増給をし、合計約一、三五〇円が支給されていたという。ところで、この一、三五〇円という金額は当時としては破格の待遇であったことが、大正九（一九二〇）年九月の上海領事山崎馨一の別件報告「東亜同文書院委託学生に関する件」をみてもわかる。

「（前略）今般別紙記載の通学生六名を派遣□其の学資年額は、規定上一人に付千三百五十円にして三ヵ年分四千五十円の計算となるも、実際同院学生として要する経費は一ヵ年五百四十円、三ヵ年分千六百二十四にして、前記四千五十円に比するときは尚二千四百三十円の割余を生すへきに付、之を以て同院卒業後更に二年以内に適当の地に留学せしむる費途にあてしめ度候[36]」。

留学生の教育が東亜同文学院のカリキュラムに沿って進むということは、学期中に試験が課されることを意味する。東亜同文書院が大正九年一〇月に実施した試験の成績によれば奥山實太を除いた前田正憲、池田千嘉太、横山英、衛藤隅三の四名は第二学年への進級が許されたが、奥山の場合は落第している。いま、東亜同文書院側の留学生に対する評価を紹介しておこう。

「今回該書院より別紙甲号の如き成績表と該学生等に関する書院側の観察に関する別紙乙号写しの如き書面を送り越し候。右にて大略御了承相成度。該学生等は入学期か普通学生より多少遅れたると何時迄在学するものとも定まらすとて、兎角落ち付を欠き自然各学科に亘り勉強せさりし傾きありしため、一般に成績よろしからす。殊に奥山実太は病気のため第一学期試験を受けさりし結果、学年試験の平均点に影響を及ほし、遂に原級に留らざるを得さることと相成候[37]」。

このような試験結果に対して、奥山実太は同文書院の第一年級の学課を落第したことに鑑み、学生寄宿舎を離れ、別居しながら聴講生として語学、支那時文などの必要な学課に通いながら、必要な科目については第二学年の授業にも出席することを希望し、この願いは許可された。

また、当初計画された東亜同文書院で委託教育を受けた留学生の卒業後の追加留学生の件も原案通り実施された。例えば、大正一一（一九二二）年六月に卒業を迎えた池田千嘉太と横山要の二名は、卒業後の追加で行われる留学先の選定をめぐって上海総領事船津辰一郎に相談している。この相談に対して船津辰一郎は、次のように回答している。

「右留学地としての小官の卑見は、他の事情の許す限り北京を最も有益と思考せられ候。同書院の修業年限は僅に三年にして其間他に修むへき多数の学課を有し、到底支那語にのみ全力を集注する能はす。故に卒業後尚ほ一二年引続専心支那語を修めしむるに非されば、尚ほ実用に際し遺憾尠なからすと認められ、之が為支那語学習に最も便宜多き北京に於て残期の留学を継続せしむることと致度[38]」。

勿論、東亜同文書院への委託教育がすべての留学生に対して評判が良かったわけではない。とくに、東亜同文書院のカリキュラム通りの勉学に従事し、学校での生活が厳しく管理される体制に対しては不満を述べる留学生もいた。

その典型的な例が、東亜同文書院への委託教育が始まった過渡期の大正八（一九一九）年までの外務省留学生規則で北京に渡った前田正勝の場合であろう。以下の前田正勝の陳情書を引用し、外務省留学生の教育が東亜同文書院へと委託された時期の問題点をさぐる。

「北京到着後は更に北京日本公使館の都合に依り上海に転学せしめられ候。然る処、転学当時は留学生規則上、仮令同文書院に居るも書院の商務課の如きに正式入学の必要なく、且又北京公使館の一部の人の言う如く、約一ヵ後には再び北京に到り自由勉強（勿論一定の処に収容し一定の支那語に関する課程は受くべき事あるも）を為し得べしと信じ居りしも、期待は全然相反し申し候。（中略）以上の如く小生等は留学当時の規則全然予期に反し彼一般的欠陥ある学校教育制度の下に唯学校の肩書きを得んが為貴重なる能力と時間と費用とをフリに消費し、而も尚他国同期留学生の地位以下に転下され申候。（後略）」[39]。

この表現をみれば、前田正勝は、東亜同文書院のカリキュラムに則り勉学することとは、以前の公使館や領事館で寄宿しながら必要に応じて中国語を勉学することに比べれば、甚だ自由が束縛されることと受け止めていたようである。しかし、上海総領事館からみれば、前田正勝の不満は考慮に値しない些細な問題であった。当時の上海総領事船津辰一郎は東亜同文書院での勉学の条件について、次のように述べ、ついに前田正勝の留学生資格を罷免することを外務大臣に報告した。

「（前略）又陳情書中『小生等は在滬中は恰も人が誘拐を受け他国に於て苦役に服するが如き感をなし』云々の不

穏当なる一句有之、東亜同文書院に於ける修学が留学生に取り甚たしく苦痛なるか如く解せらるる次第なるが、同書院は屢々変遷を経て目下各般の施設完備し、且つ其教育方針に於ても殆ど申分なき状態なるは衆人の認むる処に有之。斯かる学校に於て修学することを厭う理由を知るに苦しむ次第に有之候（後略）[40]」。

以上、外務省の留学生が大正八年（一九一九）以降は上海の東亜同文書院に委託教育される経緯について触れてきたが、このような委託教育は中国においてだけではなく、同じく外務省が派遣したロシア留学生の教育においても採用されていた。大正一〇（一九二一）年六月に外務大臣内田康哉からハルビン松島総領事宛に送られた「日露協会学校委託学生派遣に関する件」によれば、外務省は従来ハルビン、ウラジオストック、ニコリスクなどにロシア語の留学生を派遣し、領事の管轄の下で適宜な方法でロシア語の人材が養成したが、その成績は芳しくなく、将来は中国のハルビンに位置する日露協会の学校にロシア語留学生を委託する制度を実施したい旨が記されている[41]。

結びにかえて

以上、明治期から大正期の間に外務省の中国派遣の留学生がどのような制度や考え方のもとで派遣されたのか。留学生の選抜試験の具体的な内容や留学先での学力試験などについて触れてきた。本稿の最も大きな意義は、最初に紹介した桑兵氏の論文が提示できなかった留学生の派遣に関連する外務省の第一次資料を発掘し、紹介したことにある。また、従来の先行研究では触れることがすくなかった外務省の委託教育が一九二〇年代に本格化し、中国現地に設置された東亜同文書院を通じて実施されたことを確認することができた。

明治から大正にかけての日中間の交流は政治、経済、社会、文化のあらゆる分野において急激に拡大した時期であった。日清戦争や義和団事変、辛亥革命、二一か条要求など日中の政治や軍事面における対立は強まるばかりであったが、この対立は中国と日本の双方にとって、互いを理解できるより多くの人材を養成する必要があることを意味する。明治の末期多くの留学生が中国から来日し、日本モデルの導入に熱心であったことは、日本が欧米の先進文明を巧みに受け入れた模範モデルであるという期待があったからに他ならない。

しかし、日本が中国に求めたのは、とくに一九三一年の満洲事変以降においては領土の拡張と支配の徹底という暴力を随伴するものであった。外務省が派遣する中国への留学生派遣制度も、この動きに符合するかのように、すべての留学生を外務省が直接監督する第一種から第三種までの補給生制度へと舵を切った。

本稿では明治期から大正期にいたるまでの外務省の中国派遣の留学生の実態について、ごく限られた資料であったがその一端を紹介してきた。同時期の日本人の中国への留学について、中国側は彼らの活動をしばしば探偵やスパイという先入観で片付けてしまい、日本側は日中友好とアジアの平和のための橋渡しの役割という理想論に集中し、その実態については多くは触れていないように思われる。しかし、いまこそ集中すべきは、本稿で取り上げたような事実の確認を積み上げていく作業ではなかろうか。たとえば、日本の省庁（文部省、大蔵省、農商務省、陸軍、海軍など）で個別に派遣した中国への留学生の実態はいかなるものであったのかなど、まだ取り組むべき課題は多く残っている。

【付記】本稿は、二〇〇六年三月四日に神奈川大学で開催された国際シンポジウム「中国人留学生と日中戦争」（主催：科学研究費基盤研究B（一般）「東アジアにおける『学』の連鎖」、代表・大里浩秋）における口頭報告「日本人の中国留学に関する史料紹介」を増補したものである。

●注

（1）実藤恵秀『中国人日本留学史稿』（日華学会、一九三九年）。阿部洋『中国の近代教育と明治日本』（龍溪書舎、二〇〇二年）。阿部洋『近代日本のアジア教育認識』（科研、総合A、成果報告書、平成六・七年度、一九九六年）を参照。

（2）大里浩秋・孫安石編『中国人日本留学史研究の現段階』（御茶の水書房、二〇〇二年）。中国側の最新の研究成果については、李喜所主編『留学生与中外文化』（天津、南開大学出版社、二〇〇五年）を参照。

（3）石附実『近代日本の海外留学史』（ミネルヴァ書房、一九七二年）と渡辺実『近代日本海外留学生史』（講談社、一九七七年）を参照。

（4）石附実、前掲書、二〜三頁。

（5）桑兵「近代日本留華学生」（『近代史研究』、中国、一九九九年三月号。本書にその翻訳が載っている）。

（6）桑兵氏は前掲論文の中で日本人の清国、または中国へ留学生を総称する用語として「留華学生」という概念を用いている。これは中国人の日本留学生を呼称する「留日学生」という用語の対をなす概念であり、今後、中国側の留学生研究で定着して行く可能性がある。但し、本稿では「留華学生」という用語のかわりに「日本人中国留学」というより一般的な表現を用いることにする。

（7）一九三〇年代以降の外務省派遣の留学生については本書所載の大里浩秋「在華本邦補給生、第一種から第三種まで」に詳しい。

（8）桑兵、前掲論文一五七頁でも東亜同文会編『対支回顧録』（原書房、一九六八年復刻版）をもとにこれら七名の中国への派遣についてふれている。

（9）（10）「北京留学生増員の儀に付建議」、外務省外交史料館所蔵『清国へ本省留学生派遣雑件』（請求番号6—1—7—1）

所収。

(11) 外務省外交史料館所蔵『清国へ本省留学生派遣雑件』（請求番号6-1-7-1）、所収。

(12)「北京へ留学生派遣の義に付上申」、外務省外交史料館所蔵『清国へ本省留学生派遣雑件』（請求番号6-1-7-1）、所収。

(13)「清国留学として瀬川浅之進以下北京へ派遣に関する件」、外務省外交史料館所蔵『清国へ本省留学生派遣雑件』（請求番号6-1-7-1）、所収。

(14) 興亜会が運営した支那語学校とは、同会が経営した興亜学校を指すものだろう。興亜学校については葛生能久『東亜先覚志士記伝』（復刻版、大空社、一九九七年）の「興亜会の創立」、四一四頁—四一六頁を参照。

(15)「清国北京留学生規則」、外務省外交史料館所蔵『清国へ本省留学生派遣雑件』（請求番号6-1-7-1）、所収。

(16)「留学年限延長の儀榎本公使より稟申の件」、外務省外交史料館所蔵『清国へ本省留学生派遣雑件』（請求番号6-1-7-1）、所収。

(17) 外務省留学生呉大五郎から外務省宛の願書、外務省外交史料館所蔵『清国へ本省留学生派遣雑件』（請求番号6-1-7-1）、所収。

(18) 注16に同じ。

(19)「清国留学生増員之儀に付上申」、外務省外交史料館所蔵『清国へ本省留学生派遣雑件』（請求番号6-1-7-1）、所収。

(20)「北京留学生試験成績審査意見書」、外務省外交史料館所蔵『清国へ本省留学生派遣雑件』（請求番号6-1-7-1）、所収。

(21)「留学転地願」、外務省外交史料館所蔵『外務省留学生関係雑件・亜細亜及亜米利加の部』（請求番号6-1-7-6-1）、所収。この他、外務省留学生として上海に滞在していた豊島捨松も明治一九年五月に江西省九江への「留学地転地御願」を提出している。

(22)「公信第十五号」、外務省外交史料館所蔵『外務省留学生関係雑件・亜細亜及亜米利加の部』（請求番号6-1-7-6-

1）、所収。

（23）桑兵、前掲論文一六〇頁を参照。

（24）「広東留学生派遣方稟申の件」、外務省外交史料館所蔵『外務省留学生関係雑件・亜細亜及亜米利加の部』（請求番号6-1-7-6-1）、所収。

（25）「清国留学生満期後処分法議案」、外務省外交史料館所蔵『清国へ本留学生派遣雑件』（請求番号6-1-7-1）、所収。

（26）明治二〇年六月三日起草、特命全権公使宛、送第五六三九号、外務省外交史料館所蔵『清国へ本留学生派遣雑件』（請求番号6-1-7-1）、所収。

（27）「香港留学生徒規則」については、外務省外交史料館所蔵『外務省留学生関係雑件・亜細亜及亜米利加の部』（請求番号6-1-7-6-1）を参照のこと。

（28）外務省外交史料館所蔵『外務省留学生関係雑件・亜細亜及亜米利加の部』（請求番号6-1-7-6-1）、所収。

（29）同上

（30）「支那語書記生通訳生学生の件」、外務省外交史料館所蔵『外務省留学生関係雑件・亜細亜及亜米利加の部』（請求番号6-1-7-6-1）、所収。

（31）以下の東亜同文書院に関連する記述は、大学史編纂委員会編『東亜同文書院大学史』（滬友会、一九八二年）による。

（32）藤田佳久「『幻』ではない東亜同文書院と東亜同文書院大学」（『東亜同文書院大学と愛知大学』愛知大学東亜同文書院大学記念センター、一九九三年）。東亜同文書院を「民間」の「ビジネススクール」としてみなすとらえ方については、その学校が外務省の多額の補助金によって運営されていたことを考えれば、大きな疑問を抱かざるを得ない。東亜同文書院に対する外務省からの補助金については外務省外交史料館所蔵『東亜同文会関係雑件・補助関係』（請求番号H-4-2-0-1-1）を参照。

（33）「外務省留学生志望者募集方に関する件」、外務省外交史料館所蔵『外務省留学生関係雑件・亜細亜及亜米利加の部』（請求番号6-1-7-6-1）、所収。

(34)「支那語留学生採用案」、外務省外交史料館所蔵『外務省留学生関係雑件・亜細亜及亜米利加の部』（請求番号6―1―7―6―1）、所収。

(35)「外務省留学生監督方の件」、外務省外交史料館所蔵『外務省留学生関係雑件・亜細亜及亜米利加の部』（請求番号6―1―7―6―1）、所収。

(36)「東亜同文書院委託学生に関する件」、外務省外交史料館所蔵『外務省留学生関係雑件・亜細亜及亜米利加の部』（請求番号6―1―7―6―1）、所収。

(37)「外務省留学生に関する件」、外務省外交史料館所蔵『外務省留学生関係雑件・亜細亜及亜米利加の部』（請求番号6―1―7―6―1）、所収。

(38)「東亜同文書院委託学生に関する件」、外務省外交史料館所蔵『外務省留学生関係雑件・亜細亜及亜米利加各地』（請求番号6―1―7―6―3）、所収。

(39)「人事課普通第三三二号」、外務省外交史料館所蔵『外務省留学生関係雑件・亜細亜及亜米利加各地』（請求番号6―1―7―6―3）、所収。

(40)「前田留学生罷免に関する件」、外務省外交史料館所蔵『外務省留学生関係雑件・亜細亜各地』（請求番号6―1―7―6―3）、所収。前田正勝が外務省の委託教育に不満があったのは、彼自身が上海での勉学期間中に脚気病にかかり、一年間休学することを余儀なくされたことなどにも遠因があると思われる。前田の病気については「東亜同文書院依託学生前田正勝休学に関する件」、外務省外交史料館所蔵『外務省留学生関係雑件・亜細亜及亜米利加の部』（請求番号6―1―7―6―1）が詳しい。

(41)「日露協会学校委託学生派遣に関する件」、外務省外交史料館所蔵『外務省留学生関係雑件・亜細亜及亜米利加の部』（請求番号6―1―7―6―1）、所収。

駐清公使矢野文雄の提案とそのゆくえ

——清末における留日学生派遣の契機

川崎　真美

はじめに

日本への中国人留学生に関する研究は、さまざまな視角から進められてきた。現在も日中両国における研究活動は活発であり、対象とする時期は清朝末期から中華民国期へ、さらには現代へと広がりを見せつつある。なかでも清朝末期を対象とした研究の蓄積は相当なものとなっている。日本における先駆的存在は実藤《さねとう》恵秀《けいしゅう》であり、代表的な研究として『中国人日本留学史稿』（日華学会、一九三九年）、『中国人日本留学史』（くろしお出版、一九六〇年、増補版一九七〇年）、『中国留学生史談』（第一書房、一九八一年）などが挙げられる。一九七〇年代には黄福慶、細野浩二を中心に、十九世紀末における清国の留日学生派遣政策に関する研究が進められ(1)、その後も同テーマを扱った研究が続けられている。本稿は、これらの研究において清朝中央、すなわち光緒帝、総理各国事務衙門（以下、総理衙門と略す）やその周辺が留日学生派遣へ向けて動き始めた契機と位置づけられている、駐清公使矢野文雄(2)の「留日学生派遣の提案」に関する一考察である。

先行研究では、矢野の総理衙門に対する「留日学生派遣の提案」（以下、「提案」とする）が端緒となり、清朝中央の留日学生派遣へ向けた動きが始まったとして、その経過を論じることが多い[3]。すなわち、矢野の「提案」を受け止めた山東道監察御史楊深秀が「請議游学日本章程片」[4]を上奏したことで、清朝において留日学生派遣が積極的に議論されるようになったと考えられている。しかし、契機として「提案」が取り上げられることは多いものの、その背景である日本側における「提案」前後の西徳二郎外相[5]と矢野のやりとりについては、必ずしも明らかになってはこなかった。また、「提案」を引き継いだ林権助臨時代理公使[6]がどのように「提案」に対処したのかについては、ほとんど論じられることがなかった。清朝が留日学生派遣を考える契機となったこの「提案」について考察を加えることは、先行研究の空白部分を補うとともに、先行研究への理解を深めるのに有用である。そのため本稿においては、矢野の清朝中央に対する「留日学生派遣援助の提案」を中心として、当時の日清間に存在した他の外交問題を交え、「提案」がどのような状況のもとで提起されたのか、またどのような経過を辿ったのかを明らかにすることを目的とする。

本論に入る前に、本稿の中心人物である矢野文雄が駐清公使となる経緯に触れておく。

一八九六（明治二九）年九月、自由党と提携していた伊藤博文内閣に代わって松方正義内閣が誕生した。大隈重信が外務大臣として入閣し、松隈内閣とよばれた。その際、矢野文雄は法制官僚の頃からの付き合いである大隈から公使になることを打診される[7]。当初矢野は原敬が辞任した朝鮮駐剳公使の後任になるよう、大隈から依頼された。しかし、伊藤に相談にいった矢野は、伊藤から朝鮮駐剳公使よりも駐清公使の方がよいと促され、大隈に対して清国駐剳を希望した。大隈の賛同を得た後、矢野は内閣交替が起こってもその度に更迭されることがないようにするという保証を伊藤から取り付け、公使就任を承諾した[8]。一八九七（明治三〇）年三月、外交経験のない矢野は駐清特命全権公使に任命され、六月初旬に北京在勤となる。矢野は駐清公使として清国の重鎮たちと私的交流を深めたいとする意気込みなどを、書簡でたびたび大隈に伝えている。[9] しかし同年十一月、早くも大隈が外相を辞任する。そして海外経験の豊富な西徳二郎が黒田清隆の推薦、松方の説得に応じて外務大臣となる。矢野は伊藤宛の書簡において、「西氏トハ未タ熟知之間柄ニモ無之、遠隔之地自ら決し兼候場合ニ有之恐入候得共、閣下何卒小生の為め去留の可否を御定メ被御見込之処を以て、西氏に打合セ被下様奉願候。……去留不定ニテハ何事も手を下し兼候事情有之候得ハ也[10]（引用文に適宜句読点を加えた。以下も同じ）」と、面識のない西が外相になったことへの不安を訴えている。そのような中、ドイツによる膠州湾事件が起こり、清国を取り巻く列強の情勢に変化が生じる。

以下、本論では「提案」の前段である福建省不割譲問題を皮切りに、「提案」を取り巻く事象について検討を加えることとする。

一　福建省不割譲問題

一八九八（明治三一）年二月十一日、清国はイギリスに揚子江沿岸一帯の不割譲を約束した。そして同年三月六日、ドイツは九十九年間の膠州湾租借権、膠済鉄道敷設権、鉱産物採掘権を獲得し、三月二十七日、ロシアも二十五年間の大連・旅順租借権、南満州鉄道敷設権を獲得した。さらに、四月九日にはフランスが広州湾租借、雲南鉄道敷設権等を要求するなど、当時列強は清国における利権を獲得、拡大する傾向にあった。日本も駐清公使矢野文雄が清朝中央に対して福建省不割譲を要求した。[11]

この福建省不割譲の要求を考案したのは矢野自身である。矢野は西徳二郎外務大臣に対する一八九八年三月二十六日付の機密第十七号「列国ノ対清要求ニ関シ意見具申ノ件」において、こう述べている。

当国ノ状勢已ニ斯ニ至ル上ハ、我邦モ他強国ノ我境土ニ逼迫スルヲ防キ且ツハ他日東亜大陸ニ地歩ヲ有スル為メ我境土ニ近キ清国ノ地区ヲ他国ニ譲与貸与セサルノ約諾ヲ同国ヨリ得テ置ク事、亦当然ノ手段ニ可有之哉ト相考候。(12)

すなわち、清国の中でも日本に近接した地域である福建省の不割譲を要求することを提案している。また、他の列強は侵略する意図があるのに対して、当時すでに領有していた台湾も含んだ日本に近接する地域を他国に割譲などされると、日本にも危険が迫ることから不割譲を要求することは理にかなっていると矢野は主張した。この機密第十七号は「四月七日接受」となっており、後述するように西は四月八日に返信する。しかし矢野は、西からの回答が遅れていると感じ、返答を催促すべく四月七日付で私信を送っている。

……先ツ小生ニ私ニ一個人トシテ清廷之重モナル二三ノ人物ノ意志ヲ探ルコトヲ御許可被下間敷哉。……翁、李、張、ノ三人ニハ小生親シク候故、右三人ヲ説キテ承諾セシムレハ、其上ニテ公然ノ提出ヲ為スモ事ハ必ス成リ可申候。右ハ時機余リニ後レ候テハ其甲斐ナク候故、可成ク此状御覧之上ハ一日モ速ニ電訓ヲ賜ハリ度候。又大局之上ニ於テ列国トノ間柄ニ御懸念御差支ヘノ廉モ候ハ、見合ハセ可申候。孰レニカ一電ヲ至急奉願候。(13)

矢野は正式な会談の際にことが円滑に進むよう、事前に総理衙門の王大臣である翁同龢・李鴻章・張蔭桓の三者を個人的に説得することを計画した。しかし、この書簡が西外相のもとへ届く前に、四月八日、西から矢野に電報が届く。西は福建省不割譲の提案を支持し、清国に対して然るべき時期にその要求を提出することを命じた。そして福建省における他国の動静を注視し、もし同省の譲与や租与などの要求があった場合に矢野の私見として日本政府は反対するであろう、と総理衙門に告げるよう指示した[14]。それに対して矢野は再び西に同月十日付の私信[15]を送る。その中で矢野は、福建省不割譲の提案を支持されたことを喜び、その提案を実行に移す方法として「鄙見」を述べている。

……公然之文書ヲ提出スル前ニ小生ニ命セラレ私ニ李、翁、張、三人ニ交渉スル事ヲ御許可被下置候。然ルトキハ可及キ手段ヲ用ヒ、示威運動ヲ要セスシテ成功スヘキ哉トノ見込有之得候也。若シ万一不幸ニシテ成功セスンハ、直ニ公然ノ懸合を始メ可申候。此ノ場合ニハ示威運動或ハ必要ト可相成候ニ付、政府ニ於テモ其ノ御用意御含ミハ内々被為在候様ニ相願置申候［注——傍線は引用者。以下の［ ］も引用者による注記］。

先の四月七日付の私信と同じく、矢野は李鴻章・翁同龢・張蔭桓と交渉することの許可を求め、もし交渉が難航して「示威運動」が必要となった場合を想定し、つぎのように続ける。

又已ニ台湾近海ニ運動ヲ始ル以上ハ、対岸ニ於ル一湾ヲ占領スル方一方便歟ト愚考仕候。何トナレハ斯ル運動ヲ為ス以上ハ更ニ一条件ヲ加フルモ不可ナシト存申候得ハ也。然レトモ最初ヨリ占領ノ意ナキ態度ヲ示シ置カハ、万一他国ヨリノ干渉アル節ニ手ヲ引クモ左迄不都合ハ無候哉ニ被考候得ハ也。而テ干渉ナクンハ一条件ヲ加ル事ト被為候ハ、如何哉。

この「示威運動」だけでなく、本書簡の附属書と推測される「清国ニ関スル卑見考察[16]」においては、列強が清国を連合監督する時代が来た際には日本も伍入することを提示するなど、矢野がさまざまな事態を想定していたことがわかる。その後、西から清側の賠償金支払いに支障をきたさぬよう、福建省不割譲を清国に対して要求する決定が下り[17]、矢野は当初予定していた三者ではなく、李鴻章、張蔭桓の二者と事前に会合を行うこととなった。その場で矢野は李、張の二者に対し、日本が自衛のためにどのようなことを必要とするのか、西洋諸国の態度・要求と異なり、日本はいかに「友情ヲ重スルカ」などの事柄を繰り返し説明した。長時間の問答の末、「日本政府ノ要求カ福建省及ヒ鉱山等ノ事ニ止マラハ彼等ハ力ヲ尽シテ其成功ヲ助クヘシ。若シ其ノ以外ニ渉テハ断シテ力ヲ致ス能ハストテ、本使「矢野」ニ向テハ又一面ニ右以外ノ要求ノ附加セラレサル様ニ尽力センコトヲ望ミタリ」[18]との言質を取った。このように矢野は李、張への説得を終え、正式な交渉に際して清国との福建省不割譲の約束を滞りなく取りまとめた。ところが、交渉を成功させ満足していた矢野のもとに、西外相から新たな訓令が下る。福建省における鉄道敷設に関する利権の要求である。先の会合に際して李鴻章らは、日本政府の要求が福建省不割譲に止まるのであれば協力し、それ以外に及ぶ場合は決して力とならないとしていたため、当然矢野にとってさらなる要求をすることは厳しい状況であった。そこで、矢野は清側の感情を和らげ宥めるため、留日学生派遣の提案をしたのである。

二　留学生派遣の提案

一八九八（明治三一）年四月二十七日付電信六十二号「福建省内鉄道利権ニ関シ訓令ノ件」において西外相は、清国による日清戦争の賠償金の支払いに影響を与えないよう考慮した上で、日本が優先的に福建省における鉄道敷設権を得ることを主張できるかどうか、矢野に問うた。また、主張する際に用いる草稿を提示し、もし主張することが可能であれば、清国が他列強に対して鉄道利権を付与してきたことを引き合いに出し、日本も福建省内における鉄道利権を要求する権利があることを主張するよう指示した(19)。それに対して矢野は、同月二十九日付第九十一号電信においてつぎのように述べている。

貴電六十二号に関して、本使［矢野］はその要求［福建省内における鉄道の利権獲得］は償金の支払いを妨げるとは考えず、いつでもとり行ってかまわないと思います。しかしながら、新たな要求によって清国の日本に対する感情を害さぬよう、清国の繁栄と独立を尊重する日本の実際の厚情を示すため、本使は清国にあえて提案します。もし清国が日本に派遣しようとするのならば、日本は相当数の学生を、軍事あるいは実用的な目的のために教育することで支援するのを厭わない、と。このことで日本に多少の損失があったとしても、将来的に良い効果があることは疑いないでしょう。追加の要求と同時にこれを提案することを認めていただきたい。先の不割譲の要求は、清国の日本に対する感情を害することなく適切に遂行され、今我が方には清国の好情を保つことが必要と思われます。もし提案が承認されるのであれば、提案と要求とを結びつけるために、無署名覚書に上記の趣旨を付け加え、さらに文中の表現に部分的修正を加える権限をいただきたい(20)。

矢野が留学生の受け入れについて言及したのは、これが最初である。「軍事あるいは実用的な目的（原文：for military and different practical purposes）」としていることから、軍事目的の留学生受け入れに主眼が置かれていることがわかる。同月三十日付電信六十五号で西はこのように答えている。

貴電九十一号に関して、示唆されたように無署名覚書にその提案を具体化することは望ましくない。しかしながら本大臣は、閣下が追加の要求を示す際に口頭で申し出ることをここに認める。さらに、今を好機と考えるならば、直ちに要求を提示すべきである。[21]

矢野は五月一日付電信九十三号において、五月六日あたりに提案をする予定であると返答する。[22] その後、福建省内の鉄道敷設権に関して総理衙門の大臣らの反対に遭いながらも、矢野は「清国政府ガ他日福建省内ニ鉄道ヲ布設スルニ当リ他国ノ資本、技師ヲ求ムル場合ニ於テハ、必ラズ先ヅ之ヲ日本政府ニ相談スベシ[23]」との言質をとって、決着をつけた。その報告として、五月十四日付の機密第四〇号信「福建省内鉄道ノ義ニ関シ電信往復並ニ原照会書其外口頭契約覚書等写相添申進ノ件」を西へ送り、その中で矢野は、福建省不割譲の要求を穏当に落着させた直後にもかかわらず、併せて同省の鉄道に関する利権を要求すれば、李鴻章・張蔭桓も他の大臣から反発を招く可能性があることを指摘する。そして、留学生引受けの件を提案し、福建省内鉄道の件とは分けて留学生引受けの件を扱うことを述べている。[24] その留学生の受け入れに関しての、二通の附属書をともなった機密第四十一号信「清国留学生ノ教育引受ノ義ニ関シ啓文往復写相添申進ノ件」は、第四〇号信と同日に併せて送られている。この第四十一号信から、矢野の総理衙門に対する「提案」の内容が明らかになる。矢野はまず、清国から留学生を受け入れる利点を、福建省内鉄道の利権獲得を成功することに効果があるだけでなく、「我国ノ感化ヲ受ケタル新人才ヲ老帝国内ニ散布スルハ後来我勢力ヲ東亜大陸ニ樹植スルノ長計ナルベシ」としている。また、清国が日本の兵制を模倣すれば、清国の軍事面を日本化することが可能であり、理系の学生が「器械職工」を学ぶことで日本の「工商業」を清国に拡張させる手引きとなり、文系の学生が日本の制度を勉強すれば清国の将来の進運を謀ることなどを例にあげ、このようにことが進めば日本の勢力を大陸に及ぼすことに疑いないとする。さらに、「清国官民ガ我国ニ親頼スルノ情ハ亦今日ニ幾十倍スベシ。是等ノ学生ガ日本ニ対スル縁故ヨリ、将来ニ於テ清国自カラ進ンデ続々学生ヲ我国ニ送出スルニ至リ、我国ノ勢ハ暗々裏ニ東亜大陸ニ増進スベシ」と述べている。機密第四〇号信にもほぼ同じ文言が見られるが、矢野は留学生の受け入れは日本の勢力拡大に有用であると力説する。

そして矢野は五月七日総理衙門に出頭し、福建省内の鉄道利権に関して協議を纏めた後、大臣らに対して以下のように演説した。

日清両国ノ間ニ於テ此度弥々償金完済威海衛占領軍引揚ノ運ビト相成、両国ノ輯睦益々厚カラント望ムノ時ニ於テ日本政府ハ、清政府ニ厚キ友情ヲ表セント欲ス。……清政府若シ学生ヲ日本ニ派遣スルニ意アラバ、日本政府ハ之ガ為メニ費用ヲ給シテ多数ノ学生ヲ引受ケ教育セント欲ス。是ノ好情ヲ諒シテ返答アリタシ。[25]

これがいわゆる矢野による「留日学生派遣の提案」であるが、演説に際して留学生の人数を予め定めておかなければならない状況にあったため、矢野は以下のように続ける。

本使ニ於テハ口頭ヲ以テ二百名迄モ引受クベキ旨申述、又費用ノ一段ニ至テハ……二百名ニ対スル一切ノ費用ヲ給セラル、事ハ政府ニ於テモ予期セラル、コト、存候。一名ニ付一ヶ年二三百円内外ニ過ギザルベシトセバ、二百名ニ対シ一ヶ年六万円内ニ過ギザルベク、斯カル僅小ノ費用ヲ以テ前顕大業ノ資本一部ト為スノ得失今更論ズルニ及バザル義ト存候。尚本使演説ノ要領ハ先方ノ望ニ任セ其翌八日……啓文トシテ発送、以後昨十三日坤号［附属書］ノ通リ我政府ノ好意友情ヲ感謝シ、当時日本語学校ヲモ開キタル際尚篤ト方法ヲ熟考シ、追テ更ニ可申進トノ旨回答申越候。蓋シ清政府ニ於テモ日本ニ学生ヲ派スルヲ好ム開進派ト之ヲ好マザル守旧派トアル如ク、而シテ前派ニ属スル大臣中ニテ李鴻章ノ如キハ勿論コレヲ悦ビ居候。二三守旧派ナル大臣等ノ意志結局如何ハ未ダ推シ測リ難ク候得共、本使ハ彼等ヲ説得シテ漸次多数ノ生徒ヲ我国ニ托セシメント期シ、追テ彼等ト商議シ詳細ヲモ打合ス心組ニ候(26)。

矢野は、口頭でもって日本が受け入れる留学生数を二百名までとし、留学に際してかかる費用、一人に対して一年約二、三百円、計六万円をすべて日本政府が負担することとした。しかし、清側の希望により、矢野はこの演説を漢文に認め発送し、清側からもこの申し出に感謝する文書を受けている。このことが後に西の反感を呼ぶことになる。その文書から李鴻章・栄禄・翁同龢・敬信・崇礼・許応騤・廖寿恒・張蔭桓が矢野との協議に立ち会っていたことが確認される(27)。そして、この矢野の提言により、清朝中央において留日学生派遣がはじめて案件となった。なお、留学生派遣に対して総理衙門の大臣らのすべてが好意的であったわけではないことには留意すべきであろう。

これを受け、山東道監察御史楊深秀が「請議游学日本章程片」を上奏する。この上奏文は変法派の代表格である康有為の起草によるものであったことが確認されている(28)。康有為の政治的意見を積極的に評価していた張蔭桓との関係から、さらに康有為が矢野文雄と面談を重ねていたことから(29)も矢野の提案は康有為により受け止められ、当時まだ上奏の資格を有していなかった康有為が楊深秀に依頼することで、「請議游学日本章程片」は上奏された。そして、戊戌変法の改革の中でも留日学生派遣は康有為を中心として取り上げられていくこととなる(30)。

矢野の提案は清側が留日学生派遣に向けて動き出す端緒となった。しかし、日本側の西外相は矢野の交渉内容に困惑した。一八九八（明治三一）年五月三十日起草、六月二日発遣の伊藤博文総理大臣に宛てられた西の書簡を見るとそのことが読み取れる。

抑当初同公使ヨリノ来電中右鉄道［福建省内の鉄道敷設利権］ニ関スル申込ヲ為スニ当リ帝国政府ノ好情ヲ表スル為メ、若干ノ清国留学生ヲ帝国ニ於テ教育スベキ旨ヲ附言スベシ。就而者之カ為メ帝国政府ニ於テ多少ノ費用ヲ要スルコト可有之モ、其ノ将来ニ於ケル結果ノ良好ナルハ疑ナカルベキ旨申越候ニ付、本大臣ニ於テハ右ニ所謂費用トハ帝国政府カ清国留学生教育ノ周旋等ノ為メニ要スル雑費ニ止マル義ト思考致候ニ付、右請訓ニ対シ留学生之件附言スルモ上者支ナキモ、之ヲ為スニハ書面ヲ以テセズ口頭ニテ可申入様旨電訓致置候次第ニ有之候。然ルニ右ノ義ニ関シ今般同公使ヨリ別紙写［機密第四十一号信］ノ通報告有之候ニ付、同公使ヘハ既ニ書面ヲ以テ斯ル申入ヲ為シタル以上ハ今更取消訳ニモ難参候得共、先方ノ答振ヲ見テモ左程熱心ニ此申入ニ乗ズル意気込モ不相見候ニ付、此方ヨリモ余リ挑動セズ可成其侭ニ致置候様訓令可致積ニ有之候。右御送付旁顛末ヲ併セ申進候也。(31)

つまり、西が先の電信六十五号において留学生引受けに関しては、口頭でのみ申出ることを許可し、書面をもって具体化することは許可していなかったにもかかわらず、矢野はすでにそれを文書化し、報告してきたのである。西は、清国に対して書面をもって申し入れをしてしまった以上、取り消すこともできないことと、機密第四十一号信の附属書である総理衙門からの文書を見ると、清側が積極的な反応を示していないことを根拠に、矢野に対し留学生の引受けに関するさらなる行動は自重するよう訓令すると述べている。(32)その訓令がつぎの同年六月三日起草、同月六日発遣の西から矢野に宛てられた機密第三十一号信である。少し長くなるが、その全文を掲載する。

清国留学生教育ノ義ニ関シ五月十四日附機密第四拾号中及同日附機密第四拾一号ヲ以テ御申越相成致閲悉候。右ニ依レハ閣下ニハ帝国政府ニ於テ多数ノ清国留学生ノ教育ヲ引受ケ、且之ニ関スル一切ノ経費ヲ支弁スヘキ旨ヲ清国政府江書面ヲ以テ御申込相成、且口頭ニテ二百名迄ハ可引受旨御陳述相成候由ニ相見ヘ候処、右ハ本大臣ニ於テ頗ル意外ニ存候。抑モ清国留学生教育ノ義ニ関シテハ閣下ヨリ前ニ第九十一号電信ヲ以テ御申越ノ次第ニ有之候ヘ共、右電信中ニハ単ニ清国政府ニ対シ帝国政府ニ於テ若干ノ同国留学生ヲ教育スヘキコトヲ申入レラレタシ。尤右ニ付テハ帝国政府ニ於テ多少ノ費用ヲ要スルコトモ可有之トイフニ過ギス候ニ依リ、本大臣ニ於テハ右ニ所謂費用トハ帝国政府乃留学生教育ノ周旋等ノ為メニ要スル雑費ニ外ナラサル義ト思考シタルヲ以テ右御請訓ニ対シ第六十五号電信ノ通訓令致候次第ニ有之候。元来帝国政府ニ於テ清国留学生ノ教育ノ為メニ六万円ノ巨額ヲ支出スルトイフカ如キハ、第一ニ其費用ノ出所ナキノミナラス其事柄自身モ又頗ル考慮ヲ要スル義ト存候。閣下ノ右ニ関スル御意見モ大体ニ於テハ一応御尤ノ様ナルモ、実際ノ裨益即其目的達シ得ヘキヤ否ニ至テハ判断甚難ク、成程清国家縉紳ノ子弟ニシテ是迄相当ノ家庭教育ヲ受居ル者共ノ中ヨリ撰抜シ帝国ニ於テ専門教育ヲ受ケシムル如キハ、或ハ有益ナルヘキモ概シテ報効ノ志ニ乏シク、且学資スラモ自弁スルコト能ハサルカ如キ貧家ノ子弟輩其撰ニ当リ続々派出シ、帝国政府ニ於テ是等之資ヲ給シ邦語ヨリ学ハシムルカ如キハ、果シテ良好ナル結果ヲ得ヘキヤ否ヤ甚タ疑敷コト、モ存候。我方ノミナラズ近来清国ニ於テモ大ニ自ラ顧ミル所アリタリト見ヘ、進ンテ留学生ヲ帝国ヘ派遣スルノ挙陸続相起リ、既ニ浙江巡撫ノ如キハ陸軍兵学研究ノ為メ四名又文学研究ノ為メ四名ノ留学生ヲ派遣スヘキコトヲ申込ニ来リ。又湖広総督ノ如キモ近々ノ中多数ノ学生ヲ派遣セシムル積ノ由申越居候様ノ次第ニ付、今我ニ於テ経費ヲ支弁シテマデ彼ノ留学生ノ教育ヲ引受ルノ必要アルヤ否ヤハ、是亦一ノ疑問ニ属シ候義ト存候。然ルニ此ノ如キ事柄ニ関シ閣下ヨリハ僅カニ第九十一号電信ヲ以テ前陳ノ通御申越相成候外、更ニ何等ノ詳細ナル御報道ナク本大臣ガ第六十五号電信ニモ拘ラス書面ヲ以テ右趣ヲ御申込相成タルハ、本大臣ニ於テ頗ル遺憾ニ存候所ニ有之候乍、併既ニ御申込有之候上ハ今更之ヲ取消コトモ難相成義ニ付、今般若シ清国政府ニ於テ愈右ノ申込ニ応シ留学生ヲ派遣スヘキコトニ決定致候トキハ、極少数ニ限リ何トカ都合相附ケル様詮議可致候得共、閣下ノ御照会ニ対スル彼方ノ回答ヲ見ルニ十分熱心ニ申ニ乗スルノ意気込モ不相見様被致ニ付、此上尚我ヨリ之ヲ挑動スルコトナク自然ノ成行ニ御任シ置相成候様致シ度右申進候也。

西はこの書簡で、先の伊藤総理に宛てた内容に加え、留学生を引き受けることが必ずしも良好な結果を得るかどうかは疑問であり、すでに浙江省は自ら留学生を派遣する動きがあること[33]などを例に挙げ、日本が経費を負担してまで清国の留学生の教育を引き受ける必要があるかどうかもまた疑問であるとし、かつ矢野がしたことに対して遺憾の意を表している。機密第四十一号信において矢野が「僅小ノ費用」とした六万円を「巨額」としているなど、節々に西の不快感が表れている。先行研究においてはこの西の書簡をもって、留学生引受けに関して「当時の日本政府の態度は、一言にしていうと無関心且冷淡であった[34]」、あるいは「[矢野]公使が当該提案[留学生引受の件]を提示する前後にあっては、西外務大臣も消極的ながらこれを許諾する意向を明らかにしていたにも拘わらず、これとは逆に、留日清国学生の受け入れに対する援助経費に疑問があるとして、その態度を一変させてしまった[35]」などと捉える傾向がある。しかし、西と矢野のやりとりをつぶさに見ていくと、矢野が西の訓令に従わないかたちで勝手に清国に対して書面をもって留学生引受けを申し出ており、そのことが、当初より積極的な態度を示していなかった西の態度をより硬化させたといえよう。

憲政党大隈内閣が成立した後、矢野はかねてからの願いである帰朝をすることとなった[36]が、その帰国中に戊戌政変が起こる。そのため、清朝中央の留日学生派遣に向けた動きも止まり、矢野の「提案」は留学生派遣の実現に帰結することはなかった。

次節では、「提案」がその後どのようになったのかを見ていく。「提案」をめぐってその後日本側にいかなる動きがあったのかについて、これまでの研究ではほとんど触れられることがなかった。しかし、この矢野の提案を引き継ぐかたちで代理公使の林権助が総理衙門と折衝していたのである。

三　提案のゆくえ

矢野が帰国している間、林権助が臨時代理公使として清国との交渉にあたることになった[37]。林から当時外務大臣を兼任していた大隈重信に宛てられた七月二十三日付機密第七十二号信「清国中央政府派遣ノ留学生教育引受ニ付其費用負担ニ関シ具申之件[38]」から、ことの成り行きを追っていく。

矢野は先の機密第三十一号信に従い、清朝中央に対して特に働きかけをせず成り行きに任せていたが、清側は同文館から生徒を選出し、派遣するための準備を進めていた。そのため、矢野は李鴻章・張蔭桓などの大臣に向かって「食費位ハ日本ニテ負担」すると伝えるが、実際に話を詰める段階まではいたらなかった。そこで、林は実際に留学生を派遣することになった際には、日本は「官立学校ニ入学ノ際ハ其授業料ヲ徴収セサルコト、入学スルニ付特ニ便法ヲ設ケテ容易ニ入学スルコト得セシムルコト、教授ノ如キモ特ニ不都合ナキ様便宜ヲ授クルコト」などの対応をするに止め、「衣食其他雑費」には日本政府は関与しないことを提案し、矢野に説明した。しかし矢野は帰朝前、張蔭桓から学生一人あたりにかかる学資や諸雑費の年額の見積もりを出すことを依頼される。そこで矢野の提案に対して日本政府としてどのように対応すべきか、留学生に対してどの程度の費用を提供すべきか確定する必要が出てきたため、林は大隈に指示を仰いだ。

その後の経緯は、林臨時代理公使より大隈外相宛八月二十日付機密第八十七号信「日本ニ派遣スヘキ清国留学生ノ件」が明らかにしている。以下、同公信を見ていく。

本月［一八九八年八月］九日、本官カ日本ニ派遣サルヘキ新任清国公使ノ件ニツキ李鴻章ト面会致候際、李鴻章ハ清国留学生ノ儀ニ関シ用談アル旨ヲ告ケ、本件ハ矢野公使出発ノ前日本ニ於テ種々必要ノ件ヲ取調ヘクレラル、コトヲ約シタレハ、其帰任ヲ待チテ決定スル考ナリシカ、清国皇帝陛下ハ本件ニ付日本政府ト如何ナル取極ノ出来タルカヲ至急知ロシ召サレ度旨御下問アリタルニ就テハ、速ニ詳細ノ事ヲ取極度ニ付矢野公使ノ帰任ヲ待タス本官ニ於テ日本政府ノ意向ヲ問合ハセ学生派遣ノ都合ニ取置候様取計呉レ間敷哉トノ相談ヲ致候。(39)

このように、林は新たな駐日公使着任の件で李鴻章と面会した際、清国皇帝（光緒帝）が切望する留学生派遣に関する日本政府の意向を清側に伝えなければならなくなった。留学生の件については当初、矢野がおよそ二百名の学生をすべて日本政府の費用で教育するとしていたが、西前外相に「挑動スルコトナク自然ノ成行ニ御任シ置相成候様」(40)と指示されたことにより、李鴻章らに対する矢野のその後の談話はあまり明瞭なものではなくなり、李鴻章らは日本政府の友誼を疑い始めたようであった。そのため林は、その疑念を取消すべく、李鴻章に対し私見を述べた。

……当初我政府ノ申込ハ清国政府ヲシテ人材養成ノ必要ヲ覚知セシメ、併セテ帝国政府ハ清国ノ為メ進ンテ友意ヲ尽サント云フ事即其精神ナリキ矢野公使カ一切ノ費用ハ日本政府之ヲ弁セシ、或ハ其後ニ於テ学生食費ノ如キハ日本政府之ヲ担ハント云ハレタル如キハ枝節ニ過キサルノミ。又其費額モ云フニ足ラサルノ少額ノミ。然レトモ此区々タル費用ヲ日本政府ニテ負担セント云フ事ハ素ヨリ容易ノ事ナレトモ、双方ニ取リ不都合ナル影響アルニ付本官ハ矢野公使出発ノ前ニ於テ、日本政府カ政府トシテ清国学生ノ為メニ衣食ノ費ヲ担当スルハ仮令ヒ少額タルニセヨ両国ノ為メニ有害無益ナリトノ意ヲ申シタリ。何トナレハ将来学生成業ノ後此区々タル恩義ハ常ニ彼等カ身辺ニ伴ヒ其国家ノ要地ニ立ツニ当リ、或ハ彼等ハ日本ノ私恩ニ浴シタルカ故ニ云々ト云フカ如キ批評ヲ招クハ蓋シ免カル能ハス。又近来清国地方ヨリモ日本ニ遊学スルモノアルノ傾ヲ見ル。然ルニ中央政府ヨリ派スルモノト地方ヨリ派スルモノトノ間ニ彼此等差ヲ附スルモ好マシカラサレハナリ。仍テ出発ノ希望スル所ハ日本政府ノ為スヘキ事ハ清国政府ノ派スル所ノ学生ニ対シ、大学其他政府ノ管轄ニ属スル諸学校ニ於テ容易ニ入学シ得ルノ便宜恩典ヲ与ヘ、且授業料等ヲ徴セス又殊ニ彼等カ為メ教員ヲ設ル等教育ニ関スル直接ノ監督ヲ為シ并費用ヲ供スルニ止メ、学生ノ要スル衣食其外雑費ニハ日本政府ハ干与セサルコトトナサント云フニアリトノ意ヲ打明ケテ相告申候[41]。

この林の私見、すなわち矢野の提案を訂正し、日本政府は留学生の教育面でのみ便宜を図るとする見解に対し李鴻章は同意を表明し、日本政府の承諾を得るよう林に求めた。機密第八十七号信附属書の「別紙写第一号」[42]は林が大隈に対して私見への承認を求めた内容であり、「別紙第二号」[43]では、大隈が林の意見を承認し、機を見て日本政府の意向を清国皇帝に伝えるよう訓令している。それを受けた林は、訓令の大意を「口演覚書体」(別紙第三号)[44]に認め総理衙門の大臣に手交した。大臣らは日本政府の「厚意ヲ謝シ且其謝意ヲ閣下［大隈］ニ致サンコトヲ求」め、日本政府の厚意を皇帝に奏上するため、まず学生の中から主に「英語若クハ日本語ヲ幾分ナリトモ能クスルモノ」を選抜することも併せて奏上し、新任の駐日公使黄遵憲[45]を随伴させるよう取り計らうとした。最後に以下の「別紙第四号」[46]が一連の交渉の決着として報告され、黄遵憲の謁見は翌月頃となり、学生数は未定であると機密第八十七号信は締め括られている。

［総理衙門の］王大臣は、清国人学生に関する帝国政府の答えに心からの感謝を示し、本官が貴大臣に同じことを伝えることを希望しました。このことは皇帝にも報告されるでしょう。また選抜後、学生は新任の駐日公使によって連れて行かれるでしょう。

以上のように、林は西前外相により問題視された清国の留学生に対する経費については、その学生らが日本政府に費用を負担されることにより将来言われなき批判にさらされる懸念があることや、清朝中央からの派遣と地方からの派遣の学生に差をつけることも好ましくないなどの理由を挙げ、機密第七十二号信で林自身が提案したように、留学生に対して政府の管轄下にある諸学校に入学できるよう便宜をはかること、授業料を徴収しないこと、留学生のための教員を用意することなどの教育面にかかわる費用を日本側がもつこととし、食費などの雑費については関与しないことで李鴻章と合意した。

すなわち、林は矢野による提案の後始末を無事執り行ったのである。しかし、一八九八年九月七日（光緒二四年七月二十二日）、日本との交渉の中心であった李鴻章が罷免される[47]。そして同月二十一日、戊戌政変を迎えることとなる。外務省外交史料館所蔵の史料群においても、この一連の清朝中央政府による留学生派遣に関する史料は途切れ、派遣主体が張之洞などの地方総督となる史料が続いている。

むすびにかえて

本稿では、福建省不割譲問題、それにつづく福建省内の鉄道敷設権の要求という「提案」が提示された背景に対して、矢野文雄がいかなる画策、処置を執り行い、「提案」を清朝中央に提示するにいたったのか、またその裏で外相であった西徳二郎との間にどのようなやりとりがあったのかについて詳細に検討を加えたことによって、当初より積極的ではなかった西の態度をより硬化させた原因は矢野の行動に求められるということを明らかにした。したがってこれまで指摘されてきたように、西の「提案」に対する態度が理由もなく「無関心且冷淡」であったとはいえないであろう。また林権助臨時代理公使が、矢野の「提案」を引き継いで李鴻章と折衝をした後、留学生の教育面にかかる経費のみを日本側が負担し、雑費については関与しないことで合意を交わし、「提案」の後の処理を無事執り行ったことについても明らかにした。この事実は従来ほとんど触れられることがなかったため、清末の留日学生派遣政策をより重層的に捉える一助となるといえよう。

しかし林が「提案」の後処理をしたものの、「提案」について日本側と折衝していた李鴻章、翁同龢は罷免され、西太后によるクーデタにより変法派を擁護する張蔭桓も流刑となり、矢野のいうところの「清政府ニ於テモ日本ニ学生ヲ派スルヲ好ム開進派[48]」とされる人物らは総理衙門から消えていった。清朝中央の留日学生派遣に向けた動きは、戊戌政変により完全に頓挫するかたちとなり、清朝中央による実際の留日学生派遣は、その後の西太后による清末新政まで待つことになる[49]。

なお、本稿では検討を加えることができなかったが、先述の機密第八十七号信において林が「近来清国地方ヨリモ日本ニ遊学スルモノアルノ傾ヲ見ル。然ルニ中央政府ヨリ派スルモノト地方ヨリ派スルモノトノ間ニ彼此等差ヲ附スルモ好マシカラサレハナリ」と、清国の中央政府からと地方からの留学生派遣の両方を考慮に入れている点は非常に興味深い。当時の日本政府は、清国からの留学生をすべて清朝中央からの留学生と捉えているわけではなかった。また、すでに地方から留学生が派遣されていたことや、派遣に向けた動きがあったことも知られている[50]。しかし先行研究では、清国からの留学生を私費生・公費生で区分することはあっても、派遣主体を中央・地方と区分して留学生について考察することはほとんどなかった。留学生がどこから派遣されたのか、派遣主体が中央か地方かによって派遣目的にどんな違いがあるのかなど、もっと綿密に検討する必要があろう。

また、矢野の「軍事」目的の留学生という言葉、機密第四十一号信にある「我国ノ勢ハ暗々裏ニ東亜大陸ニ増進スベシ」という表現、また日本陸軍参謀本部による地方総督に対する働きかけがあったこと[51]から、清国に対する「留学生派遣の提案」は矢野に限ったものではなく、陸軍関係や外務省関係者に一定程度行き渡った思惑であったことが窺い知れる。清末の留日学生派遣については、清国における留学生派遣をめぐる中央と地方の関係、また日本国内の思惑などを含め、さらに包括的な研究が必要であろう。

*本稿は「清末における日本への留学生派遣――駐清公使矢野文雄の提案とそのゆくえ――」(『中国研究月報』第六〇巻第二号(二〇〇六年二月)所収)を一部加筆修正したものである。

●注

(1) 黄福慶「清末における留日学生の特質と派遣政策の問題点」(『東洋学報』第五十四巻四号、一九七二年三月)、同「清末における留日学生派遣政策の成立とその展開」(『史学雑誌』第八十一巻七号、一九七二年七月)、同『清末留日学生』(中央研究院近代史研究所、一九七五年)、細野浩二「中国対日留学史に関する一問題――清末における留学生派遣政策の成立過程の再検討――」(『史観』第八十六・八十七冊、一九七三年三月)、同「総署の「遵議遴選生徒游学日本事宜片」の奏陳時日について――「中国対日留学史に関する一問題」補論――」(『季刊龍溪』第八号、龍溪書舎、一九七三年十二月)。なお、本稿においては、日本への中国人留学生を原則として「留日学生」と呼ぶこととする。

(2) 矢野文雄(一八五〇―一九三一年)、号は龍溪、佐伯(大分県)生まれ。慶応義塾に学び、その生涯においては新聞記者・明治政府の官僚・新聞社主・立憲改進党の幹部・小説家・宮内省式部官・駐清公使など、多彩な経歴を有している。政治小説『経国美談』の著者として知られる。矢野の資料としては、大分県立先哲史料館編『矢野龍溪資料集』全八巻(大分県教育委員会、一九九六―一九九八年)、野田秋生『矢野龍溪』(大分県教育委員会、一九九九年)などがある。

(3) 細野浩二、黄福慶の研究(注(1)を参照)の他に、容應萸「清末近代化における対日留学生の派遣」(亜細亜大学アジア研究所『アジア研究』第二十六巻第四号、一九八〇年一月)、同「清末留日学生派遣政策の成立」(衛藤瀋吉編『共生から敵対へ』東方書店、二〇〇〇年)、小林共明「初期の中国対日留学生派遣について――戊戌政変期を中心として――」(辛亥革命研究会『辛亥革命研究』第四号、一九八四年五月)など。

(4) 国立北平故宮博物院編『清光緒中日交渉史料』下冊、史料三六六八(同院刊、一九三二年。本稿では、台北文海出版社影印、一九六三年を使用)。

(5) 西徳二郎(一八四七―一九一二年)、鹿児島生まれ。各国の公使を務める。駐露公使(兼スウェーデン、ノルウェー)の際には、三国干渉に対する再考を要請し、日露通商航海条約締結などに奔走。一八九七年十一月、第二次松方内閣の外相となり次の第三次伊藤内閣にも留任し、ロシアが日本の韓国における商工業の発達を認めた西・ローゼン協定に調印した。一八九九年には、矢野文雄の後を受けて駐清公使となる(坂本辰之助『男爵西徳二郎伝』一九三三年。『日本外交人物叢書 第二巻』ゆまに書房、二〇〇二年復刻刊行)。

(6) 林権助(一八六〇―一九三九年)、会津生まれ。東京帝大卒業後、一八八七年に外務省に入省。日清・日露戦争前後に朝鮮・中国に勤務し数々の交渉にたずさわる（林権助述・岩井尊人編著『わが七十年を語る』第一書房、一九三五年。『日本外交人物叢書 第一三巻』ゆまに書房、二〇〇二年復刻刊行）。

（7）一八七八（明治一一）年、大蔵卿をしていた大隈重信のもとで矢野は官僚となり、「明治十四年の政変」の際には大隈とともに辞職し、立憲改進党結成にも関わるなど、大隈とは長い付き合いがあった。そんな大隈が一八九六年九月に外務大臣となると、理由は判然としないが、懇々と矢野に対して「外交界だけへの出馬」を促したとされる。小栗又一『龍溪矢野文雄君伝』春陽堂、一九三〇年、二八一頁参照。

（8）同右、二八一―二八三頁、および前掲、『わが七十年を語る』、八二―八三頁参照。また、『原敬日記』第一巻（福村出版、一九六五年、二六三頁）によると、矢野は朝鮮駐箚を拒絶したとされている。

（9）大分県立先哲史料館編『大分県先哲叢書 矢野龍溪資料集』第八巻、大分県教育委員会、一九九八年、四三―五七頁。

（10）同右、一〇頁。なお、駐清公使としての矢野の働きは外務省記録「各国内政関係雑纂 支那ノ部 光緒二四年政変光緒帝及西太后ノ崩御袁世凱ノ免官」第一巻（分類番号一・六・一・四―二―二）、「各国内政関係雑纂 支那ノ部」第一巻（分類番号一・六・一・四―二）外務省外交史料館所蔵、茅海建『戊戌変法史事考』（三聯書店、二〇〇五年）などを参照。

（11）前掲、細野浩二「中国対日留学史に関する一問題」、一九六頁。

（12）外務省編『日本外交文書』第三十一巻第一冊、日本国際連合協会、一九五四年、四八六頁、四二八文書。読点は引用者による。

（13）『西徳二郎関係文書』（国立国会図書館憲政資料室所蔵）所収。『西徳二郎関係文書』における「矢野某」からの二通の書簡は時期や筆跡などから見て、駐清公使であった矢野文雄からのものと推定される。なお、史料の翻刻に当たっては、傍点等は原文のままとし、漢字は原則として新字に改め、適宜句読点を付した。

（14）「福建省不割譲ノ保障要求ニ関シ訓令ノ件」（前掲、『日本外交文書』第三十一巻第一冊、四八八―四八九頁、四二九文書）。

（15）前掲、『西徳二郎関係文書』所収（注（13）参照）。

（16）前掲、『西徳二郎関係文書』において西の手記として整理されている文書の中に、筆跡・内容から矢野文雄のものと思われる文書が混入している。内容から判断するに、注（13）に示した「矢野某」書簡の附属書と推測される。

（17）「福建省不割譲保障ニ関シ清国政府へ口上書提出方訓令ノ件」（前掲、『日本外交文書』第三十一巻第一冊、四九〇―四九一頁、四三二文書）。

（18）「福建省不割譲保障要求ニ関シ報告ノ件　附属書　談判概要」（同右、四九八頁、四三七文書）。

（19）「福建省内鉄道利権ニ関シ訓令ノ件」（同上、五〇一―五〇二頁、四三九文書）。

（20）外務省記録「在本邦清国留学生関係雑纂　陸軍学生之部」第一巻（分類番号三・一〇・五・三―一。以下、「清国留学生関係雑纂」と略記）外務省外交史料館所蔵、所収。原語は英語。同文書は「対清要求ニ関シ意見具申ノ件」として前掲、『日本外交文書』第三十一巻第一冊、五〇二―五〇三頁、四四〇文書にも採録されている。なお、特に断らない場合の邦訳は拙訳であり、口語文体とする。

（21）「清国留学生関係雑纂」所収。なお、同文書は「対清要求提出ニ関シ回訓ノ件」として前掲、『日本外交文書』第三十一巻第一冊、五〇三頁、四四一文書にも採録されている。

（22）「清国留学生関係雑纂」所収。

（23）前掲、『日本外交文書』第三十一巻第一冊、五〇六頁。

（24）同右、五〇四―五〇八頁、四四四文書。

（25）「清国留学生関係雑纂」所収。なお、本史料は河村一夫により翻刻され（河村一夫「駐清公使時代の矢野竜渓氏」『成城文芸』第四十六号、一九六八年五月、「駐清公使時代の矢野龍渓」『日本歴史』第二九七号、一九七三年二月、「外交官としての矢野竜渓――清国留学生招聘策について――」『政治経済史学』一六七号、一九八〇年四月など）、多くの研究者によって引用されてきた。しかし、河村はこの史料の件名を「清国留学生ノ教育引受ノ義ニ関シ啓文往復ノ件」とし、附属の文書を省略している。また翻刻の際に史料中の送り仮名が改変、削除されている部分もあるが、河村の論文には凡例がないため、氏がどのようにこの史料を翻刻したのか判断することができない。本史料は前掲、『大分県先哲叢書　矢野龍渓資料集』第八巻にも収録されているが、句読点を除けば件名も含めて河村一夫の翻刻と同じものになっているので、河村の翻刻からの引用と考えられる。

(26) 同右。

(27)「清国留学生関係雑纂」所収の機密第四十一号信の附属書参照。

(28) 前掲、細野浩二「中国対日留学史に関する一問題」、一九六頁。

(29) 例えば、「時与日本矢野文雄約両国合邦大会議、定稿極詳、請矢野君行知総署答允、然後可大会於各省、而俄人知之、矢野君未敢」（康有為「康南海先生自編年譜」『戊戌変法（四）』（中国史学会主編、中国近代史資料叢刊、上海人民出版社・上海書店出版社、二〇〇〇年。一九五五年の影印版。一四四頁））、すなわち「［光緒二四年］四月初七日［一八九八年五月二十六日］」、……時に日本の矢野文雄と日中両国の合邦大会議の開催を約束し、案を非常に詳しく煮詰め、矢野君に総署に通告してもらおうとして、承諾してもらったが、その後、各省で大会をすることになっていたが、ロシア人の知るところとなり、矢野君は引き受けなかった」（柴田幹夫「康有為と清末留日政策」『東アジア——歴史と文化——』第八号、一九九九年三月、一四頁より引用）ということからも康有為と矢野が面談していたことがわかる。

(30) 前掲、細野浩二「中国対日留学史に関する一問題」参照。

(31)「清国留学生関係雑纂」所収。

(32)「清国留学生関係雑纂」所収。本史料も河村一夫（前掲「駐清公使時代の矢野竜渓氏」『成城文芸』第四十六号）により翻刻・紹介がなされているが、「抑モ清国留学生教育ノ義ニ関シテハ……帝国政府ニ於テ多少ノ費用ヲ要スルコトモ可有之トイフニ過ギス候ニ依リ本大臣ニ於テハ右ニ所謂費用トハ帝国政府乃留学生教育ノ周旋等ノ為メニ要スル雑費ニ外ナラサル義ト思考シタルヲ以テ右御請訓ニ対シ第六十五号電信ノ通訓令致候次第ニ有之候」や「此ノ如キ事柄ニ関シ閣下ヨリハ僅カニ第九十一号電信ヲ以テ前陳ノ通御申越相成候外更ニ何等ノ詳細ナル御報道ナク本大臣ガ第六十五号電信ニモ拘ラス」の部分が断り無く削除されている。この部分は、西が「頗ル意外ニ存候」とする根拠となるため、重要であろう。本稿においては、河村による翻刻との違いを明らかにするためあえて全文を掲載した。

(33) 浙江省において陸海軍兵式改革の一環として、武備学堂から外国に学生を派遣する計画があった。その派遣先を日本にするということで内々の相談が浙江巡撫から杭州領事館事務代理速水一孔のもとにあった。速水は留学先として日本が適当であることを強調していた。一八九八年五月九日付、速水より西外相宛機密第五号「浙江巡撫ヨリ我陸軍兵学研究ノ為メ留学生派遣之件具申」(「清国留学生関係雑纂」所収)などを参照。

(34) 前掲、黄福慶「清末における留日学生派遣政策の成立とその展開」、四〇頁。

(35) 前掲、細野浩二「中国対日留学史に関する一問題」、一九九頁。

(36) 前掲、『大分県先哲叢書 矢野龍溪資料集』第八巻、一一—一二頁所収の伊藤博文宛書簡を参照。

(37) そもそも林が公使館一等書記官として北京への在勤を命ぜられたのは一八九八(明治三一)年一月十五日のこと(『官報』第四三六〇号、明治三一年一月十八日、一三七頁参照)である。林の述懐によると、矢野からの電文の意味が不明瞭なため、外務省側は情報を正確に理解できなかった。そのため林が書記官として派遣されることになったとしている(前掲、『わが七十年を語る』、八〇—八五頁参照)。

(38) 「清国留学生関係雑纂」所収。

(39) 同右。

(40) 同右、機密第三十一号信。注(32)参照。

(41) 注(39)と同文書。

(42) 「清国留学生関係雑纂」所収、機密第八十七号信附属書。「別紙写第一号」は林権助臨時代理公使から大隈重信外相宛の八月十一日付電信第一四五号(原語は英語)のことであり、内容はつぎの通りである。

李鴻章は学生の派遣に際して、日本政府にいかなる用意があるのか、皇帝ができる限り早く知ることを切望している、と本官に伝え、その用意に対しての帝国政府の見解を照会するよう希望しました。本官はこの機会に私見として、彼に率直に伝えました。学生が日本において必要とする食費、住居費、雑費に関して負担することは些細なことかもしれないが、いくつかの点で両国にとって、帝国政府が責任をとることは望ましくない、と。しかし、日本政府は清朝政府が派遣する学生を優遇し、政府管轄の諸学校に彼らを通わせることはできるでしょう、と。李鴻章は本官に確かに同意し、上記の内容について貴大臣の承諾を得るために、本官が貴大臣に打電することを繰り返し希望し、彼もまた皇帝に報告するとしました。上記の見解の詳細は七月二十三日付の機密第七十二号信にあります。本官は上述の計画は受け入れられるものと考えます。電信の指示を待ちます。

(43) 同右。「別紙第二号」は、大隈外相から林臨時代理公使宛の八月十三日付電信第一〇〇号（原語は英語）のことであり、つぎのようになっている。

貴電一四五号に関して、七月二十三日付機密第七十二号信にあった計画は承認され、清朝政府の負担する経費は、一人の学生につき一年計三百円までになるでしょう。したがって、貴官は李鴻章に返答して構いません。さらに、もし清朝皇帝がそんなにも切望しているのであれば、日本政府は清国人留学生の教育を清朝政府の目的のもと、またその経費によってのみ喜んで引き受けると知らせる機会を設けても構いません。

(44) 同右。原語は漢語。

(45) 駐日公使として派遣される直前に戊戌政変が起こり、黄遵憲は戊戌変法を支持していたため、捕縛された。林権助の口添えにより重罰は逃れるも免職となり、実際には日本へ赴任しなかった（茅海建『戊戌変法史事考』三聯書店、二〇〇五年、五二〇—五二八頁）。

(46)「清国留学生関係雑纂」所収。「別紙第四号」は林から大隈外相宛の八月十七日付電信一四九号を指す。

(47) 前掲、『戊戌変法（四）』、五六九頁。

(48)「清国留学生関係雑纂」所収、機密第四十一号信参照。なお、矢野は「開進派」と「守旧派」の二大勢力が清朝中央に存在すると考えていたため、その周辺でより勢いを増していた変法派の動きを読み取ることができず、戊戌変法なども把握しきれていなかったとされる（前掲、『大分県先哲叢書 矢野龍溪資料集』第八巻、一八一—一八二頁、前掲、茅海建『戊戌変法史事考』、四七八頁）。

(49) 一九〇一年（光緒二七年）十月二日、張之洞・劉坤一は奉った改革意見書において、「積年の旧弊を破るためには、育才興学が第一であり、学校を設立し外国遊学を勧奨すべきである。そのためには、西欧諸国に倣いこれを摂取した日本の学制に学ぶのが最良であり、遊学についても日本留学が最も効果がある」（『大清徳宗景（光緒）実録（七）』巻四八六、台湾華文書局。なお訳文は、島田三郎『清末における近代法典の編纂――東洋法史論集　第三――』創文社、一九八〇年、二四四頁による）と述べ、西太后の支持を得る。そして清国は続々と留学生を派遣するようになる。

（50）例えば浙江省からは、一八九七年にすでに留日学生が派遣されている。呂順長「浙江省による地方官費留日学生派遣の創始――一八九七年の浙江留日学生を中心に」（藤善真澄編著『浙江と日本』関西大学東西学術研究所国際共同研究シリーズ1、関西大学東西学術研究所、一九九七年）などを参照。

（51）湖広総督張之洞に対する日本陸軍参謀本部関係者からの留学生派遣の働きかけなどがたびたび指摘されている。注（3）参照。ほかに陸軍参謀本部の働きかけに協力した西村天囚に関する陶徳民の一連の研究がある（『明治の漢学者と中国――安繹・天囚・湖南の外交論策――』関西大学出版部、二〇〇七年など）。

戦前中国人留学生の「実習」と「見学」

孫　安石

はじめに――留学と実習、そして見学

日中関係史のなかで留学生交流という分野は異文化交流、または国際交流の一部として早い時期から検討が試みられてきた。日本側の先駆的な論著としては実藤恵秀『中国人日本留学生史稿』（日華学会、一九三九年）を取り上げなければならない。また、大里浩秋・孫安石編『中国人日本留学史研究の現段階』（御茶の水書房、二〇〇二年）は最近の中国人留学史研究の動向をまとめたものである。

近年に入り、日本側の中国人留学史研究はその分析の範囲をより広げ、農林学校、商業学校、物理学など特定の分野に在籍した留学生を取り上げた事例研究が発表された[1]。また、二〇〇四年に天津・南開大学で開催された国際シンポジウム「留学生与中外文化」では、（一）欧米や日本から帰国した留学生が中国の歴史学、教育学、新聞学の分野でどのような影響を及ぼしたのかを論じる報告、（二）アメリカ、フランス、ソ連に留学した中国人留学生の活動を分析した報告が含まれており、その研究の幅が広がっていることを窺わせてくれる[2]。

そこで、本稿は中国人留学生が長期間にわたる勉学を修了した後（または途中で）、日本の各種会社や工場、研究所などで実習と見学を行う活動について紹介することにしたい。従来の中国人留学生史研究は、主として正規の大学に在籍していた学生の留学生活を分析の対象にしてきたが、留学生の活動は勉学の他に実習と見学、そして、日常生活と娯楽など様々な要素で構成される(3)。そのなかでも留学生の実習と見学は、勉学の延長であることから日本側も積極的な支援と援助をしていた事実がある。本稿は、以上のことを念頭にいれながら、清末から一九三〇年代にまで続く中国人留学生の企業「実習」と「見学」が鉄道、郵便、電信、医療、農業、水産業、紡績工場など産業全般に渡っていたことを、清国游学日本学生監督処発行の『官報』と日華学会の年次報告(4)、外務省外交史料館所蔵の資料の分析を通して明らかにしたい。

一　清末の実業関係の留学生と実習の要求

清末の日本留学のもっとも多くの人数を占める留学生が法律や教育を学び、陸軍士官学校に入った人々であったことは間違いないが、その他に各種産業に必要な技術の導入の必要性から鉄道、郵政関連、農業、養蚕、林業関連の留学へも数多く派遣されたことも忘れてはならない。

たとえば、『官報』第一期（光緒三二年一二月）の「日本官立大学及各高等専門学校中国学生統計表」は帝国大学、第一高等学校、第二高等学校、高等工業学校、札幌農学校、東京蚕業講習所などの官立学校で学ぶ中国人留学生合計三〇九名の氏名を掲載しているが、同時期の東京鉄道学校に一〇五名、東亜鉄道学校には二一八名の中国人留学生が在籍していた(5)。また、『官報』第二期（光緒三三年一月）の江蘇省自費留学生の合計四二名が在籍している専門別の分類をみれば、機械三名、応用化学四名、電気三名、医学六名、染色・紡績・窯業・船舶・林業が各一名おり、全体の約半分にあたる人数が理工系に在籍していることがわかる。[6] かれら理工系の留学生は留学修了後に関連分野の仕事に従事し、実習を通して経験を積む必要があった。とくに、郵便と鉄道など近代的な産業分野では理論と勉学だけでは高度な技術を習得することができず、現場における実習の要求が高かった。

『官報』第五期（光緒三三年四月）の「記与逓信省商弁在通信官吏練習所収容吾国学生儲養郵電局人材事」は清朝が郵電部を設立するに当たり、多くの人材を育成する急務を達成するために郵電規則などの制度を整えた日本に留学を派遣することに言及した記事が掲載されている（図−1を参照）。これによれば、既に各省から派遣されている官費留学生から希望者を募集し、逓信省所属の通信官吏練習所で予科一年、本科一年の実習をし、勉強が終わった後は各省の郵電分野の人材として分

図−1

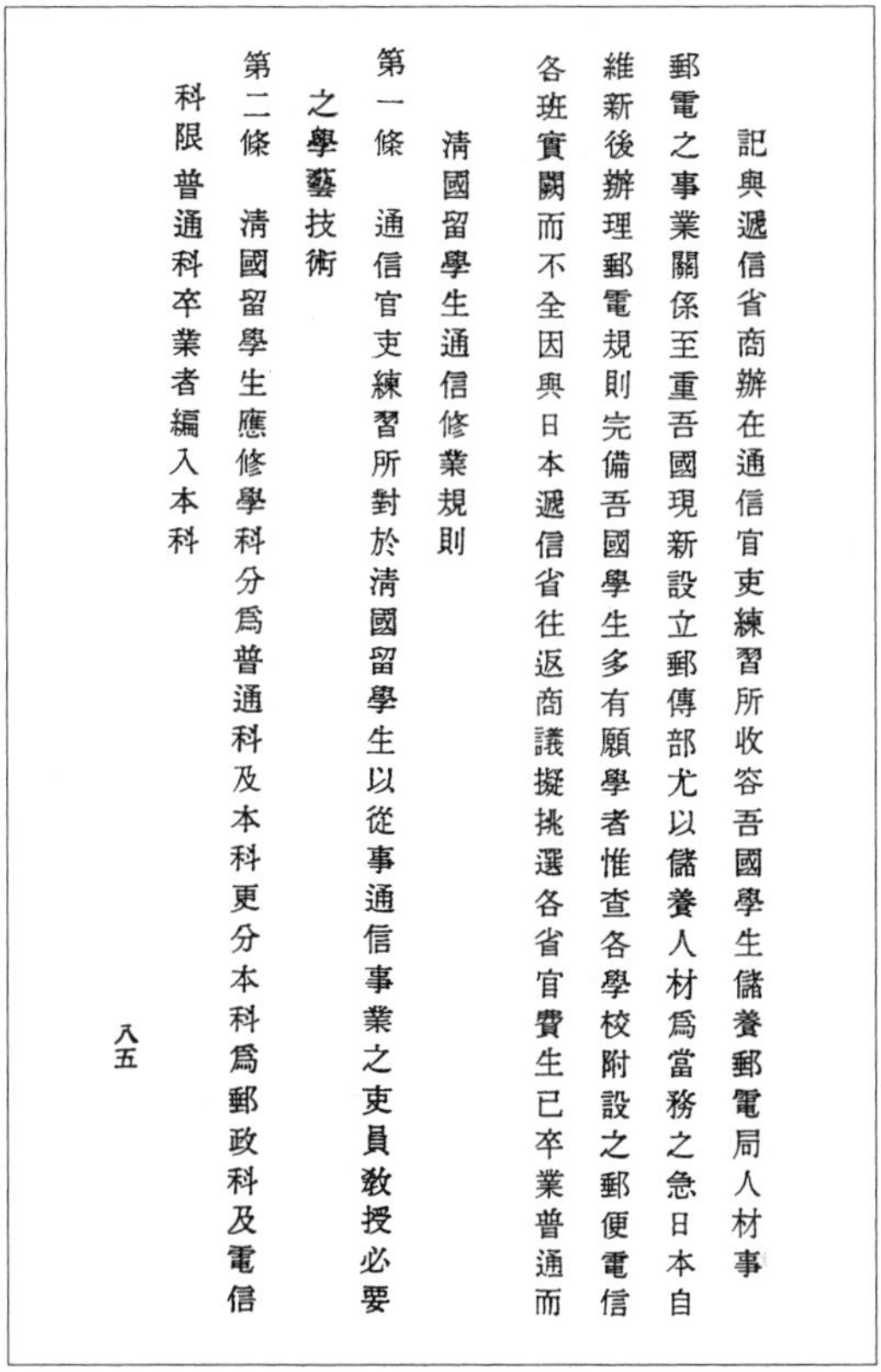

記與遞信省商辦在通信官吏練習所收容吾國學生儲養郵電局人材事

郵電之事業關係至重吾國現新設立郵傳部尤以儲養人材爲當務之急日本自維新後辦理郵電規則完備吾國學生多有願學者惟查各學校附設之郵便電信各班實闕而不全因與日本遞信省往返商議擬挑選各省官費生已卒業普通而

清國留學生通信修業規則

第一條　通信官吏練習所對於清國留學生以從事通信事業之吏員敎授必要之學藝技術

第二條　清國留學生應修學科分爲普通科及本科更分本科爲郵政科及電信科限普通科卒業者編入本科

八五

出典：「記与逓信省商弁在通信官吏練習所収容吾国学生儲養郵電局人材事」と「清国留学生通信修業規則」の部分、『官報』第5期、光緒33年4月。

図－2

監察員王紹曾視察東京大阪間學務報告

紹曾於東歷六月初奉京阪視察學務之命偕劉君錫煒於月之三日下午六時三十分汽車首途即中歷四月二十三日也

六五

直隷天津高等工業學堂派留學工藝學生姓名工廠表

場所	姓名
大阪鐵工所	鄭紹臯
同	王銘
同	趙冀
同	劉琨
同	王金樑
大阪阿部製紙所	范從魯
同	常喜
同	張仲元
大阪島田硝子廠	劉煥琛
同	郭紀昌

七九

出典：「観察員王紹曾視察東京大阪間学務報告」の部分、『官報』第６期、光緒33年５月。

配することが議論され、実際、日本側の逓信省が「清国留学生通信修業規則」を設けていたことがわかる。ここで登場する「清国留学生通信授業規則」の内容をみれば、予科（普通科）の授業科目が郵便・為替貯金・電信電話の法規と実務、本科（郵政・電信科）の授業科目が郵便実務、監督事務、会計事務、電気通信技術、電線建築などで構成されており、授業内容が実習を中心にしていたことがわかる。

また、『官報』第六期（光緒三三年五月）の「観察員王紹曾視察東京大阪間学務報告」は、監察員王紹曾が一九〇七年にほぼ一ヶ月に渡り東京と大阪間の学校教育を視察した報告であるが、その内容には留学生のほかに工場などで実習に従事する留学の形態が既に存在していることを示す例が記述されている（図-2を参照）。そこには、例えば、福島紡績会社を訪問した時に直隷省豊潤出身の趙恩涌が東京工手学校を卒業したあと、紡績技術を習っていることを記した上、天津高等工業学堂が派遣した工芸生二五名が「大阪鉄工所」、「大阪阿部製紙所」、「大阪島田硝子廠」、「大阪大倉製革所」、「大阪岡島友禅染工場」、「大阪稲葉石鹸工場」、「大阪日本精版印刷会社」、「京都陶磁試験所」、「京都島津製作所」などの工場で実習に従事しており、そのなかでも「大阪日本精版印刷会社」については、工場を直接訪問し、天津高等工業学堂の六名の実習生が機械を動かし、製版を作り平版と凸版印刷をする工程を見学したと述べている。

さらに、『官報』第七期（光緒三三年六月）には、監察員徐爾音と劉頌虞が北海道から東北の中国人留学生が在籍する学校に関する調査を行った記録が掲載されているが、それらの記事の中にも実習に重きをおいた札幌農学校、盛岡高等農林学校、岩手県立農学校等の農業学校関係の記述が見られる[7]。

ここで、鉄道関連の記事にしぼって見ると、鉄道建設は理論だけではなく実際の測量が必要であったことから、他の分野以上に実習の要求は高いものであり、『官報』第一〇期（光緒三三年九月）の「咨四川總督東亞鐵道卒業生徐原烈陳中諧往北海道考察炭坑毎人撥給考察費六十六元文」によれば、四川省出身の東亜鉄道学校卒業生徐原烈と陳中諧が北海道の炭鉱と鉄道の状況を二ヶ月にわたって視察したいと要請し、学費二ヶ月分にあたる金額を支給することが認められている。

『官報』の記事を見る限り、鉄道関連の実習生を日本に派遣する動きが最も活発であったのは湖北省であった。これは恐らくは洋務派官僚として湖北省の近代化と軍事産業、近代的な産業の育成に努めた湖広総督張之洞との関係をうかがわせるものであり、『官報』第二二期（光緒三四年九月）の「致遞信大臣男爵後藤新平請照湖北学生辦法送各

図－3

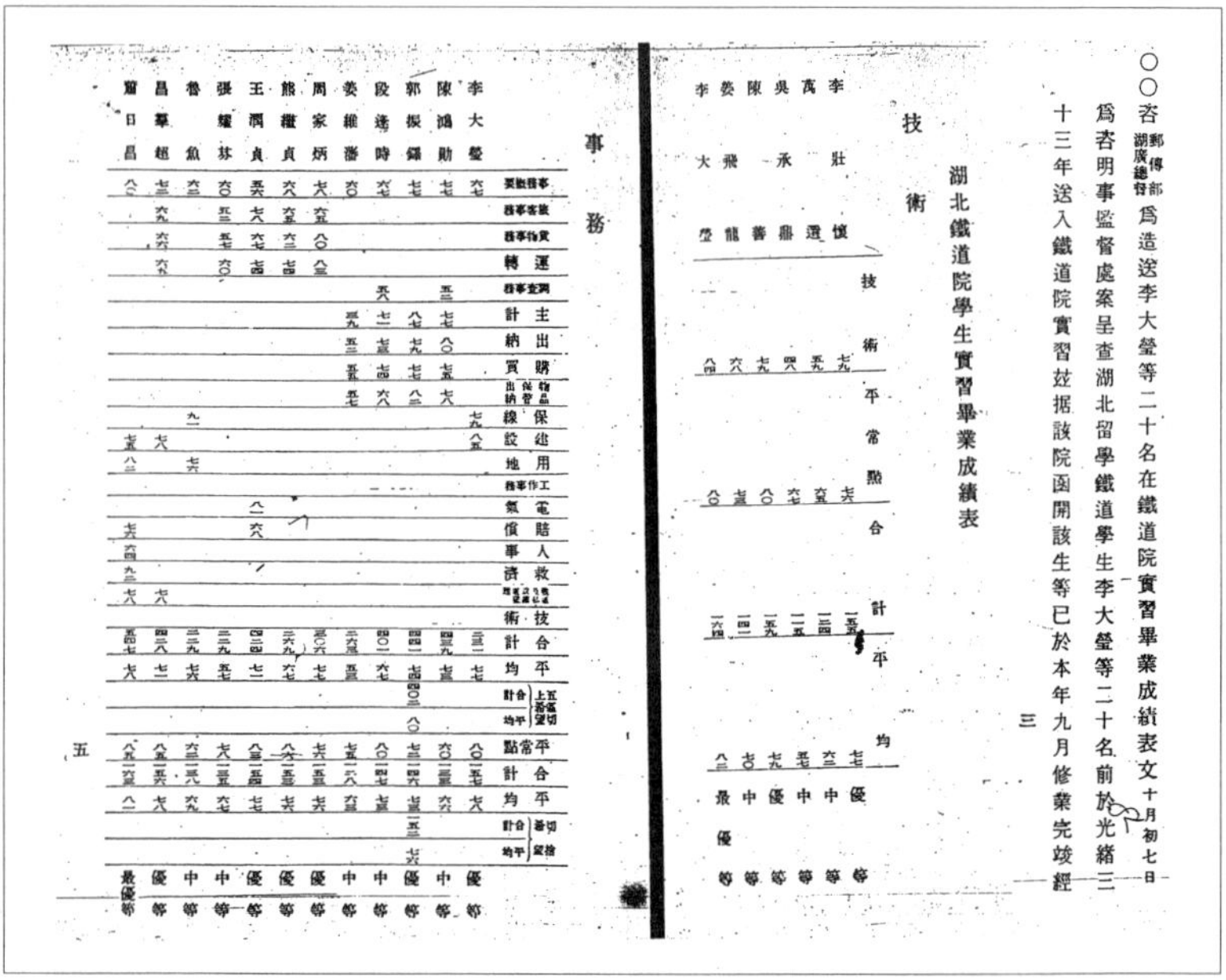

出典：「咨郵傳部湖廣總督為造送李大瑩等二十名在鐵道院実習畢業成績表文」、『官報』第48期、宣統2年10月。

省学生入帝国鐵道庁函」は、前湖北総督で軍機大臣の張之洞が日本の出使大臣胡惟徳を経由し、実務を練習することを目的に、既に実施されている湖北省人員四〇名の受け入れ枠を拡大し、他の省からの実習生二〇名をも追加で受け入れることを日本の鉄道庁に要請した旨を記載している。また、『官報』第二四期（光緒三四年一一月）「咨湖廣總督為顔寅亮等四名新入帝國鐵道庁文」によれば、日本の鉄道院で実習に務めている人員枠四〇名の内、光緒三四（一九〇七）年現在で、二五名が実習に従事していたことがわかる。

　さらに、『官報』第四七期（宣統二年九月）の「咨湖廣總督擬定鐵道生実習年限文」には、鉄道学校を卒業した留学生が鉄道院で一年間実習する計画が検討され、まずは優秀な学生五名について半年の実習を許可することが記述されており、『官報』第四八期（宣統二年一〇月）「咨郵傳部湖廣總督為造送李大瑩等二十名在鐵道院実習畢業成績表文」は、鉄道院で実習に従事した湖北省出身の実習生李大瑩の他二〇名の成績表を掲載していて、成績表の内容から実習は旅客業務、貨物事務、運転技術などを主にしたものであったことがわかる（図-3を参照）。

二　留学生の実習と日華学会——一九一〇年代～一九二〇年代

以上、清末時期の留学生が学習を修了した後、実習という形態の留学を続けていた事例を『官報』の記事を通して見てきた。それでは中華民国成立後の留学生の実習はどのように実施されたのだろうか。

一九一〇年代から一九二〇年代の留学生の実習については、中国人留学生の実習先の紹介に最も大きくかかわった日華学会の活動を通して明らかにすることができる。日華学会とは一九一八年中国留学生の支援のために組織された団体で、その活動の中心的内容の一つが勉学を終えた留学生の実地練習（実習）と見学の紹介というものであった。一九二一年六月に財団法人登録を取得する際に届けた日華学会の事業内容によれば、「留日中華学生の入学、転学、銀行、会社、工場などの実地練習見学等の事より宿所の斡旋並に研究調査のため臨時到来する人士の為諸般の便宜を図る」（傍点筆者）としている。[8]

このような理由から、一九一八年（第一回報告）～一九二五年（第九回年報）までの日華学会の年次業務報告には留学生の実習と見学先の紹介に関する記述が詳細に掲載されている。

表-1は一九一八年の日華学会の紹介による見学実習の紹介に関する統計であるが、その紹介先があらゆる産業と研究所を網羅し、地域的にも東京に限らず、全国的な規模において紹介が行われていることがわかる。表-1の事例は実習（長期）と見学（短期）の区分が記されていないが、表-2と表-3は実習と見学別の区分を記している。

表－１　中国人留学生の見学・実習の紹介一覧表（部分）

紹介先	被紹介者	見学実習など人員
白煉瓦株式会社	藍昌鼎	1
福井硝子工場	藍昌鼎	1
東京製壜合資会社	藍昌鼎	1
三菱鉱業株式会社	李天降、谷寿山、倪紹安の他 12 名	15
合資会社高田商会	李天降、谷寿山、倪紹安の他 12 名	15
西澤金山株式会社	李天降、谷寿山、倪紹安の他 12 名	15
株式会社第百銀行	銭家駒	1
北海道各鉱山	湖南高等実業学校学生	／
新津石油坑	湖南高等実業学校学生	／
工業試験所	呉韶筌	1
理化学研究所	張貽恵、陳英芳	／
窒素研究所	張貽恵、陳英芳	／
銚子無線電信局	張貽恵、陳英芳	2
室蘭製鋼所	鐘毓霊	1
王子製紙工場	鄧瓊	／
日本皮革株式会社大阪工場	載世珍	／
旭硝子株式会社	李華搢	／
山口県沖の山炭鉱	王鎮	／
鹿児島県山野金山	王鎮	1
三池炭鉱	王鎮	1
大阪亜鉛鉱業株式会社	湖南高等実業学校学生	／
大阪佐渡島亜鉛精錬所	湖南高等実業学校学生	／
大阪竹島亜年精錬工場	湖南高等実業学校学生	／
大日本製糖株式会社	孫晋陛	1
生野鉱山	羅愇、倪紹安	2
喜和田鉱山	羅愇、倪紹安	2
日本鋼管株式会社	山西省留日工芸練習生	／
月島機械製作所	山西省留日工芸練習生	2
東京瓦斯株式会社	山西省留日工芸練習生	3
東京鋼材株式会社	山西省留日工芸練習生	4
王子製紙株式会社王子工場	山西省留日工芸練習生	／
富士製紙株式会社	山西省留日工芸練習生	3
	以下、省略	

出典：日華学会『日華学会第１回報告』、1918 年、38～47 頁より作成、／印は人数の記載のないことを示す。

表- 2　「日華学会」紹介による実習と見学の紹介一覧表（1918 年— 1924 年 3 月）

年度		1918 年度	1919 年	1920 年度	1921 年度	1922 年度	1923 年度	合計
実習	場所	94	75	93	503	325	70	1160
	人員	71	98	254	190	373	70	1056
見学	場所	23	52	126	170	625	109	1105
	人員	30	86	323	336	5991	831	7597
合計	場所	117	127	219	673	950	179	2265
	人員	101	184	577	526	6364	901	8653

出典：『日華学会第 7 回年報』、31 頁より作成。1923 年度の減少は関東大震災の影響によるもの。

表- 3　「日華学会」の年次報告にみえる実習見学者の紹介統計

期間	実習見学場所	紹介者数	出典
1919 年 4 月— 1919 年 6 月	106	106 名（※記載数字の合計）、実数は重複などのため大幅に増加する。	『日華学会第 2 回報告』より
1919 年 7 月— 1920 年 3 月	90	148 名（記載数字の合計）	『日華学会第 3 回報告』
1920 年 4 月— 1921 年 3 月	275（参議院・衆議院見学を除く）	289 名（国会見学者 94 名と北京高等師範学校赴日旅行団 101 名を除く）	『日華学会第 4 回報告』
1921 年 4 月— 1922 年 3 月	622	291 名	『日華学会第 5 回報告』
1922 年 4 月— 1923 年 3 月	実習 288	190 名	『日華学会第 6 回年報』
1923 年 4 月— 1924 年 3 月	実習 70	70 名	『日華学会第 7 回年報』
1924 年 4 月— 1925 年 3 月	実習 100	132 名	『日華学会第 8 回年報』
1925 年 4 月— 1926 年 3 月	実習 94	62 名	『日華学会第 9 回年報』

出典：「日華学会」の年次報告と年報より作成。

これらの資料から中国人留学生に対する会社、工場、研究所での実習の紹介は関東大震災の前の一九二一年、一九二二年にピークを向かえていたことが確認できる。

三　一九二三年の対支文化事業の展開と中国人留学生の実習

日本と中国との交流を教育と文化交流の側面から考察するときに、一九二三年の対支文化事業に関する特別会計法の制定が時代を大きく隔てる分岐点になることは間違いなかろう。日本は義和団賠償金を利用した対支文化事業特別会計法によって中国に対する教育、学芸、衛生活動の支援を計画したが、その構想は中国側の意向というよりも日本側の意向を中心に据えたものであり、同事業は後には満州事変と日中戦争をへて、中国に対する文化侵略の一つの道具へと変質して行く[9]。

ここでは対支文化事業の全体の内容に触れることは省略するが、その主な内容が中国人留学生に対する学資補給と中国国内における日本関係の教育支援活動であった点については触れなければならない。なぜならば、この学資補給の規定には学校での勉学を終えた学生が研究と実習活動を希望するときには引き続き学資を補給することを認める内容が含まれており、多くの中国人留学生がその制度を活用し、日本の産業全般に渡る実習を経験することになるからである。

対支文化事業による学資補給は、（一）一般補給留学生、（二）選抜補給留学生に大きく分けられる。一般補給留学生は義和団事件賠償金の負担額を基準にして各省別人員が割り当てられる学資補給で、選抜補給留学生は成績などを勘案して日本側が選抜した学資補給の形態を指す（一九二六年から実施）。

表－4　鉄道省の実習生（1927年）

氏名	学資金	学歴	就職先
楊文経	60円	1926年3月、鉄道省教習所専門部機械科卒業	福建省公路局
曾広豪	60円	1924年4月、鉄道省教習所普通部業務科、1926年3月、鉄道省教習所高等部行政科卒業	福建省公路局
王宏章	50円	記載なし	長春吉長鉄路局

表－5　農業分野の実習生（1927年）

実習場所	氏名	学歴	紹介者
農林省園芸試験場	劉学曹	江西省、東京帝国大学農学部農学実科卒業	留日学生監督処
	王嶠	江蘇省、東京帝国大学農学部農学実科卒業	留日学生監督処
農林省林業試験場	栗尉岐	山西省、九州帝国大学農学部卒業	記載なし
	栗耀岐	山西省、九州帝国大学農学部卒業	記載なし
	鄒則栄	江西省	記載なし
農林省瀧野川農事試験場	賀峻峰	熱河特別区出身、北京国立農業大学卒業	留日学生監督処
	王銘新	山東省立農業専門学校卒業	留日学生監督処

ところで、これらの一般補給留学生に対する実習がどのように行われたのかについて外務省外交史料館所蔵の『在本邦一般留学生補給実施関係雑件』が詳細な記録を残している。以下、同資料に依拠しながら幾つかの実例を紹介して行く[10]。

まず、一九二七年時点で、鉄道省所管の鉄道教習所で実習中の中国人留学生は三名が確認できる（表－4を参照）。

また、農業分野の実習活動も活発に行われた。表－5は一九二七年に農業分野で実習を行った留学生の表である。

（二）実習にいたる様々な形態

中国人留学生が学業を終え、専門分野において実習を希望する場合は、主に日華学会の紹介によるものと留日学生監督処の紹介による二つの経路で実習先が紹介されたことが知られる。実習の中には短期間では充分な技術を習得することができず、実習期間が延長さ

図-4

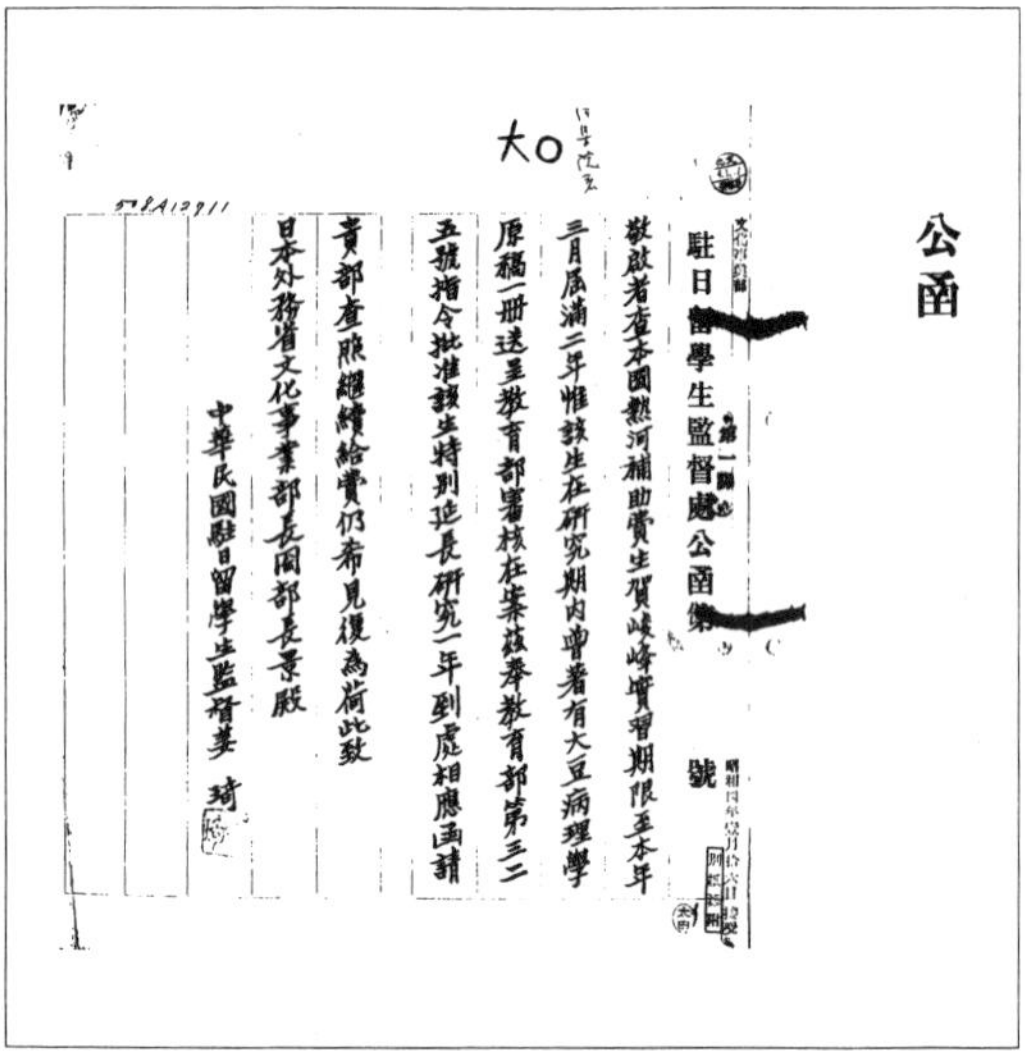

公函

駐日留學生監督處公函第　號

敬啓者查本國熱河補助費生賀峻峰實習期限至本年三月屆滿二年惟該生在研究期内曾著有大豆病理學原稿一冊送呈教育部審核在案茲奉教育部第三二五號指令批准該生特別延長研究一年到處相應函請貴部查照繼續給費仍希見復為荷此致

日本外務省文化事業部長岡部長景殿

中華民國駐日留學生監督姜琦

出典：『在本邦一般留学生補給実施関係雑件』外務省外交史料館、請求番号：H-5-1-0-1-9。

れる場合もあった。表-5の、農業分野の実習生賀峻峰（熱河特別区）の場合がこれに当たる。賀峻峰は一九二九年三月で一年間の実習期間を終えたが、実習の成績がよく、特別に一年間の延長を認める措置がとられている（図-4を参照）。

中国人留学生の実習活動は特定の産業ではなく、鉄道、電信、医療、農業、紡績などあらゆる産業に広がっていたことについては上にも触れたが、中には陸軍省管轄の千住製絨所で実習をした学生もいる。

一九三〇年一月八日に留学生監督処は、大阪合同毛織会社中津工場で実習をしていた閻本公（甘粛省）の要望として、東京南千住の陸軍製絨所で一ヶ月間の実習を希望する旨を伝えた。甘粛省出身の閻は中国の西北地域に豊富な羊毛を活用することを計画したもので、陸軍省次官から三月一日から三月末日まで実習が許可されている。しかし、複雑な製絨所の工程を把握することはなかなか難しかったようで、実習は二年間に及んだ[11]。また、四川省出身の万鵬（一九二九年三月、名古屋高等工業学校紡績科卒業）も、名古屋市内外紡績株式会社での実習をへて、陸軍省の千住工場での実習が認められている。この陸軍省関連の史料は詳細を極め、一九三〇年三月一八日午後二時に千住工場の庶務係清水からの電話の報告があって、閻は三月二日より、万は三月一八日より実習が開始されたことまでもが記録されている[12]（図-5を参照）。

（二）実習の停止と政治——一九三〇年一月の共産党事件

日本側の主導で実施された対支文化事業の一環であった中国人留学生に対する学資補給と実習補助は、当然のことながら政治と密接な関連を持つものであった。とくに、反日運動や共産党関連の事件に留学生が関連した場合学資補給は中止になった。

図-5

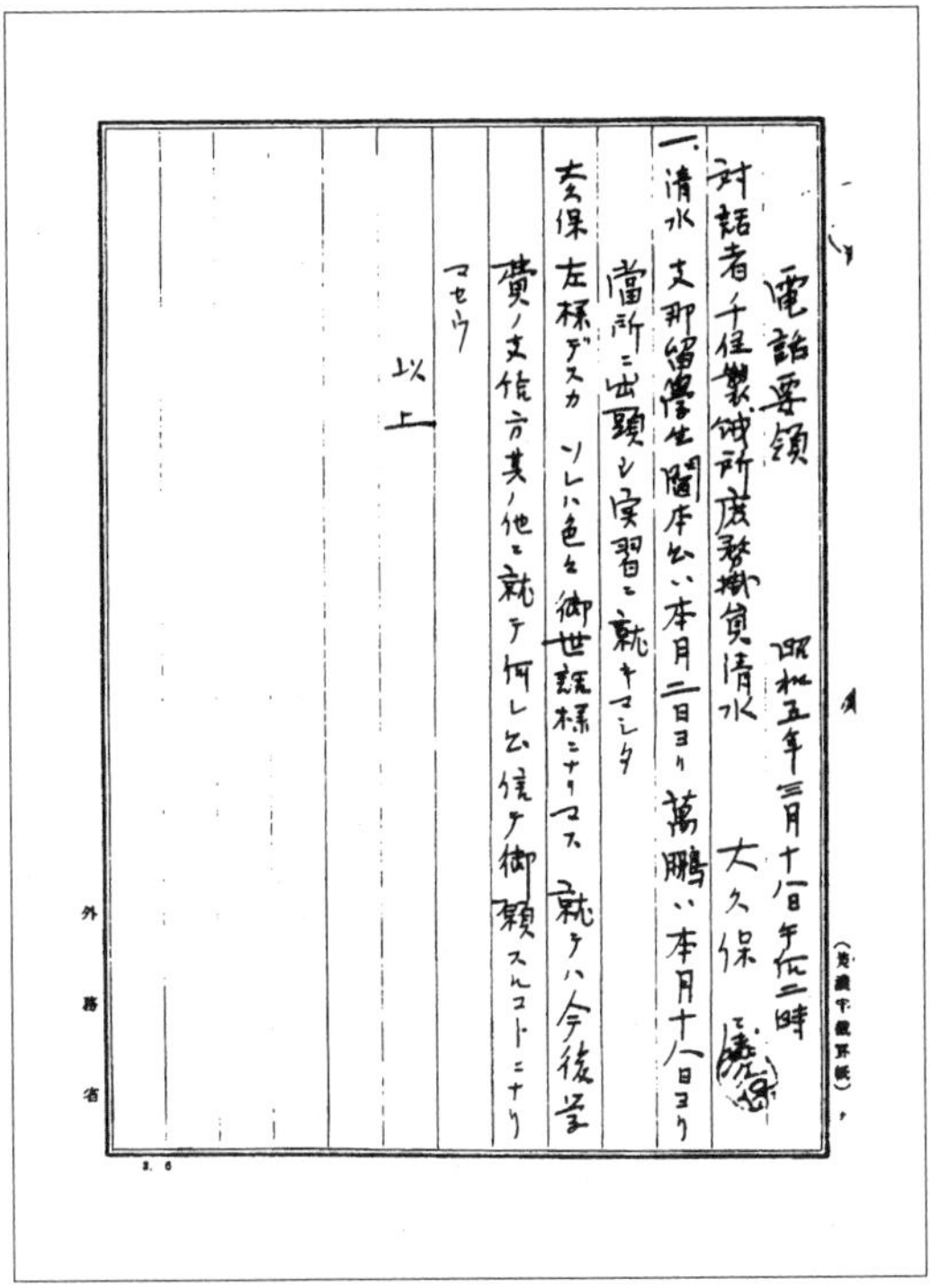

電話要領　昭和五年三月十八日午後二時

対話者　千住製絨所庶務掛員清水　大久保

一、清水　支那留学生閻序公ハ本月二日ヨリ萬鵬ハ本月十八日ヨリ當所ニ出頭シ実習ニ就キマシタ

大久保　左様デスカ　ソレハ色々御世話様ニナリマス　就テハ今後学費ノ支給方其ノ他ニ就テ何レ公信ヲ御願スルコトニナリマセウ

以上

外務省

出典：『在本邦一般留学生補給実施関係雑件』外務省外交史料館、請求番号：H-5-1-0-1-9。

例えば、一九三〇年一月農事試験場で実習を行っていた湯雨霖が共産党事件に関連した嫌疑で学資補給が中止になったのはこのケースにあたる。外務省の記録によれば、「警視総監」丸山鶴吉は「中国共産党日本特別支部に加盟した」ことを理由に湯雨霖の他八名に退去命令を下し、退去処分に伴う措置として実習費の支給は中止になった（図-6を参照）。日本の警察当局からすれば、「帝国主義打倒、世界革命の達成、無産階級独裁による共産主義国建設の実現について協議」

図－6

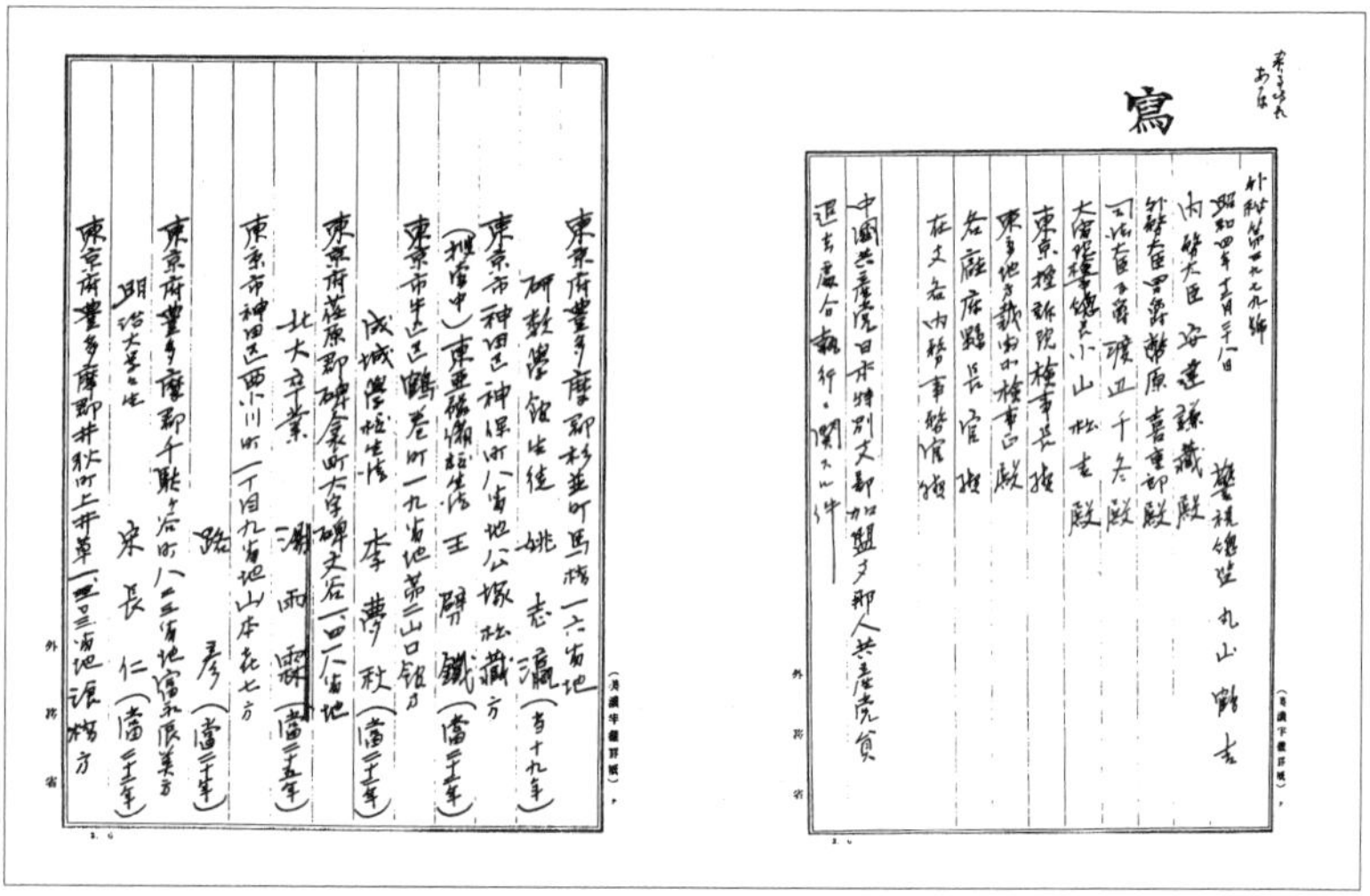

寫

外秘第四九九號
昭和四年十月二十八日
警視總監 丸山鶴吉
内務大臣 安達謙藏殿
外務大臣 男爵 幣原喜重郎殿
司法大臣 子爵 渡邊千冬殿
大審院檢事總長 小山松吉殿
東京控訴院檢事長殿
東京地方裁判所檢事正殿
各廳府縣長官殿
在支各内務事務官殿
中國共產黨日本特別支部加盟ノ支那人共產黨員退去處分執行ニ關スル件

東京府豐多摩郡杉並町馬橋一六番地
研數學館生徒 姚志瀛（当十九年）
東京市神田區神保町八番地公塚松藏方
（搜査中）東亞高等豫備校生徒 王開鐵（当二十年）
東京市牛込區鶴巻町一九番地第二山口館方
成城學校生徒 李夢秋（当二十年）
東京府荏原郡碑衾町大字碑文谷一四一八番地
北大卒業 瀏雨霖（当二十五年）
東京市神田區西小川町一丁目九番地山本花七方
路彦（当二十年）
東京府豐多摩郡千駄ヶ谷町八二五番地富永辰美方
明治大學生 宋長仁（当二十二年）
東京府豐多摩郡井荻町上井草一〇三二番地浪崎方

出典：『在本邦一般留学生補給実施関係雑件』外務省外交史料館、請求番号：H-5-1-0-1-9。

する留学生は治安維持法に違反しており、他の学生にも悪影響を及ぼす危険性があるので、当然にも退去処分にしたのである。

むすびに

以上、本稿は従来の中国人留学史研究が取り扱うことが少なかった留学生の実習と見学に焦点を当て、留学生が日本の各種の会社や工場、研究所、試験場などで実習と見学に関わる過程について紹介してきた。

『官報』と日華学会の年次報告、外務省外交史料館が所蔵する限られた資料ではあるが、中国人留学生の実習と見学が清末から一九三〇年代にいたるまで継続され、実習の範囲も鉄道、郵便、電信、医療、農業、水産業、紡績工場など広範囲の産業部門に渡っていたことを確認することができた。これらの事例から中国人日本留学史を研究するときに、従来の留学生＝学校と勉学生活という視点だけではなく、実習や見学などの活動をも視野にいれるべきであることがわかる。

但し、今回の論稿では外務省外交史料館が所蔵する『在本邦一般留学生補給実施関係雑件』という資料について触れたのみで十分な分析を加えることができなかった。また、清末から民国初期に残されたいわゆる東遊日記に含まれた実習と見学に関連する記録についても触れることができなかった[13]。さらに、一九三〇年代の満州国留学生に対する実習はどのような形式や内容で行われたのか、一九三七年の日中戦争開始以降の中国人留学生に対する実習の紹介はどのようなものだったのかなど、明らかにすべき多くの課題が残っている。

●注

(1) 河路由佳他著『戦時体制下の農業教育と中国人留学生』(農林統計協会、二〇〇三年)、王嵐『戦前日本の高等商業学校における中国人留学生に関する研究』(学文社、二〇〇四年)、楊艦『近代中国における物理学者集団の形成』(日本僑報社、二〇〇三年)等。

(2) このシンポジウムについては李喜所主編『留学生与中外文化』(南開大学出版社、二〇〇五年)を参照。

(3) 中国人留学生の日常生活の一端を生活調査という観点から論じたものとしては、拙稿「経費は游学の母なり」(『中国人日本留学史研究の現段階』)がある。

(4) 『官報』と『日華学報』については、大里浩秋「『官報』を読む」(『中国人日本留学史研究の現段階』)、大里浩秋「日華学報目次」(『人文学研究所報』№38、神奈川大学人文学研究所、二〇〇五年三月。本書に載る)を参照。

(5) 『官報』第一期三五~三六頁、「東京私立各学校中国学生統計表」。なお、この表中東亜鉄道学校の生徒数は、二一八名の他に二一七名とも読めるところは不明として残すしかない。

(6) 『官報』第二期(光緒三三年一月)、五~八頁。

(7) 『官報』第七期(光緒三三年六月)、七七~八七頁。

(8) 日華学会編『日華学会第五回報告』(一九二一年四月)、九頁、日華学会「法人設立並登記」一九二一年六月一三日申請。

（9）対支文化事業については、阿部洋『対支文化事業の研究――戦前期日中教育文化交流の展開と挫折』（汲古書院、二〇〇四年）を参照。

（10）『在本邦一般留学生補給実施関係雑件』（外務省外交史料館、請求番号：H-5-1-0-1-9）。

（11）『在本邦一般留学生補給実施関係雑件』（外務省外交史料館、請求番号：H-5-1-0-1-9）の③冊、「陸軍省千住製絨所」。

（12）万鵬の事例については、「一般補給留学生萬鵬陸軍省千住製絨所に於て実習方に関する件」、「普通第九九号」、『在本邦一般留学生補給実施関係雑件』（外務省外交史料館、請求番号：H-5-1-0-1-9）、③冊、所収）。

（13）例えば、蕭瑞麟「日本留学参観記」（王宝平主編『晩清中国人日本考察記集成　教育考察記』下、杭州大学出版社、一九九九年）は一九〇四年の秋に著者が留学生活中に見学した学校や各種工場について記している。

在華本邦補給生、第一種から第三種まで

大里　浩秋

はじめに

一九八〇年代から現在まで、日本から中国に旅行や仕事で出かける人の数がますます増え、それにつれて、留学する者の数も増えている。筆者の勤務先でも、半端な中国語のまま卒業するよりも一年現地で勉強してから就職先を得ようと考えて留学する学生が、年に数人は出るようになった。語学のための留学といっても、現地に行けば他にも学ぶことは沢山あるはずであり、そうした個々人の留学体験が積み重なって、現実の、さらには未来の中国理解の一定部分を構成していくのである。近年は時折反日運動と称して日本で大騒ぎするような行動が中国で起こっているけれども、大部分の日本人留学生が教室から排除されたり行動を監視されたりする状況には至っていない。だから、時を経て今の日本人中国留学を振り返るとしたら、自由に各地を見て回り中国の若者と忌憚なく付き合えた、それまでになく幸せな時代だったということになるのではないか。

ところで、本稿で取り上げようと思うのは、今のことではなくて、戦前の、日本人がしきりに中国人の排日はひど

いものだと言っていた時期の日本人中国留学についてである。が、その前に、近代以降その時期に至るまでの日本人の中国留学の大まかな流れをたどることにする。

明治初年に中国に渡ったのは陸軍派遣の留学生で、一八七一年を皮切りに繰り返し複数の若者が中国各地に出かけて、個人教授を探して中国語を習得すると同時に国情調査に励み、留学後は外交交渉の通訳をしたり、軍事情報の収集を継続したりした。遅れて八〇年代に派遣された海軍留学生を含め、いつごろまで軍関係者の留学が続き、それがどんな内容の留学であり、留学後はどんな役割を担ったかは、今後さらに明らかにすべき課題である。外交処理の人材が急ぎ必要になって外務省が留学生を派遣するのは、八〇年代になってからのことで、この名目で中国に出かけた若者もまた個々に教師を見つけて中国語を習うとともに将来の仕事上必要になる現地の知識を身に着け、留学後は現地で、あるいは帰国して外交官を任じた。他に、人数は軍や外務省に比べて少数ながら大蔵省や農商務省も派遣したことがあり、一部の銀行も新入社員を留学させているし、仏教宗派からの派遣もあった。さらには、私費による留学もあった。

一八七七年に東京大学が創立され、九〇年代に京都大学が創立の準備を進める段階で、文部省は両大学から留学生を中国に派遣することにして、九九年の服部宇之吉に始まって、以後一九二〇年代まで続いた。最初の服部の場合は、留学が目的というよりも中国で教育を担う人材を養成する役割を期待されての派遣だったが、その後の留学生はみな本格的な中国研究を目指しての留学であり、彼らの多くは帰国後両大学で教鞭をとる身となった。さらに、一九一〇年代後半からはいくつかの学会や基金などからの派遣もあって、二〇年代から三〇年代にかけて若手の中国研究者が中国に留学する機会が多くなった。この文部省およびその他の派遣団体が関わった留学がいつまで続いたかを筆者はわかっていないので、これらの全体像を確認することも今後の課題となる。

こうして一九三〇年代に実施された外務省文化事業部による第一種から第三種までの補給生派遣へとたどり着くのである。ここまで書いてきて、明治時代から一九三〇年代までの日本人中国留学史について、いくつもの漏れがあるだろうことは承知している。要は、筆者がこのテーマについて十分な理解ができていないことがある。さらに、日本において、個々の中国留学体験に言及した文章は沢山あっても、それらを全体的に見通そうとする研究はまだ行われてはいないということがある。しかし、そんな日本の状況に刺激を与えてくれる中国の研究者の論文がすでに公にされている。桑兵中山大学教授の「近代日本留華学生」（『近代史研究』一九九九年第三期）がそれである。桑兵論文は、近代から日中戦争までの日本政府や留学生の動きを多くの資料を利用しつつ要領よくまとめていて、我々が今後このテーマで研究を進めていく上での指針たり得ている。もちろん、記述の間違いや不足も散見するが、それは日本側の研究で補うべきである。

以下、外交史料館資料を利用しながら、一九三〇年から四〇年代初めまでは実施されていたはずの第一種から第三種までの補給生と名付けられた留学生派遣の実態を、可能な限り明らかにしたい。この補給生については、枝葉に当たる最小限の説明はいくつかの文章中に見られる[1]ものの、内容に一歩踏み込んだ説明や分析はこれまでなかったからである。順序としては、まず一で、この留学制度を定義するとともにそれを実施するに至る背景について考え、二では、実施一、二年目の状況を見、三では、三年目以降の主な動きを追い、四では、遅れて三七年から実施された特別研究員について言及する。そしてまとめでは、こうした作業を通じて感じたことを書くつもりである。

なお、本文には「在支」「支那」等現在使うべきでない表現を用いている個所が多いが、それは当時の呼称として限定した場面で使っていることを予めおことわりする。

一　補給生制度の定義、およびそれを実施するに至る背景

外務省文化事業部は、一九三〇（昭和五）年一一月に「将来東方文化研究上の中心となり且つ日支両国文化提携上の楔子となる人物を養成する為、在支本邦人留学生」を対象にして第一種から第三種までの補給生制度を発足させた（ここでいう第一種から第三種までの補給生とは、頭に「在支」をつけて正式には例えば「在支第一種補給生」のように称したし、「在華」をつけた例もある）。これら三種の区別は、次の如くである。

（一）第一種補給生　「日本の小学校卒業生又は之と同等の学力を有する者で、中国の中等学校等に於て就学する者に対し、月額三十五円以内を補給するもの」

（二）第二種補給生　「日本の中学校卒業生（旧制）若しくは第四学年修業生又は之と同等の学力を有する者で、中国の専門学校又は大学に於て修学する者に対し、月額七十円以内の学費を補給するもの」

（三）第三種補給生　「日本の大学若しくは専門学校卒業生又は之と同等以上の学力ある者で、中国の大学、大学院、専門学校若しくは其の他に於て修学研究する者に対し、月額百二十円以内の学費を補給するもの」

上の引用はすべて河村一男の文中[2]からだが、同様の表現はおそらく一九三〇年一一月以前に文化事業部で作成した趣意書あるいは規則のような類に見られるのではないかと推定して、該当しそうな文書を探したが、「在支第二種補給生規程」の存在しか確認できなかった[3]。しかし、この第二種の規程によって、上記の第二種に関する引用文は規程の

二と七を合体したもので、それに（旧制）の二字を加えたものであることがわかったので、第一種、三種についても上記の引用文はそれぞれの規程から抜き書きしたものであるとの推定が可能になった。また、第二種の規程を読み、さらに他の関連文書を読むことで、この規程の多くは第一種、三種のそれにも共通する内容になっていることがわかった。そこで、この補給生制度がいかなるルールによって運営されたのかを知る意味で、少々長くなるが以下にその全文を掲げることにする。そこには「本規程は当分の間差し支えあるに依り他に洩らされさる様致度し」との但し書きと「秘」のゴム印がついているのが興味を引くが、「秘」をつける事情については後述する。

「在支第二種補給生規程」

一、本補給生は支那の大学若は専門学校に於て勉学し、且人格の修業に努むへきものとす

二、本補給生は日本の中等学校卒業生若は第四学年修業生又は之と同等以上の学力あり、且人物優良にして身体健全なりと認めらるる者の中より之を銓衡す

三、本補給生の推薦者は左の如し

（一）関係学校長

（二）東亜同文会、日華学会、同仁会、東方文化学院其の他の適当と認めらるる団体又は個人

四、推薦者は本補給生候補者に関し、其の志望学校名、学科及推薦理由を具したる申請書に戸籍謄本、履歴書、学業成績証明書及身体検査書を添へ、文化事業部に提出するものとす

五、毎年選定せらるる本補給生の員数は、第一種補給生より選定せらるるものを除き七名とす

六、推薦者は本補給生に選定せられたる者の誓約書（別紙書式）、関係市区町村長の作成したる身元証明書及兵役関係証明書竝保証人身元証明書を、文化事業部に提出することを要す

前段誓約書には、身元正しく相当の資力ある保証人二名連署することを要す。保証人にして破産、死亡其の他保証人に適せさる事故発生したるときは、更に他の保証人を立つへし

七、本補給生に対しては特別の事由ある場合の外、毎月金七拾円以内に於て必要と認むる学費を支給す

八、本補給生に対する学費は、推薦者を経て交付するを原則とす

九、本補給生に対する学費補給期間は、通常準備期間を通して七カ年以内とす

一〇、本補給生に対する指導は、推薦者之に当るものとす

一一、本補給生は毎学年の終に於て其の学年の学業成績証明書二通を推薦者に提出し内一通は推薦者より之を文化事業部に送付するものとす

一二、本補給生は随意に転校することを得す

一三、本補給生はほかの業務に従事することを得す

一四、本補給生にして学業成績不良又は不都合の行為ありと認めらるるときはその資格を免せらるるものとす

一五、本補給生前項の規定に依り其の資格を免せられたるとき又は疾病其の他已むを得すと認めらるる事由に因らすして中途廃学したるときは、既に補給したる金額の全部若は一部を返還せしむることあるへく、本人又は保証人に於て之か償還の責に任するものとす

一六、本補給生は卒業後全補給期間の二分の一に相当する期間内一定の業務に従事せしめらるることあるへし

このうち、選考に至る手続きや採用後の順守事項等を記した三、四、六、八、一〇、一二、一三、一四、一五、一六は、第一種にも三種にも共通するものであり、一一は、一種は共通するが、三種については定期に、あるいは留学終了後に研究報告書の類を提出することが義務付けられていたと推量される。これらの中で注目しておきたいことは、一つには、三の推薦者のところが、関係学校長の他に、東亜同文会、日華学会、同仁会、東方文化学院等東方文化事

業の中に組み入れて金銭的援助をしている、いわば外務省の身内とも思しき団体名を上げている点である。ふたつに、五で学費は推薦者を通して交付するとしている点で、この点についてはのちに言及することにする。また、この規程中の一、二、五、七、九は第二種に関する内容であり、その部分は一種、三種の規程では、それぞれに見あった表現ないし数字が入っていたことになる。第二種の内容で注目されるのは、五に毎年採る人数を第一種から選ぶのを除いて七名以内、としている点である。これは第一種からの持ち上がりを想定していることを意味しているのである。なお、三〇年秋に出された文書中に[4]、第三種補給生規程の内容を記したと思しき、第三種生の採用人数は二種生から選ぶのを除いて毎年一二名以内にするとの文面がある。これによって、第二種生の三種生への持ち上がりも想定されていたことがわかる。

ここで考えるべきは、なぜに外務省文化事業部が一九三〇年という時点でこのような三種の留学生派遣を思い立ったかである。この疑問に答えてくれる資料はないものかと関連文書をめくってみて、直接そのことに言及した文章はやはりなかったものの、ヒントにはなりそうなものが一つ見つかった。それは、開始したばかりの第一種補給生が置かれている状況を取材した文化事業部職員の報告[5]であるが、そこにはこんな表現があった。

「北平日本公使館矢野参事官の如きは、厚顔にして忘恩的なる支那留学生にのみ留学生費を費すよりも、之の種補給生を養ひ以て将来日支間の相互理解共存共栄の連鎖たらしめることは極めて賛成する所なり、と述へ居れり。在安東米沢領事の如き、又関東庁学事課長御影池氏の如きも又、双手をあけて賛成し其の成功を祈り居れり」(引用文の、漢字の旧字体は新字体に、カタカナはひらがなに直し、適宜句読点を加えた。以下も同じ)。

この表現に従うと、中国現地勤務の外交官や教育官僚には、恩知らずな中国人日本留学生の学費を支援するよりは、この種補給生(具体的には第一種補給生を念頭に置いているのだが、第二種、第三種を含んだとしても上記外交官らの考えとかけ離れたものにはならないだろう）を養成するのに金をかけたほうがましだと考えて、この制度の実施を支持している者がかなりいたということになる。

この報告内容の背景になっているのは、言うまでもなく、義和団事件賠償金を使って外務省文化事業部が一九二〇年代から実行しつつある日中間の文化交流事業（当初は対支文化事業と称し、中国側の反対で途中から東方文化事業と呼び代えた）が中国側の反発を受けて順調には進んでいないことであった。一九〇〇年から翌年にかけて起こった義和団事件を鎮圧することで一〇カ国が得た賠償金のその後の処理を巡っては、アメリカを始めとする欧米諸国はその金を使って中国人の教育支援などを行うことにし、さらには中国側の要求に応じて長年年賦で払われてきたその残金を返上するという動きになったが、日本はその動きに同調せずに自ら考えるところの日中文化交流事業に使うことにして、中国側に善意を示すべく中国人日本留学の学費補助などを実行したのだった。しかし、賠償金を返上しないことへの反発に加えて、事業のことごとくに主導権を握ろうとする日本側のやり方にも中国側が批判的だったことから、日本側とりわけこの事業を主管する外務省は中国側の無理解に腹を立てて、いっそのこと日本人の中国留学に金を回すべきだと考えたとしても、それはそれでわかる話ではあった。ただしそれだけではなく、日中関係は一四年の青島占領、一五年の二十一カ条要求以来次第に緊張の度を増している折から、外交上、さらには軍事上で役立つ中国語、中国事情に通じた人材の養成は緊急の課題になっていた。そしてその緊急の課題にこたえるべく、「日支両国文化提携上の楔子となる人材の養成」を大義名分として補給生制度をスタートさせたのだと推量できる。

二　実施一、二年目の状況

一九三〇（昭和五）年一一月に補給生制度を発足させてから翌三一年末までの、つまり実施一年目、二年目の状況を見る。動きが最も早いのは第一種で、一人を一〇月中に採用することに決め、一一月一日から天津中日学院初等中等部二年に入学させた。石川福太郎、当年一八歳（以下、年齢はすべて数え年）で、家族とともに天津日本租界に住み、天津日本人小学校高等科一年を修了して天津実業専修学校に入り、そこに一年在籍した際に学校長の推薦を受けて候補者となり、採用されたのである。なぜ石川一人がこの時採用されたのかについては、それを示す格好の文書が存在する。[6] それによると、「客年（一九二九年のこと——大里）十月坪上文化事業部長来津の際内話ありたる対支文化事業部給費生として差当り当地中日学院に入学せしむる学生先般物色中の処、目下当館雇員見習として採用致し居る石川福太郎は」、人物は申し分なく身体も健康で学業成績もよく家庭も円満で、候補者としてまことにふさわしい人物だという。この文書によって、補給生制度は二九年の秋には準備が一定程度進んでおり、その中の第一種生の有力候補として早くに石川の名前がのぼっていたが、正式な決定を経て中日学院に入学するのには時間がかかったことが知れるのである。

ところで、石川を採用することが決まっても実施要領がまだ定まっていなかったために、支給する学費を月額いくらにするか、推薦者は卒業した小学校の校長にすべきかそれとも採用時に在籍していた専修学校の校長にすべきか等のやり取りが、天津総領事代理田尻と外務大臣幣原との往復文書中に見え、学費については、当時の中日学院における学生の平均経費を参考にして月額二五円とし、個人的に中国語の補習を受ける費用として一年間に限り月額一〇円を上乗せして支払うことにし、推薦者については、小学校校長がよかろうとなった。この一〇月から一一月にかけての幣原・田尻間のやり取りで注目されるのは、「本補給生制度を支那側に知らしむる時は誤解を招き本人修学上の妨げとなる惧あるに付、学費等は外務省と関係薄き推薦者を経て本人に交付することと致度(7)」とする文面である。この文面だけでは今ひとつ言わんとすることが分かりにくいが、翌年に発せられた諸文書によって、義和団賠償金の返還を求めているのに東方文化事業を行っている外務省文化事業部はそれを認めず、さらには日本人の中国留学にその金を使ってスパイを養成しようとしていると中国側が反発するから、極力外務省の名前を表に出さないほうがよい、との意味であることがわかる。それゆえ、本来文化事業部が行って当然の本人への学費交付を代行して、外務省が金を出す留学ではないことを装う役を推薦者にやってもらうこととして、石川の場合はそれをだれに頼むのがいいかが幣原・田尻間でも話題になったのである。

第一種の次の選考は、石川が天津中日学院で学び始めて四カ月ほど経ってから行われ、一九三一年三月、三〇人の候補者の中から九人（いずれも男子）が採用された。三〇人はみな中国各地に在住する者の子弟で、在学中かあるいは卒業した現地日本人小学校の校長の推薦を受けて候補になった者だった。選ばれた九人は、小澤茂（一六歳、安東在住）、池上貞一（一四歳、青島）、尾崎正明（一三歳、青島）、川口晃（一四歳、鉄嶺）、永江和夫（一四歳、ハルピン）、鈴木隆康（一三歳、旅順）、斎藤達俊（一三歳、奉天）、藤巻晃（一四歳、上海）、馬殿幸次郎（一五歳、上海）である。このうちの多くは一三、四歳で、小学校卒業を間近かに控えていたし、一、二歳年上の者は、高等科の一年か二年に在籍していた。どうして中国在住者の候補者が多かったかについては、二つの理由が考えられる。一つは、応募する側に言えることだが、中国現地の日本人小学校を出て、今後どうするか。日本に帰って中学校に進学するか現地の日本人中学校に入るかそれともどうするかと考えた時、日本に戻るだけの経済的条件がないとしたら、現地で働く親元で、あるいは親元からさして離れない所で学費を得ながら勉強を続け、卒業後は就職の世話までしてもらえそうなこの補給生制度（上で見た補給生規程の一六に、卒業後全補給期間の二分の一に相当する期間内一定の仕事につかせることがあると書かれている）は魅力的なものだった。ふたつは、募集する側応募する側双方に言えることで、日中関係が順調にいっていない折柄、日本在住者の子弟を補給生に選んだら「（一）父兄の憂慮多く（二）子弟亦郷里を思ふこと大なることとに依り、自然好結果を収めること少なきにあらすやと想像」されるし、逆に中国に住んでいる場合は、現地の雰囲気にも慣れているし、何かあれば親元も近いから相談できるので安心だ、ということがあった。[8] そこで、とくに開始時には中国在住者の関心が高まり、在籍校でも採用されることを名誉として積極的に生徒を推薦したのである。

第一種はその後まもなく一人、吉田憲亮（一四歳、本渓湖在住）の採用が決まり、さらに六月には、東京府立第一商業学校校長が推薦する同校の七人の生徒の中から、鈴木明一五歳と秋元一郎一四歳の二人が選出された。日本在住者からも選ばれたことになり、これで前年の石川を入れて合計一三人に達した。この年の選考のやり方をみると、まとめて数人を選んでいる他に一人、二人と選んでいる場合もあり、推薦締め切りの時期を決めて統一の選考をしているとしても、さらに推薦書類が届くたびに選考するというやり方をとっているようであり、三年目以降にもその方法を踏襲していくのである。それは、これから見ていく第二種、三種の選考においても同様であり、そうだとすると、客観的な選考基準があったかどうかは知らず、有力者の推薦があれば選考に有利に働く状況が不断に存在していたことになる。

さて、第一種補給生が入学した先はどこかといえば、藤巻、馬殿の二人が漢口江漢中学校、斎藤、吉田二人が奉天馮庸大学付属中学校、池上一人は青島礼賢中学校で、残りの八人は天津中日学院だった。天津中日学院に入学する者が多かったのにはわけがある。この学校が、東亜同文会が一九二一年に創設した天津同文書院を前身としており、二六年に中日学院と名称替えしたあとにも同会の影響下にあって引き続き中国人学生を対象に初級・高級合わせて六年の中学の課程を教えていて、受け入れが容易だったからである（もう一つ漢口江漢中学校も、東亜同文会の創立になる漢口同文書院を前身としていて中国人に中学の課程を教えていたので、第一種生を受け入れるに便利だった。しかし、補給生に決まった者の多くは天津以北に在住していたので、漢口には上海在住の二人しか行かなかったのだと考えられる）。さらには、日中関係が不穏な時世とあっては学校で中国人学生にどんな目に遭うかわからないと考えた親が、日本人の息のかかった学校に入れようとしたであろうし、文化事業部としても無難な上記二校に入ることを後押しして、現地の学校に入ることを勧めなかったからである。

また、三〇年に石川を採用した段階では、前述のごとく外務省が表立って留学を推進するのは反発を招くとして、推薦者を仲介に立てることにしたが、三一年になって複数の補給生を採用する段階になると、個々の推薦者に任せず、一括して東亜同文会にこの役割を担わせることにした。おそらく、補給生の大部分が東亜同文会と関係の深い天津中日学院か漢口江漢中学校に入ることを見越しての決定であろう。そこで、入学すべき学校と文化事業部の仕事を代行する機関についての外務省の方針は、役所言葉では次のように表現された。

「民間英才教育助成の精神を徹底せしむるの必要及諸般の対支関係等に鑑み、在華第一種補給生は全部之を東亜同文会の補給生として取扱ひ、大体天津中日学院及ひ漢口江漢中学校に収容し、学費等も同会を経て交付すること[9]」。

学費については、前年のスタート時点では石川に中国語の補習費を入れて月額三五円が支払われたが、三一年になると石川を含めて一律二〇円の支給となった。天津中日学院で勉強するのにひと月二〇円もあれば足りる、語学の補習は学校が準備するのでその費用は要らないというのがそうなった根拠である。なお、学費の支給期間は入学した学校を卒業するまでで、一年生から始める大部分の補給生にとっては六年間である。

さて、補給生になることが決まった少年たちは四月から学費二〇円をもらって準備を進めて（遅れて決まった東京の二人には七月から支給された）、いよいよ九月になってそれぞれの学校に入ったのだが、その頃に文化事業部の職員安藤が学校を回り少年たちに会ってその様子を報告にまとめている。「第一種補給生の状況及将来に就いて」と題したこの報告は、内容に興味深い情報が盛られていることからその一部はすでに紹介してきたのだが、ここでは補給生たちの様子に絞って見る。それによると、天津中日学院に入った六人（遅れて採用が決まった二人はまだ到着していないようだ）は教師陣の懇切な指導を得て順調に勉強している。奉天馮庸大学付属中学校の二人は入ったばかりで会うことができなかったが、教練に参加中の姿を見た。受験勉強に苦労した末に青島礼賢中学校（報告には「青島市立中学校」と書いているが、書き違いであろう）に入った池上は「時局の関係上時々支那学生のため辱めを与へらることあるも、努めて隠忍し居れりとのこと」[10]。そして漢口江漢中学校入学の二人は現地が水害で学校が閉鎖されたため、上海の家に帰って自習中だった。なお、この給費生への取材は九月中旬までには終わっているらしく、九月一八日に起こった満州事変がその後補給生に及ぼした影響には触れていない。

次に、第二種の開始一、二年目の状況である。第一種が三〇（昭和五）年一〇月に採用し始めたのと違い、最初の第二種補給生が選ばれたのは二年目三一年三月になってからである。ただし、推薦は早くにあったようで、一月から二月にかけて安東領事米澤から外務大臣幣原あてに数通の催促の手紙が届いている。そこには、推薦された候補者たち（第一種も二種も）は今卒業を目前に控えて就職口を探すべきか上級学校に進むべきかで迷っているところであるとか、「当初より本件計画に力瘤を入れ優秀なる候補者を推挙せる学校長の面目にも関し、自然将来引続き募集すへき候補者の質にも影響するの虞ある」とか述べて[11]、一刻も早く合否を伝えるよう求めており、それが功を奏したのか安東中学校五年在籍一九歳の長野賢が真っ先に選出された。ついで同じ三月に、青島日本中学校五年在籍一九歳の倉崎一郎と同中学校四年在籍一七歳の岡田昌雄を選び、さらに四月には、青島日本中学校卒業で北京中国大学付属高級中学校一年在籍二二歳の中西一介、大連第一中学校在籍の中村正を選んで、これで計五人となった。その後も候補者の審査は行われたようだが、例えば天津、広東からの推薦に対して、定員と予算の関係もあり厳選の結果選に漏れたとして断っており、その後の追加の採用はなかった。開始時は、中国在住者からの反応が第一種と変わらず強いものだったことがわかる。

始めに煮詰めておくべき手続き事がいくつかあったのは、第二種も同様である。一つは学費の支給額についてである。第一種は一律に月額二〇円を支給したが、第二種は自宅からの通学は三〇円、自宅外は四〇円を基本とした上で、さらにほかの判断要素を加えて二〇円、三〇円、四〇円の三段階に分けて支給した。支給期間は大学を卒業するまでの六、七年である。二つに、入学先をどこにするかという問題である。第一種の場合は、天津中日学院か漢口江漢中学校に入るのが無難であるとの指導があったが、第二種の場合は高級中学あるいは大学に入るとあって、本人の希望に任せたようである。ただし文書中には、中西は中国大学付属高級中学二年に受験して合格、中村は清華大学在籍、岡田は北平大学へ入学準備中、倉崎は大学か専門学校かを選択中などとあり、開始時には進路がまだ確定していない者が複数いた。三つに、外務省が派遣する留学生であることを中国人に隠すために、学費の交付を誰に代行させるかという問題である。これについては、第一種の場合は一律東亜同文会に委任・代行させることとしたが、第二種補給生については、いったんは各推薦者が代行することとして実施したものの、例えば推薦者が青島にいて補給生本人は他に引っ越して手続きが煩雑になった。さらに補給生の多くが北平で勉強することになったため、途中から北平に住む適当な人物を探して一括して代行させることにしたが、だれがその役を引き受けることになったかの記載は今のところ見当らない。ただし第一種では東亜同文会がやった文化事業部との交渉事（学費の値上げ交渉とか旅行実施の交渉、帰国費用の請求等）は自分たちでやっているのはその後の資料で確認することができるし、あるいは学費も実際には各自で受け取っている可能性がある。

最後に、第三種の開始一、二年目の状況である。一年目には四人を採用した[12]。その四人を氏名、研究事項、出身学校の順に記すと、(一)、寺田范三　宋学の展開、京都帝大、(二)、法本義弘　儒教、大東文化学院、(三)、藤井静宣　支那仏教、大谷大学、(四)、佐竹一三　支那歴史、東亜同文書院である。二年目三一年になると、毎月のように選考が行われて一一月までの間に計一九人が採用となり、他に次年度分に採用を回す二人をも選んでいる[13]。今見ることのできる資料では三〇年よりも三一年のほうが詳しいデータが載っているので、文書中にある記載をほぼそのままの形で引用しつつ、採用された一九人の氏名、年齢、推薦者名、研究題目、補給期間見込み、補給月額、備考の順に以下に並べることにした。ただし、氏名の配置は、採用時期が不明のものもあってその順番に並べているわけではない。また文書に記されていない事項がある場合はその事項はとばしている。

(一)、古川園重利　二三、中目大阪外国語学校長、蒙古一般事情、北平・張家口・多倫諾爾、二年、七〇円（半年）、五〇円（一年半）、昭和四年三月大阪外国語学校蒙古語卒業

(二)、馬場春吉　四一、内堀維文、山東の文化、二年、八〇円、大正五年東洋大学大学部第一科（倫理哲学）卒業、大正六

年福山学院奉職、大正七年済南私立東文中学校奉職、大正一三年同校は東魯中学校となりたるが引続き奉職中

(三)、土屋申一　二四、拓殖大学長永田秀次郎、言語及支那風俗（土俗）、一年、六〇円、昭和六年拓殖大学商学部卒業

(四)、濱正雄　二七、水野梅暁、現代支那の政治的考察、二年、六〇円、昭和三年三月九州帝国大学法文学部法科卒業

(五)、松川朴平　二六、二松学舎専門学校長山田準、前漢董仲舒の思想、北京大学に入学希望、二年、六〇円、大正一五年より二か年北平同学会にて支那語及支那事情研究、昭和六年三月二松学舎専門学校本科卒業

(六)、大谷湖峰　三二、駒沢大学学長忽滑谷快夫、支那宗教思想特に道教思想、二年、六〇円、昭和三年私立駒沢大学東洋学科卒業、同大学研究科入学、大東文化学院高等科聴講生、昭和五年三月修了、駒沢大学講師となる

(七)、長瀬誠　二八、大東文化学院総長大津淳一郎、支那思想史、二年、六〇円、昭和二年大東文化学院卒業、福島県立白河中学校教諭心得、昭和四年同教諭となる

(八)、塚野善蔵　二四、京都帝国大学総長新城新蔵、中華民国自然地理学、北平、二年、七〇円、昭和六年京都帝国大学理学部卒業

(九)、細野重雄　二五、京都帝国大学総長新城新蔵、中華民国に於ける農作物の分布並に変異、上海・北平・広東・京都、二年、七〇円、昭和五年京都帝国大学農学部農林生理学科卒業、同五月大学院入学遺伝学専攻

(一〇)、大上末広　二九、京都帝国大学総長新城新蔵、現在の中国国民経済、北平・漢口・南京・上海・広東、一年、七〇円、昭和四年京都帝国大学経済学部卒業、同四月大学院入学「支那国民経済論」研究、同六年四月同学部副手となる

(一一)、福井康順　三四、早稲田大学総長田中穂積、道教の研究特に道観及其実際祭祀、北平及南京、一年、八〇円、早稲田大学文学部哲学科社会哲学専攻、昭和四年四月同文学部講師嘱任

(一二)、鬼崎末男　二六、水野梅暁、支那経済思想、北平、一年、七〇円、昭和六年三月京都帝国大学経済学部卒業

(一三)、鈴木辰雄　二八、東京帝国大学教授佐藤寛次・那須皓、満州に於ける農村社会生活並に農民移住、公主嶺農学校其他、二年、八〇円、昭和三年東京帝国大学農学部農業経済学科卒業、同年四月農学部副手となる

(一四)、山上金男　二三、山口高等商業学校長鷲尾健治、中華民国に於ける金融組織、二年、六〇円、昭和六年四月山口高

　等商業学校卒業
（一五）、田村三郎　二二、近衛東亜同文書院長、支那思想史、北平、二年、六〇円、昭和六年三月東亜同文書院卒業、北京
　大学に入学の予定
（一六）、澤登誉　二四、重光臨時代理公使、中国語、北平、三年、一二五円、昭和六年三月東亜同文書院卒業
（一七）、北村重英　二四、以下（一六）の記載に同じ
（一八）、下川賢　二三、以下（一六）の記載に同じ
（一九）、藤澤親雄　三九、東洋政治思想の研究、北平、一年、一二〇円、大正六年東大法科大学卒業、大正一二年より昭和五
　年迄九州帝国大学教授

以上、一九三一年に採用された第三種補給生に関するデータを書き出してみたが、これを一見しただけで、第一種や二種の補給生との違いにいろいろ気づくことになり、さらには第三種生の中においても、採用上に違いがあることに気づくことになる。以下、気づいた違いに言及する。

第三種補給生の第一種、二種生との違いは明瞭である。第一種生は小学校を卒業したばかりの少年を主として採用し、彼らに中国の中学校の初級高級を合わせて六年の課程を勉強させつつ中国語と中国に関する知識の習得に努めさせ、一律の学費を支給する。二種生は中学校を卒業した頃の若者を採用して、彼らに大学四年間の授業を学ばせながら一種生よりもさらに高度で実践的な中国語と中国に関する専門知識を身につけさせようとし、学費は自宅からの通学かそうでないかで差はあるものの一定額を支給する。しかし、第三種生の場合は二〇歳代が多いものの、大学を卒業したての若者からすでに教職に就いている者まで境遇は様々であり、年齢は二〇代が多いものの三〇代（一人四〇過ぎもいる）まで幅がある。また、各自の研究領域が異なっているので、それぞれの必要によって留学先を申請する

ことになり、データを見る限り、大学を特定してそこで研鑽をつもうと考えている者よりは、単数あるいは複数の地域を選んでその範囲を自由に歩き回って見聞を深めようとしている者のほうが多く、各自の研究内容によって補給期間に一年から三年までの幅を設けており、学費も研究内容によって査定をしているためか、月額で六〇円から一二五円までの差が付いている。なお、学費の交付の仕方は推薦者を通すのが原則としているが、実際にはその他の生活上の各種の処理を含め第二種生と同様自ら受け取っていたと推量される。

次に、第三種生内における採用上の違いについてである。採用された者の多くは、在籍しているか卒業した大学や高等専門学校の責任者あるいは教授が推薦者になり、各自の専門分野を研究題目に掲げて一年か二年留学しようとしているのに対し、上記（一六）から（一八）の三人は、重光臨時代理公使が推薦者で、三年間中国語を学ぶことになっていて、研究者の養成という第三種生の趣旨からは外れているのではないかと思われる内容である。しかし、この疑問は幣原外相から重光あて三一年一月二二日付文書[14]で解き明かされている。幣原の文書によれば、澤登ら三人は外務省留学生として採用しておかしくない成績だが、昭和六年度すなわち三一年の「留学生費予算は其の後大に削減せられ、予定の員数を得ること到底不能となりたるに依り」、その資格での留学派遣ができなくなった代わりに補給生として送ろうというのである。そして彼ら三人については、これまでの同省留学生と同様の金銭面の待遇になるよう配慮し、かつこれまでと同じく三年間学ばせて、終了後は外務通訳生か外務属に任用しようというものである。本来外務省の独自予算で留学生を中国に派遣して外交官養成の目的を達成すべきところを、手元不如意を理由に身内の文化事業部が補給生制度を発足させる機会を利用してそのへんのやりくりをしようとしたのである。こうして第三種生は、のちの外務省の呼び習わしに従えば、「将来外務省官吏になるへきもの」と「普通のもの」の二種類が存在することになった。

三　三年度以降の状況

これまで、補給制度を開始して一、二年目の状況を詳しく見てきたが、以下には三年目以降の状況について、主にはどのように変化していったのかに関心を置いて見ていくことにする。

まず、第一種補給生における状況の変化である。三年目一九三二（昭和七）年には新たに選考は行わなかった。一、二年目に採用しすぎたので一休みをして調整を図ったということか。前年までに入学した生徒についてみると、他の者の在籍校に変化はないが、奉天馮庸大学付属中学校に入った斎藤健俊と吉田憲亮は、前年九月一八日に満州事変が起こって間もなく同校が廃校同然になったことから、斎藤は奉天実業補習学校に、吉田は自宅のある本渓の実業補習学校に入りなおしている（さらに三二年には、斎藤は奉天省立第二初級中学校に、吉田は本渓県立初級中学校に移った後、三三年にはまた斎藤と同じ学校に移った）。また、「近時銀為替の不利に依り[15]」三二年九月から毎月の学費支給額を二〇円から三〇円に値上げした。

四年目三三年には各地から推薦してきた候補者一七人を一斉に審査して九人を採用した。うち、山下二郎、高木芳郎、大藤猛夫、木村隆吉、秋山善三郎、箕浦彦広、尾坂徳司七人が日本在住者（その中で、東京府立第一商業学校出身が二人、同第三商業学校出身が四人を占める）ですべて天津中日学院に入り、残る木村健之助、大野勝馬の二人は上海在住者でともに漢口江漢中学校に入った。日中関係悪化のためであろうが、この年から上記二校以外の学校には入らなくなった。九月の新学期から、池上が天津中日学院に移った。父親が帰国して青島に世話をしてくれる人がいなくなったためである。同年一〇月、第一種生の事務管理を一括委任されている東亜同文会の会長牧野から文化事業部長坪上あて、天津中日学院と奉天省立中学校に在籍する補給生計一一人の日本研修旅行を許可し費用の援助をしてくれるよう申請書を提出した。その申請書には「十一名の大部分は未だ母国の土を踏まさる者に有之候処、今回之を訪問の上由緒ある神苑に親しく参拝して国体の尊厳に触れしめ、工場学園を見学して其知見を広めしむる事は、将来の訓育に資するところ少なからずと存候」とあり、実際三四年一月から二月にかけて実施された。申請書に言う「由緒ある神苑」とは、実際に立ち寄った順に桃山御陵、伊勢神宮、熱田神宮、明治神宮、多摩御陵、靖国神社そして皇居を指しているのである[16]。なお、第一種生の修学旅行とでもいうべきものは、その後も毎年のように企画実行された。例えば、三五年には今度は漢口江漢中学校在籍の八人が参加する日本旅行があり、三六年と三七年にはいずれも天津中日学院在籍者が参加する「内地及満州国」旅行があり、三九年には天津中日学院の生徒が参加する（と言って、この時にはのちにも触れる如く他の学校に在籍する者はいなくなっていた）「朝鮮及満州国」旅行があった。

五年目三四年には一〇人が採用された。うち杉田節次、井上伸一、山上高行、小菅徳信、小峰王親、若杉幸生、高木満の七人が日本在住者（その中で、東京府立第一商業学校出が二人、同第三商業学校出が三人）、伏見健一、小林哲郎、川崎剛一の三人が中国在住者（順に済南、漢口、上海）で、六人が天津中日学院に、四人が漢口江漢中学校に入った。六年目三五年には五名が採用された。うち大久保仁晴、小島敬三、斎藤秀雄、水谷宏四人が日本在住者、残る小野一郎は日本の中学校を中途でやめて当時漢口江漢中学校に在籍していたところを採用したもので、二人が天津中日学院に、在籍中の小野を含む三人が漢口江漢中学校に入った。七年目三六年は補給生をとっていない。同年六月、トップを切って三〇年に天津中日学院に入った石川が高級中学の課程を卒業し、天津の鐘淵紡績会社支店に就職した。

八年目三七年には六人が採用された。うち日本在住者斎藤平一、島崎吉盛、岡部長司、井尻章、内海清次郎五人は天津中日学院に、上海在住の阪本敏弥は漢口江漢中学校に入った。この年七月に日中戦争が勃発、戦火の拡大によって、補給生にとって落ち着いて勉強を続けていけない状況になった。天津中日学院は、七月下旬から日本軍が進駐して校舎を兵舎として使用したために休校状態に追い込まれ、補給生は教職員とともに日本租界に避難した後、一時帰国した。他方漢口江漢中学校の補給生も一時帰国して再開の時を待ったが、その間に文化事業部と東亜同文会の協議がなされて、漢口では当分開校できる状況にないので、そこの補給生を臨時に天津中日学院に収容することに決め、軍が撤退して再開のめどが立った一一月中旬、帰国中の第一種生が勢ぞろいして送別会に出席して激励された後、天津に向けて出発したのだった。その後漢口江漢中学校が再開されることはなく、ここにいたって第一種生は天津にまとまって勉強することになった。同年九月、開始の年に採用となった鈴木隆康と斎藤達俊から東亜同文会あてに卒業後の就職あっせんの依頼があり、応対した職員は上司に相談して返事すると答えているが、その後にどんな返事をしたかは不明である。

九年目三八年には補給生の採用がなかった。前年に日中戦争が起こったことと関係があろう。開始二年目三一年に補給生になった者の多くは三七年と三八年が終了の年に当たっていて、就職を考えている者の動きは三七年のところで触れたが、さらに第二種生に進もうとする者にとってはその両年はその準備に追われることとなった。そのうち三七年七月に卒業した小澤茂、鈴木隆康（上で見た就職あっせんを依頼した鈴木と同一人物）、永江和夫、川口晃の四人は、卒業直前に東亜同文会あてに、北平の大学を受験する準備に必要な三か月分の学費、天津北平間の交通費、北平での滞在費、受験料及び雑費を支払ってくれるように請求している。第一種生であれば、卒業してどこかの大学に入れば第二種補給生になれる、大学に入る準備期間を含めて学費をもらえると理解してのことだろう（先に見た第二種補給生規程に、「学費補給期間は、通常準備期間を通じて七カ年以内」とある）が、この段階での費用支払いの請求は認められなかったようである。四人はその後日中戦争が勃発して軍から中国語の通訳派遣の要請が天津中日学院にあった際、学院の求めに応じて大学受験の準備中なので短期間という条件で憲兵隊で働いたが、「事変は意外の拡大を見又一方入学を希望せる支那大学も何時開校に至るや見透しつかざるに至り、憲兵隊にても遂々臨時雇員として採用せらるゝに至り、一意奉公の実を挙げ」た[17]。そして三八年春四人とも卒業帰国旅費の支給を受けて一時帰国して北平にもどった段階で、「本年八月の新学期より北京中国大学に入学せしめ度き趣を以て」四人の第二種補給生への採用方を天津総領事が申請し外務大臣が受理している。三七年には認めなかった申請を、三八年には大学への入学が定まる前に「事変以来自費にて当地滞在中に付き四月」から支給するとして認めているのである[18]。四人が実際に入った大学は、鈴木、永江は東亜同文書院（補給月額は七〇円で、補給期間は三七年四月から四二年三月までの四年間）、小澤と川口は輔仁大学文科（補給月額は九〇円で、補給期間は三七年四月から四一年七月までの三年半足らず）だった。

また、三八年七月に卒業した鈴木明、秋元一郎、池上貞一、馬殿幸次郎、藤巻晃については、卒業前に希望を聞いたところ、病気で長期の静養を要する鈴木を除く四人は上級学校に進むことを希望しできれば中国の大学に入りたいとしたが、実際に入学したのは秋元、池上、馬殿とも東亜同文書院で、藤巻は一年を病気治療に当てた後三九年秋に北京師範学院に入った。彼らは前年卒業の四人よりもスムーズに第二種生になることが認められ、補給期間は東亜同文書院の三人は三八年八月から四三年三月までの四年半余、藤巻は短くて三九年一〇月から四二年六月までの二年半余であった。ところで、三七年の卒業生も三八年の卒業生も共通して中国の大学に入ることを希望していたのに結局は多くが東亜同文書院に入学することになったのは、外務省本省が出先機関の意見を聞かずに補給生が中国の大学に入ることに反対したことが影響していると考えられる。外務大臣宇垣と天津領事田代の文書交換で、田代は「本省に於ては中日学院卒業生を全部支那側大学へ入学せしむるは日本精神を喪失せしむる懸念ありとの御深慮より昨年度卒業生中二名は東亜同文書院に入校せしめたるやの聞込有る」が、もっと本人たちの希望を聞いてもいいのではないかと書き[19]、宇垣は三八年卒業の五人について「支那側大学に入学の件は取止むる方本人等の将来の為望ましきことと思考し居れり」と書いている[20]ことからもその点は明らかである。東亜同文書院は、繰り返しになるが、東亜同文会が経営する学校であり、しかも同会が第一種補給生の世話を一括して代行しているからには、彼らを二種生として受け入れることは容易であった。しかし専ら日本人を受け入れている学校であり、そこに入るのを留学というには無理がある。それとも当時の一般的理解ではこれをも留学と呼べるのか。他方、少数が入った輔仁大学と北京師範学校は中国人学生のための学校である。同年暮れ、病気療養のため帰国途中の補給生が播磨灘で行方不明となった。

一〇年目三九年も補給生の採用がなかった。同年は三三年に補給生になった七名が卒業を迎え、一月にアンケートを取ったところ七人ともに北京大学農学院への進学を希望した。全員が同じ希望先とはいかにも不自然だが、前年の先輩たちの進学先へのある種の抵抗があったのか。しかし、実際に入学したのは東亜同文書院が四人、北京大学文学院が三人だった。同年七月病気で天津の病院に入院していた補給生が亡くなった。

一一年目四〇年は、二月に学費を四七円に増額するよう東亜同文会から申請が出されて承認された。諸物価の異常な騰貴によるものだという。四月、文化事業部は第一種生を「当分採用せさること[21]」と決めた。すでに三八年から採用していないのだから、遅まきながらそれを追認した形である。同年、三三年から三五年にかけて補給生になった五人が卒業して、うち四人が二種に持ち上がって一〇月に北京大学文学院に入学した（残る一人は入学先を交渉中）。一二年目四一年には、天津中日学院に在籍する第一種補給生の数は七月段階で一八人であった。

次に、第二種生におけるその後の変化を見る。第二種生は二年目の三一年に五人を採用したあと三四年までは採っていないので、しばらくは五人のその後を追うことにする。三年目三二年には、前年に起こった満州事変の影響で

「支那側学校在学不可能となり、支那人との往来も自由ならす勉学に困難を感し居れり……事変後は支那語同学会（後述の「北京同学会語学校」と同一であろう――大里）等に於て専ら支那語の学習に努め支那側学校への出校出来得へき時期の到来を俟ち居れる[22]」という状態がもちこされており、三月に「日支時局に依り日本金貨暴落致し[23]」、これまでの補給額では到底留学を続けることはできないとして倉崎を除く四人の連名で増額願いを文化事業部長あてに提出した。これが認められて三人が五〇円、中西のみが三五円となった。中西が少ないのは自宅通学のためである。同じ四人はさらに一一月にも学費増額願いを出した。「最近金相場の激落及冬季に向ひて暖房費の支出を加算する等益々困難を来[24]」たしているからで、この時はそれぞれの留学費使途明細表を付しての申請だったが、認められなかった。

　四年目三三年は、一月に文化事業部職員が第二種生中西、岡田、中村の問い合わせに答えている手紙を書いていて[25]、それによって第二種生が置かれている不安定な状況をうかがい知ることができる。中西らが問い合わせたのは、通えないでいる学校に早く復学したいので外務省から交渉してほしいというものであり、留学地の変更は可能か、留学期間の短縮・延長はできるかなどであったが、補給生派遣の存在を秘している以上外務省による交渉はできない相談であった。しかし、同年には「支那側の対日感情緩和と共に満州事変以来邦人学生の入学を拒み居りし各大学及中学に於ても漸く之を許可するに至り[26]」、中西は中国大学付属に復校、岡田は平民中学付属高級中学一年に入学した。一一月、倉崎が済南から北平に転学した。どの学校へかは不明。五年目三四年には、二月に前々年から要望していて認められてこなかった学費の増額を今度は第三種の補給生と連名で要求して、三月それが認められて中西は学費三五円に手当一五円、岡田と倉崎は学費五〇円に手当二〇円がプラスされた。残る中村と長野については不明。同年九月長野、中西は中国大学経済系、倉崎、岡田は同じく中国大学法律系に入学した。なお中村は、三五年の記録[27]によるとハルビン法政大学に在籍しており、二種生の資格はなくなっていることがわかる。

六年目三五年、三年間の空白を経て一人、引田春海二二歳が採用された。三三年三月に旅順第一中学校を卒業し、三五年三月に北京同学会語学校を卒業したもので、九月から北平中国学院文科に入学、三八年八月までの三年間学費四五円と手当二〇円を支給されることになった。同年春から請願を始めて翌三六年夏に実現したものに、三一年に採用されて三四年にそろって中国大学に入った四人による「日満」研究旅行がある。これは、彼らが作成した旅行計画によると「祖国及満州国現状の正確なる認識」を持つこと、「一般日本人の支那に対する認識」を知るべく諸関係者や団体と意見交換をすること[28]を目指して、日本各地、朝鮮、満州各地を回ろうとするものであった。彼らは旅行後にそれぞれ詳しい「旅行報告」を書いているが、今はそれには触れず、彼らの中の二人が日本の警官に語ったという話の内容を紹介するにとどめる。昭和一一（一九三六）年八月一三日付の群馬県知事から内務大臣、外務大臣等に宛てた「自称外務省留学生の言動に関する件」と題する報告[29]には、二人の「北平国学院学生」長野と岡田が日光近くで警官の尋問を受けたようで、そこでの二人の談話記録が含まれているのである。それにはこうある。「内地の新聞を見ると支那は排日が相当盛んで日本人は不安を感じるが如く報道されて居りますが、私達支那に住んで居ると内地と少しも変（ママ）なく不安を感ずる様な事はありません。学生中には排日運動を為す者もありますが、一般には排日思想も少ないと思ひます。……新聞等の支那問題は余りにも誇大に書き過ぎると思ひますが、夫れも政策上止むを得ないでせう。実際支那に居留して居ると事情を知らない者が想像する様な身に危険は感じません[30]」。彼らの旅行中の日本観察は鋭いものがある。

七年目三六年は採用がない。八年目三七年には一人、森田文男二六歳が採用された。それまでに採用された二種生になく高齢で、かつ経歴も変わっていた。新潟の工業学校を卒業したあと北京同学会語学校で一年学び、そのまま北平の日本公使館に勤務、一年半後の三四年に入隊のために辞職、以後満州国奉天独立守備歩兵部隊に入営、その満期除隊を前に補給生になるための書類を整えて提出して認められたものである。補給月額は七〇円で補給期間は三七年四月から四〇年三月までの三年間とされたが、急に三九年二月末までに短縮されている。どの学校で勉強したかの記載がなく、補給生の名目で何か別の活動をしたのでないかと思わせる存在である。三七年は日中戦争が勃発した年で、八月から中西と岡田が軍の要請で臨時通訳の仕事に従事、中西は九月末まで、岡田は一二月二五日までその仕事を続けた。その間は軍から金が支払われるからというのであろう、補給費の支払いはストップし、軍の仕事を離れたとたんに復活した。

　九年目三八年は、六月をもって中西、岡田、倉崎、長野の四人は中国大学を卒業し、中国のいくつかの地方を視察旅行した後帰国して補給期間を終了、前の二人は外務省に、後の二人は三菱に勤務することになった。同年、第一種を終えた八人が第二種に採用されたことは上で見た通りである。また同年には、阿南文也二〇歳が一人新たに採用された。三七年大分中学校を卒業して北平に渡り、数カ月北京同学会語学校で中国語を学ぶ間に北京大学農学院に入ることが内定してから補給生への採用が決まったものである。

　一〇年目三九年は、第一種から引き続き学ぶ一〇人の他に、新たに一九人が採用された。先に見た第二種の規程には一種からの持ち上がりを除いて七人以内とあるのを思い出すと、これは異常に多い数字である。そのうちの二人、斎藤憲寿二二歳と行本利忠二四歳はそれまで採用した二種生と同じく、自らが選んだ学校（順に北京四存中学高級部三年、北京中国大学経済系）に入って四年間補給を受けるというものだったが、他の一七人（名前は省略）は「支那語及支那事情研究を目的とす」と断りを付した留学を四年間続けるということで採用されたのであった（うち一人は入営が決まって辞退）。この時期になってこのような断りのもとで多くの第二種生を採った意図は必ずしも明らかでないが、おそらくは、第三種生を同じく「支那語及支那事情」を勉強させるとして採用していたのを一〇年目からやめたらしいことと関係があると思われる。のちに三種生の状況を述べる際にも触れることになるが、将来は外務省官吏にする人材を養成する目的で「支那語及支那事情」を学ぶ留学生を採用していたのを、なぜか一〇年目にやめていて、それと同じ目的の留学が二種生にかぶせられているのである。だから、次のような推論が可能となる。手間と金のかかる一種生は不要である。三種生の名目で将来外務省官吏になる人材を養成することも当面は要らない。今は一線で役立つ中国語通訳が必要で、その人材を二種生の名目で養成すべきだとしたという推論である。そして彼らを一か所に住まわせながら集中して中国語を学ばせるのが一番だと考えたはずである。しかし、このように多数を採用したために収容できる宿舎の用意は北平にはなく、とりあえずは第三種生のために用意してある宿舎の一部を修理して当てようかと動いている様子を文書中で知ることができる。[31] 彼らが入る学校は開始前には全員北京同学会語学校としたが、実際には北平市内のいくつかの中学校と北京大学に分散している。

一一年目四〇年には、支那語及支那事情を研究する学生を今度は三〇人採用し、彼らをすべて天津中日学院に送って「支那語及高級中学の課程を修了」[32]させることにした。文字通り一か所に集めて効率的に教え込もうとしたのであろう。しかし、そこでも問題になるのは宿舎の確保で、そのため外務省は文化事業部の予算から設備費三、六〇〇円を支出することにした。同年も第一種からの持ち上がりが五人いたことは上で述べた通りである。

次に、第三種の三年目以降の変化である。第三種については、年ごとに採用された者の氏名と研究事項[33]を記し（研究場所、補給期間、補給月額、経歴等は省略する）、そのあとにその年で特記すべき事柄について触れるという形で進める。三年目三二（昭和七）年は、岩田久仁雄（中国産膜翅類の生態学的並分類学的研究）、幸田武雄（支那近世社会思想変遷史）、岩佐忠哉（新満州国の展望・日満の経済関係・新国家樹立か文学方面に及ほせる影響・支那語）、大川桂（現代蒙古の風俗民情通商貿易に関する制度習慣の一般的研究調査）、龍池清（福建省鼓山湧泉寺及福州西禅寺所蔵の仏教書籍の調査研究・泉州及杭州寧波を中心とせる仏教史蹟の調査）、浦野匡彦（王陽明の思想）、山田文英（支那寺院史）、小竹武夫（支那目録学の研究）、浅野修（支那語及支那事情）、橋本喜久哉・堀川静・小島桂吾は浅野に同じ。このうち、岩田と岩佐は三一年に内定していて翌三二年分に先送りされていたもの。浅野から小島までは、前年と同じく、従来は外務省留学費から派遣していたのを、予算削減を理由に補給生制度を利用して派遣し将来は外務省官吏として雇おうとするもので、彼らの推薦者は前年同様重光公使になっている。

四年目三三年には、八人を採用した。工藤進（中華民国物権法特に典権制度の調査研究並支那「ギルド」の法律的研究）、武田熙（支那典制の研究）、高浦武夫（東洋法制史（日支相互的研究））、桂太郎（支那社会史）、酒井見二（蒙古調査研究、主として現代蒙古人文地理）、吉村五郎（黄河流域に発達せる文学と揚子江流域に発達せる文学との史的比較研究）、樫山弘（支那語及支那事情）、西由五郎（支那語及支那事情）。このうち、「支那語及支那事情」で採用された二人については、手続きの際の推薦者には石射上海総領事がなったものの、外務省が主催する公募で同省の職員が推薦者に名を出すのはまずいと感じたのか、その後改めて候補者の出身校東亜同文書院の経営母体である東亜同文会の会長がなることになった。この点も含め、外務省内および外務省と東亜同文会とのやり取りを見ると[34]、両者のまことに密接な関係を感じることになる。東亜同文会が文化事業部からの資金援助を受けているからその事業に協力するのは当然ともいえるが、この補給生制度に関しても第一種生の管理を請け負ったことに始まり、第三種生の供給とその受け入れについてもお互いに支えあっている関係にあることがわかる[35]。同年さらに一人を採用した。木村重充（現代支那に於ける支那国文及国語教育の研究）である。同年一〇月一九日付外務大臣広田名の北平公使館書記官中山あての文書「在支第三種補給生の研究題目に関する件」は、「外務省留学生に準すへき」三種生の研究事項は単に支那語及支那事情となっているが、それだけでは足りない、他の三種生のように研究題目を定めて研究してこそ将来役に立つのであり、そうするように指導せよ、と述べている。[36] その結果、該当する補給生たちがどんな題目を定めてどんな研究を始めたかが分かる資料を見ることができないが、のちに触れる大興学会を組織化したのはそうした関心からの取り組みでもあったといえるかもしれない。

五年目三四年は、一三人を採用した。濱一衛（現代支那の社会生活より見たる国民性に就いて）、眞武直（支那語音韻学及文字学と支那文学及東洋思想との相関的研究）、山室三良（支那哲学史）、野村瑞峰（諸子）、郭明昆（支那家族生活の研究）、工藤幸剣（支那経済）、野口正之（東洋倫理の研究）、亀井基茂（支那古代思想発達史と其の日本に及ほせる影響）、高岡英夫（支那経済事情）、鈴江言一（清末史）、赤堀英之（亜細亜旧石器時代）、坂上進（支那語及支那事情）、小川澄夫（支那語及支那事情）。同年二月に東方文化事業総委員会総務委員署理橋川時雄名の「補給留学生に関し依頼の件」が文化事業部長あてに出されている。[37] 内容は三人の補給生の留学期限を一年延期してほしい旨を本人たちに代って訴えるものであるが、こうした願いは受け入れられなかったようである。また、同年九月現在の北平大興学会の名簿によると、三年目からこの年にかけて外務省留学生に準ずる者として採用された計五名が東方文化事業総委員会（つまり文化事業部の北平における事務所）内に住んでいることがわかる。該当者の全員でないにせよ、彼らを一緒に住まわせて監督しようとしたことは、翌年の動きの中でも確認できるし、さらにその後も継続されていく。

六年目三五年は、一二人の採用で、宮島貞亮（支那語学及東洋史学）、神谷正男（近代支那文化の研究）、柄澤井（現代支那字音と五経古韻）、満石榮藏（東洋教育史）、安田正明（支那古礼と現代生活との関係）、遠山正瑛（支那原産の果樹及花卉園芸）、長山義男（蒙古語及蒙古事情）、丸山喬（支那語及支那事情）、柴生田省三（支那語及支那事

情）、芝池靖夫（支那語及支那事情）、伊藤雅章（蒙古語及蒙古事情）、平田正三（支那語及支那事情）。同年、「将来外務省官吏たるへき」目的で採用されて北平に住む五人（平田を除く）は、まとまって東方文化事業総委員会内に宿泊することになった。なお平田は、東亜同文書院在学中は第二種生で、卒業したこの年からは第三種生の扱いを受けるのだという文書がある。彼がいつから二種生になったのかを資料で確認できないが、二種と三種の両方を経験したのは特殊な例である。

七年目三六年は、一一人の採用で、「普通のもの」―山本正一（支那経学発達史）、森忠清（孔子教、特に孔子の政治思想と支那民族思想との比較研究）、永島栄一郎（支那語音韻の歴史的研究）、鈴木正敏（支那音声の音楽的研究）、伊藤千春（所謂漢文化の淵源と儒教の本質）、奥野信太郎（支那文学、特に比較文学に関する資料の探訪と其の研究）、「将来外務省官吏たるへきもの」―橋本平八、岡田辰夫は蒙古語及蒙古事情、玉井三郎、織田正一、金枝武一郎は支那語及支那事情である。なお、同年秋から翌年にかけて北平で留学生活を送っている日本人（多くの第三種生を含む）が、公使館の斡旋により北京大学、中国学院、北平師範大学等の聴講生になっている。その間の経緯は明らかでないが、希望した学校で授業を受けることが拒否されていたのがこの時期に緩和されて受け入れられる状況になったということである。(38) 同年採用されて北平にいた奥野は、許可された二年の期限を待たずに翌年には特別研究員に鞍替えしているが、これについてはのちに触れる。

八年目三七年は、一七人の採用で、「普通のもの」―勝又憲次郎（支那教育制度の歴史的研究）、米井徳太郎（蒙古語及蒙古事情）、小野勝年（支那美術考古学）、佐藤清太（支那教化制度の歴史的及実地的考察）、小澤文四郎（支那語及清朝学術の研究）、竹内好（現代支那の文学）、岩村成正（支那語及現代文と其の国情の研究）、「将来外務省官吏たるへきもの」―藤野雄三、斎田守は蒙古語及蒙古事情、矢野智弘、山崎開作、井口省三、岩佐遼、櫻井勉、伊藤利雄、新行内義兄、八木友愛は支那語及支那事情である。同年五月、文化事業部長がこの年に採用が決まった第三種生の日本における住所先の府県知事あてに当該補給生の身元調査をするよう依頼している[39]。日中関係がますます緊迫度を深める中で必要とされた調査であろうか。さらに、同じ補給生等が中国に出発するのが日中戦争の勃発で一〇月に延び、留学先も状況が安定している北平に限定することになった。そのためもともと北平に行くとしていた者には支障がないが、例えば北平と上海に行くことにしていた竹内の場合は上海には行けないことになったのである。同年一一月、留学前に徴兵検査を受けていた「将来外務省官吏たるへき」補給生のうち三人が翌年早々に入営することになり、留学を中断して帰国した。同年一二月、北平駐屯軍特務部の依頼で第三種補給生および前に第三種補給生だった者数名が動員されて、中国側小中学校で使用する教科書の編集事務を一カ月間手伝うことになった。

九年目三八年は一七人の採用で、「普通のもの」―田村ふさ（支那語及社会事業）、河合重正（東洋史）、大中臣信令（支那新民階級の動向に関する研究）、今井明保（清朝経学史）、石井文雄（支那の音楽並声楽史）、足立原八束（支那戯曲に関する研究）、赤津健春（支那民族性と風土）、「将来外務省官吏たるへきもの」―崎山喜三郎、北川敏一、岡崎修、榎本三郎、土屋芳夫は蒙古語及蒙古事情、中野義矩、渡部正雄、芹川義雄、堀野重義、藤生武は支那語及支那事情である。一〇年目三九年は、「普通のもの」―吉岡義豊（道仏二教の習合状況に就て）、島田正郎（遼金時代史）、石塚太喜治（支那近世絵画史）、後藤基巳（支那近世儒学に於ける政治思想）、梶原昌八（近代支那語の言語学的研究）、酒井悌（支那古代楽論の研究）、関野雄（蒙古及支那に於ける考古学上の遺跡及遺物の研究）、相良克明（支那思想）、今堀誠二（東洋史学、特に支那の国家と社会との関係に就て）、池田末利（原始儒教時代に於ける儒家意識の歴史的発展に就て）、上妻隆栄（支那語の研究・支那古来の経済組織並経済に関する法規慣習の研究）、渡辺三男（中国に於ける日本文化研究の史的研究）の計一二人の採用が確認できるが、「将来外務省官吏たるへきもの」については名簿が見当たらない。

一一年目四〇年は、「普通のもの」―岡本武彦、内田信也、原田正巳、山口一郎、大村興道五人が採用された。ただし、この年の資料は前年までに比べて著しく少ないので、他にも採用された可能性は残る（後考に俟つ）。そのうち、山口に関してのみ前年までと同様のデータが残っていて、近代支那思想史を研究題目として、北京と上海に留学し、補給期間は四〇年五月から四二年四月までの二年間、学費一三〇円と臨時手当五〇円を支給されることになっていると知れるが、後の四人についてはそれぞれの動きが一定程度確認できるだけである。「将来外務省官吏たるへきもの」採用に関する資料は前年同様になく、おそらく一〇年目からは採っておらず、「支那語及支那事情」を学ばせる趣旨は、すでに見たように第二種の方に回されたのだろう。なお、九年目からあと、少しずつ留学途中で出征する者が増えていく。筆者の大学時代の恩師今井（藤堂）明保も、三八年に北平での留学を始めて翌年にはそれを中断せざるを得なかった。

最後に、時間が前後する内容であるが、開始三年目三二（昭和七）年から七年目三六年までは続いたことが確認できる「北平大興学会」の活動について言及する。三二年七月四日付で大使館参事官矢野が外務大臣斎藤あてに出した報告「当地留学中の補給生の統制に関する件[40]」には、北平にいる補給生の数が最近急激に増えて二種生四人、三種生二五人の計二九人に達したので、公使館の「指導監督上の統制はもちろん学生自身の研究の上よりするも一の団体を造り相互連絡を図るを必要と認め」補給生間で大興学会を組織させたとある。同年七月一六日現在の名簿[41]には、理事二名（矢野真、瀬川浅之進）、賛助会員五名（中山詳一、原田龍一、橋川時雄、杉村勇造、青木晋）――いずれも外務省関係者――のもと、第一部として三種生二二名、第二部として二種生四名の名前が原籍と現住所とともに記されている。しかし、同年と翌三三年にはどんな活動をしたかを示す記録はなく、相互の連絡を図る以外のことはなかったのかもしれない。ついで三四年四月には、学会の「発展的革新を行ひ……名を改めて北平大興学会とし」、その会則を設けて「本会は会員か中華民国留学の本旨を体し相互の親睦を計り其の成果を大ならしむるを以て目的とす」（第二条）として、その目的を遂げるために、毎月一回の例会、春秋二回の大会を開くほかに会員の研究発表や特別講演の機会を作る（第三条）ことを明らかにしている[42]。その後、各自の研究発表や中国人学者の講演などを行ったとのことだが、それらの内容を記したものも見当らない。

　ところが、三五年一月に外務省文化事業部補給北平留学生一同の名で「北平大興学会補助に関する陳情書[43]」を出した段階から、彼らの活動は活発なものに転化したかの如くである。陳情書には、文化事業部に援助してほしい経費として、中国人学者の招聘費六〇〇円（毎月五〇円）と会報発行費四〇〇円（年四回、一回一〇〇円）を上げている。そのうち前者を計上した理由として、「主として北平に在住する支那人学者を招聘して学術に関する講演会を開き其の聴講を以て主たる目的と為せとも又斯かる機会を利用し彼等支那人と密接なる交渉を保ち将来永く日支両国間の文化提携に資せんとするものなり」と書いている。この陳情を外務省が認めるところとなって東方文化事業費から五〇〇円が補助され、同年中に、陶希聖「中国社会史略説」、羅常培「中国音韻学研究法」、黎錦熙「注音符号の由来と実際に就きて・大学音読」、鳥居龍蔵「文化史上より観たる遼代の研究」、張伯英「書学講義」の講演を聴いた他、北平学術機関の見学、「在平の著名なる学者を招待し座談親睦会」を行った[44]。また、三六年にも前年と同様の陳情書を提出して五〇〇円が補助されることになり、二月に楊樹達「説文形声字に就きて」、三月に胡適「仏教思想の中国思想界に及ほせる影響」と続けて講演会を開き「両回とも全会員殆んと出席良好なる[45]」状況だったし、さらにいくつかの講演会も予定されていたが、その後の経緯は明らかでない。

　思うに、大興学会が組織される前年に満州事変が起き、活動の記録が中断した翌年には日中戦争が起こっている。

その間、大使館参事官若杉の言を借りれば[46]「当地留学中の文化事業部補給生は曩に満州事変前後より引続き熱河事変終了迄殆んと支那側学校其の他研究機関又は学者等と接近することを得す、研究上尠からす支障来したる趣」だったが、その後「日支間の空気緩和し」三四年秋ごろから北京大学に聴講することが許可されたり、「支那側学者等も留学生との接近を敢て躊躇はせさる状態に戻りつつある」という機運に乗じて、二年に満たない時間で講演会開催を専らとする活動を展開したのである。そしておそらく、日中戦争が起こってからは講演してもらうとか親睦会を開くどころの話ではなくなり、まもなく休止状態に追い込まれていったと推量される。

四　在支特別研究員

これまで在支第一種、二種、三種補給生の派遣の実態を明らかにすべく、その経緯をやや細かくたどってきたが、その実施から八年目を迎えた一九三七（昭和一二）年にいたって、もう一つの留学、在支特別研究員の派遣が始まった。中国に関する学術の研究を行うという意味で第三種補給生と目指すところが重なっており、どこに違いがあるのか、なぜ補給生派遣を七年間行ってきた上でこの制度を始めることになったのか。遺憾なことに、筆者はその答えを求めるに足る資料にまだ出会っていないので、今はその入り口にとどまるしかない。

まず、三七年三月に制定した「在支特別研究員規程」を見ると、手続きに関することや留学中の義務などに関する条項は先に見た第二種の規程と（言い換えれば、第一種から三種までの規程とも）重なるものの、明らかに異なる条項が二つある。これを第三種との比較でみると、一つは、「日本の大学又は専門学校卒業後二年以上研究を積」んでいることが条件とされている点である。第三種の場合は卒業することが条件であって、二年以上の研究歴は求められていなかった。もう一つは、留学中の待遇がいい点で、「学資金年額弐千五百円以内、巡歴研究手当金八百円以内を支給す。特別の事由に因り必要と認むる場合は前項に定むる金額の五割以内を増額することを得。右の外本邦在留地間往復の場合又は在留地移転の場合に於ては旅費を支給す。旅費は外務省在外研究員に準じて支給す」とあるのは、第三種とは格段に差を付けた優遇ぶりである。つまりは、このような条件を付けて「第三種補給生より更に学識高き者を選定し支那に派遣し学術及支那事情の研究に従事せしむること」としたのである。

次に、在支特別研究員に採用された者の氏名と研究題目[47]を採用年ごとに並べる。

三七年—麓保孝（支那哲学、殊に宋代儒学）、奥野信太郎（支那文学）、稲葉誠一（支那儒教現状の調査研究）

三八年—徳永清行（支那経済並経済地理）、森鹿三（支那の地理歴史）、佐藤匡玄（漢学及支那文学）、西川寧（「人文主義」の隋代芸文に於ける展開）、水野勝邦（現代の支那文化と支那社会経済思想の研究）、板倉秋夫（北支に於ける地方病の臨床的研究）、実藤恵秀（近代日支文化関係及支那語学）

三九年—李相佰（支那社会学、特に支那社会基本に就て）、大島利一（支那古代史関係図書の研究・支那古代史研究資料の調査・支那に於ける古代史研究の成果の調査）、日比野丈夫（支那の地理歴史・支那に於ける史蹟及地理学関係資料の調査・地図及地理書類の調査）、高倉正三（支那現代語学並古代語との関係・清儒経説の蒐集・近世俗文学・漢文作法）、白尾静一（支那政治経済思想及制度の史的研究）

なお、四〇年の文書中[48]に、在支特別研究員「酒井眞典」の名前がある。この酒井氏が四〇年に採用されたのか、そうだとして、他に採用された人はいなかったのか、四一年以降はどうだったのか、いずれも不明であり、今後の調査に俟つことになる。このこととも関連するが、外交史料館に所蔵されている資料中、在支特別研究員関連の資料が補給生関連のものに比べて際立って少ないのが、実態を明らかにする上でのネックになっている。そこにあるものと言えば、規程関連のものと雑多な情報であり、個人的な情報では、麓と実藤に関する記録が残るのみである。うち、実藤に関する記録は、彼が東京で『中国人日本留学史稿』をまとめあげて間もなく出かけた中国における記録であり、その際に書き残した報告の類も綴じてあるのは、彼の当時の問題関心の所在を知る上で貴重である。しかし大部分の個人関連の資料を含めてみることができないのは残念なことで、別な場所での資料の発掘が必要である。上記氏名中、奥野信太郎はⅢでも触れたとおり三六年に第三種補給生に採用されて二年間を北平で過ごすはずのところを、一年の期限を残したまま翌年には特別研究員に選ばれていて、補給生で使い残した一年を今度は特別研究員の身分で過ごしている。このような鞍替えは他には例を見ないが、特別研究員の方が研究条件に恵まれていることを示すモデルにはなろう。

まとめに代えて

外務省文化事業部が一九三〇年から実施した在支第一種から三種までの補給生制度、さらには遅れて実施した在支特別研究員制度の実態を以上の如くに跡付けてきて、まとめをする段階となった。この制度を実施するにあたって外務省が考えたのは、日中関係の現状に役立つ人材の養成・確保であった。言い換えるなら、当時の日本政府の推し進める対中国政策に従って相応の力を発揮する若者の育成ということであった。これは間違いのないところであろう。しかし、そうした人材を養成するといっても半年や一年では足りないので、一三、四の少年から二〇前後の若者までを四年から一〇年までの幅でじっくりと育てようとし、見たところ本当に根気強くかれらを管理教育した。残念であるのは、時間の方が若者の成長を待ってくれなかったことで、ほんの一部が卒業して外務省の官吏になるかあるいは企業に就職したものの、大多数の補給生はまだ卒業するには至っておらず、外務省が期待した留学の成果を発揮できずに時間切れになった。第三種補給生として採用された若手研究者について言うと、研究テーマはバラバラであり、期限も一、二年とあっては、若者のように管理したいにもできない相談であった。勿論研究面、文化交流面から日本の対中政策をサポートしてほしいという期待があり、留学中、留学後を問わずそれに協力する者はいたのであろうが、若者を教室や宿舎に束ねるようなことはできるわけはないのである。その意味でも、第一種生と二種生の教育、さらに第三種生の中に組み入れた外務省官吏候補の教育はこの補給生派遣の主要な目的であり、現実的な獲得目標たりえたのである。

人材の養成が必要になったというのは日中関係の対立が深まったことと同義であって、そのことが外務省の補給生に対する留学指導に大きな影を落としていることは否定できない。中国人の排日行動を誘導するのを避けるため、外務省が金を出して留学させていることを秘さなければならなかった。さらに、学校で中国人生徒にいじめられないために、中国人が経営する学校を避け日本人が経営する学校に入らせた等々。在外邦人の身の安全を守るのが外務省とその出先機関の任務であるのは当然としても、このような困難な局面におかれた時こそ、留学を通じて若者に何を学んでほしいかの内実が問われたはずであるが、わが外務省がとった実際の対応は上に見た通りであり、相手への理解を深めることではなくて、中国語を効率よくマスターし日本にとって有効な相手の情報を得ることを大事としたのである。留学する者にとっては、どんな留学環境にいようが現地の生活から感じ取ることは多いはずだから、要は以上の如き留学環境に身を置いて何を学んだかということになるが、筆者はまだそのことを考えるところにまで近づけてはいないのは遺憾である。

最後に、これからの課題に触れる。本稿ではもっぱら外交史料館文書を利用したが、それも一部を利用しただけで、とくに補給生個々人に関わる資料には十分には目を通していないので、それらを読むことで本稿の不足を補うとともに、個々人の体験から見た留学はどんなものだったかを明らかにしたい。また、補給生の個別資料は他にもあるはずなので、その発掘に努めたい。さらに、一九四一年になって東方文化事業が興亜院に引き継がれて以降の状況を明らかにするための資料の発掘にも努めたい。そして、そういう作業を通じて、この貴重な留学制度とそれに基づく体験から今の私たちが学べるものは何かを考えたい。

●注

（１）河村一夫「対支文化事業関係史」（『歴史教育』第一五巻第八号、一九六七年八月）、黄福慶『近代日本在華文化及社会事業之研究』（中央研究院近代史研究所、一八八二）等。

（２）同上「対支文化事業関係史」。

（３）「中村正を在華第二種補給生に選定の件」付録（『在華本邦人留学生補給実施関係雑件選定関係第一巻』、Ｈ０４８６-０１６７〜８。この資料の所在について、外交史料館菅野治彦氏の教示を得たことを感謝する。

（４）第一課長から文化事業部長あて「佐竹一三を在支第三種補給生に選定方に関する高裁案」（昭和五年一〇月二七日、『在華本邦人留学生補給実施関係選定関係第一巻』Ｈ０４８６-０２２５）。

（５）安藤文郎「第一種補給生の状況及将来に就いて」（昭和六年一〇月二八日記、『在華本邦第一種補給生関係雑件第一巻』Ｈ０４９３-００３４、００３５）。

（６）在天津総領事岡本から外務大臣幣原あて「対支文化事業補給生推薦方の件」（昭和五年一月一五日、『在華本邦人留学生補給実施関係選定関係第一巻』Ｈ０４８６-００１０）

（７）外務大臣幣原から在天津田尻総領事代理あて「石川福太郎を在支第一種補給生に選定の件」（昭和五年一〇月、『在華本邦第一種補給生関係雑件補給実施第一巻』、Ｈ０４９５-００１０）

(8)「第一種補給生の状況及将来に就いて」（『在華本邦第一種補給生関係雑件第一巻』Ｈ０４９３-００３６）。

(9) 外務大臣幣原から在漢口坂根総領事あて「在華第一種補給生に関する件」（昭和六年四月二〇日、『在華本邦第一種補給生関係雑件第一巻』Ｈ０４９３-００１０）。

(10) 前掲「第一種補給生の状況及将来に就いて」（Ｈ０４９３-００４４）

(11) 在安東米沢領事から外務大臣幣原あて「在華第一種及第二種補給生選定方の件」（昭和六年二月一七日、『在華本邦第二種補給生関係雑件補給実施関係第一巻』Ｈ０４９７-００１０）。

(12)『在華本邦第三種補給生関係雑件第二巻』Ｈ０５０１-０３１１。

(13)『在華本邦人留学生補給実施関係選定関係第一巻』Ｈ０４８６-０７１４以下。

(14)「支那語留学生採用方に関する件」（『在華本邦人留学生補給実施関係選定関係第一巻』Ｈ０４８６-０２２５）。

(15) 東亜同文会会長牧野から外務大臣内田あて依頼文（昭和七年九月一六日、『在華本邦第一種補給生関係雑件第一巻』Ｈ０４９３-００９９）。

(16) 東亜同文会会長牧野から外務省文化事業部長坪上あて申請書（昭和八年一〇月二六日、『在華本邦第一種補給生関係雑件第一巻』Ｈ０４９３-０１１４、０１３３、０１３４）。

(17) 東亜同文会会長近衛から外務省文化事業部長岡田あて「第一種補給生川口晃外三名中日学院卒業後の状況報告」（昭和一三年二月一日、『在華本邦第一種補給生関係雑件第二巻』Ｈ０４９４-００１４）。

(18) 在天津堀内総領事から外務大臣広田あて依頼文（昭和一三年三月一六日、『在華本邦第一種補給生関係雑件第二巻』Ｈ０４９４-００２１）。

(19) 在天津総領事田代から外務大臣宇垣あて「中日学院法人卒業生に関する件」（昭和一三年六月三〇日、『在華本邦第一種補給生関係雑件第二巻』Ｈ０４９４-０１３１、０１３２）。

(20) 外務大臣宇垣から在天津田代総領事あて「中日学院卒業生に関する件」（昭和一三年八月二日、『在華本邦第一種補給生関係雑件第二巻』Ｈ０４９４-０１３４）。

（21）後藤第一課長から在北京大使館文書課足立あて「在支補給生に関する件」（昭和一五年四月一一日、『在華本邦第一種補給生関係雑件第二巻』H０４９４‐０２５３）。

（22）大使館参事官矢野から外務大臣芳沢あて「在華本邦補給生に関する件」（昭和七年四月一八日、『在華本邦第二種補給生関係雑件補給実施関係第一巻』H０４９７‐００３９）。

（23）第二種補給生中村正、中西一介、岡田昌雄、長野賢から文化事業部長坪上あて「補給費増額願」（昭和七年三月一日、『在華本邦第二種補給生関係雑件補給実施関係第一巻』H０４９７‐００４０）。

（24）大使館参事官矢野から外務大臣内田あて「第二種補給生学費増額方稟請に関する件」（昭和七年一一月九日、『在華本邦第二種補給生関係雑件補給実施関係第一巻』H０４９７‐００４１）。

（25）文化事業部江戸から中西一介あて「在支第二種補給生に関する件」（昭和八年一月二七日、『在華本邦第二種補給生関係雑件補給実施関係第二巻』H０４９８‐００２９、００３０）。

（26）公使館一等書記官中山から外務大臣広田あて「在華第二種補給生学費増額方稟請の件」（昭和八年一〇月一三日、『在華本邦第二種補給生関係雑件補給実施関係第一巻』H０４９７‐００４７）。

（27）「昭和十年九月現在北平大興学会会員名簿」（『北京大興学会関係雑件』H０５２６‐０４２５）。

（28）「日満旅行計画概略表」（『在華本邦第二種補給生関係雑件補給実施関係第一巻』H０４９７‐００８９）。

（29）『在華本邦留学生関係雑件』H０４７８‐０２９２、０２９３。

（30）『在華本邦留学生関係雑件』H０４７８‐０２１５、０２１６。

（31）大使館二等書記官門脇から外務大臣野村あて「第二種補給生用仮宿舎応急修理費支出方稟請の件」（昭和一四年一二月八日、『在華本邦第二種補給生関係雑件』H０４９６‐００６３）。

（32）会計課長から大臣、次官あて「支那語及支那事情を専攻する在支第二種補給生の宿舎費支出の件」（昭和一五年九月一九日、『在華本邦第二種補給生関係雑件』H０４９６‐０１５５）。

（33）『在華本邦留学生関係雑件』H０４７８、『在華本邦人留学生補給実施関係選定関係第一巻』H０４８７、『在華本邦第

三種補給生関係雑件第一巻』Ｈ０５０１から該当部分を摘出。

(34) 在上海石射総領事から内田外務大臣あて依頼文（昭和八年一月一七日、『在華本邦人留学生補給実施関係選定関係第一巻』Ｈ０４８７-００６９）。

(35) 外務省と東亜同文会・東亜同文書院との関係については、本書所収の孫安石論文「外務省の中国への留学生派遣――明治、大正期を中心に」が参考になる。

(36) 外務大臣廣田から公使館一等書記官中山あて「在支第三種補給生の研究題目に関する件」（昭和八年一〇月一九日、『在華本邦第三種補給生関係雑件第一巻』Ｈ０５０１-００９８）。

(37) 『在華本邦第三種補給生関係雑件第一巻』Ｈ０５０１-０１００。

(38) 大使館一等書記官加藤から外務大臣林あて「本邦人学生の支那大学傍聴者報告の件」（昭和一二年二月九日、『在華本邦第三種補給生関係雑件第一巻』Ｈ０５０１-０１５０）。

(39) 岡田文化事業部長から京都府知事鈴木等あて「身元調査方の件」（昭和一二年五月一七日、『在華本邦第三種補給生関係雑件第一巻』Ｈ０５０１-０１５６）。

(40) 大使館参事官矢野から外務大臣斎藤あて「当地留学中の補給生の統制に関する件」（昭和七年七月四日、『北京大興学会関係雑件』Ｈ０５２６-０３８０）。

(41) 「大興学会名簿」（昭和七年七月一六日現在、『北京大興学会関係雑件』Ｈ０５２６-０３８４～０３８６）。

(42) 「北平大興学会会則」（『北京大興学会関係雑件』Ｈ０５２６-０４０２）。

(43) 昭和一〇年一月三〇日、『北京大興学会関係雑件』Ｈ０５２６-０３９８～０４００。

(44) 外務省文化事業部補給北平留学生一同「北平大興学会補助に関する陳情書、付昭和拾年度報告書」（昭和一一年二月五日、『北京大興学会関係雑件』Ｈ０５２６-０４５５～０４５８）。

(45) 大使館一等書記官武藤から外務大臣広田あて「大興学会の支那学者招聘講習会開催に関する件」（昭和一一年三月二四日、『北京大興学会関係雑件』Ｈ０５２６-０４４２）。

(46) 大使館参事官若杉から外務大臣広田あて「当地留学中の補給生の組織する大興学会に経費補助下付稟申の件」(昭和一〇年四月一日、『北京大興学会雑件』Ｈ０５２６-０３９６)。

(47)『在華本邦留学生関係雑件』Ｈ０４７８-０２０５、０２０９、０２２１。

(48) 興亜院総務長官から外務次官あて「在支特別研究員酒井眞典、在支第三種補給生岡崎修に関する件」(昭和一六年五月一九日、『在華本邦特別研究員関係雑件』Ｈ０５２１-０２７０)。

「満州国」日本留学生の派遣

劉　振生

はじめに

一九三二年三月一日、清朝最後の皇帝溥儀を執政とする「満州国」（以下、「　」を略）が長春（同年三月一四日、「新京」と改称）に樹立した。満州国政府は傀儡政権を維持するために、毎年一定数の学生を選んで日本へ派遣し、その数は年々増えていった。建国当初はすでに日本にいた東北地方からの留学生もおり、留学生は比較的自由に日本へ留学することができた。しかし、留学生の指導監督が次第に強化されるようになり、一九三六年から三七年にかけて「留学生ニ関スル件」、「留学生規程」および「留学生須知」（一九四〇年に「留日学生心得」に改称）などの法令が整備された。

満州国政府から派遣された留学生は、満州国の運営にとりわけ肝要な部門、例えば、教育、行政、司法、警察などの機関からそれぞれの目的に沿う人材が選ばれたものが多かった。それまでの日本留学と異なり、当時の日本植民地支配の教育政策の必要から実行されたものであったといえる。

ここで先行研究をあげると、謝廷秀『満洲国学生日本留学十周年史』（満洲国大使館内学生会中央事務所、一九四二年）が体系的に満洲国日本留学生の概要を紹介しており、以後の研究に大きな影響を与えている。近年、日中双方で研究が進められているが、最近の研究動向についてみると、満洲国の日本留学生に対する教育を検討した王奇生[(1)]、駐日満洲国大使館による『満洲国留日学生録』から満洲国の留学政策を検討した周一川[(2)]、「対支文化事業」との関連から満洲国留学生を捉えた阿部洋[(3)]、元留学生に対するインタビューを行った大野直樹らの研究[(4)]などがある。

本稿は、満洲国樹立の一九三二年から崩壊の一九四五年までの満洲国日本留学生の実態を解明することを目的とする。筆者は留学生派遣の実態を解明するには元日本留学生の体験を切り離すことはできないと考える。そのため本稿では、筆者が行った元留学生に対するインタビューおよびアンケート調査、また留学生の回顧録などを利用し、彼らの言葉でもって満洲国日本留学生の派遣、留学生の生活をより実際的なものとして捉え、考察したい。また、主に中国の東北三省から日本へ派遣された留学生を考察対象とする[(5)]。なお、本稿の執筆にあたっては大里浩秋先生、川崎真美氏に多大なご協力をいただいた。大里先生からは本稿の構成についてアドバイスをいただき、川崎氏からは日本における研究動向や資料等の情報の提供を受け、本稿の記述を資料でもって補完する上で力になっていただいた。

本論に入る前に、満洲国留学生がどのように日本へ向かったのか、その経路について紹介する。以下の四通りがあったとされる。第一、奉天（現瀋陽）より安奉路（丹東—奉天）を利用し、東へ約一昼夜をかけて朝鮮の釜山に行き、関（下関）釜（釜山）の連絡船で八時間かけて下関に行く。第二、列車で奉天より朝鮮の羅津に行き、それから船で日本の新潟に行く。第三、奉天より列車で大連に行き、船で日本の門司に行く。第四、奉天より列車で営口へ行き、それから船で大連に向かい、大連からまた船で門司へ行く。

すなわち、満洲国留学生は主に列車と船を利用して日本へ向かった。その際には差別待遇を受けたという。とりわけ関釜連絡船に乗って日本へ向かう途中、日本人の警察に三等船室に集められ、監禁された経験は今でも多くの留学生の記憶に残っている。(6)

一　満州国日本留学生の概況

満州国樹立後、満州国政府はその経営にあたって、教育政策の転換を最初の仕事とした。満州事変前の東北地方では、中国の他の地方と同様三民主義の教育に重点を置いていたが、これはもちろん満州国の建国精神と一致せず、日本人が将来満州を経営するために必要な人材養成においても支障があった。そこで、政府は一九三二（大同元）年三月、国務院第二号令をもって、国民党の党議により決定した教科ならびに教科書を一律に廃止し、四書・孝経をもって教育することとした。その主旨を満州国の各校に通達すると共に、教育内容を満州国政権と日本人の目的に合うように変更した。当時、東北地方からの留学生の一部は日本から帰国したが、帰国せずに日本に留まった者もおり、彼らは建国の際に各方面で活躍した。(7)

満州国内での教育政策転換と同時に、日本においても外務省文化事業部が「対支文化事業」の一環として「対満文化事業」に着手した。その事業内容には「人材養成」も含まれており、日満双方で進められたのが満州国留学生の派遣と言えよう。(8)

一九三二（大同元）年の満州国建国当時、日本留学生が在籍していた学校は大学一九校、高等師範学校二校、専門学校八校、高等学校七校、陸軍関係学校二校、講習所二校、予備校二校（以上男子が在籍）、その他五校（女子が在籍）の計四七校であり、学生は三一一人であった。(9)上記の人数には満州国政府が派遣した学生だけでなく、中華民国籍）の

表－1　1933 ― 1936 年の補助費留学生数（派遣先別）

種別	1933（大同 2）年	1934（康徳元）年	1935（康徳 2）年	1936（康徳 3）年	合計
日本高等専門学校	118	108	62	70	358
国内高等専門学校	101	20	15	30	166
日本中学校	―	9	9	―	18
合計	219	137	86	100	542

出典：謝廷秀『満洲国学生日本留学十周年沿革史』144 頁をもとに筆者作成。

表－2　日本の対支文化事業による学費補給状況

	補助費生数（人）			構成比（%）	
	満州国	中華民国	計	満州国	中華民国
1932	73	296	369	19.8	80.2
1933	94	269	363	25.9	74.1
1934	124	243	367	33.8	66.2
1935					
1936	131	253	384	34.1	65.9

出典：阿部洋「「対支文化事業」と「満州国」留学生」（大里浩秋・孫安石『中国人日本留学史研究の現段階』御茶の水書房、2002 年）、249 頁。

（東北政権を含む）時代に派遣した学生（国籍は満州国が再認定）も含まれていた。

一九三三（大同二）年度より文教部は一定の計画に基づき、毎年二〇〇名程度の留学生を日本へ派遣した。留学生は文教部あるいは日本外務省文化事業部から学資の補助を受けたが、派遣先によって補助費の金額に差があった。一九三三―一九三六年の補助費留学生派遣数は表-1の通りであり、補助費留学生の数は初年度に比べ減少していった。

なお、満州国留学生に対して「対支文化事業特別会計資金」を用いた学費補給が実施され、中華民国が徐々に減っていくのとは対照的に満州国の補助費生は増えていった。その間の推移は表-2の通りである。

留学生に対する学費補給については日本外務省文化事業部が満州国を徐々に重視する方針を強めていったことがわかる。しかし盧溝橋事件以降、とりわけ一九四四年以降は太平洋戦争が深化することによって日本の大学は休校となり、学生は疎開させら

表-3　満州国の日本留学生数（1932—1944年）

年度	1932	1933	1934	1935	1936	1937	1938
人数	330	500	900	1280	1590	1837	1519
年度	1939	1940	1941	1942	1943	1944	1945
人数	1182	1234	1255	1310	1004	933	—

出典：瀋殿成主編『中国人日本留学百年史』遼寧教育出版社、1997年、576頁。
注：私費留学生数が含まれているかどうかなど、資料によって留学生数は異なるが、ここでは概数を把握するため、上記の表を引用した。

れた。そのため、日本留学に関する事業はほとんど実行されなかった。

満州国樹立の一九三二年から崩壊の一九四五年までの留学生数の推移は表-3のとおりである。満州国の日本留学生派遣は時局に応じて変わっていった。満州国建国当初はわずかに三〇〇人程度であったが、一九三七年にピークを迎え、一、八三七人に達した。その後留学生数は減少し、一九四四年は九三三人であった。留学生数の変化から満州国の盛衰を読み取ることができよう。

二　在職者留学生の派遣

満州国からは通常の留学生だけでなく、在職者留学生[10]が積極的に派遣された。在職者留学生は、在職の教員、司法官、警察、軍人、技師等の者であり、派遣機関もそれぞれであった。また、これらの留学生は試験が不要で、留学にかかる費用や家族手当等の提供も受けるなど、恵まれた待遇のもと派遣された。以下、在職者留学生を種別ごとに考察していく。

一　教員留学生

満州国樹立後、満州国政府は教育政策の転換を最初の仕事とした。その人材養成のため、満州国政府は国内で日本語を早く教えるために、奉天、吉林、黒竜江、熱河、東省

表-4　教員留学生の派遣

回	派遣期間	人数	留学先機関（人数内訳）
第1回	1933（大同2）年7月～1934（康徳元）年6月	24	東京高等師範学校（10）、広島高等師範学校（10）、玉川学園（4）
第2回	1934（康徳元）年4月～1935（康徳2）年3月	17	東京帝国大学農学部（5）、東京工業大学（6）、東京高等工芸学校（1）、熊本高等工業学校（4）、共立女子職業学校（1）
第3回	1934（康徳元）年11月～1935（康徳2）年10月	20	東京高等師範学校（7）、広島高等師範学校（7）、玉川学園（5）、日本女子大学（1）
第4回	1935（康徳2）年9月～1936（康徳3）年8月	32	東京高等師範学校（9）、広島高等師範学校（8）、東京女子高等師範学校（3）（以上、中等学校教員）、東京青山師範学校（2）、京都師範学校（2）大阪天王寺師範学校（2）、愛知県第一師範学校（2）、広島県師範学校（2）、福岡県福岡師範学校（2）（以上、小学校教員）
第5回	1936（康徳3）年4月～1937（康徳4）年3月	20	東京高等師範学校（7）、広島高等師範学校（7）、京都師範学校（2）、東京青山師範学校（2）、大阪天王寺師範学校（2）

出典：「文教部派遣留学生」JACAR（アジア歴史資料センター）Ref. B05015567600～B05015568000、『満州国文教部派遣留学生関係雑件第一巻』（外務省外交史料館）より筆者作成。

にある師範学校に「日本語教員養成所」[11]を開設する一方、新しい学校に適応する教師を養成するために、教員を選んで日本へ留学させることにした。最初は中学校、高校の教師から選んだが、その後専科学校や四年制大学からも選出した。一九三三（大同二）年七月、第一回の教員留学生二四名を派遣した。第一～五回までの教員留学生の派遣期間、留学先は表-4のとおりである。

表-4を見て分かるように、一九三三―三六年の四年間には連続で五回、平均二二名の教員留学生が派遣された。このことから満州国が教員養成を急務としていたことがわかる。続く一九三七―三九年の三年間の教員留学生について確認できる資料は管見の限り見当たらないが、一九四〇年以降も派遣されていることから、継続して派遣されていると推測される。

教員留学生の派遣目的は「第四次教員留学生選派要項」によると、日本の学校教育および社会情勢と文化施設の実地研究であった。また留学生は、小・中・師範学校の校長ないし教員で二年以上の教育経験を有する者であり、日本の官公私立大学あるいは高等専門学校への留学経験がなく、かつ聴講が可能な程度の日本語能力を有する者であることが派遣の条件とされ、帰国後には元の学校で二年間勤務すること、五、〇〇〇字以上の報告を提出することなどが義務付けられた(12)。学費や旅費、また家族手当金も支給され、教員留学生はかなり恵まれた環境のもとで派遣されていたと言える。それは第三回派遣の留学生で玉川学園に留学した王国琪の証言からも確認できよう。王は、「当時人々はこのありがたいことを手に入れたがった。というのは、家族は日本に留学している者の六〇%分の賃金が貰えるし、留学生本人も日本で補助金が六〇円貰えるからです。「鉄に金箔が付く」のたとえのように、帰国すればいい仕事も与えられるし、社会的地位も高く見られます」と留学が魅力的であったことを語っている。また、派遣留学生は出発前に満州国政府文教部学務司長上村哲弥と会見し、第一、二回派遣の留学生がしたような報告の代わりに、毎日日記を付け、定期的に学務司へ提出するよう指示されたという。当時の留学生の生活が窺い知れよう。さらに、王は「日本留学は実際当時の多くの学生と同じように、日本に親しむと同時に、生活のためにやむを得ない選択だったが、このことは何にせよ植民地教育の結果であったと思う」と振り返っている(13)。

一九四〇年からは、初等、中等、高等の各学校の教員を計画的に日本へ派遣し、一年ないし二年間留学させるようになった。一九四二年三月四日には、民生部が第一六号令をもって教官留学規程を制定し、教員留学が政策として整備された。これは、教員養成が一貫して必要であったことを意味しよう。表-5の一九四〇年以降の教員留学生数を見てもわかるように、満州国が消滅するまで教員留学生は派遣され続けた。

表-5　1940―1945年の教員日本留学生数

年	1940	1941	1942	1943	1944	1945
人数	30	50	33	47	28	28

出典：『満州国史』日本語版第12編「文教」、満州国史編纂刊行会、国際善隣協会発行、昭和48年9月20日、第2版、1104頁。

表－6　社会教育指導者の留学生派遣

回	派遣期間	人数	留学先機関
第1回	1934（康徳元）年12月― 1935（康徳2）年11月	10	熊本県立実業補習学校教員養成所（7名）、青森県立実業補習学校教員養成所（3名）
第2回	1935（康徳2）年12月― 1936（康徳3）年11月	10	青森県立青年学校教員養成所（5名）、熊本県立青年学校教員養成所（5名）
第3回	1936（康徳3）年12月― 1937（康徳4）年11月	10	同上

出典：JACAR、Ref. B05015568400、『満州国文教部派遣留学生関係雑件第二巻』（外務省外交史料館）より筆者作成。

注：「実業補習学校教員養成所」は、1935（康徳2）年4月以後に「青年学校教員養成所」と改称。

二　社会教育指導者留学生

満州国政府は農村社会の状況を改善し、「民衆を啓導し国民教育の完成をなす」社会教育体系の確立には指導者が必要であることから、社会教育指導者を養成すべく日本へ留学させることにした[14]。

社会指導者留学生の派遣目的は、「郷村の実際生活を体験しつつ農村社会教育を修練し」、その教育を行う能力や熱情を身に付けることであり、「定地研究」と「移動研究」をもって農村社会教育の方法を研究修練するとされ[15]、「満洲国農村の実情に近似せる九州地方並東北地方の畑地多き農村を主として之に林業、畜産業の発達せる地方を配して実業教育に重心を置く農村社会教育の要諦を把握せしめんとす」ということから、留学先は満州国農村に似ている九州地方の熊本県と東北地方の青森県が「定地研究」の場として、宮崎県・福岡県・愛知県・朝鮮が「移動研究」の場として選ばれたことは興味深い。期間は一年間のうち、一一カ月を「定地研究」に、最後の一カ月を「移動研究」に当てられた。社会教育指導者の留学生派遣は表-6のように三回まで行われたことが確認できる。

第一回社会教育指導者留学生の派遣計画概要は以下のとおりである。

一、期間は康徳元年一一月―康徳二年一〇月（実際には康徳元年一二月に出発)。

二、定員は一〇名(奉天省四名、吉林省三名、黒竜江省一名、熱河省一名、北満特別区一名)。

三、資格は、現職の教員及び社会教育関係の職員で、以下の条件を満たすもの。

(一)師範学校、中等学校及び農業学校卒業者にして年齢二五歳以上三五歳までの男子であること。

(二)資性健実にして社会教育者としての素質を有するもの。

(三)身体強健で勤労を愛するもの。

(四)日本語を解し、日常会話に差し支えなきもの。

(五)相当の資産を有し留学に支障を生ずるが如き家庭の事情なきもの。

四、留学先は、熊本県に七名、青森県に三名とする。

五、義務

(一)康徳三年一月末迄に留学研究に基く社会教育に関する論文及び留学中の研究事項報告書(研究調査に関する日誌を含む)を提出せしむ。

(二)留学生は帰国後二カ年間文教部大臣の任命する職務に従事する義務を有す。[16]

また、留学生は各省、区長官の推薦を経て文教部が選抜し、選抜された学生には学費(国費六〇元)、旅費及び家族手当金が支給された。

第三回派遣では、日本語能力を有する人が優先的に派遣された。于静遠駐日満州国大使館参事官は、当初留学先として東京府立農林学校内青年学校教育養成所と愛知県立安城農林学校内青年学校教育養成所を希望し、その二校に派遣できない場合も青森県・熊本県以外の学校を希望したが、最終的には従来通りの養成所に各五名が派遣された。[17] 社会教育指導者留学生は、日本で二年間修業をしてから元の機関に戻り傀儡政権の幹部となった。当時の礼教科長が第四回教育庁長会議で、「これらの留学生は駐日本大使館、日本社会教育機関から好評を得、各位の信頼も得ると思います。だから、派遣をする前に、将来は社会教育のための人材を養成することを心得ておいてください[18]」と述べていることからも、留学生は帰国後に社会教育指導者となることが期待されたことがわかる。

なお同時期には、満州国中央社会事業連合会からも社会事業講習生が三カ月程度の短期間日本に派遣されている。「日本派遣社会事業研究生詮衡要項」によると、社会事業事務取扱官吏員、社会事業連合会職員らから、二〇歳以上四〇歳未満で健康な「満人」、日本語を理解する等の条件の者が選出され、旅費、研究費や雑費が支給され、現職者は出張扱いで所属機関から給与が支給された。第一回は康徳二年一一月、第二回は康徳三年一〇月（一〇名）に派遣されている[19]。

三　警察官と司法官の日本留学

満州国政府は民衆の反日行動を抑え社会治安を強化し、とりわけ「友邦日本の警察制度を研究し、留学中に全面的に日本精神を体得させること」を目的として、在職警察官の中から「優秀」な警正、警佐を選抜し、日本の内務省警察講習所へ派遣した。建国直後の一九三二（大同元）年五月に第一期を派遣して以来、一九四〇（康徳七）年までに計一四期、学生四四三名を派遣した[20]。

表-7の留学生のうち、第一期—第四期の留学期間は一年間で、一九三六（康徳三）年四月以後は六カ月に縮められた。第四期以前は語学の優秀者を第一条件としたが、それ以降は語学はもとより、警察教育および日本の国情を知る者でなくてはならなくなった。第六期以後は内務省警察講習所に半年制の予科教育も設けられ、予科と本科との教

表-7　日本内務省警察講習所への留学生派遣の詳細

期別	人数	民族系別					入所年月日
		日系＊	満系	鮮系	蒙系	露系	
一（18）	25	—	25	—	—	—	大同元年4月1日
二（19）	30	—	30	—	—	—	大同2年4月1日
三（20）	30	—	30	—	—	—	康徳元年4月1日
四（21）	30	—	29	—	1	—	康徳2年4月1日
五（22）	30	—	29	1	—	—	康徳3年4月1日
六（23）	30	—	28	1	1	—	康徳3年10月1日
七（30）	30	—	30	—	—	—	康徳4年4月1日
八（26）	30	—	27	—	3	—	康徳4年10月1日
九（27）	30	—	23	2	4	1	康徳5年4月1日
十（28）	35	5	23	2	4	1	康徳5年10月1日
十一（29）	39	5	27	3	3	1	康徳6年4月1日
十二（30）	36	5	26	3	2	—	康徳6年10月1日
十三（31）	33	5	23	3	2	—	康徳7年4月1日
十四（32）	35	5	24	4	2	—	康徳7年10月1日
計	443	25	374	19	22	3	

出典：満州国治安部警務司編『満州国警察史』（康徳9年9月15日発行）、吉林省公安庁公安史研究室東北淪陥十四年史　吉林編写組、1989年10月、125頁。

注：「警察講習所における満洲国留学生入所の件認可案（警察講習所）」JACAR、Ref. A05032037700『内務大臣決裁書類・昭和12年（上）』（国立公文書館）によれば、康徳5年以前にすでに在満日本人が派遣されている。

育時間は合わせて一年間になった。その後予科教育を中央警察学校[21]に置いたので第一一期から予備教育は満州国内で行われた。また一九三八（康徳五）年一〇月から毎期内務省警察講習所に五名在満日本人を留学生として派遣した。これらの留学生に対して、政府は留学予備教育を施さずに直接派遣した。彼らは講習所で日本国内の学生と一緒に学習生活を送った。

留学生は留学当初は新京警視庁に属し、卒業後には警務司に配属されることになっていた。留学教育では「日本考察」も修業内容に含まれており、一九三七（康徳四）年以後実施された。警察官留学生に対し徹底的に満州国の建国理念を体得させ、できるだけ早く満州国のために尽力する人材の養成を目指したのである。

満州国政府は警察官を派遣すると同時に、司法官の再訓練も実施した。まず、元司法界の首脳や裁判長などを毎年一〇人選んで、ガイドと通訳を付けて一カ月ほどの日本視察を行った。視察は東京を中心として、大阪、名古屋、広島などの大都市にある司法機関を選んで行い、同時に軍事施設、工場なども見学の対象とした。次に、政府が各高等法院長、検察庁長から推薦された人（警務官、司獄官）の中から一五名ほどを選出し、日本に一年間留学させ、日本の司法省で業務の訓練を受けさせた。

満州国政府はまた、日本人司法官が少ないわりに処理すべき刑事事件が多いという実情に応えるため、在満日本人の司法官を日本へ派遣した。司法部は日本の司法制度を体得させるため、総務庁人事処の許可を得て毎年研修生を一〇名日本へ派遣した。留学生は東京区裁判所を三カ月、東京地方裁判所を一カ月半、東京刑事地方裁判所を一カ月半見学し、その後の二カ月半は日本の中堅判事、検事の研修期間である司法研究所第二部に入り、共同研究を行い、最後の二カ月は自由研究を行った。一九四一年七月に最初の在満日本人留学生を派遣し、引き続き三回ほど派遣したが、その後太平洋戦争の激化や日本国内情勢の激変によって、中止となった(22)。

四　満州国陸軍士官学校派遣の留学

満州国樹立後、政府はほぼ毎年日本陸軍士官学校へ留学生を派遣した。これらの学生のほとんどが満州国内の部隊、機関や学校から選ばれた。学生は漢民族をはじめモンゴル族、朝鮮族、達斡爾族などである。もともとの所属は歩兵、騎兵、砲兵、空軍であり、ランクとしては大尉、中尉、少尉だったが、日本へ行ってからは誰もが歩兵科で訓練することになった。元留学生の額那日図（モンゴル族）の回想によれば、当時満州国は各省区から留学生を選抜したという[23]。興安軍区の東、西、南、北警備軍と興安陸軍軍官学校から二、三人が選抜され訓練・派遣が実施された。その後、合計二〇名が選ばれ、軍事訓練（軍事理論、軍事演習、刺殺術、剣術と柔道）、日本語、数学、歴史、地理と日満関係の授業を二カ月受けた後、試験を受け、最後に一〇名が中央陸軍訓練処へ派遣されることになった。

当時中央陸軍訓練処は奉天の東陵にあった。派遣候補生の隊長と区隊長はそれぞれ日本人が担当した。彼らは中央陸軍訓練処の指導を受けて直接派遣留学生を訓練した。訓練の内容は興安陸軍軍官学校に似ており、再度試験にパスすると、隊副候補生となる。その後満州国内に駐在する日本の部隊に入り、一カ月の部隊生活を経た後日本陸軍士官学校に入り、正式に予備教育を受けることとなった。日本陸軍士官学校には「満州国生徒隊」が設けられ、その教育内容と進度は士官学校の日本人と同様で、通常の軍事課程と術科があり、その他に日本語の授業があった。また、満州国留学生に対しては基本的には単独の訓練が行われた。中隊以上の教育と訓練を経た留学生は、ほかの中隊と合併したが、連合演習を行う時は満州国学生が中隊長あるいは指揮者をすることはなかった。また軍事理論および作戦の実例分析についても、決して留学生には教えなかった。元日本陸軍士官学校留学生の張東藩は「日本人が「満州国」時代に留学生を多く受け入れたことは、政治、経済、軍事における侵略の手先を養成するためであった。しかし、留学生で日本軍国主義者に媚を売る者は結局少なかった。日本軍国主義者の妄想は人類の覚醒と世界の進歩とともに完全に滅んでいった[24]」と振り返っている。

以上、分野ごとに在職者留学生の詳細についてみてきたが、在職者留学生の特徴をまとめると次のようになろう。特定の目的のためにその分野での社会経験を有する者を中心として派遣し、専門性を高めた上でそれぞれの分野での実務に活かされることを学び経験し、帰国することが求められた。また、多くは一年間をその留学期間とし、短期間で専門能力を高めることが望まれた。彼らは満州国建国当時にすでに日本に留学していた学生とは異なり、あくまで専門性を高め、満州国の運営に役立つ人材となるべく派遣されたと理解できよう。また、他にも医療に携わる専門留学生や技師が派遣されていることも注目に値する[25]。

それでは、在職者留学生以外の留学生はどうであったのか。次節では多くの留学生を輩出した満州国留学生予備校を中心に留学生を派遣した機関、また派遣された留学生について考察していく。

三　留学生派遣機関

一　満州国留学生予備校

（一）満州国留学生予備校の成立

建国以来満州国留学生の数は年々増えていったが、学習態度・生活態度は徐々に堕落していった。そのため、満州国政府は留学生の指導監督の重要性を認め、一九三六（康徳三）年九月一七日勅令第一四三号（「留学生ニ関スル件」）、同月二一日文教部令第三号「留学生規程」[26]を相次いで公布し、補助費生・自費生の区別なく一律に留学生としての認可を受けることを規定した。これにより満州国留学生の政策が整備され、同時に留学生の監督機関であった学務処は廃止となり、翌一九三七（康徳四）年三月には駐日満州国大使が留学生を掌理することとなった。さらに、同年五月二日、新学制が制定・公布され、一九三八（康徳五）年一月一日より実施されることになった。

留学生認可制度の施行以来留学生の素質は向上していったが、留学生は満州国政府に選ばれ、日本の学校に特別扱いで入学でき、日本留学中はもとより将来までも身分が保障されるという「恩恵」に浴することができたため、熱心に勉強しないことも事実であった。これには二つの要因が考えられる。一つは、留学生の将来が漠然としており不明瞭な状態であったこと。もう一つは留学生の中に農民、一般の家庭出身者が少なく、満州国の大臣・官吏等が社会的地位や職権を利用して子弟を留学させることが多かったことである。日本の「軍部方は彼ら「官僚の子弟」に〝王蜂蜜〟を提供し、その目的は官僚の養成」であったという説もある。[27]

また、認可制度によって派遣された留学生が日本の学校の入学試験に日本人同様に臨むことは学力不足などから非常に困難で、計画的な留学生派遣ができないため、満州国政府は一九三七（康徳四）年一〇月、政府の希望する日本の諸学校に毎年一定人員を入学させるよう、「学席」の特設[28]を日本側に求めた。これは、留学生に留学の目標や希望を抱かせる上で大きな効果があると見込まれたためで、満州国の新学制における初等中学校（三年制）卒業生向けに日本の高等学校に「学席」が設置された。

同様に日本語能力が不十分で入学できないことへの対応策として、一九三七（康徳四）年三月頃には留学生予備校の設置が懸案に上がった。満州国駐日大使館は陸軍省方面と合議した上で、一年間の予備教育を必要とする趣旨の予備校設置案を立て、それを同年五月に満州国政府に提出した。同年七月に留学生予備校は満州国政府によって正式に新京に設立される。

一九三八（康徳五）年六月二四日、政府は民生部令第七〇号をもって「留学生予備校規程[29]」を公布する。当規程の第一条に「留学生予備校ニ入学セントスル者ハ思想堅実身体強健ニシテソノ各号ニ該当スル満洲国人タルコトヲ要ス」とあり、応募条件は国民高等学校又は女子国民高等学校程度以上の教育施設を卒業した者または当該年度においてそれを卒業する見込みのある者、かつ国民高等学校または女子国民高等学校卒業程度の学力検定に合格した者とされた。留学生予備校の修業年限は一年とされ、毎年の一月一日に始まり、一二月三一日に修業完了で、修業科目は国民道徳、日本語、数学、英語、物理、化学または地理、歴史及び訓練である。また、満州国の建国記念日（新暦三月一日）や明治節（明治天皇誕生日、新暦一一月三日）など、日本や満州国にかかわる祝日を含む一〇日間の休日が設定された。

留学生予備校に入学を希望する学生は筆記試験、口頭試問及び身体検査からなる統一試験を受ける必要があった。筆記試験の科目は、一、国民道徳、二、国語（日本語及び満語または日本語及び蒙古語の解釈作文）、三、数学（代数及び幾何学）、四、前の各号のほか、民生部大臣の許可を得て校長が指定する科目であった。また、試験場は省、特別市公署において選定の上発表し、毎年一二月中旬頃に合格者が発表された。入学した学生は寄宿舎に入居し、給食制度が施され、学校には入学金一円、授業料年額二四円を納めることが求められた。校長は所定課程を卒業した留学生予備校の学生に卒業証書を授けた。

（二）満州国留学生予備校各期生

ここでは、筆者が二〇〇一～二〇〇二年にかけて行った元留学生予備校生に対するインタビューやアンケート調査の回答を用いて、留学生予備校各期生の当時の状況を再現することを試みたい。

満州国留学生予備校は一九三七（康徳四）年七月一〇日に新京北大街に仮校舎が設けられ授業が開始された[30]。当時民の教育司長皆川豊治が校長を兼ねた。開校当初、教室はただの部屋で専任教官は熊野逸馬一人のみであったため、民生部督学官や編審官を時間講師とした。学生は随時試験を受けて入学を許可され、一時は一三五名に達したが、同年一二月の卒業試験受験者は九七名であり、そのうち五二名（女子は一名）が第一期卒業生となった。第一期生の董連民によれば、「当時校舎も古くて狭く、先生もあまり授業に来てくれないので、四方山話をして時間を潰した。満州国総理大臣張景恵の息子が同級生としており、あまり勉強はしていなかったが、背が高くてバレーボールをよくやっていた[31]」という。同じく第一期生の王保粹の回想によれば、「当時学生の数は四〇—五〇名で、授業科目は主に数学と日本語であった。我々は卒業試験を受けずに、留学生認可試験を受けた。その後進学の申請書に志望校を記入し、多くの学生は国内にある学校を選んで、日本へは行かなかった。私を含めて五—六人だけが日本に留学に行った[32]」という。第一期生は学校の整備が徹底されていない状況のもと勉強したようである。

第二期は一九三八（康徳五）年二月一八日に入学式が行われ、当日登校した学生四〇名が一組とされた。康徳三年秋に実施した留学生認可試験の不合格者および内地高等専門学校の入試落第者も入学可能で、その後生徒数は七〇名に増え、三月から文科、理科二組に分かれて授業が始まった。「留学生予備校規程」が公布される前の募集であったためか、入学時の審査はあまり厳しくなかったようである。二期生であった史乃光が「中学を卒業しただけだったが、兄の卒業証を使ってごまかして入学した」というのもその証左となろう。なお、校長に任命された広田常次郎によれば「同年一二月一一日に卒業試験終了と共に冬の厳寒積雪の中を長春大街にある校舎（旧市公署遺跡）に移転した[33]」という。

一九三九（康徳六）年、学校は男子一二〇名、女子二四名を文科は一組、理科は成績の優劣により二組に分け、各自の実力に応じて指導する方法を取った。当時政府は予備校に経費を四万一、三一〇元支給したが、条件はあまり改善されなかった。「前校舎と同じく運動場がない。学生はその代わりに月一回の遠足をした。政府はこの第三期から学生の体質を強化するとの口実で、憲兵訓練所の小貞部隊長を呼んで軍事訓練を始めた[34]」、あるいは「予備校の校舎は古ぼけていて、先生の質も高くなく、設備も簡単なものだけであった。学生のほとんどは東北地方の出身で、満州国の大臣及び金持ちの子弟が少なくなかった。学生の大部分はあまり勉強せず、予備校を日本留学の通過点としていた[35]」と三期生は当時の様子を回想している。結果として一九三九（康徳六）年度には、文科三一名（内女子五名）、理科六五名（内女子一四名）合計九六名が第三期卒業生として留学の途に就いた。

同年秋に、留学生認可試験が行われると同時に、第四期生の予備校入学試験も行われた。試験地は新京、奉天、ハルビン及び東京の四カ所、志願者は三七〇名で、そのうち二三〇名が合格者として発表された。

一九四〇（康徳七）年二月二六日、留学生予備校は吉林大路の校舎に移転する。校舎は西安橋優級学校跡を利用し、寄宿舎は第二国民高等学校の古く壁が落ち、傾いていたものを修理して使用することになった。広田常次郎は「今回は幸いにも広大なる運動場に恵まれ、その上裏手は大同公園（現在の児童公園）に続き、空気清新夏季の生活には申し分無きも防寒設備不完全なる建物で、冬季は寒風肌を裂き宿舎の水道は時に氷結して用を為さず困難を感じることが多かった。でも職員生徒皆たゆむことなく学業に励み、また身体の鍛練にも意を注ぎ、毎朝授業前の建国体操又は一、〇〇〇メートルの駆け足は厳寒中も欠くことは無かった[36]」と記している。他の大学に進学した者を除き、四期生は一七〇名となった。「文科一組、理科二組、今回から男女に分けられ、女子学生の管理者は日本人の樋口という女史であった」という[37]。

一九四〇（康徳七）年八月、留学生予備校は第五期目の学生募集を行った。約二五〇名（文科男子六五、女子一〇：理科男子一五〇、女子二五）を募集し、応募年齢は二四歳（康徳七年一二月三一日現在）以下とされた。ここで注意すべきは、従来は国民高等学校卒業生の優秀者には留学許可試験を受ける資格があり、合格すればすぐに日本の専門学校に入学できたが、一九四〇（康徳七）年より許可試験の受験資格を在満教務部関係の日系中等学校卒業生及び四学年修了者と旧学制高等学校卒業生に限定し、新学制による国民高等学校卒業生は予備校を卒業した上でなくては留学を許可されないように改められた。さらに受験者は出身学校校長及び省長の推薦を得るべきものと改定され、予備校の存在の意義が強まった。この新制度により、予備校志願者は九六五名にも及んだが、書類選考と筆記試験で二〇〇名が合格し、その一部は満州国内の大学に入学し、残る一六三名が予備校に入学することになった。また、第五期には初めて女子のみの特別学級が設けられ、理科二三名、文科五名を併せて一学級とし、男子は文科一学級、理科一学級に編成された。一九四一（康徳八）年一二月二四日に卒業式が行われ、卒業生は一三二名（内女子二六名）で、翌年の一九四二（康徳九）年一月に新京を出発して日本留学の途についた。「引率者は高石といい、長春に集まって出発した(38)」という。

一九四一（康徳八）年一一月二〇日、翌年の第六期の入学試験が行われた。この年度より満州国内の各大学専門学校共通試験が同日に実施されたため、受験者数が前年より減少し、志望者は五四〇名、その中から合格者が一九〇名（男子一五二、女子三八）となった。学生は一年間の修業を経て、翌年一九四三（康徳一〇）年一月に新京から集団で日本へ向かった。「男女はそれぞれに授業を受け、お互いに名前も知らなかった(39)」という。

翌年一九四二（康徳九）年一二月、第七期生の募集が行われ、理科男子七八名、理科女子二六名、文科男子四二名、文科女子九名が合格した。第七期の学生は前期は新京で授業を受けたが、一九四三（康徳一〇）年七月以降の後期は遼寧省の奉天（奉天市北関区大北街、現在の瀋陽市第五中学）で学生生活を送った。予備校がなぜ他の省に移ったのか詳細は明らかではないが、「当時太平洋戦争が勃発して、長春は首都なので、学生の安全を考えてそうしたのかもしれ」ず、また「当時予備校の隣は関東軍の武器庫とされ、安全のために我々学生が追い払われて、瀋陽に移転したのだ(40)」と考える元留学生がいる。留学生予備校の幾度もの引越しは、満州国政府の留学生派遣政策の変更に関係があると思われる。すなわち満州国政府は当初あまり予備校のことを重視していなかったが、太平洋戦争の勃発に伴い、奉天（瀋陽）を中心にして募集すれば人材も集めやすいと考え、転居したのではないだろうか。

一九四三（康徳一〇）年には翌年の第八期生が募集された。この期の学生数は文科二九（男子二四、女子五）名、理科七二（男子五八、女子一四）名、合計一〇一名で、理科は二学級に分けられた[41]。さらに最後となる第九期学生募集もされたが、その後まもなく日本の敗戦を迎えたので、学生は日本へ行かず、予備校も閉校となった。なお、「第九期の学生も入学したが、暫くして日本が敗戦を迎えて、学生は日本へ行くどころではなくなり、校長を囲んで日本軍国主義の罪悪を批判した。そして、校長を始めとして日本人の先生は学生に謝罪をした[42]」という証言もある。

前述のように一九三七（康徳四）年一〇月に第一回留学生認可試験が実施されて以来、数多くの学生がその試験を経て日本へ留学した。予備校は留学生認可試験とともに、満州国の日本留学を推進する役割を果たしたことになる。

二　関東州の日本留学関係機関

満州国時代、日本留学事業を経営する機関は日本だけでなく、満州国内にもあった。「満州帝国教育会」「蒙民厚生会」「満州鉱工技術員協会[43]」などが代表的な例で、主に留学生に対して資金を貸与、支給した。以下にそれぞれを簡単に紹介する。

財団法人満州帝国教育会は、満州国の植民地教育を支える外郭団体であった。同会は一九三九（康徳六）年、政府補助金をもって満州帝国教育会奨学資金を設定し、満州国日本留学生に対して学費を貸与した。一九四〇（康徳七）年にはその対象となった学生数は総勢七七名に達し、総額一万七、六〇〇元を貸与する。一九四一（康徳八）年には新たに二九名を増して一〇六名になり、貸与金額は三万五、二〇〇元となった[44]。

「蒙民厚生会」は、一九三八（康徳五）年に「蒙旗」を対象に国費五〇万元をもって設けられた。同会は学術ならびに技術面における人材の養成に重点をおき、民生部ならびに関係機関と連絡を図り、創立と同時に留学生の派遣を実施し、一九四二（康徳九）年までに四一名派遣したが、その留学先は師範学校が多かった[45]。他には一九三六（康徳三）年一〇月に留学僧（モンゴルのラマ僧）を派遣した。一行は四人で二年半の勉強を経て、一九三九（康徳六）年一月に帰国した。また、一九四二（康徳九）年王爺廟にモンゴル唯一の医学学校—興安医学院が開かれ、多くの学生が日本へ派遣された[46]。

社団法人満州鉱工技術員協会は、創立当時の定款に記された事業の一つとして「海外伝習制度の設立」の項があったことから、一九三九（康徳六）年にはこの伝習制度を具体化するものとして、日本工業学校に留学生を派遣する。これは満州国の産業開発に必要な普通技術者を育成することを目的としており、同年二〇名の学生が派遣された。派遣学生の資格は工科国民学校第一学年在学中の者（四名）、あるいは旧制初級中学校第三学年在学中の者（一六名）で、かつ日満一心一徳をはかり、身体強健で、日本語を充分理解する者に限るとされた。選抜方法は各省、特別市それぞれに割り当てられた人数を推薦し、その中から民生部及び技術員協会が派遣学生を決定することとなった。留学生には月額一人四〇元以内を給与するものとし、満州鉱工技術員協会がそれを負担した。その代わりに留学生は卒業後学費の給与を受けた時間の一・五倍に相当する期間技術員協会の指定する職務に従事する義務があるものとされた。注目すべきは日本の留学先の学校がみな中等工業学校で、学生は専修学科が機械科一〇名、電気科六名、採鉱科一名、土木科一名、併せて一八名もいたことである。これら技術員協会が派遣した留学生の修学状況に関して日本の受け入れ学校は、留学生の成績概況、健康状態や留学生と日本人学生との交際、日本人学生との比較、などの九項目から評価して、将来満州国において活躍できるように心を配っていた。

留学生の日本語学習を強化するために、満州国政府は満州文化普及協会を通じて教科書と辞典を数多く出版した。また日本語を専攻する学校が増え、日本留学に関する予備校も多く増えた。例えば奉天市私立日本語学校一二校の在籍者は三、三九二名に達した[47]。そして、小学生までをも留学生として日本へ派遣するようになる。一九四〇（康徳七）年から文教部では一二、三歳の小学生を毎年数十名日本の中等工学校、農学校及び女子学校へ派遣し、その数は一九四五年まで合わせて二〇〇名に達した。

関東州からの日本留学は、長期にわたって満州国の留学政策をもって実施されていたが、当局が満州国と交渉し、一九四三年以後独自の留学制度を実行し始める。それと同時に、満州国及び中国南方からの学生は日本留学のための推薦試験を受けることになり、その応募資格は満二五歳以下の未婚の満州国と中国南方の人、高等公学校四年、男子中等学校修了かつ卒業、高等女学校卒業者、上記の関東州内各学校卒業者、満州国内在住者で、試験科目は男子が修身、日本語、数学、物理、化学、女子が修身、日本語、数学、日本歴史であった[48]。

関東州にある日本人が就学する学校、例えば旅順工科大学、満州医科大学、満州法政学院は、東北人学生の一部分を留学生として募集し、場所は中国にありながら日本留学機関と見なされていたが、これらの留学生は日本に留学する学生と同様に差別待遇を受けたという。留学生の王雲階によると、「満州医科大学は毎年中国人留学生を募集したが、専門部は中国人向け、本科は主に日本人向けであった。本科の一クラスに中国人学生は三人ほど入れたにすぎない。また食事は粟、トウモロコシなどを食べさせられ、住居は簡易なアパートに泊まるしかなかった」という[49]。

三　東亜育英会

財団法人東亜育英会は、本来日満文化学会の名称をもって一九三四年三月以来活動してきた。この日満文化学会は、一九三三年東京において教職に従事している宮川朝恵が満州国教育視察団の一員として満州国を視察した後、女子教育家服部昇子に相談して、実業家の望月軍四郎の資金提供を得て、鈴木孝雄を会長として設立したものである。満州国留学生を完全に掌握できるように、一九四一年八月、日満文化学会は名称を東亜育英会に改め、同年一〇月に東亜育英会は正式に設立され財団法人となった。その目的を後に東亜育英会常務理事の難波理一郎は次のように語っている。

「我らは彼の国の優秀なる年少子女を我が邦において学修せしむると共に、親しく我が邦を認識理解せしめ、一は以って彼の国文化向上発達に寄与せしめ、他は以って両国の親善結合に貢献せしむることの意義極めて深きものあるを認め（中略）同時に東亜新秩序の建設に寄与するところあらんことを会名を改め、規模を拡大し、且つその組織を改めて財団法人と為し、以って目的の達成を図らんとするものである」(50)。

日満文化学会が一九三四年三月の設立から東亜育英会に改称するまでに奨学金（学費）を受けた留学生は五六名（卒業生一二名、在学中四四名）であった。学生は帰国後には教師、また建国大学を始めとする満州国内の一般技術者等の専門的人材になることが求められ、一九四一年四月、中学校に五名、高等女学校に三名の留学生が学校を指定され留学した。育英会は留学生の選抜を満州国政府に依頼し、男女師範学校への入学者は、国民高等学校、女子国民高等学校の第二学年修了程度（日本国民学校卒業程度）、中学校や高等女子学校への入学者は国民優級学校卒業程度（日本国民学校六年修了程度）の者から学力、人物、身体共に優秀で、日本語ができる者が優先的に選ばれた。留学先は東京、大阪などの大都市を避け、日本の東北、北陸などの普通寄宿舎を備えうる学校（例えば新潟、秋田、岐阜、千葉、長野の各師範学校や盛岡中学校等）が選ばれた。

留学生は日本到着後まず東京に集められ、会長その他の役員と面会し、素質その他を調べられた上で留学する学校を決められた。また、彼らは毎年一回旅費を支給され東京に召集されたが、その期間は会長やその他の役員との連絡、交流にあてられ、東京市内並びに付近各地を役員がついて見学することもあった。会長は毎年一回程度各留学先の学校を巡回偵察し、留学生の修学上の指導訓戒を行った。留学生には学資として、均一に年額三六〇円が当該学校の当局に送金され、中学校、高等女学校等授業納付を要する学校に在学する者に対しては、別に授業料が合わせて支給された。東亜育英会が助成した留学生は合わせて六二人であり、彼らはいずれも満州国の一四省と関東州から派遣された。

以上のように、文教部や民生部、日本外務省文化事業の他にも留学生を派遣し、また資金の面でも留学生を支援する機関が満州国内に数多く存在し、満州国の留学生派遣は人材養成のための国策であったといえよう。

四　留学生の生活

本節では、派遣された留学生が実際にどのような留学生活を送ったのか、留学生の受け皿となった留学生会館、学生会を中心に考察し、さらには帰国後の留学生の状況についてみていきたい。

一　満州国留学生会館、留日学生会

（一）留学生会館

清朝末期、東北地方出身の日本留学生は数が少なく、留学生向けの団体や機関も全国的機関である清国留学生会館を利用したと推察される。中華民国期に入り、留学生の人数が増えるにしたがって、各省の経理機関（会計機関）が

設けられると同時に、日本側にも中国人日本留学受け入れに関する重要な機関である日華学会が一九一八年五月に成立した。当時東北四省の選抜したいわゆる官費留学生や単独で渡日した多数の留学生は、満鉄が提供し、張学良が統轄している同沢倶楽部と称する建物（牛込区弁天町所在）に寄宿したり、あるいはそこを集会の場所として利用していた。

一九三二年の満州国樹立後しばらくして、煕洽[51]が満州国留日学生倶楽部の立ち上げを図り、倶楽部の場所は先の同沢倶楽部の建物を利用することになった。当時煕洽は連絡役二人を、中華民国期から留学事務に従事し日本にいた趙卜謙のところへ向かわせた。その連絡役の一人であった満州国留日学生倶楽部の総幹事、陸軍中佐、日本陸軍大学在学中の王維藩によると、「以前煕洽が日本に留学していた時に、外国での飲食住居などは不便であるし、休暇になっても集会や娯楽などの場所もないことを痛感したが、今満州国は成立したばかりで、政府は学生の根本的な利益の配慮も及ばないので、自分たちで倶楽部を立てようという考えがあった」という[52]。二度目の相談の結果、趙卜謙が満州国留日学生倶楽部の常務幹事を務め、連絡役の二人とともに留学生の事務を統轄することになった。

趙卜謙はその後、生活に困った学生をここに紹介した。部屋代も不要で、不定期ながらも食事代の支給もあったため、引っ越してくる学生は少なくなかった。倶楽部の人員が増えるにつれ、煕洽は王維藩を通じて「入部願書」を受け、倶楽部に住んでいる学生を名簿に記入した。そして東京にいる満州国留学生にも入部してもらい、会員数の拡大を図った。普通の留学生だけでなく、学習院在学中の溥傑と潤麒（溥儀の皇后婉容の実弟）からも「入部願書」の記入を得た。また、溥傑は倶楽部の名誉幹事長に、潤麒は名誉幹事に推薦された。

一方、日本はこの倶楽部が開設されると同時に、特別な注意を払い、二人の特務を倶楽部に入り込ませ、事務員をさせた。この二人の配置は、満州国政府の煕洽などの要人と日本留学生との往来・動向を監視させる目的であった。

また一九三三（大同二）年、日本外務省の嘱託小笠原省三は同倶楽部の留学生一二〇名、日本人学生三〇名を集め、一橋にある東京商科大学の講堂を使って、毎日四時間一〇日間にわたって講習会を開いた。講師は日本の有名な学者で、経費は日本外務省の「対支文化事業」の項目でまかなわれた。講演のテーマは、「地理歴史から見たる満州」、「満州の古墓」、「老荘哲学」などで、諸方面から満州が中国と一体ではないことを証明することが目的であった。(53)

満州国政府は留学生を組織的に統一し、計画的な指導を行うために、協和会東京支局の五郎丸保の提案を採用し、新しい留学機構の設立を決めた。公使館、協和会、陸軍省、外務省、関東軍などの協議に基づき、一九三五（康徳二）年六月一七日に東京の牛込区弁天町の倶楽部に満州国留日学生会館が成立する（二〇日に、倶楽部は解散）。その後、同年八月五日、財団法人としての満州国留学生会館の設立が、東京府知事を経て文部大臣、外務大臣、陸軍大臣に申請され、九月一四日付で許可される。同年一〇月七日までに行われた設立委員の協議結果は以下のとおりである。

一、学生会館は日本の財団法人として文部、外務、陸軍三省の監督を受けること。
二、基本財産は満州国政府支出の国幣二〇万円を充てること。
三、経費は満州国政府の補助金年額二万円、外務省文化事業の補助金年額一万円、合計金三万円を主体とすること。
四、設立代表者を平田幸弘とし、監事は陸軍省、外務省から関係科長各一名を出し、顧問として三省の各関係局長及び特に本事業に対する満州国政府の方針決定にあたった元満州国総務庁長遠藤柳作を嘱託すること。
五、名誉顧問として満州国の生みの親である本庄繁将軍と本事業の方針決定時の関東司令官の南次郎とを仰ぎ、且つ大使は職務上名誉顧問となること。(54)

この協議結果から、留学生会館が実質的に日本が管理・運営したことは一目瞭然である。

留学生会館の建設は、日本と満州国政府の合意に基づき進められた。「満州国留日学生会館新築工事概要[55]」によると、その目的は「満州国皇帝陛下御訪問ヲ記念シ、満州国留日学生ヲシテ建国ノ精神ヲ堅持シ日満一体ノ観念ヲ把握セシメ以テ日本留学ノ目的ヲ達成セシムル為ノ研学修養ノ道場タラシメムトス」ということである。一九三六（康徳三）年九月五日に起工し、翌年一二月二〇日に完成した。一九三八（康徳五）年一月一六日には、学生を集めて新会館が披露された。また利用方法が具体的に示され、期間を定めて入寮者の募集が行われた。本部学生委員会として入寮する者五〇名、新留学生約五〇名がおり、定員の残り約五〇名分は希望者を入れることになった。しかし、希望者は予想外に少数で三〇数名しかおらず、最終的には一四一名を無理矢理入寮させた。「留学生の多くが会館に入寮しなかったのは、満州国駐日機関および日本人の監視から自由な生活を送ろうとしていたからである[56]」と振り返る留学生もいる。

前述したように、会館は満州国と日本双方の権力者や実業家が資金を拠出し建設した。それだけに、実際の運営においても日満「一心一徳、共助提携」の目的が徹底されていたことが窺える。平田幸弘初代理事長に続き、次期理事長の苦米地四楼もそれをさらに推し進めた。苦米地は留学生会館の建設において、前の規程に「一．両国教育制度及び其の実施内容の差を補綴する具体的施策」「二．大使の監督権を容易ならしむる為の全面的協力」など一三か条を補充した[57]。それは苦米地が留学生に対して、「今や米英との決戦は日を追ふて激烈を極めて、興亜か滅亜かの関頭に在り、留学生諸士は宜しく戦場における将兵の如く、必勝の決意と気概とを持って挺身留日の目的達成に突進せられんことを切望[58]」していたためであった。なお苦米地は、留学生の活動を監視、管理するために、もともと一人用の部屋の壁を潰して数人が住めるような大きな部屋に改装し、時には留学生が外出しているのを見計らって勝手に彼らの部屋に入って調べたという[59]。

（二）学生会

満州国留日学生会館が成立すると同時に、設立委員会は学生会の組織についても検討・協議し、一九三五（康徳二）年七月二日の第二回委員会で学生会の組織は概ね以下のように決定された。

一、学生会本部を学生会館に置く。
二、学生会会長を学務処長の満系人大使館参事官とする。
三、副会長を学生会館館長とする。
四、留日学生の在籍学校毎に学生会支部を組織し、学校職員を支部長とする。
五、学生会経費は財団法人の学生会館より支出するものとする。

一九三六（康徳三）年一月、学生会創立の宣告書が発表され、同年三月一日に「満州国留日学生会会報」の創刊号も発刊され、新団体としての活動が始まった。また同年六月二七日には、早稲田大学大隈記念堂において、約一〇〇〇人の留学生が参加した「満州国留日学生会」の成立大会が催され、本庄繁大将、謝介石大使を始め、学校職員、日本人学生も出席した。この場で大使館参事官の于静遠を会長に、学生会館理事長の平田幸弘が副会長に推挙された。男子学生代表として東京商科大学の関叢山が中国語の宣誓文を朗読し、女子学生代表として東京女子医学専門学校の何仁敏が日本語で宣誓した。宣誓は「吾等満州国留日学生ハ将来国家ノ中堅トシテ活動スベキ責務アルヲ深感シ、茲ニ協心協力留日学生ノ本分ヲ厳守シ、満州建国ノ精神ヲ堅持シ日満両国一徳一心ノ聖旨ヲ仰体シ、ソノ留学ノ目的ヲ達センガタメ満州国留日学生会ヲ組織シ、次ノ綱領ヲ尊守セントス」[60]などと述べている。満州国が日本の植民地同然であったことは明らかである。

学生会の事務所は満州国留日学生会館内に置かれ、駐日満州国大使の監督を受けた。規程の第五条に「本会ハ満州国建国精神ノ体得実践ニ務メ学生自律自粛相互ノ切磋琢磨共助提携ニ依リ日本国留学ノ目的ヲ達成セシムルヲ持テ目的トナス」[61]とその目的が書かれている。事業は（一）講演並研究、（二）実習並見学、（三）武道並運動、（四）人事並健康相談、（五）会報編纂、（六）その他留学生の修養修学上に必要な事項に分かれ、組織は本部、支部、分会、組と分かれていた。会長、副会長は駐日大使が任命し、幹事、委員は若干名とされ、経費は満州国留日学生会館補助金、寄付金、会員会費、その他雑収入という四つの面からなっていた。一九四一（康徳八）年一月には同規程が改正され、元の三二条が二七条にまとまり、簡略化されたように見えるが、「分会長の当学校長の推薦」（一九条）や「各組員連帯の責任」（二一条）などの補充条例を見れば、留学生の管理が強められたことがわかる。

学生会は、満州国大使館から一九三九（康徳六）年一月より毎年、準備教育期間に満州国派遣の日本留学生を収容することを委嘱された。収容中の指導方針は次のとおりである。

一、専ら皇国特有の母性愛を基調として、指導に任じ適正なる日本留学中の生活準備をなさしむ。
二、日本の諸事情を明確ならしめ留学生としての自覚を与え日常起居の間規律節制の習性を培養す。
三、指定学校入学受験の準備をなさしむ[62]。

学生会は日本の政策である「日満親善」、「一徳一心」を実現すべく、集会を催しては「親交善導」に努めていた。元留学生によれば、「学生会の事業は三つの面に分かれる。第一は、満州国から日本に来たばかりの学生の食事と宿泊に責任を負うと同時に、親日教育を施すこと。第二は、父母が東北に居る子どもの日本での教育や就職等に責任を負うこと。第三は、満州開拓団の単身男子のために、配偶者（多くの女性は地方の出身で、学校に入った経験がない）を紹介することに責任を負うこと[63]」であったという。

(三) 女子留学生会館と女子留学生

満州国樹立直後、男子学生の渡日が増えるに連れ、女子学生もまた増えていった。当初は夫の渡日に同伴したものが多く、勉学を志すものは一部であった。

女子留学生が増えた要因の一つは、当時満州国には専門女子学校は高等師範学校女子部しかなく、そこに設けられた科目が女子学生の希望に合わないことにあった。そこで女子留学生は日本へ向かい、東京女子大学、日本女子大学、帝国女子医学専門学校、奈良女子高等師範学校に進学することになった。一九三六年には留学生制度が整備され、満州国内における学制も確立を見るに及び、政府も女子日本留学生の派遣方針を決定し、毎年五〇名を基本とし、認可・派遣することになった。これに対応するために、女子留学生のための会館が建設されることとなり、一九三九年四月に竣工し、一一月末に牛込弁天町に完成した。同会館は会館寄宿寮の収容人数を三五～四〇名とし、一〇〇名収容できる講堂兼談話室や裁縫室等を備えていた。同年一二月には入寮学生の大半が決まり、一九四〇年一月から女子学生三四名を収容した。その後毎年満州国からの女子学生、とりわけ留学生予備校の女子学生が団体でここに滞在し、三カ月の東京市内の見学・見物、寮生活を経て各学校へ向かうことになった。一九四二年の留学生予備校五期生の謝慕媛によると、「東京各地を見学したり、見物したり、また会館内で茶道や生け花の稽古をし、日本の風俗習慣を体得した。そして、同級生と一緒に満蒙開拓団の集団結婚披露宴に出たこともある」という[(64)]。

以上のように、満州国から来た学生は、留学生会館を利用して生活しながら学校に通うというのが一般的な日本留学の型であったといえよう。当時の様子を振り返る元留学生の言葉から、留学生会館での生活模様が垣間見られるので、以下に紹介しておく。

「日本に着くと、まず梶原神社と伊勢神宮を参拝し、それから電車で東京へ行き、留学生会館に泊まった。……通常一年間住むことを求められたが、東京以外の地方にある学校に就学する者は、三カ月の滞在で離れることができた。ここに滞在する学生が毎朝起床後一番にすることは、新京の満州国皇居と東京の宮城の遥拝だった。……われわれは新しい教育を受けるために会館に滞在したが、心の中では満州国が独立した国だとは思わなかった。ある日のことだったが、日本人はわれわれに日本の国歌と満州国の国歌を歌わせた。われわれは日本の国歌を小さな声で歌ったが、満州国の歌を歌った時には声が出ず、怒られてしまった。会館では食事も住居費も外より安く、祝日にはご馳走が出たが、学生はやはり留まりたくなかった。一年後、大半の学生は会館から引っ越したが、外のどこにいたとしても、会館に登録をしなければならなかった[65]」。

二　満州国留学生の帰国後

満州国日本留学生は留学後、ごく少数の学生は諸外国または中華民国に移住したが、ほとんどは満州国に帰った。一九三六（康徳三）年以降、政府はこれらの留学生を活用できるように毎年登用試験を行い、登用の科別と成績によって、各部門に配属した。一九四〇（康徳七）年以前に日本に留学した学生の多くは、帰国後にその試験を通じて満州国で任職した。例えば、一九四〇年度の日本留学生行政科甲種委任官の採用合格者は一三三名、技術官は三七名、教官は二一名であった。一九四二（康徳九）年一一月には日本および満州国内の留学卒業生は三〇三名に達し、うち男子は二七一名、女子は三二名であった。二二一名はすぐに配属され、七八名は各部局などに就職し、そのほかは各部門に入った。

なお、帰国留学生は日本人と同僚になって働くことが多かったが、そこで不公平な扱いを受けることは珍しくなかった。[66] 例えば、同じ仕事をしても日本人の方が賃金が高く、配分される食糧も高級で米であったのに対して、帰国留学生は同じ日本の大学を卒業していても賃金は低く、食糧も粗末でトウモロコシや高粱米であるなどであった。

以下に、帰国留学生のいくつかの事例を見てみよう。

白金山（モンゴル族）は一九四〇年四月に東京第一高等学校を卒業し、東京帝国大学に入り教育学を専攻した。一九四二年九月に卒業する予定であったが、太平洋戦争の勃発により卒業より前に帰国し、同年河北省承徳師範学校に就職した。その後一九四七年に東北師範大学に転職し、定年まで日本語科の教師として従事した。[67]

東亜育英会の資金で吉林省から派遣された李万春は一九三七年日本に渡り、一九四〇年四月に高田師範学校に進学した。彼は数学を専攻し、下宿先の日本人の娘と結婚した。一九四三年三月、李万春は帰国して満州国建国大学に入学し、一九四六年に吉林大学ができると夫婦二人とも同校で教師となった。その後長い間同校の日本語科に勤めてその発展に大きく貢献したという。[68]

留学生の多くは、帰国後満州国政府のもとで数年働いた。しかし日本の敗戦に伴い、中国国内では国民党と共産党の対立が激化し、留学生の一部は国民党に入党し、また一部は共産党に参加することになった。

表-8　満州国日本留学卒業生の採用人数内訳（1942年）

採用先	人数
総務庁	4
外交部	3
興農部	15
司法部	5
経済部	18
民生部	10
交通部	10
奉天省	4
濱江省	2
吉林省	2
四平省	2
興安局	1
建築局	2
その他	143

蒋介石を始めとする国民党中央政府は、日本留学生を呼び戻すと同時に審査を行った。一九四七年一月八日、国民党中央政府教育部は第四〇〇号令をもって留学生召還弁法を、同年七月一日には「抗戦期間留日学生甄別弁法」を公布し、帰国学生は同年九月三〇日までに南京教育部に登録するよう要求された。同時に「留日学生審査委員会」も立

ち上げられ、審査に通ったものは就職あるいは再修業が可能となった。最終的には、満州国期に派遣された日本留学生を含む四五〇人が登録に行った[69]。

一九四九年中華人民共和国の建国に伴い、元留学生の一部は台湾に行ったが、大部分は大陸に残った。世界は東西の冷戦期に入っており、共和国政府は日本を含む欧米資本主義国家と対立していった。そのため、資本主義国家に在住している学生を調べるほか、満州国から派遣されていた留学生も審査された[70]。満州国から派遣されかつ国民党に参加した留学生は、「スパイ」などの汚名を受け、その後もたびたび弾圧を受けることが多かった。

留学生予備校の四期生であった王則民は、東京高等師範学校に入学し、一九四五年に帰国する。一九四六年には吉林省磐石県簡師班のクラス主任を務めていたが、当時学生と一緒に国民党三民主義青年団に入り、その直属簡師分隊長に任命される。そのため、一九五〇年に伊通県法院に「反動党団主幹」と判断され、公民の権利を二年間失うことになる。一九五二年には「反革命」のレッテルをはずされて伊通県第一中学校の教師に任命されるが、五八年にまたも「反革命」の嫌疑で査察を受け、今度は刑事処分を受ける代わりに農村に行かされることになった。一九七九年に再度「反革命」の汚名をはずされるが仕事に復帰できず、現在は農民として貧しい生活を送っている[71]。

留学生予備校六期生の呉新は、文化大革命の頃に東北師範大学の造反派に「反動学術権威」「日本特務」とされ、何度も群集の前で頭を下げて謝罪をさせられたという[72]。

帰国後の留学生は、国民党に入るか共産党に入るかによって、また文化大革命などたびたび起こった国内政治の変動に影響されて、不遇の時代を送ることが多かったが、一九七八年以降の改革開放政策で政府が建国以来の歴史問題についてもかつての認識を若干改めたことにより、改めて評価される機会を得た。地方や僻地にいた元日本留学生の大部分が元の仕事に従事し、教師や研究者、翻訳者として活躍できるようになったという。

おわりに

一九三二年三月、長春に満州国が樹立した。日本軍国主義者と満州国政府はその権力基盤を固めるために、国内の教育体制を日本の植民地支配に応じるように大幅に改め、日本留学を重要な位置にすえた。換言すれば、日本への留学生派遣は植民地教育において有効かつ速効力のある方策として捉えられた。そのため、毎年数多くの学生が日本へ派遣され、準備教育としての留学生予備校も設けられた。この留学生派遣の目的は、「親日派」を養成することにあり、最終的には彼らをもって満州国を統轄することであった。

満州国成立までの中国東北地方からの留学生の多くは、中国内地と同じく救国の志を抱いて日本留学の途についた。建国直後も依然として祖国と故郷を愛していた。当時留学生のほとんどは満州国政府から派遣されて日本へ赴いていたが、満州国の存在を否認し自分を中国人と認識する者が多かった[73]。もちろん留学生の中には日本軍国主義者に身を投じた者もいたが、それは日本留学生の主流ではなかった。

満州国から派遣された教員、社会指導者、警察官などの在職留学生は、それぞれの専門性を高め帰国し、元の職場あるいは満州国政府のほかの勤務についた。それに対して、留学生予備校卒業生らは普通の留学生として日本の学校に就学し、日本人の家に下宿し、生身の日本人と接することが多かった。

満州国日本留学生は日本占領下という特別な時期に日本へ派遣された。そして彼らは、帰国後に満州国での任職、日本の敗戦、満州国崩壊、政治審査、文化大革命、改革開放などさまざまな変動の中に身を置いた。特別な時期に日本人、日本社会に触れた経験を持っているという点で、彼らの日本を捉える視点は中国人の日本認識を相対化する際に有用であり、今後の日中間の交流、交渉において重要な示唆を与えるものとなるであろう。筆者が今後とも満州国留学生の歴史を重視したいと考えるゆえんである。

●注

（1）王奇生『抗日与救国』（広西師範大学出版社、一九九五年）、同「淪陥区偽政権下的留日教育」（『抗日戦争研究』一九九七年第二期）などがある。また中国国内の研究ではほかに、沈殿成主編『中国人留学日本百年史』遼寧教育出版社、一九九七年、孔凡岭「偽満留日教育述論」（『抗日戦争研究』一九九七年第二期）、田夫「偽満派遣的留日学生」（『民国春秋』一九九八年第四期）、李全毅「偽満州国的日本奴化教育」（『日本研究』二〇〇一年、二五三―二六一頁）などがある。

（2）周一川「「満洲国」の留学政策と留日学生――概況と事例研究――」『アジア教育史研究』八号、一九九九年三月。同稿を収めた周一川『中国人女性の日本留学史研究』国書刊行会、二〇〇〇年、同『近代中国女性日本留学史（一八七二―一九四五年）』社会科学文献出版社、二〇〇七年がある。

（3）阿部洋「「対支文化事業」と満州国留学生」（大里浩秋・孫安石『中国人日本留学史研究の現段階』御茶の水書房、二〇〇二年）、『「対支文化事業」の研究――戦前期日中教育文化交流の展開と挫折――』汲古書院、二〇〇四年など。

（4）大野直樹・金美花・張亜東「中国人が語る「満洲国」教育の実態――元吉林師道大学学生王野平氏へのインタビュー記録」『東京学芸大学紀要　第一部門　教育科学』（通号四五）、一九九四年三月。河路由佳・淵野雄二郎・野本京子『戦時体制下の農業教育と中国人留学生』農林統計協会、二〇〇三年なども元留学生へのヒアリングを行っている。他の先行研究としては、派遣先の学校との関係を捉えた王嵐「「満州国」留学生と山口高等商業学校」（『教育科学論集』（六）、二〇〇二年三月）、周軍「「満州国」留学生と広島高等師範学校」（『広島東洋史学報』（九）二〇〇四年）、文教部派遣の留学生に関する趙洪鳳「昭和初期「満洲国文教部派遣留学生」に関する考察――外務省外交史料館所蔵「満州国文教部派遣留学生関係雑件」をもとに」（『九州教育学会研究紀要』三三、二〇〇五年）、同「「満洲国」派遣留日学生の派遣地と学習学科に関する考察——一九三八年—一九四二年を中心として」（『教育基礎学研究』(四)、二〇〇六年）などがある。

(5) 満州国樹立当時の東北地方は四省に分かれており、現在の吉林省、黒竜江省、遼寧省、および内モンゴル、河北省の一部が該当地域である。

(6) 二〇〇一年四月一四日に行った呉新氏（女、大阪女子医学高等専門学校卒）らに対する筆者のインタビューによる。留学生が日本へ向かう際の状況は鍾少華『早期留日者の日本談——肖向前』山東画報出版社、一九九六年、一一九頁、張玉祥「広島留学瑣憶」（馬興国・姜念初『遼寧留日学人』日本研究雑誌社、一九九九年、六六頁）を参照。

(7) 謝廷秀『満洲国学生日本留学十周年史』一三八—一三九頁。

(8)「対支文化事業」との関係は前掲、阿部洋「「対支文化事業」と満州国留学生」を参照。

(9) 謝廷秀『満洲国学生日本留学十周年史』一四〇—一四三頁。

(10) 社会における実務経験を有した専門的な留学生を本稿では「在職者留学生」と呼ぶこととする。なお、周一川は彼らを「官吏留学生」と称している（前掲、周一川「「満洲国」の留学政策と留日学生——概況と事例研究——」ほか）。

(11) 当時、東北地方では一四箇所の日本語教員養成所が設けられ、入所人員は小学校教員で各校一学級三〇人、計四二〇人、授業科目は教員心得、日本語、日本事情、日本語教授法などであった。専任講師としては日本の小学校の本科正教員は少なく、多くは東京大東文化学院、東京外国語学校、上海東亜同文書院などから招聘され、大同元年八月から授業は開始し、修業期間は一年であった。南満州鉄道株式会社経済調査会編・発行『満州国教育方策』（立案調査書類）第二九篇第一巻、一九三五年。

(12)「第四次教員留学生選派要項」JACAR（アジア歴史資料センター）、Ref. B05015567900『満州国文教部派遣留学生関係雑件第一巻』（外務省外交史料館）。なお、教員留学生については趙洪鳳「昭和初期「満洲国文教部派遣留学生」に関する考察——外務省外交史料館所蔵「満洲国文教部派遣留学生関係雑件」をもとに」『九州教育学会研究紀要』第三三巻、二〇〇五年八月が詳しい。

(13) 王国琪「日偽統治下の長春市中小学」長春市政協文史委員会編『長春文史資料』第一輯、同委員会内部発行、一九八六年、六四—六八頁。

(14)「社会教育指導者留学に関する計画」JACAR Ref. B05015568400、『満州国文教部派遣留学生関係雑件第二巻』(外務省外交史料館)。引用文は原則として旧字を新字に、片仮名を平仮名に改めた。

(15)同上。

(16)同上。なお、教員留学生に比べ社会教育指導者留学生についての詳細は先行研究であまり見られないため、ここでは詳しく紹介した。

(17)康徳三年三月三日付、于静遠駐日満州国大使館参事官より岡田兼一外務相文化事業部長宛「第三次社会教育留学生派遣に関する件」(JACAR、Ref. B05015568400、『満州国文教部派遣留学生関係雑件第二巻』(外務省外交史料館))。

(18)武強『東北淪陥一四年教育史料』第二輯、四六三頁。

(19)「昭和十一年壱月 第二回社会教育指導研究員」(JACAR、Ref.B05015568400、『満州国文教部派遣留学生関係雑件第二巻』(外務省外交史料館))。

(20)警察官留学生の派遣についての詳細は、「満洲国警察職員の警察講習所入所の件(陸軍次官)」(JACAR、Ref. A05032037700『内務大臣決裁書類・昭和一二年(上)』(国立公文書館))、「警察講習所に於ける満洲国留学生入所の件(警察講習所)」(JACAR、Ref. A05032039200『内務大臣決裁書類・昭和一二年(下)』(国立公文書館))、「昭和七年五月第一回満州国警察留学生派遣ノ件」(JACAR、Ref. B05015587000『在本邦留学生便宜供与(入退学、見学、実習等)関係雑件/警察関係 第二巻』(外務省外交史料館))などを参照。

(21)満州国における警察官を養成する最高機関、一九三二(大同元)年一一月に開設。満系本科の卒業生から選抜し、六カ月の予備教育後、日本へ派遣した。

(22)満州国史編纂刊行会編・東北淪陥一四年史吉林編写組訳『満州国史』(各論)上巻、一九九〇年、六〇六—六四九頁。なお、司法官は康徳三年五月より複数回、一カ月程度の日本視察もあった。陸軍士官学校、陸軍造兵廠大阪工廠、日本製鉄株式会社八幡製鉄所が主な視察先であった。

（23）額那日図「私の知っている偽満日本陸軍士官学校派遣生」『内蒙古文史資料』第三輯、一九九八年、六九―七一頁。

（24）張東藩「私の知っている日本陸軍士官学校」『白城文史資料』第一輯、白城市政協文史資料委員会、一九九九年、二四五―二五〇頁。

（25）昭和八年三月二〇日発着、中野総領事代理より内田大臣宛電信附属書「補助金申請書」（「満州国留学生ニ対シ給費制度ニ関スル件　昭和八年一月」JACAR. Ref. B0501546100、『在本邦留学生関係雑件　第九巻』（外務省外交史料館））により、吉林省立医院長・医学校長青木大勇が前年の卒業生二七人の留学を希望していることがわかる。

（26）前掲、謝廷秀『満洲国学生日本留学十周年史』一五〇頁。なお、留学生認可試験の内容は筆記試験、口頭試問及び身体検査であり、筆記試験は国民道徳、国語（解釈、作文）（日本語及満語あるいは日本語及蒙古語（蒙古人のみ））、数学、物理及化学（理科系志願者のみ）、博物（理科系志願者のみ）、英語（文科系志願者のみ）、日本歴史（文科系志願者のみ）であった。

（27）鍾少華『早期留日者の日本談』山東画報出版社、一九九六年、一〇六頁。

（28）前掲、謝廷秀『満洲国学生日本留学十周年史』一五四―一五五頁。

（29）武強『東北淪陥一四年教育史料』第二輯、一一四頁。

（30）一九三七（康徳四）年五月二〇日付文教部布告第一号にて留学生予備校事務所が設置されたが、同年七月一六日付民生部布告第一号にて「留学生予備校事務所廃止」が公布された後、同所に予備校が設立されることになった。同年七月一日の政府機構の改革によって、文教部が民生部に合併廃止されたことも影響しよう（なお、四三年四月一日に文教部は復活する）。

（31）二〇〇一年八月六日、筆者による董連民氏へのインタビューによる（於董氏自宅）。

（32）二〇〇二年八月一五日、筆者による王保粋氏へのインタビューによる（於長春・社会主義学院）。

（33）前掲、謝廷秀『満洲国学生日本留学十周年史』四七頁。

（34）二〇〇一年六月一六日に行った趙尚質への筆者インタビューによる（於趙氏自宅）。

(35) 二〇〇一年九月一九日に行った孫用致への筆者インタビューによる（於天津）。
(36) 前掲、謝廷秀『満洲国学生日本留学十周年史』四八頁。
(37) 二〇〇二年六月二八日に行った黄克顕氏への筆者インタビューによる（於黄氏自宅）。
(38) 二〇〇一年九月一八日に行った単純氏への筆者インタビューによる（於天津）。
(39) 前掲、二〇〇一年四月一四日に行った呉新氏（女性）への筆者インタビューによる（於呉氏自宅）。彼女が留学生予備校卒業生のことを最初に紹介してくださった。
(40) 二〇〇二年九月に行った孫利人氏ら留学生予備校卒業生数人への筆者インタビューによる（於長春・社会主義学院ホテル）。
(41) 『政府公報』二八七一号、康徳一〇年一二月二七日星期一。
(42) 二〇〇二年九月に行った孫利人氏への筆者インタビューによる（於長春・社会主義学院ホテル）。
(43) これらは、それぞれ梅本八郎「満洲帝国教育会と留学生」、田口義男「蒙民厚生会と留学生」、関口八重吉「満洲鉱工技術員協会と留学生」（以上、謝廷秀『満洲国学生日本留学十周年史』）が詳しい。
(44) 前掲梅本八郎「満洲帝国教育会と留学生」、謝廷秀『満洲国学生日本留学十周年史』九五頁。
(45) 前掲田口義男「蒙民厚生会と留学生」、謝廷秀『満洲国学生日本留学十周年史』九八頁。
(46) この一行は井泌扎木蘇（三三歳）、巴拉扎尔（二三歳）、薩金徳勒格尔（三六歳）、道尔吉（三三歳）の四人からなり、一年半をかけて紀州高野山大乗院で修行しながら高野山大学で聴講生をした（『濱江日報』康徳五年七月二八日）。
(47) 関口八重吉「満洲鉱工技術員協会と留学生」、謝廷秀『満洲国学生日本留学十周年史』一〇一—一一三頁。
(48) 『盛京時報』〈一三六〉二五五中段、康徳九年九月二二日。
(49) 二〇〇一年九月一七日付、王雲階より筆者宛の手紙による。
(50) 前掲、謝廷秀『満洲国学生日本留学十周年史』八二—八三頁。
(51) 熙洽（一八八三—一九五〇）は、愛新覚羅氏で太祖ヌルハチの兄弟莫爾哈齊の後裔であり、若い頃、日本の東京振武学校、陸軍士官学校に留学した経験をもつ。満州国創建に携わる。

(52) 趙卜謙「留日学生略」『吉林文史資料』第二六輯、二〇七—二〇九頁。なお、連絡役のもう一人は同倶楽部の常務総幹事、文学士の耿熙鈞であった。

(53) 憲均「意地悪い日満学生講習会」（孫邦主編『偽満文化』吉林人民出版社、一九九三年、三七九頁）。

(54) 前掲、謝廷秀『満洲国学生日本留学十周年史』一六六頁。

(55) 「満州国留日学生会館新築工事概要」三頁（長春市立図書館所蔵）。

(56) 前掲、鍾少華『早期留日者の日本談』一二〇頁。

(57) 苫米地四楼「財団法人満州国留日学生会館」（謝廷秀『満洲国学生日本留学十周年史』八〇—八一頁）。

(58) 同右、八〇頁。

(59) 二〇〇一年五月一一日、肖玉璋氏に対する筆者インタビューによる（於肖氏自宅）。

(60) 前掲、謝廷秀『満洲国学生日本留学十周年史』五九頁。

(61) 同右、一七二頁。

(62) 同右、九三—九四頁。

(63) 二〇〇一年六月二〇日、元留学生予備校五期生、楼嬋影氏に行った筆者インタビューによる（於楼氏自宅）。

(64) 大阪女子高等医学専門学校卒、瀋陽鉄道医院医師。二〇〇一年八月七日に行った筆者インタビューによる（於謝氏自宅）。

(65) 二〇〇一年八月一五日、筆者アンケート調査に対する孫用致氏からの返事。

(66) 二〇〇一年五月一一日、肖玉璋氏に対する筆者インタビューによる（於肖氏自宅）。

(67) 二〇〇一年四月一日、白金山氏に対する筆者インタビューによる（於白氏自宅）。なお、彼は一九八四年に中華人民共和国教育委員会の命で東京へ行き、日中友好会館建設に尽力し、その常務理事も務めた。

(68) 二〇〇三年三月、筆者は于長敏元吉林大学外国語学院院長から李万春氏のことを伺った。

(69)「国民政府教育部档案」『中国第二歴史档案館資料』五―一五三六四。
(70)「建国後資料」「資本主義国家在学留学生登録表」番号七四、一七九『長春市档案館資料』。
(71)二〇〇一年八月一〇日付、王則民からの書簡による。
(72)二〇〇一年四月一四日、呉新氏に対する筆者インタビューによる(於呉氏宅)。
(73)「当時日本人は我々内地からの学生を「新中華民国」の留学生、東北からの学生を「満州国」の留学生といったが、われわれはそのようには考えておらず、互いに助け合ったり、労わり合ったりしていた。日本人学生はこれを見て理解しかねる表情で「貴方たちはどうしてこんなに親しいのですか」と聞いたこともあった。なぜならこれらの日本人学生の大半は地方出身であり、日本が中国を侵略していることをまったく知らなかったのである。普通の日本人はわれわれと友好的に往来していたが、中国にいた経験のある日本人は親切にはしてくれなかった」(二〇〇二年九月一六日の筆者アンケート調査に対する李継庸氏の返事)。

善隣協会と近代内モンゴル留学生教育

祁　建民

善隣協会は戦前、留学生の受け入れ、教育、管理を行っていた日本の重要機関の一つである。中華民国や「満州国」からの留学生の教育管理を担っていた日華学会（「満州国」留学生の管理は一九四〇年以降、「満州国」駐日本大使館が行った）とは異なり、同協会は専ら「満州国」と蒙疆政権のモンゴル族留学生を受け入れていた。そしてこれら留学生は善隣協会の専門教育機関で日本語、初等文化知識訓練を受けた後、日本の各大学または専門学校を受験して入学し、主に農林、牧畜、師範などの専門分野を学んだ。

善隣協会のモンゴル留学生教育は、中日戦争[1]期間に行われた。中日戦争時の留学生の活動についての研究は必要か否か、これは学界でも疑問視されているところである。と言うのも、日本の中国人留学生史の研究の重点は、近代でも特に清末の辛亥革命時期に置かれているからである。さねとうけいしゅうに至っては、日本の中国人留学生史は「盧溝橋事件」以降、中国駐日本大使館留学生監督処の閉鎖と留学生の大量帰国に伴い終結したと断言している[2]。しかし筆者は、中日戦争時期の留学生の教育活動は、近代中国の日本留学教育史において、特殊な時期かつ重要な段階であり、軽視することはできないと考えるのである。なぜならそれは次の三つの理由からである。一つ目は戦時中、

表－1　1928～1944年の日本への留学生

年	中華民国（人）	満州国（人）	善隣協会（人）	合計（人）
1928	1,929			1,929
1929	1,873			1,873
1930	2,351			2,351
1931	2,256	716		2,972
1932	1,083	317		1,400
1933	1,043	314		1,357
1934	1,411	757	10	2,178
1935	2,394	1,133	10	3,537
1936	3,857	1,805	30	5,692
1937年6月1日	3,995	1,939		5,934
1937年11月1日	403	1,503	16	1,922
1938	1,512	1,624	23	3,159
1939	1,005	1,334	14	2,353
1940	1,204	1,256	29	2,489
1941	1,466	1,220		2,686
1942	1,341			
1943	1,380			
1944	1,118			

中国人の日本留学生は非常に大きな集団であったこと。戦前と比べると人数こそ一時的に減少しているものの、後に大幅に増加し、依然として軽視できないほどの集団であった。日華学会と「満州国」駐日本大使館、善隣協会の不完全な統計によると、一九二八年から一九四四年までの留学生数は表−1の通りである(3)。

二つ目は、留学生の大部分が、日本に留学するのに厳しい選抜試験を経ていて、先進的科学技術を学ぼうという目的を持ち、学業を成し遂げたということ。そして以後、仕事に就く期間の大部分が一九四九年以降であったということ。蒙疆政権を例に取ると、公費留学生を選抜する際、申し込みは盛んにされたが、選抜試験は「非常に厳しい」ものであったという。(4)「体格健全」、「品行方正」の条件を具備するうえ、「蒙文、漢文、日文、数学、歴史、地理、理科」などの筆記試験と口頭試問も行った。(5) 一九三五年度の満州国興安東分省と南分省における留学生選抜は、選抜受験者三〇名で、試験科目は、数学、蒙作文、漢作文、日本語である。筆記試験に合格する者は五名であるが、更に身体検査を施行して、畜産科長と文教科長の合議により、結局は三名しか選抜しなかった。(6)

また留学生自身の希望も、先進科学技術を習得して故郷の建設をすることであったことが、戦争期留学生に対する調査で明らかになった。(7) 日華学会教育部はかつて一九四〇年一二月、三八四人の中国人留学生に対して留学の目的を問う調査を行った。その結果、一番多かった回答は「学問のため」で、八〇人余りに上った（主な分野は医学二一人、工学一二人、農学九人、日本語五人、日本文化四人）。次に多かったのが「日華親善、文化交流」の三二人だった。このことから、学問のためとする者が大部分を占めているのがわかる。(8)

三つ目は、留学活動そのものが、政治外交行為でありながら、それ以上に教育行為であったということ。教育行為と捉える時、当時は戦時中で軍国主義の影響を受けていたが、教えを受けることで惑いが解ける（授業解惑）要素もあった。この点については魯迅の『藤野先生』を読んだことがあれば理解できる。

このような理由から、中日戦争期の留学生教育活動を客観的に研究することは、近代中国の日本留学史の全容を知るのに必要なことである。本文は中日戦争時期における善隣協会のモンゴル留学生教育活動について、初歩的な探求を行うものである。

一　善隣協会の設立と留学生教育機構

善隣協会の前身は、笹目恒雄の経営する「戴天義塾」だった。一九二四年、笹目恒雄は中国の内モンゴルを旅し、モンゴル族の人々と広く交流して、帰国後モンゴル旅行見聞に関する講演を行う。笹目の活動は日本陸軍東京湾要塞司令官・林銑十郎に重要視された。林銑十郎は日本の大陸政策及び対ソ作戦の目的から、日本人の満蒙における活動に関心と支持を示した。一九二五年、笹目はモンゴル留学生を専門に受け入れる「戴天義塾」を設立。この時、日本陸軍大学校長の職にあった林銑十郎は笹目に対して次のように言った。「共産革命によって、帝制ロシアは覆った。その影響下に、最も隣接したハルハモンゴルが独立したが。双方ともに国内整備が完了すれば、思想攻撃は当然四隣に及んでくる。そこで東は、大興安嶺、西は崑崙山脈、その中間がゴビ大砂漠と黄河湾曲地帯のオルドス、この一線を防波堤として、我々は何かを考える必要があるのではないかと思う。そこで、今、君の手を染めたモンゴルは、最も重要な右翼防波堤前線地帯である」[9]。ここから笹目のモンゴル人教育活動は、軍部の支持を得たのであった。

一九三三年三月、笹目恒雄と大嶋豊は協議を行い、林銑十郎、松井石根、山本条太郎らの支持を得て、「日蒙協会」を設立した。一〇月には陸軍少将・依田四郎が理事長に就任したが、間もなく依田四郎が「満州国」興安総署次長に就いたので、林銑十郎が推薦した元陸軍中将・井上璞が理事長に就任した。同時に対外的なことを考慮して日蒙協会を「善隣協会」と改称した。井上璞もまた積極的にモンゴル工作を進めた。井上は日本の利益に基づき、満州問題を解決した後にモンゴル問題に関心をはらうべきだと考えた。またモンゴル民族と日本民族は「種族系統が同じ」だから[10]、苦境に面しているモンゴル民族を手助けする必要があると説いた[11]。一二月、日本の大財閥が共同で支援を行い、三井と三菱は各一〇万円、住友は三万円を出資して善隣協会のスタート資金とした。一九三七年以降、同協会は外務省文化事業の補助金として、第一次三万円、第二次三〇万円を受け取った。一九三八年三月には、内モンゴルでの事業を拡大するため、井上璞理事長と副野金次郎らは張家口に「在外本部」を設立し、同時に長春にあった「新京事務所」を閉鎖した。東京本部は大嶋豊が常任理事を担った。

一九三〇年代初期、中国では徳王を指導者とする内モンゴル自治運動が起きた。これは国民党の北方統一以降、中央政府と少数民族の間で起きていた分岐と対立を、三民主義でいかに処理するかが起源となっていた。しかし、すでに中国東北部を占領していた関東軍は、「防共特殊地帯」をさらに西方に拡大させようと、「蒙古工作」計画を打ち出し、いち早くこの紛争に介入した。そして徳王の「蒙古軍政府」樹立を積極的に後押しし、中央政府との関係から離脱することを支持し、「大蒙古国」樹立を手助けすることを公言した。一九三七年に中日戦争が全面的に勃発すると、日本軍は察南、晋北、西部内モンゴル地区の蒙疆政権を樹立し、汪精衛の南京政権と相対して独立した[12]。日本軍のこのような侵略の拡大には、民間の協力も必要であった。日本の蒙疆での統治は駐蒙軍が掌握し、駐蒙軍と善隣協会は協力関係にあったが、時には軍部が蒙疆政権の単独支配を強化するため、善隣協会の活動を制限することもあった。

善隣協会の設立時、その目的は「人道的立場」から、「近隣の諸民族」の「文化向上」を助けることと定められ、その活動は「総務」、「調査」、「モンゴル留学生」の三つを含んでいた。主要業務の対象は中国の察哈爾省、綏遠省のモンゴル族で、そこでは「教育、医療、牧畜の指導」が行われていた。設立当初は長春に事務所を開設し、藤中弁輔の「アバカ班」と前川坦吉の「西ソニット班」を派遣し、察哈爾に小学校、診療所、模範牧場を建設した。また善隣協会調査部は一九三五年三月に、元は内部刊行物だった『調査旬報』を『善隣協会調査月報』と改称して公開発行した（一九三九年四月からは『蒙古』と改称）。これは戦前日本の蒙古問題研究についての主要刊行物であった。一九三七年四月、善隣協会はまた「蒙古研究所」を開設し、『蒙古学』という雑誌を出版した（二期のみであった）。その後蒙疆西部の回族地区の発展のために「回教圏研究所」を開設し、『回教圏』等の刊行物を出版した。

一九四〇年五月、駐蒙軍の要求により、善隣協会は東京の「善隣協会」と張家口の「蒙古善隣協会」（井上璞逝去後は前川坦吉が理事長に就いた）を分けた。前者は近隣諸国を対象に『蒙古学報』を出版し、後者は専ら蒙疆と西北地区を担当し、『内陸亜細亜』を出版した。一九四四年一月、蒙古善隣協会は蒙古連邦自治政府の指示に従い、内地の研究力を「蒙古善隣調査所」に組み入れた。その後、今西錦司が張家口に「西北研究所」を設立したが、最終的に蒙古善隣協会配下の調査所は蒙古自治邦政府に併合された。

教育面では、善隣協会は設立当時、安田保善社から「東京殖民貿易語学校」と「保善商業学校」を継承し、この時同社から一五万円の寄付も受けた。一九三五年善隣協会は植民地開拓の人材育成のため、これらを改変して「善隣協会専門学校」とした。その後一九三九年には「善隣高等商業学校」に、一九四四年には「善隣外事専門学校」に相次いで改称し、戦後、善隣教育財団に接収されてからは、一時「善隣大学」及び「日本商科大学」と改称、後に明治学院に併合された。同時に善隣協会の構成員は、戦後の「日本モンゴル協会」の中核を担い、現在に至っている。

善隣協会はモンゴルに関わる人材養成のために、興亜義塾を設立した。興亜義塾は「将来蒙疆及ヒ西北辺疆ノ地ニ於テ挺身活躍スル人材（日本人）ヲ教育練成スル目的ヲ以テ」、一九三九年、厚和（現在フホト市）に開設した。興亜義塾は塾生に対して、次のような覚悟を求めた。「本塾生ハ常ニ左記事項ヲ服膺スヘシ：一、皇道精神ヲ大陸ニ宣布スル使命ト東亜秩序ノ建設ニ邁進スル覚悟トヲ堅持シ修養研鑽ニ専念スヘシ。二、異民族ニ対シテハ身ヲ以テ儀表タルヘシ」[13]。その授業科目はモンゴル語、中国語、トルコ語、ロシア語、歴史（モンゴル史、中央アジア史）、地理（内陸アジアの概観及び蒙疆の経済地理）、モンゴル習俗、回教事情、経済、畜産、課外講話（モンゴル事情、日本精神）などである。また、モンゴル地帯視察旅行、塾外教習、塾内教習などの教育活動を行った。興亜義塾の卒業生は大体「善隣協会」に採用された。

善隣協会は設立後、戴天義塾が元々受け入れていたモンゴル留学生を引き継いだ以外にも、一九三四年五月には参謀本部に委託された留学生一〇名と、井上璞と徳王の会談で決定し派遣された留学生九名も受け入れた。彼らの管理は善隣専門学校に設けた「蒙古学生部」が行い、「善隣学寮」等の生活施設も建設された。来日したモンゴル留学生は、彼らの受けてきた教育程度に応じて、各種の学校に入学した。中国の中等学校卒業者は直接、善隣高等商科学校特設預科へ、中等学校程度以下の者は短期日本語教育を経て、近くの小学、中学へ入学した。善隣高商特設預科の授業は毎週三五時間あり、うち日本語一六時間、英語五時間、数学八時間、物理化学二時間、体操・トレーニング・武道が合計四時間で、日本語の学習が主体であった。モンゴル留学生は預科教育を経た後、ある者は同校の本科に入学し、ある者はその他の大学や専門学校を受験したりした。

二　在日モンゴル留学生の状況

善隣協会のモンゴル留学生教育と管理活動は、二つの時期に分けることができる。前期は官費留学生が主であった時期、後期は自費生が大幅に増加し、留学生が多様化した時期である。また戴天義塾の時期は善隣協会のモンゴル留学生教育の前史段階と言えるだろう。

モンゴル留学生の推薦・派遣は初期にモンゴルの活仏或いは政治家および日本軍の機関によって個々に実施したが、一九四〇年一〇月に、蒙疆政権は蒙古留学生後援会が成立して、留学生の派遣を統一管理した。後援会の名誉顧問は

次の通りである。竹下義晴（興亜院蒙疆連絡部長）、高橋茂寿慶（駐蒙軍参謀長）、金井章二（蒙疆政府最高顧問）、于品卿（蒙疆政府副主席）、楊森（参議府名誉参議）、李守信（参議府議長）、卓特巴札布（蒙疆政府政務院長）。理事長は呉鶴齢（参議府参議、後は政務院長）。

当時、呉鶴齢が今後の留学生派遣計画について次のように述べた。「現在蒙古人にして日本に留学しているもの官費私費合わせて約八十名であるが、明年度より十年計画を立て毎年留学生百名を派遣し合計一千名の学生を日本に留学せしめんとする予定である」[14]。当後援会の基金募集は一九四一年二月までに、一四万元に達成した[15]。一九四一年七月に、蒙古留学生後援会が『成紀七三六年度留日学生募集辦法』を公布した。第一条は「本年度留日学生百名ヲ募集シ、其ノ中ヨリ最モ優秀ナル者ヲ選抜シ、本年六月中ニ日本へ派遣留学セシム残余ノ学生ハ之ヲ留日予備校ニ入校セシメ充分ナル予備教育ヲ施シタル後日本ニ派遣留学セシム（概ネ来年三月中ニ派遣ス、但シ成績不良ノ者ハ依然本校ニ残留補習セシム）」。留学前の語学教育を強化していた。派遣留学生の研究科目は「一．教育・師範。二．農林・牧畜。三．医学。四．獣医。五．産業組合。六．各種実用技術。七．其ノ他各科」である。留学生の推薦は特定の政府機関と学校によって実施する。その機関と学校は次の通りである。「一．各旗公署、二．各盟公署。三．政務院所属各会部局。四．総軍司令部。五．蒙旗学校及び各蒙古中学校」。推薦された学生は次の必要条件を具備すべきである。「一．政府所属各旗公署ノ保証書ヲ有スル者。二．卒業後地方ニ帰リ服務ヲ誓約スル者。三．年齢十六歳以上三十歳以下ナル者。四．品行端正ニシテ思想純良ナル者。五．身体強健ニシテ意志堅固ナル者。六．資質聡明ニシテ蒙文ニ通達セル者」。推薦される学生に対して、後援会は次のような選考を行った。「一．体格検査（略）。二．筆記試験。イ、蒙文。ロ、数学。ハ、日文。ニ、常識。三．人物考査。思想性情意志及態度ヲ考査ス」[16]。

一九四一年二月一八日、蒙疆政府第一回留日学生四名を決定した。一九四二年九月、蒙疆留学生グループは日本に行った。今回は合わせて四六名である。その内訳は蒙系二七名（官費生七名、興亜院給費生一五名、留日学生後援会給費生五名）、漢回系一九名（官費生八名、興亜院給費生一〇名、自費生一名）(17)であった。

善隣協会が受け入れていたモンゴル留学生数に関しては、自費生の統計を出すことは難しく、一般には官費生の資料から算出する。我孫子徹男の統計によると、戴天義塾の時期、留学生は三六名であった(18)。善隣協会の時期になると、一九三四年一〇名、一九三五年一〇名、一九三六年八名、一九三七年一六名、一九三八年二三名と善隣協会史に記載があり(19)、このほか一九三四年には参謀部より委託された留学生一〇名、満州医科大学のモンゴル人委託学生が三名となっている(20)。また善隣協会蒙古学生部の統計によると、一九三四年四月第一期一〇名、同年五—七月第二期一五名、一九三六年五月以降第三期八名となっている。このほか、一九三六年からは「満州国」蒙政部委託の官費留学生が二二名、私費留学生が二七名で、これに戴天義塾にもともと在籍した学生を加えると、合計で七七名になった(21)。後藤冨男の回想によると、モンゴル留学生の数は善隣学寮が受け入れただけで一一〇名に上ったという(22)。

蒙古軍政府が樹立する以前は、徳王が推薦するモンゴル留学生は主に政治や軍事を専門に学んでおり、入学状況は表-2の通りである(23)。

善隣協会時期のモンゴル留学生は、年齢から学歴まで様々であり、多様化していた。一九三六年、善隣協会蒙古学生部が七七名のモンゴル留学生を受け入れた際の状況は次の通りである。一一～一六歳まで各一名ずつ（合計で六名）、一七歳三名、一八歳二名、一九歳五名、二〇歳六

表-2

姓名	日本での留学先
陳国藩（超克巴達爾夫）	中央大学（経済）
烏鵬（超克図奔頓）	東京農業大学
霍宝書（昭儒克巴図爾）	麻布獣医専門学校
暴徳彰（哈丹巴図爾）	陸軍士官学校
補図木済	陸軍士官学校
特木爾	善隣協会蒙古学生部
卒格勒図	陸軍士官学校
扎補勒図	小学
那木四郎	陸軍士官学校
薩音托布	東洋大学専門部
徳古仁	法政大学専門部
布爾済格図	日本飛行学校
徳格吉勒図	中学

表-3

学校名	人数
善隣高等商業学校特設預科	20
山口高等商業学校	4
陸軍士官学校	4
東京高等師範学校特設預科	1
東京高等師範学校本科	1
東洋大学専門部倫理教育科	1
早稲田大学専門部政治経済科	7
早稲田大学法学部	1
早稲田大学高等師範部	1
早稲田大学研究部	1
中央大学経済学部	1
法政大学専門部政治経済科	1
法政大学法律科	2
法政大学預科	1
東京農業大学専門部選科	5
麻布獣医学校専門部	1
東京高等工学校機械科	1
研数学館	3
東亜学校	3
熊岡画塾	1
日本中学校	1
安田工業学校	1
福岡師範学校	1
宮城農学校	1
三本木農学校	1
十勝農学校	1
空知農業学校	2
千駄ヶ谷第三尋常小学校	9

名、二一歳一一名、二二歳一一名、二三歳三名、二四歳八名、二五歳四名、二六歳六名、二七歳二名、二九歳二名、三一歳二名、三三歳一名、不明五名。年齢差は最大で一一歳。モンゴル留学生の出国前の学歴状況は、大学卒三名（南京政治大学、北平民国学院大学部、朝陽大学）、専門学校一名（哈爾濱高等工業学校預科）、師範学校三四名（奉天東北蒙旗師範学校、興安西省立興安第一師範学校、黒龍江省蒙旗師範学校、北平師大高級中学、黒龍江省斉斉哈爾師範学校、崇正師範学校、蒙旗私立師範学校、奉天蒙旗師範学校、黒竜江省私立師範学校）、中学校九名（平坦高中学校、北平准文中学校、彰武県立彰武初中学校、北平育英中学、呼倫貝爾蒙旗中学、奉天維城中学、斉斉哈爾両級中学）、実業学校八名（北平蒙蔵学校、南京政治学校、省立斉斉哈爾工業学校）、小学六名、その他一六名で[24]、小学生から大学卒業者までどの段階の者もいた。

この七七名のモンゴル留学生は、善隣高商預科教育を経た後、日本の学校を受験し入学したが、その状況は表-3の通りである。

初期の頃、モンゴル留学生の入学する学校は、私立大学専門部や専門学校が主であったが、留学生の日本での勉学時間が増え、また出国時の選抜試験制度が整うにつれ、後期になると有名私立大学や国立大学、帝国大学などにも合格できる学生も現れた。一九四〇年になると、善隣協会が監督管理する七〇名のモンゴル留学生の就学状況は表-4の通りとなる。(25)

一三名の学生が有名な北海道帝国大学に留学できたことについては、学生自身の努力以外に、蒙疆政権の働きかけも関係している。一九三八年、呉鶴齢が北海道に赴き、北海道大学農学部を視察した。彼は北海道の自然条件が蒙疆と似ていることや、北大が牧畜学研究の先端をいっていることを認識し、帰京後、外務省を訪れ留学生を北海道大学に入学させるよう求めた。しかし、外務省はモンゴル学生の学力の低さや、蒙疆政権は牧畜業で国を造るべきだとの理由からこれを拒否した。すると蒙疆政権は自ら北海道大学と協議を行い、試験を経て留学生を送り込むことができるようにしてしまった。こうして一九三九年から始まり、モンゴル留学生は北海道大学に留学するようになったのだが、そのモンゴル留学生の状況は表-5の通りである。(26)

表-4

学校名	人数
陸軍士官学校	4
北海道大学	13
盛岡高等農業学校	5
慶応大学	7
東京高等師範学校	3
高等獣医学校	3
東京工業大学	2
早稲田大学	2
日本大学	2
東洋大学	2
東京文理大学	1
立正大学	1
東京医学専科大学	1
麻布獣医学校	1
航空練習生	1
善隣高等商科学校	10
その他	12

しかし「満州国」留学生と比較すると、蒙疆留学生の学力は明らかに低いことが見て取れた。一九四二年の統計によると、当時「満州国」留学生は三一一人中三八人が東京大学や京都大学などの帝国大学に留学し、その他官公立大学への留学も三七名に達していた。(27)「満州国」はモンゴル留学生に対して、自然科学と教育学を主とするよう明確に求めていた。当時、「満州国」駐日大使館理事官訓練科長だった哈豊阿は『蒙古留学生の使命』の中で、モンゴル民族の課題について——基礎産業の確立、保健衛生施設の確立、教育文化施設の確

表－5　北海道大学に留学したモンゴル人留学生

学科	1939年	1940年	1941年	1942年	1943年	1944年
本科	0	0	0	0	2	4
預科	1	1	4	3	2	0
農業実科	4	6	10	8	5	6
林業実科	1	1	1	1	1	0
付属土木専	2	4	4	2	1	1
臨時付属医学専科	0	0	0	0	1	1
合計	8	12	19	14	12	12

表－6

姓名	帰国後の状況
綽克巴図爾	興安局参事官
阿思根（李友桐）	興安騎兵団長
瑪尼巴達喇	興安南省民生庁長
綽羅巴図爾	興安軍管区司令部付
巴図	興安東省歩兵営長
包海明	蒙古連盟自治政府保安部警務処長
烏雲達頼	興安局参事官
韓鳳林	蒙政会保安処長　徳王親信
文藤	興安軍官学校庶務主任
奈来路図	不明
色爾格棱	興安南省民生庁事務官
郭文通	公安騎兵団長
郎布仁欽	興安陸軍中学
葆定	興安北省公署事務官
郭文林	第十軍管区司令
栄安	総務庁長

立―の三つを挙げた。そのためモンゴル留学生の専門分野の比率を、農業牧畜工業技術系人材四〇%、医薬衛生技術系人材二〇%、教育系人材三〇%、その他文科系人材一〇%になるよう要求し、専門は比較的広範に渡っていた[28]。これは日本政府の留学生派遣政策の方針とはすこし異なった。一九三四年一月、日本の満州国駐在大使南次郎より広田外務大臣宛の電報で「蒙古留学生日本派遣案」を提出した。その中に「蒙古人の主要産業タル畜産ニ関スル専門技術員養成ノ為蒙古人学生ヲ在日本中等専門学校ニ留学セシメ蒙古産業の発展ニ資セントス」と規定した[29]。

「満州国」の興安省や蒙疆に帰ったモンゴル留学生は、皆重要なポストに就くことができた。第一期すなわち戴天義塾時期は三六名の留学生がいたが、我孫子徹男の調査で一七名の就職先を確認することができた。それは表-6の通りである。(30)

蒙古軍政府樹立以前、徳王推薦の留学生が帰国した後の就職状況は田中剛の調査によれば表-7の通りである。(31)

表-7

姓名	帰国後の状況
陳国藩（超克巴達爾夫）	連盟政府秘書、主席府総務処長
烏鵬（超克図奔頼）	主席府秘書官
霍宝書（昭儒克巴図爾）	興蒙委員会実業処理事官
暴徳彰（哈丹巴図爾）	徳王親衛隊の隊長
補図木済	厚和騎兵訓練所教官
特木爾	
卒格勒図	蒙古軍総司令部付
扎補勒図	
那木四郎	蒙古軍総政令部付
劉建華（那木爾）	蒙古軍の軍官
薩音托布	民生部教育科事務官
徳古仁	不明

蒙古軍政府樹立後に派遣された留学生は、四〇年代以降次々と帰国した。一九四一年三月、徳王が二回目日本を訪問した際、東京で蒙疆留学生座談会が開催され、その場で日本側の蒙古留学生管理の担当者によれば、一九三四年から一九四一年まで、来日蒙古留学生の中、八〇名が卒業して帰国した。現在の留学中の蒙古学生は八六名である。(32) 以前軍事や政治を学び、帰国後は主に軍隊や政府機関に就職していた状況とは異なり、この時期には教育機関、特に興蒙委員会教育処における仕事が主体となった。中には直接学校に就職して、科学知識教育に従事する者もいた。

一九四〇年代以降、蒙疆政府が留学生派遣制度を整備して、モンゴル社会の現状に相応しい人材の養成という目的が一層明確にされた。一九四〇年一〇月に、今後一〇年間一、〇〇〇名の留学生派遣計画について、蒙古留学生後援会の理事長呉鶴齢が次のように述べた。「現在の蒙古の事情に依って第一に教育を必要とする故、二百名をして師範学校に入学せしめ、更にその中の優秀なるを選んで高等師範に入学せしむる筈である。第二に蒙古地帯は牧畜を生活の基本としているが故に、二百名を農林学校に委託入学せしめ牧場実習生とし更に百名を農業実行組合に於いてバター、チーズ、ハム等の製造を学習せしめ、又土木建築、牧野造林、蔬菜栽培、煉瓦製造等を学習せしむるため百名を派遣することをしている。更に保健衛生の見地より百名を派遣し医師、薬剤師、産婆等を養成する。第六年目より毎年女学生三十名を派遣し合計百五十名の女学生を留学せしめ、人口問題上より育児を中心とし彼等をして婦人衛生教育を学習せしめんと予定している。其の余の百五十名には日本の政治、法律、経済、物理、化学、美術、音楽等あらゆる高等の文化を研究せしめんとしている[33]」。

善隣協会のモンゴル留学生に対する教育には、当然ながら軍国主義的内容も含まれていた。留学生は普段は様々な学校に散在していたので、善隣協会は休暇時期に学生を集め、「夏季訓練」と称する訓練を行った。毎年夏になると、善隣協会は日本の各学校に留学しているモンゴル学生を、日本の観光旅行に連れて行き、大型工場を見学させた。また寺院に宿泊させて寺の和尚から仏教精神教育をさせていた。これらは学生の親日崇拝感情を養うためであった。一九三七年八月には、五二名のモンゴル学生が静岡市を訪問し、市長の招待を受けたり、市商工奨励館や浅間神社、臨済寺などを訪問した[34]。一九三九年七、八月には静岡静浦海浜で一カ月の夏季訓練を行い、工場見学や富士山登山を行った[35]。残されたモンゴル留学生の作文からは、留学生の当時の感情が見て取れる。「（日本へ）行って見ると全く蒙古とは別の世界で、電車などは蒙古の家畜よりも沢山街を泳いでゐました[36]」、「日本の方々の温かい友情で日本留学をさせてくださることは、吾々蒙古人にとってこの上もない仕合せです」、「日本を東亜の盟主と仰ぎ、蒙古民族の再生を図り、東洋諸民族相携へ東洋人の東洋建設に尽くしたいと考へてをります[37]」。

寺院での訓練の状況については、『訓練日誌』に記載がある。毎朝四時半に太鼓の音で起床し、皆が大広間に整列して、まずは歴代天皇の尊号を唱え、次に読経を行っていた。寺院の日常教育の内容は全て「仏教は広大無辺で日本精神と別でなく、我皇室の尊厳、忠孝二にして一なること、我国史の世界に其比を見ないこと」といったものであり[38]、例えば清水寺に行けば、住職がはばかることなく「宗教に依る日満蒙の親善」を力説した。一九四〇年、蒙日の役所の後ろ盾の下、在日本蒙古学生修養会というものが組織され、留学生に対し管理規定を守り、日本の風俗を尊び、日蒙親善に尽力するよう求めた[39]。

しかしこうした教育は、一方で相反する効果を生み出すことになった。ある留学生は次のように回想している。「善隣高等商科学校へ留学していた時には、厳しい軍事訓練を受け、学生は皆頭を丸刈りにしていた。教師は常に日本は優秀な民族であると吹聴していた。我々が最も憤慨したのは、チンギス＝ハンが日本人であったと捏造した歴史を語ったことである[40]」。

要するに、戦前の留学教育とは異なり、戦時中は、留学生の選抜・受け入れに対して、さらに直接に政治の影響が及んだ。しかし留学行為自体は、やはり教育活動的要素が存在し、留学生の志向もまた、もっと様々だったのである。

●注

（1）本文における中日戦争とは、一九三一年の「満州事変」から始まったと解釈する。

（2）さねとうけいしゅう『中国人日本留学史』くろしお出版　一九七〇年　一三六頁。

（3）資料源は日華学会編『中華民国満州国留学生名簿』（一九三七―一九四四）、満州国大使館内学生会中央事務所編『満州国学生日本留学拾周年史』（一九四二）、善隣会編『善隣協会史』（一九八一）である。善隣協会受け入れのモンゴル留学生とは、官費生のみを指している。河路由佳他著『戦時体制下の農業教育と中国人留学生』農林統計協会（二〇〇三年）の記載によると、一九三九、四〇、四一年度はそれぞれ一、〇九九名、四一五名、四一二名の留学生が休学し帰国している。

（4）『蒙疆新報』一九四一年三月一五日。

（5）「蒙古聯盟自治政府留日官費生を派遣」、『日華学報』第七三号、昭和一四年五月三一日。

（6）「選抜留日学生氏名表」、「外務省記録　満州国蒙政部派遣留学生関係雑件」。

（7）河路由佳他著『戦時体制下の農業教育と中国人留学生』一七三頁。

（8）『日華学報』第八五、八六号（一九四一年九月、一一月）、河路由佳他著『戦時体制下の農業教育と中国人留学生』四六〜四七頁から引用。

（9）笹目恒雄「戴天義塾、日蒙協会、善隣協会」、善隣会編『善隣協会史―内蒙古における文化活動』一九八一年。

（10）モンゴル民族と日本民族が同種であるという説は、近代日本が生み出したうそである。源義経の死後、彼は本当に死んではおらず、北海道から金国にたどり着き、後にその孫である源義鎮が金の統帥となり、中国打倒を指揮したとの伝説が起こった。そして『金史列将伝』や『金小史』などの偽書物が出現し、後に源義経はチンギス＝ハンであったとか、この日本人が欧州アジア大陸を統治したとのこじつけ説も生まれた。近代に入ると、後に日本の逓信大臣や内務大臣となった末松謙澄がイギリス留学中に、日本を誇示するために匿名で論文を書き、チンギス＝ハンは日本の源義経その人であるとし、一時期これは欧州でも広まった。以上の伝説の過程は宮脇淳子の『モンゴルの歴史―遊牧民の誕生からモンゴル国まで』刀水書房、二〇〇二年、二一七〜二一九頁で見ることができる。

（11）井上璞「財団法人善隣協会創立趣意」、善隣会編『善隣協会史―内蒙古における文化活動』二五三頁。

（12）内蒙古自治運動と蒙疆政権の樹立の過程は、拙著『二十世紀三四十年代的晋察綏地区』天津人民出版社、二〇〇二年を参照。

（13）「興亜義塾細則」、『善隣協会史――内蒙古における文化活動・資料』三三八頁。

（14）「蒙古留学生後援会成立」、『日華学報』第八二号、昭和一五年一一月三〇日。

（15）『蒙疆新報』成紀七三六年（一九四一年）二月一八日。

（16）調査部編「蒙疆情報」、『蒙古』第一一〇号、一九四一年七月。

（17）祁建民「蒙疆政府年表」、『県立長崎シーボルト大学国際情報学部紀要』第八号、二〇〇七年一二月。

(18) 我孫子徹男「戴天義塾の留学生たち――特に郭文林の一族について」、『日本とモンゴル』第三四巻第一号、一九九九年九月。
(19) 『善隣協会史――内蒙古における文化活動』一二頁。
(20) 『善隣協会の沿革』、『善隣協会史――内蒙古における文化活動』。
(21) 『善隣協会調査月報』一九三六年一一月号。
(22) 後藤富男「善隣協会は何をやり残したか」、『善隣協会史――内蒙古における文化活動』。
(23) 田中剛「「蒙疆政権」の留学生事業とモンゴル留学生」、『歴史研究』三八号、二〇〇一年三月。
(24) 財団法人善隣協会蒙古学生部「留日蒙古学生の状況（一）」、『善隣協会月報』一九三六年一一月号。
(25) 『蒙古』第九十九号、一九四〇年八月。
(26) 田中剛『「蒙疆政権」の留学生事業とモンゴル留学生』。
(27) 謝廷秀『満州国学生日本留学拾周年史』一九四二年。
(28) 河路由佳他著『戦時体制下の農業教育と中国人留学生』所収の「資料五『蒙古留学生の使命』」。
(29) 昭和一〇年一月四日「南大使発広田外務大臣宛」第三号（至急）、「外務省記録　満州国蒙政部派遣留学生関係雑件」。
(30) 我孫子徹男「戴天義塾の留学生たち――特に郭文林の一族について」。
(31) 田中剛『「蒙疆政権」の留学生事業とモンゴル留学生』。
(32) 『蒙疆新報』成紀七三六年（一九四一年）三月一四日。
(33) 「蒙古留学生後援会成立」、『日華学報』第八二号。
(34) 『東京日日新聞　静岡版』一九三七年八月二〇日。
(35) 『蒙古』第八十八号、一九三九年九月。
(36) 『蒙古』第一〇一号、一九四〇年一〇月。
(37) 同上。

(38)『善隣協会調査月報』第六十五号、一九三七年一〇月号。

(39)『蒙古』第九十九号、一九四〇年八月。

(40)バダロウガ『我所知道的日本善隣協会』、『内蒙古文史資料』第二九緝、一九八七年一二月。

日本占領期華北における留日学生をめぐる動向

川島　真

はじめに

本稿は、日本占領期の華北から日本への留学生の状況を、華北における日本への留学のもつ意味や位置づけを中心に考察しようとするものである。

中国では徐州師範大学に「留学生与近代中国研究中心」が設けられるなどして、留学生研究が活発になり、近年、大型のシンポジウムが開催され、その成果も公刊されている[1]。これらの論文集の傾向は、第一に分析対象となる留学生の留学先、専攻分野が総合化し、従来あまり取り上げられなかった、理系、また軍事面での留学生などが分析対象となった。第二に留学生の学業を終えてからの行動、中国への帰国後の活動についても視野に入った。第三に近代のみならず一九四九年以後についても研究対象とし、それらを連続・非連続の双方の観点から近百年の留学生史像を描こうとする。こうした動向は、これまでの研究課題を克服しようとするものであり、日本での研究動向においても共有されるところである[2]。

しかし、これらの新動向においても依然研究が手薄で、かつ重要と考えられる研究課題に、戦時中の留学生の動向がある。対日協力政権においては日本を中心に枢軸国への留学生が、また重慶政権からはアメリカなどに留学生が派遣された。戦後初期には、いっそう多くの留学生が中華民国政府からアメリカに派遣された。彼らは国共内戦から一九五〇年代初頭にかけて、北京政府と台北政府の争奪戦の下に置かれるようになる。両政府ともにそうした優秀な人材を欲したのである。それに対し、日本にて日本人同様に戦時下の厳しい生活を体験した留学生たちは、両政府から求められる人材であったか否か議論を要するところである。留学生自身が漢奸となることを恐れていたということもあろう。

先行研究を見ると、国民政府の派遣したアメリカへの留学生については少ないながらも一定の成果がある。上記の論文集でも国民政府の資源委員会がアメリカに派遣した留学生に関する論文が掲載されている。他方、日本については、河路由佳、周一川らの先駆的な業績があるものの、実証研究の蓄積は不十分な状態にあるといわざるを得ない(3)。他方、満洲国や汪政権から大東亜省留学生などとして来日し、戦後に波乱に満ちた人生を送った人々の回想録も刊行されはじめた(4)。留学生の帝国内移動については、許雪姫や所澤潤による問題提起が重要だろう(5)。

本稿では、このような研究動向をふまえ、日本占領下の地域における「日本への留学」を考察する上で、華北で組織された留日学生同学会の活動をとりあげたい。考察する対象を、「日本への留学生」のみに限定しないのは、占領地において留学それじたいがどのように位置づけられ、どのような意味づけが与えられていたのかということを含めて考察するためである。この点で、日本占領下での日本語学習、日本的なるもの、の位置づけを考察している諸研究とも本稿は接点をもち、本稿では特に駒込武や石剛の研究を参考とした(6)。

なお、史料としては、北京市档案館所蔵新民会档案が非公開であることに鑑み、北京市档案館編『日偽北京新民会』（光明日報出版社、一九八九年）などの公刊史料や、新民会の発行していた新聞である『新民報』（北海道大学総合図書館所蔵）、そして華北で組織された留日学生同学会の『中国留日同学会季刊』（中国科学院文献情報資料中心所蔵）、また当時の日本の留学生の活動などを示す『満洲国留日学生会会報』などを用いる。

一　戦時下の対日協力政権派遣留学生の位置づけ

一九三〇年代にはいり、日本が満洲国を建国し、華北にも勢力圏を拡大する中で、満洲国など日本の対日協力政権からの「中国人」留学生と、南京国民政府から派遣された「中国人」留学生が日本国内で混在する状況が日本に生まれた。一九三〇年代半ば、日中間で和平が模索されているとき、南京国民政府派遣の留学生が増加したとも言われる。一九三六年末の段階で、警視庁が把握していた南京国民政府の留学生は三、二九八人、満洲国の留学生が一、六三四人であった。[7]一九三七年七月七日に日中戦争が始まると、たとえその戦争がアメリカ中立法を意識した「宣戦布告なき戦争」であったとしても、国民政府派遣留学生は帰国をはじめた。一九三七年八月三一日の「中華民国留日学生中間報告（第三回）」では、留日学生監督処に登録している四五〇名の留学生のうち、帰国旅費一五円を受け取って帰国する者は二〇〇名だと日華学会から報告されている。[8]しかし、一九三七年に帰国した留学生でその後再来日しようとする学生も少なくなかった。だが、「抗日主導者」だと日本から疑われる向きもあったので、中華民国新政府か地方治安維持会からの推薦書と日本の在華公館の証明書がないと、再来日できないことになっていた。[9]再来日する留学生はもはや南京国民政府でなく対日協力政権からの派遣ということになった。

戦時体制下、満洲国や汪政権下の諸地域から来日した留学生はどのような視線の下に置かれていたのであろうか。

この点について、一九三九年に『文芸春秋』に掲載された以下の座談会記録を見てみよう。支那学の碩学が中国からの留学生について語っている。

〔白鳥庫吉〕 あれは日露戦争の時かな、支那人の留学生が日本に来たのは。〔石田幹之助〕 日清戦争後ぽつぽつ来るやうになったでせうが、目だって多くなったのは日露戦争以後ではないかと思ひます。（中略）〔白鳥庫吉〕 その時支那人が日本に留学してくる本音を聴いて見ると、日本に来るのは、何も日本の文化を慕って、日本の学術が優秀であるが為に来るのではない。日本人は我々よりは一歩先に西洋の学術を学んだ、それで西洋に行くには費用も掛る、日本に来るのは近いから費用も要らん、滞在費も廉く済むから、西洋の文物を学ぶ為に日本に来る。かういふ訳なんだ。その精神が今日に於ても残って居やせんかと思ふ。〔小柳司気太〕 大に残って居ります。〔市村瓚次郎〕 さうだらうね、どうも日本の固有の文化を慕って来るのではない。〔小柳司気太〕 先般来た支那人の説を聴いて見ると、要するに今白鳥さんの仰しやる通りで、こっちに来て西洋科学なり、技術なりを練習して行けば、直ぐ自分の国が日本のやうに強くなる。かう思って居るから、私はそれは大なる誤った考である、固より日本は西洋の科学なり文化なりを採用して強くなったことは事実であるけれども、決して日本が強くなったのは、それだけで強くなったのではない。まだもっと外に原因があることを知らねばならん。それを忘れて唯西洋のものを真似しても、丁度昔からあなたの国がその流儀があって、実は西洋の文化を輸入することは、日本より支那の方が早い。にも拘らず何時まで経っても却って日本に後れをとるのは、どういふ所に原因があるか、そこを能くあなた方は研究しなければ、唯軍艦を備へた、いや速射砲を備へたからと云ふて、決してその国は強くならない、そこをあなた方お考にならんといかんと云ふたが、白鳥さんの云ふやうに、今でもその考が支那人の頭にこびりついて居る。〔飯島忠夫〕それは大変面白いお説ですね、それを支那人は考へてもどうにもすることが出来ない[10]（下線部筆者）。

この座談会では、白鳥庫吉の発言に見られるように、中国人留学生の関心が西洋にあり、日本に来ても「日本」固有の何かを学ばないことが嘆かれているが、同時に西洋の文化の摂取について（早さは中国の方が上でも）日本のほうが卓越しているという優越性の双方が現れている。すなわち、日本も中国もともに西洋文明を吸収するのだが、日本固有の文化の優越性によって日本はその文明をきちんと受容して「強く」なれるというのだ。西洋文明という普遍を自らのものとして「強く」なるため「日本文化の優越性」という特殊性が観念される近代日本のアイデンティティの典型について、中国側が前者に対してしか関心を抱かないことが嘆かれているのである[11]。そして、戦時下においては、特に後者、すなわち「日本的なるもの」の優越性が日本精神、日本語などと絡めて強調されていたことを考えると、中国人留学生の無関心は克服すべき課題であったろう。では、その「日本なるもの」をいかにして摂取すべきか。そこには、カリキュラム化された階梯が準備されているわけではなかった。以下は、一九三八年に『文芸春秋』に掲載された「見たままの支那を語る」という座談会における、ある衆議院議員の発言である[12]。

それに支那から来る留学生の扱ひ方をモット考へなければいかぬと熟々感じたのです。支那人に会って日本人の良い所を知って居る者は、日本で中産階級的な人と交際した者です。下宿にごろごろして居る連中は、下宿屋から馬鹿にされたりボラれたりして、ジメジメした気持ちで支那人同志で交際して居る。だから日本人の良い所を知らない。日本で好印象を受けない連中が排日になる。…それと反して上海から亜米利加へ留学した大学生は割合に亜米利加に対する印象が好いのです。ハーバードやエール大学の先生が上海に来た場合には、母校に対する非常な懐か

> しさを以て盛んな歓迎会をやるのです。日本留学生にはそんなことはない、日本の大学教授が行っても歓迎会をやりはしない。又同窓会などはありはしない。それを近頃のやうに抗日風潮の盛んな関係もあるでせうが、留学生の大半といふものは日本に対して好い思ひ出を持って居ないのです。

「日本人のよいところ」を知るには、「中産階級的な人と交際」するべきで、そうした人々と交際しないと日本への印象が悪化して「排日」になる、という論理なのである。そして、留学生の大半が日本にいい思い出を持っていないという点から、そうした論理がうまく機能していないことが指摘されている。当時、中国人は日本に対して誤解を有していると考えられていた[13]。だからこそ、「支那人に日本を知らしめる必要がある」、「支那人にあっと言わせるには偉いところを示さねばならぬ」と考えられた[14]。そして、中国人は（よき）日本人と接することで、おのずから「日本のことが好きになる」と想定されていた。そうであるとすれば、共栄圏を日本人が巡回することの意義とともに、共栄圏の人々が日本を訪れることの意義が強調されるようになることは容易に想像できる[15]。また、以前に留学を経験した人々にもまた、「日本に対して好い思ひ出を持って居ない」にしても、日本とのコミットメントの高さから期待された面があったのである。

日本語の修得度や日本精神なるものの有無は「日本人」に圧倒的に有利であり、「外国人」や植民地臣民は西洋文明や科学の摂取といった「普遍性」において日本人を上回ることができても、日本的なるものという「特殊性」において常に日本人に劣るものとされ、そこには客観的な克服方法は示されないのが通常であった。それでも留学生たちは日本社会に接することで、他の外国人よりも「日本精神」を身につけることができ、日本と当該社会の媒介者として期待された。そのために、日本国内において、各地にて訓練を実施するなどして巡回を繰り返し、また靖国神社にも参拝した。満洲国駐日大使館参事官で、後に満洲国四平省次長となる野田清武は、「諸君留学ノ最高目的トシテ私ノ確信スル所ヲ端的ニ申セバ諸君ノ使命ハ日本精神換言スレバ上ニ万世一系ノ天皇陛下ヲ戴ク世界ニ比類ナキ日本ノ国体観念ヲ凡有機会ヲ通ジ咀嚼感得シ之ヲ祖国満洲国ニ移シ植エ祖国満洲国ノ国体観念ヲヨリ一層確固不動ノモノタラシムル」ことにあるとし、「日本人ガ如何ニ天皇陛下ノ赤子タルカヲ良ク観察」するように求めたのだった[16]。そしてこのような人材は、帰国後日本と現地社会の媒介役となることが期待されていた。以下は、雑誌『日本語』に掲載された座談会での興亜教育会関係者の発言である。

北支［ママ］の広東というところに蕉嶺という県がございます。蕉嶺県は非常に治安がよかった県があります。……ここがなぜさういふ風に治安がよろしいかと申しますと、これが非常に教育といふものが治安確保に役立つという一つの例なのであります……これは教育の力と、それから非常に優良な、日本を理解する、従って新政権を盛り立てようとする熱意のある県知事のあることが必要になって来るのであります。これは実は京都大学で留学生のことを担当しておられる方その他とお話した時のことなのでありますが、支那の新政権が送って来た一人の留学生を、本当にその素質のありたけを伸ばしてやって、一年或は二年の後に県知事にして、少なくともこれが苛斂誅求をやらないやうな優秀な県知事を作って下さったならば、蕉嶺のやうな県が直ぐ幾つか生まれて来ると申し上げたのであります。で、私のをりましたところで留学生を二百五十名ここ数年間送ってをりますが、この一人一人を本当に育て上げて帰して下さったならば、北支の各県までとは申上げられませんが、河北省百三十一県ございますが、百三十一県に百人のいい県知事を入れて下さったならば、これは河北省だけの治安から申しましても、現在のいはゆる治安県を二倍、三倍に拡げることが出来るのではないかと。さうなれば物資の収買は実に簡単なものであります。かういふ点から申しますと、留学生を一人一人日本で念を入れて日本刀をたたき上げるやうに作って向ふへ送り返すといふことは、これは実に重要な問題だと思ひます。(17)

日本精神を身につけ、それを統治に利用していくというロジックにおいて、「留学」は重要な位置づけを与えられていたのである。他方で、このような留学生が来日して学び、さらには各地を回ることは、日本社会にとっては日本にいながら「共栄圏」が体現されていることを視聴覚的に知る上での重要なキャラクターであった。彼らの「巡礼」は日本社会にそのような効果があったと考えられるのである。

二　華北における留日学生同学会の創立と興亜高級中学開校

中国には、一九一三年に梁敦彦を会長とし、詹天祐、蔡元培、顔恵慶、王正廷、周詒春、顧維鈞を発起人として設立された欧美同学会があった（現在でも存在する）。だが、留日同学会は一九一三年に一度結成されながらも自然消滅し、その後、大高倶楽部や早大同窓会があるだけであった。だが、関東大震災における留日学生たちの募捐活動などを背景として一九二四年八月に留日学生会が北京で再度結成された(18)。ここには、速成派、官学派、私学派、和洋混学派が折衷されたもので、入会資格についても緩やかなものとなっていた。この会の組織については日本公使館の関与が皆無であったわけではなかろうが、創立大会に多様な六〇〇名が集まり、議論のまとまるところがなかったことなどから、小幡酉吉公使は幣原喜重郎外相宛の電報で「大体ニ於テ本会ノ成立ハ日支関係ニ対シ有利ナル影響ヲ齎スモノト認メラレ候ニ付将来ノ成行ニ応シ本使ニ於テモ夫トナク機宜ノ援助ヲ与ヘ度所存」だと述べた(19)。この後、この組織もまた北伐や南京国民政府の成立の中で実質的に自然消滅したものと考えられる[20]。

だが、日本占領下の一九三八年に北京で創立された「中国留日同学会」は日本側の意向が強く反映されたものであった。新民会が発行し、実質的に華北における日本側の広報誌であった『新民報』での報道を見ると、一九三八年二月二三日に日本留学経験者が組織を結成するとの報があり[21]、三月四日には三月一五日に湯爾和を理事長として成立式が開催されると伝えられた[22]。湯もまた、一九二四年の留日学生会の発起人の一人であった。現地の陸軍はこの会に対して好意的と考えられ[23]、またその事業については当初から日支親善、東亜文化の発揚、留学生間の連絡向上のほかに、「渡日留学セントスル者ニ予備知識ヲ与ヘ日本ノ各学校トノ連絡及ヒ各種ノ斡旋等」が含まれていた[24]。

この組織の形態は欧美同学会を模倣し、人員は各政府機関、軍関係者の日本留学経験者を組織することを目指した。会員資格は卒業などを義務付けず、日本に留学したことがあれば紹介状を以って入会を認めることにしていた[25]。では、この組織の活動はどのようなものであったのか。

第一章で見たように、当時、対日協力政権下においては、日本の普遍性とともに特殊性の伝播が重視され、特に後者においては「日本精神」や「日本的なるもの」が重視されたために、文化建設、文化交流とそれをメディアによって伝播させることがいっそう注目されていた。中でも、日本語は「東亜新秩序の必須なる言葉」としてその普及が求められ、それと同時にその標準化が必要となり、教科書の編纂、認定教員の増員、日本語検定制度の創設などが急がれた。新民会や華北交通はじめ、日本の統治に協力する諸団体が日本語教育事業に参加した。日本語を窓口として「日本」へと接近させるとともに、その延長上に対日協力者の養成も求められた。それは一般的なエリート層だけでなく、警察や農業建設など、華北において具体的に必要とされた分野でもっとも顕著に見られる現象であった。

日本語の重要性については、「北支文教指導要綱」の指導方針にも、「日本語教育ニ当リテハ言語ヲ通ジテ我国ニ対スル親和ノ情ヲ醸成スルト共ニ日本精神及日本ノ国情ヲ理解認識セシメ以テ東亜新秩序建設ニ協力スルノ根基ヲ培ヒ東方文化ノ発展振興ニ資セシメ日本語ヲシテ東亜新秩序建設ニ必須ナル言語タラシムルコト」と述べられ、「大学教育専科学校教育ハ其ノ重点ヲ民生向上ノ指導者企画者ノ養成ニ置キ日本人教員ハ常ニ自己ノ思想及学識ニ検討究鑽ヲ加ヘ学生生徒ヲシテ真ニ日本ノ学術及学者ニ対シテ信頼ノ念ヲ抱カシメ自ラ畏敬思慕ノ念ヲ起サシムルヲ以テ要諦トスルコト」によって、「従前ノ容共抗日教育ノ残滓ヲ芟除シ欧米依存ノ弊風ヲ徹底的ニ是正スルハ固ヨリ、東亜ノ新事態ヲ理解セシメ東亜各国共存ノ必然性及必要性ヲ確認セシムルト共ニ日本精神ヲ中枢トシテ東方固有ノ道徳ヲ顕揚実践セシ」むることが目指されていた。[26]

その中でも留日同学会は、華北の各地に支部を設立しつつ、日本語の普及事業、治安強化活動、職業紹介活動などの事業を展開するとともに、日本に留学するための予備学校を設立し、留学を斡旋しようとした。[27] 他方、華北教育総署と協商して、同学会が主導して国立の各大学、学院の教職員を留学させるというプロジェクトも発足させた。そして一九四〇年九月からほぼ半年間、一七名の教員を派遣したのであった。[28]

同学会の留学生事業への関与は、前述のように三八年の創立当初から指摘されながら、実際には一九三九年二月になって具体化し[29]、八月三一日になって留日同学会が興亜高級中学校を設け、そこから中国政府教育部の日本への派遣留学生を養成すると報じられた。[30] そして一〇月になって興亜高級中学校が開講したのである。

その興亜高級中学校の概要を記すにあたり、この学校に台湾から赴任した国府種武の述懐を見てみよう。一九四〇年五月一五日、国府は台北を後にして単身北京に向かった。周知の通り、国府は、『臺灣に於ける國語教育の展開』(第一教育社、一九三一年)の著者で、台北第一師範学校などにおいて、およそ一五年にわたって台湾の日本語教育に従事した人物であり、台湾教育史などのジャンルでは研究対象となっている。国府は台湾を離れた理由を、「自由

表－1　留日学生同学会派遣（民国30年度）国立各校教職員赴日留学生名簿

選派校院	姓名	性別	年齢	籍貫	出身	現任職務	志望學校	專攻學科
國立北京大學文學院	龔澤銑	男	35	湖南保靖	國立北京大學日本文學系畢業	日本文學系助教	東京帝國大學文學部	日本文學史
國立北京大學文學院	華忱之	男	28	河北大興	國立清華大學中國文學系畢業	國立北京大學文學院文史研究所研究員	東京帝國大學文學部	日本文學史
國立北京大學理學院	關克儉	男	29	河北宛平	國立清華大學生物學系畢業	國立北京大學理學院生物學系助教及講師	東京帝大理學部中井研究室	生物學
國立北京大學理學院	曹吉豫	男	28	河北安次	國立北京大學數學系畢業	國立北京大學理學院數學系助教	東京帝大理學部藤原研究室	數學
國立北京大學農學院	夏元瑜	男	31	浙江杭州	北京師範大學理學院生物學系畢業	國立北京大學農學院副教授	東京帝大農學部	生物學
國立北京大學農學院	楊兆豐	男	30	河北天津	河北省立農學院農藝學系助教	國立北京大學農學院農藝學系助教	東京帝大農學部	農藝
國立北京大學農學院	王貢九	男	29	北京	國立北京大學農學院畢業	國立北京大學農學院畜牧系畢業	東京帝國大學農學部	蓄產學家蓄榮養學
國立北京大學農學院	賈玉鈞	男	35	吉林永吉	國立北京大學農學院畢業	國立北京大學化學系助教	東京帝國大學農學部	農業化學
國立北京大學醫學院	劉治漢	男	36	山西右玉	國立北京大學醫學院畢業	國立北京大學醫學院生物化學助教	東京帝大醫學部	生物化學

國立北京大學醫學院	劉鳳昌	男	40	河北平山	國立北京醫科大學畢業	國立北京大學醫學院眼科助教	東京帝大醫學部	眼科
國立北京大學醫學院	梁瀛	男	35	山西崞縣	國立北京大學醫學院畢業	國立北京大學醫學院內科學助教	東京帝大醫學部	內科
國立北京大學工學院	袁本滋	男	32	江蘇吳縣	馮庸大學畢業	國立北京大學工學院助教	京都帝大工學部喜多研究室	應用化學
國立北京大學工學院	陸葆誠	男	29	浙江相鄉	國立北京大學工學院機械工學士	國立北京大學工學院機械工學系助教	東京帝大工學部東京工大	機械工學
國立北京師範學校	楊新民	男	43	山東恩縣	國立北京師範大學畢業	國立北京師範學院舍監	東京文理大	教育倫理

出典：「本会民国三十年度選派国立各校院教職員赴日留学姓名表」(『中国留日同学会季刊』第一号、1942年9月、186—187頁)

主義の色が濃かった附属小学校もやりにくくなった上、校長の大浦精一が貴族院の菊地《(ママ)》男爵の子分と称していて、毎朝白衣を着て官舎にこしらえた神棚を拝むという男で勢私と肌が合わず、あまり長居はしない方がいいと悟った」ことと、「多面其の頃は友人台北帝大教授の中井淳と会えば中国の問題を論じ後にその尽力で昭和十四年十月には広州の工作に出かける程、心はもはや台湾をはなれ大陸に向っていた」ことを挙げている(31)。国府を北京に呼んだのは、台湾総督府外事課長を務めたことのある坂本竜起・興亜院華北連絡部文化局長であった。台北での国府の給料は三百円、北京では五百四十円とのことであった。

国府が赴任することになった興亜高級中学は、中国の初級中学校を卒業した者を三十名、二年半の定員で入学させ、中国の学制に則った教育をおこないつつ、日本語などを教えて、二年半後に日本の高等学校や専門学校に入学させようというものであった(32)。二年半と区切りが悪いのは、現在同様、日本と中国の学事暦が半年ずれていることに由来していた。この興亜高級中学校は、従来の中国から日本への留学生派遣、また留学生教育の問題点を克服すべく設立された面があった。

三　興亜高級中学の留学生派遣事業

興亜高級中学校は留日同学会が設けた日本留学のための予備学校であるが、華北から日本に留学する途がここに限定されていたわけではないし、後述するように、この中学校が構想段階で日本政府によって特に権威化されていたわけではない。だが、興亜高級中学は中国側の留日学生経験者が組織し、中華民国政府の留学生を集中的に養成する代表的機関であることに変わりはなく、相応の便宜供与を図らねばならなかった。留学生史という観点から見ても、帰国した留学生が留学生派遣事業にかかわるという点で、日本の留学生制度の特徴を把握し、また批判的な観点を含むものとして考察すべき対象だといえよう。

日本の国費留学生枠は外務省文化事業部から中国の教育部を通じて華北地域に分配されていた。当初は華北五省で七五名、北京市には二五名、河北省には五名分配されていた。北京市の二五名は、一一名が教育部直轄の各校院、二つの師範学院附属中学からそれぞれ一名推薦し、そのほかの一一名が京師体育専科学校、公立各高級中学、市立師範学校、高級職業学校から各一名推薦することによって決定し、残余三名は柔軟に対応することとしていた(33)。選抜される留学生に対する関心は高く、北京、河北省ともに、それぞれの学校が誰を選んだかを報道していた。興亜高級中学は設立当初からこの七五名の外に枠を得ていたわけでなく、この七五名から自らの枠を取るべく動くことになる。

興亜高級中学校の概要は『中国留日同学会季刊』に掲載されている(34)。その学生募集は一九三九年八月末に始まり、

表－2　留日学生同学会、第六届理事・幹事・評議員・会務基金委員・事業資金委員

職名	人名
理事	朱深、王蔭泰、周作人、許修直、余晉龢、汪時璟、張孝移、方宗鼇、李棟、劉玉書、孫潤宇、梁亞平、吳錫永、張心沛、祝惺元、侯毓汶、張水淇、朱毓真、于善述、荊嗣仁、祝書元、喻熙傑、周道曾、鈕光鈴、蘇體仁、吳贊周、朱桂山、岳跡樵、藍振德、張仲直、文元模、潘毓桂、殷汝耕
幹事	梁亞平、方宗鼇、鈕先鈴、孫潤宇
評議員	趙欣伯、錢稻孫、王養怡、王潤貞、黎世衡、黃曦峰、雍世勛、劉士元、關賡澤、謝子夷、李岐山、程光銘、羅韻孫、陳維廉、范宗澤、關恩霖、凌撫元、周福庭、褚孝雙、張文星、陳達
會務基金委員會委員	王揖唐、朱深、許修直、汪時璟、劉玉書、余晉龢、曹汝霖、孫潤宇、張燕卿、雷壽榮、冷家驥、劉士元
常務委員	劉玉書、雷壽榮
事業資金委員會委員	武藤章、岡敬純、塩澤清宣、久保田久晴、中西貞喜、松村部長、宇佐美寛爾、船津辰一郎、王揖唐、朱深、曹汝霖、王蔭泰、余晉龢、汪時璟、許修直、劉玉書、蘇體仁
常務委員	鹽澤清宣、朱深

出典：『中国留日学生同学会季刊』(第四号、1943年6月、142頁)。なお、同学会の会員は1943年1月の時点で766人であった(天津116人、済南78人、青島136人、保定62人、太原104人、開封59人)。

一〇月六日に開講した(35)。組織は、董事の定員を一〇名とし、日中半数とした。董事長には朱深、副董事長には別所孝太郎、董事には方宗鼇、祝書元、劉玉書、西村乙嗣、北浦豊男、原田龍一らが就いた。校長は当初殷同、後に劉玉書が兼任した。校務長は前述の国府種武、このほか職員が五名、教員が八名、講師が九名となっていた。学生定員は三五名で、日本への留学定員は三〇名であった。

校舎は当初、和平門内絨線胡同四五号中国留日同学会内に設置(仮校舎)され、一九四〇年七月二〇日に西城兵馬司三八号、三九号に移動している。学内設備には、理科室、標本室、機械室、工作室があったが、一九四一年一二月に作法室(純粋な日本家屋)、女子学生用の裁縫特別教室が設けられた。図書館の蔵書は、中国書一、三五三冊、日本書二、一六二冊と決して多くなく、男女の閲覧日が分けられていた。寄宿舎には六〇人が寄宿できた。学費は二〇元、体育費二元、図書費二元

表－3

	男子			女子		
学級	本科二年	本科一年	予科	本科二年	本科一年	合計
在舎生	13	25	0	0	0	38
通学生	10	12	0	4	0	26
合計	23	37	0	4	0	64

であった。

教科は、男子が修身、国文、歴史地理、日本語、英語、数学、理科、日本事情、図画、作業、体操となっており、予科三二時間、本科三五時間であった。うち日本語、予科が二〇時間で、本科は一二時間とされていた。女子には男子とは別に家事、裁縫、音楽などがあり、この増加分だけ理系科目が減少していた。

このような教科は、日本の（男子）中学校の第四・五学年に、女子の場合は高等女学校の第四・五学年に相当するものとして設計されていた。教育内容では、日本語と自然科学に重点がおかれ、講義は日本語でおこなわれ、また自然科学については暗記よりも実験を重視したものとなっていた[36]。教育の方針は、日本に留学して帰国してから、華北建設の指導者となる人物を養成することにおかれていた。

入学試験は毎年七月上旬に実施され、試験科目は国文、日本語、数学、理科、史地とされ、口述試験、日本語会話が課されることになっていた。また身体検査（肺病患者は特に警戒）、本人・家庭状況調査もおこなわれた。試験会場は北京、天津、青島、済南、保定、開封、太原の留日学生同学会本部および支部となっていた。満洲国の建国大学などでは、日本人や台湾人の受験者も予想されたため、試験科目も満洲国民とそれ以外の二重制度が採られていたが、この学校ではあくまでも中華民国国民を想定したものとなっていた。

この学校は、日本とのアカデミック・イヤーの半年のずれを埋めるべく在学期間は二年半としていたが、日本の留学生受け入れ等に関する諸問題に対する問題提起となる諸制度を採用していた。校務長であった国府種武は台湾からの赴任直後、「日本に対して今までの留学生教育の欠点を反省して貰う」ために、『学士会会報』に「留日学生教育の緊急問題―東亜新秩序建設の協力者たるべき者の教育の検討」を投稿して巻頭に掲載された[37]。国府は、「実に留日学生教育は東亜新秩序建設に当り其の現地側の人的資源を供給すべき重大な任務を負はされてゐるのであって、留日学生問題は現下の重要問題の一つと言はねばならぬ」と主張、数多くの論点を挙げている。だが、国府が問題としているのは、基本的に当時の制度では「日本人」と「留学生」を同一の制度の下に置いており、「少しも留学生に特別の考慮を払って行はれてゐない」ことに置かれており、だからこそ、留学生の重要性とともに、日本人学生との弁別を要求していた。具体的には、留学生の負担だった。入学試験における英語、入学後の古典教育などが事例として挙げられていた。

　興亜高級中学校からの第一期生が日本に派遣されたのは一九四二年二月のことであった。奨学金は当初は外務省文化事業部からの奨学金として、後に大東亜省奨学金として五五元、それに加えて中華民国の教育総署から五〇元、一ヶ月あたり一〇五元が給されることになっていた。また日本国内での諸物資の配給についても配慮がなされることが要望されていた[38]。だが、興亜高級中学校の学生を外務省、大東亜省の奨学生とすることについては、直ちに決裁がなされたわけではない。一九三九年九月三〇日、興亜高級中学校が開校する直前、興亜院派遣の書記官らが奨学金の支給には同意しつつも、「朝比奈書記官ヨリ中国ノ留学生中外務省文化事業部補給生ヲ採用スルニ当リテハ右高級中学校卒業生ノミヲ採用セラレ度シト話アリタリ」という点に示されるような、同中学を官費留学の一元的な窓口とする案について直ちに同意することはなく、外務省側の「小林囑託ハ当文化事業部ノ補給生（支那学生）ハ中国政府ヨリ在支本邦公館ヲ経テ推薦アリタル者ニ限リ採用スルコトト致居ルニ付推薦方ヲ其ノ様取計ハレ度ト話置タリ」というように、即答を避けたのであった[39]。その後、九月一八日、北京大使館の判断として、外務省文化事業部の「選抜生」

表－4　北京興亜高級中学校第一期卒業生名簿（1942年2月派遣）

姓名	籍貫	性別	志願學校	姓名	籍貫	性別	志願學校
王毓騵	福建省普江縣	男	專修大學經濟專門部	淳于寶洲	山東省青島市	男	東京商科大學商學專門部
王傑倫	北京	男	專修大學經濟專門部	戴龍驤	河北省濟寧縣	男	東京商科大學商學專門部
王振寰	河北省新城縣	男	東亞學校高等科	張毓保	河北省清苑縣	男	東京商科大學商學專門部
王德新	北京	男	三重高等農林學校	張健	廣東省南海縣	男	第一高等學校預科
關宇	北京	男	仙台高等工業學校	張樹權	山東省文登縣	男	三重高等農林學校
韓廷儒	北京	男	盛岡高等農林學校	方紹慈	廣東省普寧縣	男	東京高等師範預科
季英和	山東省莒縣	男	東亞學校高等科	楊秀發	四川省大邑縣	男	東亞學校高等科
查鳳瀛	安徽省銅陵縣	男	東亞學校高等科	李鴻文	河北省唐山市	男	東亞學校高等科
周樹粗	廣東省開平縣	男	三重高等農林學校	冷兆棟	山東省招遠縣	男	東亞學校高等科
祝更	北京	男	專修大學經濟專門部	崔哈生	河北省樂亭縣	女	東京女子高等師範大學
祝道	北京	男	東亞學校高等科	閔馨	四川省成都市	女	東京女子高等師範大學
徐光	北京	男	盛岡高等農林學校	陸家姒	江蘇省上海縣	女	東京女子高等師範大學

出典：「北京興亜高級中学校第一期畢業生名録」（『中国留日同学会季刊』第一号、1942年9月、184—185頁）

の華北五省割り当て分の七五名のうち、三〇名を興亜高級中学の卒業生とし、彼らを直接日本の大学等に入学させることとした（同中学の定員は三五名[40]）。その後、同中学は「選抜生」として四〇名まで増員するように要請したりしたが、有田外相からの文書で「風評ニ依レバ全校ハ支那人側ノ評判宜シカラス志願者モ少ク優良学生ハ入学志望セサル由聞キ込ミ居ル次第モアル」などと記されたように、一九四〇年の時点ですでに外務省側においては同中学を批判的に捉える見解も存在していた(41)。結局三〇名の枠さえ維持が危ぶまれ、最終的に三〇名を限度として認められることになった。

実際に派遣された学生を見てみよう。

派遣者は二四名（男子二一名、女子三名）、派遣先は経済、商科、農業、そして師範系が中心となっていた。これらは当時の華北における中国人社会において、また日本と現地社会との媒介者が必要とされていた領域であった。他方、当時の華北社会では治安が大きな課題であったことから、警察官候補者も多く日本に留学したが、彼らは通常の留学生とは別枠で留学したのであった(42)。第二期生についても、医学部への留学者が増えた点で異なるが、大筋として一期に見られた傾向は続いた。第一高等学校文科一名・理科一名、北海道帝国大学予科医類一名、東京工業大学附属予備門二名、東京商科大学商業専門部一名、三重高等農林学校農学科一名、盛岡高等農林学校農学科一名、仙台高等工業学校土木工学科二名、桐生高等工学校機械工学科一名、秋田鉱山専門学校冶金科、金沢医科大学附属臨時医学専門部一名（以上男子）、東京女子医学専門学校一名・同薬学科一名、日本女子大学家政学部二名（以上女子）となっていた。興亜高級中学校については、前述のような批判があったものの、華北における官費留学生の主要な輩出源となっていったのである。以下は、『北支における文教の現状』での説明である。

中国人の日本留学生は昭和十四年四月の調査に依れば約一万三千名であるが、此の中華北出身者の数は目下調査中で的確なる数字は得られないが単に出身省別に依る華北の数は大体に於て千数百名と推定せられるのである。事変発生以来華北に於ける日本留学熱の頓に高まりつつある実情は時局の進展に伴ふ反映であって日支文化提携上喜ばしい傾向である。昭和十四年三月の東京帝大始め各帝大、官立大学、私立大学及び官、公、私立各専門学校の卒業生は五一名であって同年の在学者は二三四名である。日本留学者の為予備教育をなす機関として北京興亜高級中学校がある。初級中学卒業者を収容し予科半年本科二年、日本語を多分に加味した高級中学の課程を履修せしめ、日本留学の準備教育を施している。[43]

このように興亜高級中学校は日本側の公的な説明、とりわけ華北から日本への留学が叙述される際に言及されるほどになっていった。中学卒業の優秀な学生を集め、日本語と自然科学に代表される予備教育を施し、大東亜省奨学金を与えて、そのまま日本の大学に入学させ、「日本精神を一般的な中国の人々よりも修得した帰国者」を、日本と現地社会の媒介者とするという計画が進行していった。このような現地でのリクルートから帰国後のキャリアまでを想定した留学生の派遣がおこなわれたところが、この時期の対日協力政権の留学生の特徴のひとつであろう。『満洲国留学生会会報』にも見られるように、おそらく彼らも各地で実習、見学などを繰り返し、それは彼らに日本を体験させるとともに、日本内地に「共栄圏」としての視覚効果を与えたことであろう。なお、彼らの日本での具体的な生活、また華北からドイツやイタリアなどへの留学生については今後の検討課題である。

一九四三年一月、興亜高級中学校は一八名の卒業生を輩出し、翌月にはその一八名が日本に留学、そして四三年七月には第五期生五六名が入学している。だが、一九四二年二月に派遣された一期生が卒業する前に戦争は終わりをつげることになる。彼らには「漢奸」としての批判が予想される事態となった。[44]

おわりに

東京大空襲をはじめとして戦時下の日本を体験した留学生たちは、日本の敗戦直前になっても、移動の制限によって帰国することは極めて困難であった。満洲国の留学生は盛岡などへと疎開していたとされるが、配給制度の徹底、空襲や疎開という、戦後も語り伝えられる「悲惨な戦争体験」という記憶の形成においてもまた、こうした対日協力政権からの派遣留学生はほとんど登場しない。これは戦後日本における「悲惨な戦争」という記憶の形成が、戦後の「日本人」のためになされたことを示しているのであろう。

日本の敗戦直後、留学生管理機関であった日華学会は解散となり、一九四六年に台湾の学生を加えるかたちで中華民国留日学生同学会が組織された。その機関紙である『中国留日学生報』はプランゲ文庫に所蔵されている。この時期の留学生の状況について、渋谷玲奈は『中華民国留日学生名簿（一九四六年）』に依拠して、当時登録していた留学生が中国大陸三六七名、満洲地域が六一名、台湾が七二四名としている[45]。その後、留学生組織は次第に「左傾化」していき、一九五〇年三月に「中国留学日本同学会総会」は毛沢東に書簡を出し、中華人民共和国に対して忠誠を誓っている[46]。興亜高級中学の卒業生、また対日協力政権からの留学生の全容の解明には依然検討すべき点が多い。今後の課題としたい。

●注

（1）李喜所主編『留学生与中外文化』（南開大学出版社、二〇〇五年）、丁新豹・周佳栄・黄嫣梨『近代中国留学生論文集』（香港歴史博物館、二〇〇六年）。

（2）大里浩秋・孫安石編『中国人日本留学史研究の現段階』（御茶の水書房、二〇〇二年）参照。

（3）河路由佳他著『戦時体制下の農業教育と中国人留学生』（農林統計協会、二〇〇三年）、周一川「『満洲国』の留学政策と留日学生――概況と事例研究――」（『アジア教育史研究』八号、一九九九年三月）、同「日中戦争時期の留日学生――概況と事例研究――」（『人間文化論叢』一号、一九九八年）など参照。

（4）たとえば、鍾少華編著・泉敬史、謝志宇訳『あのころの日本――若き日の留学を語る』（日本僑報社、二〇〇三年）がその代表例だろう。

（5）台湾から満洲への留学については、許雪姫『日治時期在「満洲」的台湾人』（中央研究院近代史研究所、二〇〇二年）、また台湾から日本本土への内地留学については、所澤潤「聴き取り調査――外地の進学体験」（『群馬大学教育学部紀要』人文・社会科学篇、二〇〇四年までに第九篇）などを参照。また、「愉快に勉強する支那留学生――台北州立工業学校――」（『台湾総督府臨時情報部　部邦』七一号、一九三九年八月）に見られるように、（日本占領下の）中国から台湾への留学というケースもある。今後の課題となろう。

（6）駒込武『植民地帝国の文化統合』（特に第Ⅳ章「華北占領地――日本語共栄圏構想の崩壊過程」、岩波書店、一九九六年）や石剛『日本の植民地言語政策研究』明石書房、二〇〇五年）。

（7）一九三七年三月二七日、警視総監横山助成ヨリ外務大臣宛「中華民国並満州国人留学生調査表 昭和十二年三月」（外務省保存記録、東方文化事業、アジア歴史資料センター・レファレンスコード B05015408900）。なお、一九三七年一〇月に製作されたと思われる、日華学会編『中華民国満洲国留日学生名簿（第十一版）』（日華学会）では、同年六月一日付のデータとして中華民国四〇〇五名、満洲国一九三二名としている。

（8）一九三七年八月三一日、「支那事変ニ関シ留学生状況報告 昭和十二年中」（外務省保存記録、日華関係雑件第二巻、アジア歴史資料センター・レファレンスコード B05015268200）

（9）一九三八年三月二四日、外務大臣ヨリ在外各公館長宛、「支那留学生ノ入国取扱方ニ関スル件 十三年三月」（外務省保

存記録、東方文化事業、アジア歴史資料センター・レファレンスコードB05015476000)

(10)「支那学者時局を憂ふ・座談会」〈支那留学生の料簡〉、『文芸春秋』一九三九年一月号)

(11)「日本文化の優越性をめぐる普遍性と特殊性」という点は、戦時下の日本の言論の主要な論点のひとつであった。この点は、たとえば加田哲三・立野信之「戦時下の文化について」(『興亜』第四七号、一九四三年五月)などを参照。

(12)「支那留学生の待遇」(「『見たままの支那』を語る座談会」『文芸春秋』一九三八年七月号)、発言者は赤松克麿(衆議院議員)。赤松は、一九三七年の日中戦争開始後に上海派遣軍の報道部に身をおいていた。

(13)日本の侵略性、暴虐性という「誤解」をとくべきだとしたものに、村田孜郎「対支文化工作と報道放送」(国務院弘報処編輯『宣撫月報』〈放送特輯号〉第四巻第八号、康徳六年[一九三九年]九月号)がある。また、日露戦争前後に多くの中国人留学生が日本を訪れたために、中国の対日観が二〇世紀初頭のままになっており、以後の発展が正しく伝わっていない、とする見解に、大岡保三の発言がある。座談会「日本語と日本文化」(『日本語』第一巻第四号、一九四一年七月)参照。

(14)前者は市村讃次郎、後者は白鳥庫吉の発言。前掲「支那学者時局を憂ふ・座談会」。

(15)この点は、日本語教育における「直接法」が「日本語＝日本精神」というナショナリズムを体現していると論じた前掲駒込武『植民地帝国の文化統合』、また華北における「日本」「日本的なるもの」の位相と新民会の活動を論じた、拙稿「華北における『文化』政策と日本の位相」(平野健一郎編『日中戦争期の中国における社会・文化変容』、東洋文庫、近刊所収)を参照。

(16)野田清武「年末ニ所感ヲ述ブ」(『満洲国留日学生会会報』第四巻一一号、康徳六年一二月一日)

(17)座談会「大陸戦力化と文教の課題」(興亜教育会主事、小倉好雄の発言、『日本語』第四巻第二号、一九四一年一一月)。また、当時の華北の留学生の状況に対する回顧としては以下の指摘もある。「奴隷化教育を学校で順調に行うために、要求に合った教員の養成もした。一九三八年四月一日、新民会は北平に中央級に属する「中等教育教師講習館」を設立した。養成人員の多くは大学生で、毎期一〇〇人程の学生を募集した。養成期間は初めは三ヶ月で、学生はみな寄宿し、厳格な規則があった。また「奨学金」を設け、期間終了後、三分の二近い学生を選んで日本を「参観」「視察」させ、その後、この中から「優秀」者数人を選んで、官費で日本の東京高等師範学校で二年から三年学ばせた。学生が競って日本の忠実な奴隷になるように刺激したのであった。学生は卒業後、河北省、河南省、山東省等に割り振られて、県の中小学校校長になった。」（果勇「華北占領区の新民会」、北京市政協文史資料研究委員会編・大沼正博訳・小島晋治解説『北京日の丸―体験者が綴る占領下の人々』岩波書店、一九九一年所収、四四頁）

(18)「留日同学会第一幕」（『晨報』一九二四年八月一七日）、王霊希「留日同学会創立経過」（『北京週報』一九二四年八月二四日）など参照。

(19) 一九二四年八月二六日、小幡酉吉駐華公使ヨリ幣原喜重郎外相宛「留日同学会設立ニ関スル件」（日本外務省保存記録、「留日同学会」、アジア歴史資料センター・レファレンスコード B05016118300）

(20) 日本国内の中国人留学生の間にも中華民国同学会があり、満洲国の建国後には日本側によって同会を分裂させて満洲同学会を設けた。その後も、中華民国側の同学会は愛国と抗日のために活動をしたという。朱紹文「『虎穴にいらずんば』の思いを秘めて」（前掲鐘少華編著・泉敬史、謝志宇訳『あのころの日本―若き日の留学を語る』（三五―三六頁、六〇頁）など。

(21)「中国留日同学聯絡感情」（『新民報』一九三八年二月二三日）

(22)「中国留日同学会　内部設施籌備就緒」（『新民報』一九三八年三月四日）

(23) 一九三八年三月一九日、「留日同学会ニ関スル件」（陸支密大日記五九号、甲集団［北支那方面派遣軍］特務部長作成、防衛庁防衛研究所所蔵文書、アジア歴史資料センター・レファレンスコード C04120599600）

(24) 一九三八年三月一〇日、甲集団特務部ヨリ外務次官宛電「中華留日同学会設立ニ関スル件」（日本外務省保存記録、東方文化事業、アジア歴史資料センター・レファレンスコード B05016179800）

(25)「留日同學會組織草案　全文計十一章三十一條　俟成立大會通過後施行」（『新民報』一九三八年三月一三日）。ここに示された組織規約草案の第二章（四）に「会員：凡曾留學日本、不分性別、願入會者、須先填具入會志願書及履歴表、有會員二人以上之介紹、經本會幹事會審査合格並發給會員證及徽章後、始得為本會會員」とある。

(26) 興亜院華北連絡部『北支に於ける文教の現状』（一九四一年七月、興亜院華北連絡部、八〇—一〇三頁）

(27)『中国留日同学会季刊』（第二号、一九四三年一月）

(28)「本会会務事業進行之概況」（『中国留日同学会季刊』第一号、一九四二年九月、一七九—一八〇頁）

(29) 一九三九年二月四日、「留日同学会　将援助留日生」（『新民報』一九三九年二月四日）

(30) 一九三九年八月三一日、「中国留日同学会　創辦興亜高中」（『新民報』一九三九年八月三一日）

(31) 国府種武「北京興亜中学校の歴史」（『法政大学文学部紀要』一四号、一九六八年）

(32) 通常、中国人留学生は渡日時期と日本の学期にずれがあることから、東京神田神保町にあった、松本亀次郎の東亜高等予備学校で半年間日本語を学んだ後に、高等学校や専門学校を受験した。張金塗「戦前の日本における中国人留学生に対する日本語教育の歴史的研究—東亜学校を中心に—」（『日本語教育』一九九五年七月号）参照。なお、数学については水道橋の研数学館に通う留学生が多かったようである。

(33)「選抜赴日学生」（『新民報』一九三九年九月九日）

(34) 国府種武「北京興亜高級中学校概況」（『中国留日同学会季刊』第三号、一九四三年三月、一四九—一五四頁）

(35)「興亜中学校　明日挙行開学礼」（『新民報』一九三九年一〇月五日）

(36) 前掲国府種武「北京興亜高級中学校概況」（一四九頁）

(37) 国府種武「留日学生教育の緊急問題——東亜新秩序建設の協力者たるべき者の教育の検討」（『学士会会報』六三四号、一九四一年一月）

(38) 戦時下の日本の留学生にとって配給を受けられるか否かは生活のうえでとても重要なことであった。外務省はしばしば配給を管轄していた各警察署に留学生への配給に関する便宜供与を依頼していた。たとえば、一九四一年三月二〇日、外務省東亜局第四課長ヨリ杉並警察署長宛「支那留学生ニ便宜供与（飯米配給）李華玖、石綺琴、石綏琴、徐應麟」（日本外務省保存記録、東方文化事業、アジア歴史資料センター・レファレンスコード B05015840100）

(39) 一九三九年九月三〇日、「中国留日同学会経営興亜高級中学校卒業生ヲ外務省文化事業部補給生ニ選定ノ件」（日本外務省保存記録「興亜高級中学卒業生外務省留学生へ採用ノ件」、東方文化事業、アジア歴史資料センター・レファレンスコード B05015477400）

(40) 一九三九年九月一八日、在中華民国（北京）日本国大使館参事官堀内干城ヨリ外務大臣阿部信行宛「興亜高級中学校卒業生ヲ抜選留学生トシテ採用方稟請ノ件」（日本外務省保存記録、「興亜高級中学卒業生外務省留学生へ採用ノ件」アジア歴史資料センター・レファレンスコードB05015477400）

(41) 一九四〇年五月一三日、有田外務大臣ヨリ在華藤井参事官宛「興亜高級中学卒業者ヲ選抜留学生ニ採用方ノ件」（日本外務省保存記録、東方文化事業、アジア歴史資料センター・レファレンスコード：B05015477400）

(42) 警察関連の留学についても外務省保存記録などに多くの史料が残されている。また、回想録にも以下のような叙述が残されている。「北京警察局の課員以上の中上層官吏は、「留日派」「東北派」「警高派」「元老派」に大別できる。この四派の消長が一九四一年大改組の主要な指標になった。それぞれについて述べてみよう。【留日派】一九三八年以来、華北治安総署警政局が毎年日本内務省警察講習所に送った留学生。北京警察局が採用する者は毎年六、七人いた。毎期東京の警察講習所で一年学習した。ここは日本警察の最高教育機関で、所長は内閣官房長官が兼任した。日本人学生の多くは警察署長級で、在職のまま訓練を受けていて、日本の法学と警察業務を系統的に学習した。留日学生は帰国後、ふつうもとの職場に戻り、局員、課員、監察員等の職についた。彼らは正規の日本の警察教育を受け、日本語も話せたので、奴隷化の程度も深く、日本侵略者にとくに信任された。一九四一年の大改組で、「留日派」の大部分が係長、課長、分局長に昇進し、警務課長孫雲章、特務課長周福庭、内一分局長宋湯揚、内六分局長竇以鋳、監察室主任劉志揚等は、みな警察局の中核勢力になった。」（向風「占領下の北京警察局」、前掲北京市政協文史資料研究委員会編・大沼正博訳・小島晋治解説『北京日の丸―体験者が綴る占領下の人々』二〇—二二頁）

(43) 前掲興亜院華北連絡部『北支に於ける文教の現状』（一〇三—一〇四頁）

(44) 戦後初期の留日学生については、劉傑・川島真編著『一九四五年の歴史認識』（東京大学出版会、二〇〇九年）所収の王雪萍論文及び拙稿を参照されたい。

（45）渋谷玲奈「戦後における『華僑社会』の形成——留学生との統合に関連して」（『成蹊大学法学政治学研究』第三二号、二〇〇六年三月）

（46）一九五〇年三月二五日、「中国留学日本同学会総会致毛沢東主席函」（中華人民共和国外交部档案、一〇五—〇〇〇一二—〇一）

維新政府と汪兆銘政権の留学生政策
——制度面を中心に

三好　章

はじめに

一九三七年一一月末、陪都重慶に首都機能を移転した蔣介石を中心とする国民政府は、一九三八年以降はすでに交戦国となった日本への留学生派遣を中止し、統計数字の上からは中国大陸から派遣された日本への新規の留学生派遣は、皆無となっていた[1]。しかし、一九四〇年三月、日本の支援のもと成立した汪兆銘を首班とする国民政府（以下、混乱を避けるために「汪政権」とする）は、首都を南京に定めてこれを「還都」と宣言し、国旗に関しても、さまざまな経緯はあるにせよ、重慶政権と同じく青天白日満地紅旗とし[2]、日本への留学生派遣を継続した。また、汪政権以前にあっても、日本側による政権樹立工作の結果、一九三七年一二月には王克敏を首班に北京に中華民国臨時政府（以下「臨時政府」）、一九三八年三月には梁鴻志を首班に南京に中華民国維新政府（以下「維新政府[3]」）が設立されていたが、いずれも日本への留学生派遣を継続した。それらを統合する形で成立した汪政権は、自らの主張では正統かつ正当なる中華民国政府であり、その意味からも国民政府の留学生派遣政策を継承したのであった。この結果、華中を中心にして、汪政権側から送り出された公費留学生（以下「公費生」）は、一九四〇～一九四四年の足かけ五年間で三〇六人に達している(4)、いっぽう、汪政権統治地域からの私費留学生（以下「自費生」(5)）については一九四二年には公費生七一人に対して一一五人にのぼっている(6)。戦後、一九四六年五月に国民政府教育部が実施した調査によれば、対日抗戦期間中、公費生・自費生あわせて四三四人が日本での勉学を続けていたという(7)。この数字は、日中戦争全面化によっても中国からの留学生が、その送り出し主体は異なったとはいえ、中断しなかったことを意味しているが、その数字は戦前の二〇分の一程度にまで落ち込んでいる(8)。しかし、汪政権当時とは、日中戦争が激化してゆく中でのことであり、さらに一九四三年以降は日中間の往き来も次第に困難になっていったことを考え合わせると、政権の性格はともあれ、その努力は評価されるべきではないだろうか。

本稿では、華中に成立した維新政府と汪政権の留学生日本派遣政策について、それが一九三七年以前の国民政府時期の政策を下敷きに、というよりほぼそのままの焼き直しで実施されたこと、実際の留学生派遣の後に制度が策定されたこと、そして、その背景にある日本の要請と華中の状況を中心に、華北の臨時政府を含めてそれぞれを比較しながら検討することを主な目的とする。

一　一九三七年七月以前の国民政府の留学生政策

清末の一八九六年から日中戦争が全面化した一九三七年まで、およそ五万人以上の中国人留学生が日本を勉学の地としたが、盧溝橋事件からの一年ほどの間に、当時日本に滞在していた留学生のうち八、〇〇〇人余りが帰国したという(9)。それは、一九三七年九月下旬に国民政府教育部が「撤離敵国、回国参戦」(10)を呼びかける以前からはじまっており、七月初めから九月初めまでの約二か月間に四、〇〇〇人近くが帰国し、一〇月下旬段階で日本になおとどまっていた留学生は四〇三人であった[11]。それでは、彼らはどのような規定に基づいて日本に留学したのであろうか。また、臨時政府あるいは維新政府が具体的な留学生政策を決定する以前、日本に残っていた中国人留学生はどのような法的規定の中にあったのであろうか。

一九二七年四月に首都を南京に定めた国民政府は、翌一九二八年末、「選派留学生暫行辦法大綱」を定め、さらに一九三〇年四月には第二次全国教育会議を開催し、教育部長蔣夢麟が中心となって「改進全国教育方案中改進高等教育計画」[12]を採択して経費増額など留学政策の強化を図った。さらに、一九三三年六月には「国外留学規定」全四六条を制定するが[13]、これが日中戦争全面化前の留学生政策の基本となった。そしてこれは、後述する維新政府および汪政権の留学政策にも基本的に継承されていった。ここで、その要点を示しておきたい。

まず、国外留学の資格については、公費生・自費生を問わず、いずれも国内の公立あるいは認可された私立の専科学校以上の卒業、そして国内において二年以上の技術的職務に就いていることが求められ、公費留学生はそのうえに価値のある学術著作あるいは業務の上で重要な業績をあげていることが条件であった。公費生の選抜試験は各省市で実施する一次試験と中央の教育部がおこなう二次試験とからなる。一次試験では身体検査[14]を必須とするほか、普通課目として「党義」[15]、「国文」、「本国史地」、「留学国国語（作文、翻訳、会話）」が課せられ、さらに専門科目三科目が加えられた。二次試験では「留学国国語」に加えて専門科目二科目であった。また、留学生証書制度が実施され、選抜試験合格後、留学生は留学証書を受領してからでなければ旅券が発給されず、留学すべき学校も紹介されなければ奨学金補助も受けられなかった。帰国時には、卒業証書[16]の提出が業務に就くための条件とされた。さらに留学生管理に関しては、公費生は特別の事情と各省市から中央の教育部に対する許可申請のないかぎり、専攻科目や留学国の変更はできず、それに違えば留学資格を取り消し、強制帰国となり、すでに受領した経費一切の返済が求められた。また公費生は、各学期開始前に前学期の生活状況と成績を主任教授の証明書付で留学生管理機関を通して教育部と各省市に提出することが定められていた。[17]そして留学期間は最短二年、最長六年と定められ、公費生・自費生とも帰国後二か月以内に卒業証書を教育部に提出し、各省市派遣の留学生は当該省市が審査のうえ記録し、統一的に業務に配属することとされていた。

二　汪政権以前の留学生政策

一　中華民国維新政府の留学生政策

一九三八年三月に南京において成立した維新政府は、同年一二月二六日、教育部令として全五章四四条付表二にわたる「留学規定」を制定した。[18]これは、一年ほどの短期間しか存続しなかった維新政府唯一の総合的な留学生政策といってよい。[19]とはいっても、これは上述の国民政府の「国外留学規定」をほぼ踏襲したものであり、さらに後述する汪政権の留学規定にも基本的な内容は継承されていった。ここで維新政府「留学規定」の内容のうち主だった部分について紹介しておきたい。

まず、第一章総則において国外への留学をおこなう者をこの規定で管理することを述べ、それが公費生・自費生いずれにも該当すると指摘する。また、各省市は留学経費の項目のもとに留学奨励金を設け、当該省市の自費留学生のうち成績優良者を督励するよう規定するいっぽう、「国体を汚し、あるいは学業を怠る者、および不法行為をなす者は所在国の留学生管理機関に留学資格取消、強制帰国を要請し、公費生である者はすでに受領した一切の費用を追徴すべし」とする。

第二章では公費生について述べられる。ここで注目すべきは、第五条が「各省市が国外における専門学術研究に選抜派遣する場合、理農工医などの研究科目の種類に重きをおく」とはじまることであろう。この点は、一九三〇年代、国民政府が進めてきた留学生派遣政策全体の基調とも符合する内容である。

第八条において出願資格は三項目に分けられ、（一）国内外の公立または認可された私立専門学校以上の卒業者で、二年以上専攻希望学科に関連する技術的職務に従事した者、（二）国内外の公立または認可された私立専門学校以上卒業後、二年以上継続して専攻希望学科を研究し、相当の専門的著作あるいは業績をあげた者、（三）国内外の公立あるいは認可された私立大学あるいは独立学院[20]卒業者、のいずれか一項目を満たすことを要求していた。

第九条では、出願時に必要な書類として、卒業証書[21]やそれに添付する写真二葉とそのサイズ、履歴書、在職証明書[22]、成績証明書をあげ、つづく第一〇条でそれらの書類審査に合格した者に本試験受験を認めるとする。

公費生採用試験は二段階に分けられ、各省市の教育主管部門による一次試験[23]合格者に対して中央の教育部が二次試験[24]を課すことになっていた。第一一条では試験の具体的なプログラムがしめされている。まず一次試験の最初にあるのは（甲）身体検査[25]で、これに合格しないとつづく学科試験および二次試験に進むことはできない。つづく（乙）普通科目では、「国文」・「本国史地」・「留学国国語（作文翻訳会話）[26]」が課される。いうまでもなく、「国文」は漢語であるが古文を含むか否かは記述がない。また「留学国国語」の場合、現実には日本語のみであったはずであろう。なお、ここで注目すべきは、国民政府が課していた「党義」が課目として存在していないことである。理由は記されていないが、一年余の短命政権であった維新政府が成立当初の政策として「現在のこの状勢下に於て先づ着手する要あるは各省の領土主権を戦前の状況に恢復させることである。新政府の政策としては秩序を恢復させ被禍難民を慰撫する。農村を安定し商業を復興させることを以て四大政綱とすることに決定して居る」[27]としていたことから考えても、国民政府の「党義」に代わるものを準備できなかったからと考えられる。さらに（丙）専門科目では、各自が専攻を希望する学科に照らして最低三科目以上を選択することとなっていた。この場合、全体で何科目あるのか、三科目以上選択した場合はどうなるのか記載はないが、常識的に考えれば志願者ほぼ全員が三科目受験であったと思われる。

つづく二次試験では（甲）「留学国国語」、（乙）専門科目二科目以上を選択するとされた。一次試験の「普通科目」、二次試験の「留学国国語」に特段の注記はないが、全員必修であったと考えて差し支えあるまい。配点に関しては、第一二条において、一次試験では「国文」・「本国史地」をあわせて二五％、「留学国国語」二五％、専門科目を五〇％とし、二次試験では「留学国国語」に専門二科目の合計三科目の平均点を採るとしている。総じて「留学国国語」の比率が高いが、外国留学ということを考えれば母語以外での講義を受講するのである以上、納得できる配点である。

公費生試験合格者は、第一四条の規定によれば、正当な理由がないかぎり二次試験合格後三か月以内に出国して留学に出発しない場合、その資格を取り消された。また、第一五条では渡航および帰国経費に関して定め、旅費は各省市からの留学経路などを勘案し、給付手続は各省市の規定に従うが、出国に際しては学費および三か月分の留学経費を当該国の貨幣価値[28]を基準に支給することとした。留学中の勉学及び生活に対する管理については、第一七条で特別な事由と許可を得ないでの専攻変更の禁止、第一八条で各学期ごとの学業成績を指導教授の証明書類と当該国の留学生管理機関の証明書を添えて中央の教育部と各省市に提出することとし[29]、いずれの場合でもそれに従わない場合は強制帰国、経費の全額返済が要求された。また、公費生は帰国後二か月以内に各省市に報告に出向かねばならず、少くともその留学期間相当の期間を各省市の要請にしたがって当該地域で業務に服することとし、それに違えば受領した経費すべてを返済する義務が、第二三条で定められていた。

自費生に関しては、第三章で述べられている。自費生の場合、教育部や地方の教育行政機関が経費を心配する必要はないので、留学のための資格、留学期間中の学生管理が主要な内容となっている。資格に関しては第二五条において（一）公立あるいは認可された私立の「五年制」[30]中学以上の卒業者、（二）公立あるいは認可された私立の高級職業学校卒業者とされ、公費生より簡素化されているものの、大きな違いはない。資格要件を満たした志願者は、教育部の試験を経ることとされていたが、その具体的な規定は記されていない。学生管理に関する第二六条では、第一八条の公費生の場合と同じく各学期ごとの成績などの報告が要求されており、それに応じなければ強制帰国であった。そして、第三一条で帰国後二か月以内に卒業証書を中央の教育部に提出すること、と定めていた。これによって、留学したことが公式に履歴として認められることになったのである。その他、公費・私費いずれの場合にも適用される留学生資格を得るために必要な留学証書について第四章で規定し、第三六条では留学証書受領後に外交部あるいは外交部が委託する旅券発行機関に旅券を申請し、関係国領事館に査証を申請することとし、自費生の場合留学証書取得後三か月以内の出国を第三七条で義務づけていた。

さて、維新政府は一九三九年九月一日、日本の外務省負担による公費生として、女子五人を含む三七人を選抜し、うち一人を除き留学に赴いた[31]。選抜された公費生には前日の八月三一日付で留学証書が発給され、一九四〇年二月末現在、彼らは日華学会経営の東亜学校[32]において日本語の学習中であった[33]。維新政府派遣の公費生は、日華学会を通じて志望する大学に紹介を依頼している[34]。

二　中華民国臨時政府の留学生政策

一九三七年一二月に華北に成立していた臨時政府も、維新政府同様、日本への留学生派遣政策を継続した。臨時政府は、形式的には一九四〇年三月三〇日に成立する汪政権に吸収されるとはいえ、その影響下に入らず「自治」を敷いていた。しかしながら、その留学生派遣政策は維新政府や汪政権との類似性が強い。言い換えれば、臨時政府も国民政府の制度を踏襲するしかなかったのであり、実際に政権を掌握していた日本としても、実質的な占領統治をおこなう以上、行政の継続性を無視することはできず、そうする以外に選択肢はなかったのである。

さて、臨時政府は一九三九年一月二四日付で「発給留日自費生留学証書暫行条例」を公布した(35)。これは、臨時政府が留学政策を制定した最初であり(36)、受け入れ国である日本も盧溝橋事件後の対応として、これを受け入れている(37)。条例は全九条からなり、対象が自費生に限定されていることから、維新政府やつづく汪政権の「留学規定」に比べきわめて簡素であるが、内容に関しては見るべきものが多く、同時に共通するものが多い。第一条で「自己ノ費用ニ依リ或ハ私人又ハ法人ヨリ派遣セラレ且費用ノ供給ヲ受ケ日本ニ留学シ……」と自費生の定義を行い、第三条で留学証書取得資格を示す。資格は二点あげられいずれかひとつを満たせばよいとされる。すなわち、「一．公立又ハ既ニ認可ヲ経タル私立ノ専問《ママ》学校以上ノ学校を卒業セル者」と、「二．公立又ハ既ニ認可ヲ經タル私立ノ高級中学又ハ右ト同等ノ学校ヲ卒業セルモノ」であった。これは、国民政府・維新政府さらにつづく汪政権の規定と大きく変わるところではない。また、第七条で規定する留学証書取得後の出国猶予期間三か月も同様である。

三　汪政権の留学生政策

一　留学生の派遣

汪政権は、一九四〇年三月三〇日の成立後、南京などの国立大学の接収管理を進め、経費などの管理を進めた[38]。その上で同年七月九日に開かれた行政院第一五次会議において、留日公費生選抜のための選考委員会を組織し、実施方法の審査をおこない、そのための予算を策定した[39]。これは、一か月半前の五月二四日に、日本の駐南京大使館より汪政権教育部に対して華中方面の留学生二五名を派遣するよう要請があったことにはじまっている[40]。汪政権に対し、実際に統治している範囲での留学生派遣を要請したのである。このように、後述のように蒙疆政権及び華北政務委員会の統治地域を除外することは、当初から決まっていた。そしてまた、中国における学年末を過ぎ、前年に維新政府も実施した留学生派遣の日程がせまっていた。

派遣実施の過程を追ってみると、七月二日に開かれた第一四次行政院会議の席上、行政院長汪兆銘より教育部に対して、留日学生派遣のためのことがらを議論するよう指示があり、それに応えて、教育部を中心に外交・教育・内政の三部が審議にあたり、指示を受けた教育部からこの年の派遣計画が提案された。すでに、六月には「教育部民国二十九年度留日公費生考選委員会組織大綱」を制定して委員の人選をおこない、教育部部長趙正平を委員長に、同次長樊仲雲、戴英夫を副委員長とし、他に八人を委員とする「教育部留日公費生考選委員会」を立ち上げ、「留日公費生選抜に関わる一切のことがらを処理する」としていた[41]。この委員会は六月二七日に第一次会議を開いて「教育部民国二十九年度留日公費生考選辦法」の策定を開始していたのである。[42]

七月四日午後三時、教育部会議室に外交部司長陳海超、内政部参事陳祥霖、教育部司長銭慰宗が集まり、教育部部長趙正平を主席とし、教育部科長兪義範がオブザーヴァー[43]として加わってさらに審議をおこなった。この五名が、実際の留学生派遣責任者とみなされる。審議は基本的に銭司長と陳参事の発言を中心に進められ、以下の結論を出した。まず、六月に最初の案が出されていた「教育部民国二十九年度留日公費生考選委員会組織大綱」のうち、第二条を改訂して考選委員を旧大綱の一一人から一五人に増員すること、教育部が派遣あるいは招聘にあたること、派遣留学生の数は、日本の外務省の示した二五人に対して一〇人増員して三五人とするよう要請すること、理・工・農・医・薬・教育・社会科学の七分野にそれぞれ七等分して派遣すること、採用基準としては、一次試験は地域を、二次試験は成績をもとにする、という改訂がなされた[44]。これらをふまえて、「教育部民国二十九年度留日公費生考選辦法」が策定され、一九四〇年度の日本派遣留学生の選考が進められたのである。後述のように、「国外留学規定」は翌一九四一年五月に制定される。このため、一九四〇年度の派遣は旧規定、すなわち維新政府の「留学規定」にそって進められたと考えられる。すでに述べたことではあるが、ことは行政の継続性に関わる問題であり、何より日本からの要請が先にあり、また留学期間が複数年にわたる以上、安易に新たな規定を作ることはできなかったのである。

「教育部民国二十九年度留日公費生考選辦法」では、これが教育部留日公費生考選委員会の決議によるものとその根拠を示し、そして汪政権中央が扱う留学生選抜の範囲から「蒙疆華北の両処」を除き[45]、また広東からすでに選抜された一五名の名簿が送られてきていることをことわった上で、実際の業務手続とその日程を規定している。それらは、後述の「国外留学規定」にほぼそのまま踏襲されることになる。まず、出願にあたって志願者は申請書二部[46]、高級中学以上の学校の卒業証書、卒業証書遺失の場合は確実な証明書、最近の上半身撮影の写真二葉[47]、履歴書二部の提出が求められた。

志願者に対しては、まず選抜試験の前に「銓衡」[48]がおこなわれた。これは、各省市の教育行政機関が身体検査[49]、書類審査、口頭試問をおこなうもので、本試験前の事前審査の色彩が強く、基礎資格の確認といってよい。維新政府の「留学規定」には事前の口頭試問は定められておらず、汪政権の「国外留学規定」にもない。実施細則としての意味合いのある「考選辦法」であるがゆえの記述であり、実際の派遣留学生選考は、第一段階としてこのようにおこなわれたと考えて差し支えあるまい。「銓衡」で資格ありと認められた学生は二次試験の半月前におこなわれる一次試験を受験するが、それは教育部からの試験問題を委託された各省市教育行政機関が実施し、南京・上海・江蘇・杭州市を含む浙江・安徽がそれぞれ二五名、湖北・漢口[50]がそれぞれ一五名を選抜し、二次試験によってその中から正規生二五名、補欠[51]五名を選抜することとなっていた。

具体的には七月二五日、一次試験が南京・上海・蘇州・杭州・蚌埠・武昌・漢口で実施された。試験科目は「国学常識」であり、試験成績は答案原本とともに中央の教育部に送付され、試験の結果は八月三日に公表された[52]。各地の合格者は江蘇一二名、浙江九名、安徽三名、湖北九名、南京四一名、上海一九名、漢口一九名の合計一一二名であった。二次試験の前までに日本側との交渉がまとまり、本来の受け入れ人数であった二五人に対して三人増員が認められ、一九四〇年度の日本派遣留学生の総数はひとまず二八人に落ちついた[53]。

つづいて八月一〇日午前八時より、二次試験がおこなわれた。実施場所は「考選辦法」では南京と上海の二か所とされ、南京には江蘇・安徽・湖北・漢口および南京の各省市での一次試験合格者が、上海には杭州市を含む浙江および上海の各省市の一次試験合格者が参集することとされていた[54]。しかし、実際には八月一〇～一一日の二日間にわたる試験が、南京・上海・湖北・漢口の四か所を会場に実施された[55]。試験科目は「国文」「外国文（日・独・英・より任意の一科目選択）」「数学（代数・幾何・三角）」「自然科学（物理・化学・生物より任意の一科目選択）」「口頭試問」「身体検査」に加え、専攻希望関連科目[56]であった。一次試験、二次試験とも試験科目では、維新政府の「留学規定」、汪政権の「国外留学規定」とも若干の出入りがあるが、「留学規定」と「国外留学規定」とでは、「数学」「自然科学」が専攻希望学科に関連する科目とされていることから考えると、一次試験での課目が「国学常識」のみ、二次試験でも身体検査が課されるなど、汪政権最初の留学生派遣として一時的に試験科目の検討を行っていたと考えられる。それでも、いざ試験が実施されることになると、「数学」「自然科学」という名称は消え、志願者の希望する専攻に従った科目の試験を課すことにするなど、かなりの揺れが見られる。試験科目の変更は志願者にとってきわめて大きな意味を持つのであり、これがどれほど周知されたのか、疑問は残る[57]。

八月一七日、二次試験成績の集計が完了して一九日には考選委員会が招集され[58]、派遣留学生候補者が最終的に決定した。本来日本側が了解したのは二八名だったが、合格者は三四名、特別許可四名の合計三八名であった[59]。これは、日本側が了解した二八人以外の一〇人を公費生にしたためであり、そのうち四人の特別許可者はすでに日本留学の経験があるものの学費が続かずに中途帰国した者であった。二〇日、南京の《新報》《中報》、上海の《新申報》《中華日報》[60]に予定通り合格者名簿が発表され、あわせて該当者に対して九月一日以前に教育部へ出向くよう指示を発した。もともとは、八月二五日、採用された派遣留学生は南京に集まり、訓話[61]を受けた後、旅費・通行証・防疫証[62]などをそろえ、教育部の係員に引率されて日本に向かうこととされていた。実際には、彼ら合格者は九月一日には、病気による出国延期願を出した二名を除き、全員教育部へ赴いた。二日、南京市建鄴路にあった国立中央大学において三日間の集中訓練をおこない、出国前に、日本の社会、政治、経済、教育などの状況、すなわち日本事情についての講義を受けた。四日には汪精衛自ら日本派遣留学生を接見し、すでに予定されていたように翌五日には南京の日本大使館および総領事館にて訓話を聴いた(63)。六日、留学生は教育部係員二名の引率で上海へ向かい、そこで渡日手続をおこなういっぽう、上海日本総領事館および興亜院華中連絡部にて訓話を聴いた。そして、九月九日、京都帝大留学中の学生胡逸石に伴われ、長崎丸(64)で日本に渡り、神戸に上陸した(65)。かれらは、日本到着後、東亜学校にて日本語を中心に学習した後、各大学へと入学した。教育部ではこれら一連の業務に関して、四、九五〇元を支出する予算をたてていた(66)。

汪政権は一九四〇年一一月二六日の第三五次行政院会議において教育部部長趙正平より日本留学中の公費生・自費生に対し手当支給額の増額などが提案され、承認された(67)。これは、同年九月に派遣した留学生も対象となるものであり、日本外務省から給付される一か月当たり日本円五〇円(68)では生活が困難であり、中途退学者が発生していることから、成績優秀者の中から公費生七〇名、自費生三〇名を選び、毎月日本円二〇円から四〇円、一人平均三〇円を加給するというもので、このため毎月日本円で三、〇〇〇円、中国

表－1　教育部民国二十九年度留日公費生考選委員会支出預算書

款項目節	臨　時　門	
第一款	留日公費生考選委員会経費	
第一項	辦公費	4950
第一	文具（原注 1）	1400
第二	郵電	300
第三	印刷（原注 2）	150
第四	消耗（原注 3）	250
第五	広告（原注 4）	400
第二項	膳宿旅費	2950
第一	膳宿費（原注 5）	640
第二	旅費（原注 6）	610
第三	護送員旅費（原注 7）	1200
第四	搬運費（原注 8）	500
第三項	茶話会費（原注 9）	300
第四項	予備費	300

出所　中国第二歴史檔案館編『汪偽政府行政院会議録第三巻』223～224 頁。

原注（1）試巻□張筆墨簿籍等

原注（2）印刷申請書、履歴書、留学證明書報告書等

原注（3）茶水雑用一切消耗等

原注（4）南京上海両処登載招生録取等広告

原注（5）初試録取計一百□五名覆試日餐連同辦事人員計十六桌以六元計需九十六元又正取生二十五名在京聴訓三日毎天中晩餐桌計廿四桌需一百四十四元以在滬二日毎名毎日以八元計二十五名需四百元在京擬借宿教員養成所

原注（6）正取生二十五名由京赴滬三等火車車票廿五張□張以十元計又派員四人赴各処接洽初試事宜及主辦覆試事宜往返旅費及膳宿費□均毎人九十元計

原注（7）護送員二名毎人旅費六百元

原注（8）上下火車搬運行李雑費等

原注（9）柬請中日来賓在京開茶話会一次

注「原注（1）～（9）」は、原史料では「説明」の項目。□は原史料で判読不能なところ。

元換算五、〇〇〇元、年間六万元を必要とした。対象となったのは、国立大学、国立高等専門学校の正規学生、私立大学校、私立専門学校では汪政権教育部が認定した学科の正規学生、さらに予科の学生も正規の学籍がある者は起訴し各保持者に含まれていた。その後も、汪政権は一九四四年まで日本への留学生派遣を継続する。

二　汪政権の「国外留学規定」

汪政権は、成立から一年余りたった一九四一年五月、「国外留学規定」全四六条を公布した[69]。これは、前年・当年とおこなわれた留日学生派遣のための選考試験を経て策定されたものである。そして何より、この「国外留学規定」の根拠として、国民政府による上述の一九三三年に制定された「国外留学規定」の改訂としていることは、「還都」の言葉を使ってその正統性を主張する汪政権にとって重要である。「国外留学規定」改訂の根拠について、行政院会議に提出された教育部部長趙正平署名の書面には「査するに、国外留学生規定は二十二年四月二十九日に公布されたもので、その年の六月にはまた教育部の修正が加えられた。国府還都後、日本への自費留学を申請する者が引きも切らず、教育部の審査に合格して外交部に出国旅券の発給を申請する者が非常に多い」ことがあげられていた[70]。

内容に関して、維新政府の「留学規定」と大きく異なる点は二か条しかない。そのひとつは、公費生に関する規定のなかに第二〇条として「公費生は留学期間内に政府が委託する事項を処理する義務を有す」とするものであり、もう一つは第五章附則に第四四条として「辺境・遠方の各地、例えば陝西・甘粛・雲南・貴州・蒙古・西蔵・青海・臨夏[71]・新疆・察哈爾・綏遠などの地方[72]は、特別なる状況のため事情を斟酌して寛大に処理する」としている点である。その他は、公費生採用試験のスケジュール、試験科目、配点、志願者が提出すべき写真の大きさ、検定料にいたるまで、若干の文字の出入りはあるものの、基本的な相違点は見あたらない。すでに述べたように、維新政府の「留学規との形に戻ったのである。

そのいっぽうで、「公立あるいは認可された私立高級中学での卒業成績優良者」を第八条および第二六条に書き加えている点、および公費生選抜試験の科目に国民政府時代にあった「党義」を「和平運動理論」[73]に代えて「実際に適合させた」としている点は、汪政権の性格を示す修正点であろう。[74]後者は、すでに指摘した維新政府の「留学規定」において「党義」がはずされた理由と重なってくる。「和平運動」が日本の中国政策において、とりわけ汪政権樹立工作の中でさかんに喧伝されていたのは周知のことであり、汪政権の存在理由そのものが「和平運動」に由来し、日本との関係を考えれば、重慶にある国民政府のイデオロギーと同義である「党義」を入れるわけにはいかないのは当然である。なお、前者の志願者拡大を目的としたと目される改訂は、「国外留学規定」修正の趣意書とはいささか矛盾する内容である。志願者が「引きも切らない」なら枠をしぼるのが普通であり、それによって志願者の質を高めるのが常道であろう。ところが、この改訂はその逆をいっているのである。このことは、「はじめに」でも述べたように、汪政権時期の日本への留学生派遣において、私費生の占める位置が国民政府時期より低下していたことを裏付ける発言であろう。

さて、実務的な改訂である汪政権の「国外留学規定」では、「国外留学生畢業證件登記辦法」が付されているが、これは公費生・自費生の違いによる帰国後の手続の違いを整理しただけであり、特段注意すべきほどのものではない。また、付録として添附されている「履歴書」と「保證書」は、維新政府の「留学規定」が「保證書」「履歴書」の順に収められているのに対して、汪政権の「国外留学規定」ではそれが逆になっているだけで、記入要領である「説明」についても、それぞれに一言一句違いがない。

図－1　公費生申請書類

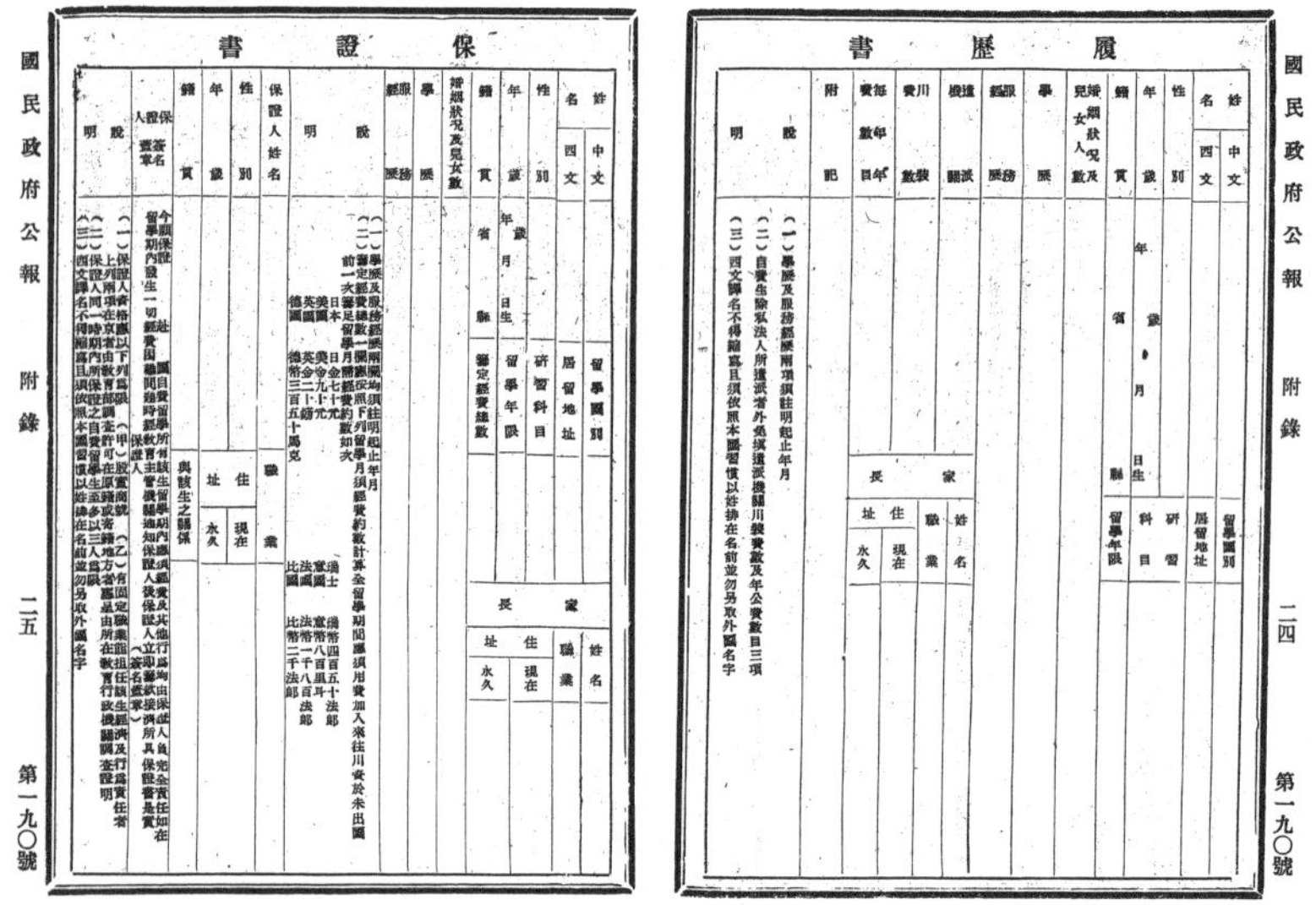

國民政府公報　附錄　二四　第一九〇號

履歷書

姓名 中文	
姓名 西文	
性別	
年歲	年　歲　月　日生
籍貫	省　縣
婚姻狀況及兒女人數	
學歷	
服務經歷	
遣派機關	
川資數	
每年費數目	
附記	
留學國別	
居留地址	
研習科目	
留學年限	
家長 姓名	
家長 職業	
家長 住址 現在	
家長 住址 永久	

說明
（一）學歷及服務經歷兩項須註明起止年月
（二）自費生除私法人所遣派者外免填遣派機關川資數及年公費數目三項
（三）西文譯名不得縮寫且須依照本國習慣以姓排在名前並勿另取外國名字

國民政府公報　附錄　二五　第一九〇號

保證書

姓名 中文	
姓名 西文	
性別	
年歲	年　歲　月　日生
籍貫	省　縣
婚姻狀況及兒女數	
學歷	
服務經歷	
留學國別	
居留地址	
研習科目	
留學年限	
審定經費總數	
家長 姓名	
家長 職業	
家長 住址 現在	
家長 住址 永久	
保證人姓名	
職業	
性別	
年歲	
住址 現在	
住址 永久	
籍貫	
與該生之關係	
保證人簽名蓋章	今願保證　　　　赴　　　國自費留學所有該生留學期內應須經費及其他行為均由保證人負完全責任如在留學期內發生一切經費困難問題時經教育主管機關通知保證人後保證人立即籌款接濟所具保證書是實 保證人（簽名蓋章）

說明
（一）學歷及服務經歷兩欄均須註明起止年月
（二）審定經費總數一欄應照下列留學每月須經費約數計算全留學期間應須用費加入來往川資於未出國前一次審足
留學每月需經費約數如次
日本　日金七十元
美國　美金九十元
英國　英金二十鎊
德國　德幣三百五十馬克
瑞士　瑞幣四百五十法郎
意國　意幣八百里耳
法國　法幣一千八百法郎
比國　比幣二千法郎

說明
（一）保證人資格以下列為限（甲）殷實商號（乙）有固定職業能担任該生經濟及行為責任者
（二）上列兩項在京者由教育部調查許可在原籍或寄居地方者呈由所在教育行政機關調查證明
（三）保證人同一時期內所保證之自費留學生至多以三人為限
（三）西文譯名不得縮寫且須依照本國習慣以姓排在名前並勿另取外國名字

出典：「国民政府公報　第190号」24～25頁。

小結

国民政府の留学政策のもと、一九三〇年には文系五五・五％、理系四三・九％、その他〇・六％であった留学生の専攻科目比率は、すでに一九三六年には文系四六・二％、理系五二・五％、その他一・三％と逆転し、翌一九三七年では文系三七・七％、理系六二・三％となっていた[75]。章末に示した付表「汪政権派遣留学生専攻別統計表」から汪政権が派遣した留学生全体を見てみると、文系は一四・三％にすぎない[76]。この傾向は、王奇生が「政府の提唱のほかに、ある種の程度以上に国難の瀬戸際にある戦争に備える心理が留学生に反映していた[77]」と、日中戦争全面化以前の一九三〇年代における留学生の傾向を総括した評価と共通するものを、汪政権下の政策が反映していたともいえる。すなわち、こうした点は一九三五年一一月に開催された国民党第五回全国代表大会教育活動報告において、高等教育の部分で特に「（五）実用学科之注重」との項目を設け、同済大学に理学院、清華大学に工学院、北洋工学院には電機および工学の二学院と航空工学の課程を増設することを提案し、他の大学でも農・工・医学方面の学院・課目の増設を各省市の実情に応じて、不足するものを補うよう提案されている[78]ことですでに国民政府においても規定の方針となっていたのであり、政策面からもすでに時代の一定の傾向をなしていたのではないだろうか。すなわち、屈辱と体感せざるを得なかった近代の幕開け以来、近代化＝工業化であり、それはそのまま強国の証と理解されていたからである[79]。したがって、日本の力によって成立し維持されていた維新政府や汪政権とはいえ、こうした傾向と無縁ではいられなかったというべきであろう。すなわち、この点もまた、つづく汪政権においても方針として継承され、近代中国の為政者に共通するメンタリティであったといえる。

また、国外への留学生派遣が限られた国家予算のなかでおこなわれる以上、できるだけ短期間に効果をあげるべく政策を実行するのは当然であり、この点も国民政府も維新政府も汪政権も、変わるところはなかった。それゆえ、それぞれの政権が策定する留学規定が「党義」の履修を選抜試験の中に入れるか否か、あるいはそれに代えて「和平運動理論」を入れるにせよ、基礎資格や帰国後の業務配属制度など、ほとんど相違のない制度となるのは当然であろう。

●注

(1) 孔繁嶺「抗戦時期的中国留学教育」（『抗日戦争研究』二〇〇五年第三期、一〇三～一〇四頁）。なお、孔繁嶺はこれを「抗戦前後歴年度出国留学生之留学国別表（一九二九―一九四六年）」（中国第二歴史檔案館編『中華民國史檔案資料匯編第五輯第二編　教育（二）』江蘇古籍出版社、一九九七年九月　八九二～八九三頁）から引用している。『中華民国史檔案資料匯編』では、上から下に年代が下る形をとっているのを、引用に際して逆転させ、さらに引用年代も一九三七～一九四五年に限定している。「八年抗戦」の範囲での考察の故であろう。

(2) 汪精衛はあくまでもみずからは国民政府の正統性を表現するために青天白日満地紅旗そのままを用いたかったのであ

るが、青天白日満地紅旗の上に「和平反共建国」の六文字を記した三角の布をつけることで日本側との了解がなったという経緯がある。汪政権成立の経緯は、本稿の主旨から言及しない。日本側の汪兆銘工作の中心人物であった影佐禎昭の私的な回想録『曾走路我記』（臼井勝美編『現代史資料一三　日中戦争五』みすず書房、一九六六年七月、三四九〜三九八頁）や、金雄白『同生共死の実体』（時事通信社、一九六六年）などから、当事者の主張を見ることができる。

（3）維新政府に関しては、維新政府概史編纂委員会編『中華民国維新政府概史』民国二九年三月、が当事者の説明として貴重である。ただし、これは汪政権への合流直前に維新政府の総括として発行された書物であり、維新政府が形式的には梁鴻志という中国人を首班とする政府で、その首都の南京で発行されているにもかかわらず、すべてが日本語で記されている。具体的な執筆者名は明記されていないが、明らかに日本向けの書物であり多くの日本人が政策に関わっていると考えられる。維新政府の性格がよくうかがえる書物である。

（4）宋恩栄・余子侠主編曹必宏・夏軍・沈嵐『日本侵華教育全史　第三巻（華東華中華南巻）』人民教育出版社、二〇〇五年七月、三八六頁。内訳は、五年間に教育部が派遣した者一五三名、一九四四年に実業部が派遣した者八〇名、中日文化協会および東亜青年連盟が派遣した者三四名、統治下の各省市派遣の者三九名、となっている。なお、本稿執筆にあたり、本書を手がかりとしたが、後述のように、処々に引用の誤りが散見される。また、本稿執筆に際しては、『中華日報』など、出来るだけマイクロフィルムにあたり、原典史料への接近を試みた。

（5）以下に引用した各「留学生規定」などの原文はすべて「自費生」と記されている。

（6）前掲『日本侵華教育全史　第三巻（華東華中華南巻）』人民教育出版社、二〇〇五年七月、三八六頁）。内訳は、公費生男子五四人、女子一七人、私費生男子一〇五人、女子一〇人であった。なお、日中戦争期間中、華北では華北政務委員会が「高度な自治」をおこなっており、日本への留学生派遣はその華北教育総署が担当していたので、華北からの学生に関する統計は汪政権側で充分に掌握しうるものではなかった（同前書、三八六〜三八七頁）。

（7）周孜正「浅論汪偽時期在日中国留学生的経費来源」（『抗日戦争研究』二〇〇五年第三期、一二一頁）。周孜生は、「留日学生学籍科別人数統計表及学費来源統計表」（中国第二歴史檔案館所蔵、国民政府教育部檔案、五―一五三五六）の引

用としている。同史料では、地域別の総計が四三二人となっているが、総計が「四三四人」と記されているので、それにしたがった、とある。

（8）前掲『日本侵華教育全史　第三巻』三六五～三六六頁。

（9）同前。

（10）前掲『日本侵華教育全史　第三巻』三六七頁。「教育部令留日学生一律帰国」『大公報』民国二六年一〇月二九日。

（11）前掲『日本侵華教育全史　第三巻』三六七頁。

（12）前掲『中華民国史檔案資料匯編　第五輯第二編　教育（二）』。

（13）黄新憲『中国留学教育的歴史反思』四川教育出版社、一九九一年六月、一八七～一八八頁。以下、一九三三年の留学規定に関する言及は、特にことわりのないかぎり本書一八七～一九一頁による。なお、同書の中扉には発行年次に関して「四川教育出版社・一九九〇年・成都」とあるが、奥付には上記の年月が記されている。常識的に、奥付にしたがった。

（14）原文「体格検査」。

（15）「党義」とは、文字通り国民党の「党義」であり、「以党治国」による統治をおこなう国民党にとって、教化の対象である国民に「党義」を全面的に注入することを必須としていたのは当然であり、各段階での学校教育はもちろん、社会教育においても強力に推進しようとしていた（「中國國民黨第四次全國代表大會教育工作報告　（一）推行黨義教育」（黄季陸主編中國國民黨中央委員會党史資料編纂委員會編『革命文獻　第五十三輯　抗戰前教育與學術』中央文獻供應社、民国六〇年一二月、一三三～一三四頁）。したがって、国外に留学する学生に対して、「党義」履修を必須としていたのである。

（16）原文「卒業證書」。後掲の臨時政府「留日自費生ニ対シ発給ノ留学證書ニ関スル暫行条例」でも、「卒業證書」と訳出している。一枚しかない卒業証書の提出を求めることは考えにくいように思えるが、筆者が台湾の国史館において史料調査をしたときに、個人の檔案のなかに日本女子大学発行の実物の卒業証書を発見し、しかも本人が勤務先の学校に提出する必要があるので早期返却を依頼する書簡が付されていた。檔案の中に卒業証書と返却依頼の書簡があったことは、卒業証書は一枚しかない以上、本人の手に戻っていないことを意味している。よって、ここにおいても複数枚発行され得る

「卒業証明書」ではなく、一枚しかあり得ない「卒業証書」の提出が要求されているのである。また、これは後述の汪政権における最初留学生派遣手続に際しても、卒業証書の提出が求められており、遺失した場合にかぎり「確実な証明書」でよいとされている「教育部民国二十九年度留日公費生公選辦法」（中国第二歴史檔案館編『汪偽政府行政院会議録（国内本）　第三巻』檔案出版社、一九九二年一〇月、二一八頁）。

(17) 原文「経歴」。

(18) 維新政府『政府公報』第三五号、民国二八年一月二日（中国第二歴史檔案館編『汪偽国民政府公報　一』江蘇古籍出版社、一九九一年八月）。以下、特にことわりのないかぎり、維新政府「留学規定」の引用は『政府公報』第三五号一三〜二二頁による。

(19) 維新政府は、一九三八年七月、私費留学生に関して事前に一定の規定を制定していたという（前掲『維新政府成立概史』二二二〜二二三頁）。しかし、民国二七年七〜八月に発行された維新政府『政府公報』に該当する規定は収録されていない。

(20)「独立学院」については、「中國國民黨第四次全國代表大會教育工作報告　（三）整理大學及專門學校　（一）改革大學及専門学校制度」（一九三二年一一月）（前掲『革命文献　第五十三輯』、一五一頁）。これによれば、一九二九年夏季休暇後、国民政府教育部は大学組織法を公布したが、そのなかで大学を文・理・法・教育・農・工商（ママ）・医の各学院に分けた。そのうち、三学院以上設置してあるものを大学、そうでないものを「独立学院」とした。University と College の違いと考えてほぼよい。

(21) 既出の（16）で述べたように、ここでも原本を要求していると、解釈する。

(22) 原文：「服務證明書」。

(23) 原文「初試」。

(24) 原文「覆試」。

(25) 原文「検査体格」。詳細は記されていない。

(26) 原文史料のまま。三項目に区切りはない。
(27) 前掲『維新政府成立概史』一二頁。句読点、仮名遣いは原文のまま。
(28) 原文「留學國國幣」。
(29) 二学期以上にわたって報告がなされない場合、処罰の対象となった。
(30) 「 」は原文のまま。
(31) 「公費留學生一覧表」（前掲『維新政府成立概史』二二三～二二五頁）。留学証書を受領しながら留学しなかった学生については、「不去」と記すのみで、理由は記されていない。
(32) 東亜学校については、日華學會編『日華學會二十年史』昭和一五年五月、一〇〇～一三二頁参照。なお、本書の巻頭写真には、関係者肖像に加え、東亜学校校舎および各学寮の様子も掲載されている。
(33) 「陸思傑履歴書」（昭和一五年二月一日付）（ＪＡＣＡＲ（アジア歴史資料センター）Ref. B05015580500（第一八画像）、在本邦留学生便宜供与（入退学、見学、実習等）関係雑件／自費留学生関係 第五巻（外務省外交史料館））。履歴書によれば「思傑」は別号であり、姓名は「陸熙黄」。前掲『維新政府成立概史』二二五頁に陸思傑の名が記されており、「昭和十一年（民国二十五年《ママ》）日本明治大学新聞高等研究科卒業」とある自筆履歴書の学歴と、『維新政府成立概史』二二五頁での年次の記載はないが「日本明治大学新聞科卒業」とある記述は、若干の出入りはあるものの、同一とみなして差し支えあるまい。
(34) 「入学志望者紹介ノ件」（昭和一五年二月八日起草、二月九日発送済）（ＪＡＣＡＲ（アジア歴史資料センター）Ref. B05015580500（第一四～一五画像）、在本邦留学生便宜供与（入退学、見学、実習等）関係雑件／自費留学生関係 第五巻（外務省外交史料館））。この第一五画像には附箋が添附されており、「同人ハ維新政府派遣ノ当部選抜□学生ニシテ日本語ハ東亜学校三期終了シ居リ人物モ温良ナルモノト認メラルルニ付紹介スルモノト致度　松永」と記されている。他にも、前掲『維新政府成立概史』の「公費留學生一覧表」所載の壽振宇・汪國華・沈学傅の三人についても、上記「入學志願者紹介ノ件」の第二一～四一画像において確認できる。後三者についても附箋の記載者は「松永」とあり、記載者の個人的配慮からなのか、それとも汪政権成立を目前にして、派遣元の各政権が吸収されることに由来する配慮なのか不明であるが、規定の文面に敢えて付箋を付ける意味の検討が必要であろう。

（35）「発給留日自費生留學證書暫行條例中華民國廿八年壹月貳日公布」（JACAR（アジア歴史資料センター）Ref. B05015476800（第二三六～二三八画像）在本邦選抜留学生補給実施関係雑件／方針関係第二巻）。タイトルは原文のままであり、原文はタイプ印刷だが、最後の「公布」は毛筆。なお、本資料には邦訳版が収録されており（第二三四～二三五画像）、引用に際してはこれによった。ところで、前掲『日本侵華教育全史　第三巻』三六八～三六九頁では、これを維新政府の規定として紹介し、出典を維新政府『政府公報』第三五号としているが、誤りである。維新政府『政府公報』第三五号は、その表紙に民国二八年一月二日発行と明記されており、本条例が一九三九年一月二四日付であることと明らかに矛盾する。要するに、史料の所在を誤認したまま議論を展開してしまったのであり、明らかな失態である。『日本侵華教育全史』シリーズのうち、余子侠・宋恩栄『日本侵華教育全史　第二巻　華北巻』人民教育出版社、二〇〇五年七月、四三一頁では、本条例を正確に臨時政府の規定として的確に取り扱っているのであり、シリーズとして刊行する際の、相互の連絡や共同研究が行われたのか、疑問が残る。全体の編集担当者の責任も少なくはない。このシリーズは、中国における最初の本格的かつ総体的に日中戦争期の教育問題を扱った研究であり、最近の研究動向でもある国民政府への正当な評価の試みと同時に、従来からの共産党の根拠地での活動を加えながら、日本の占領統治における教育の役割を検討しようとするもので、意義ある研究である。そうしたなかで、こうした初歩的な資料批判が欠落しているのは、九仞の功を一簣に欠くきらいがあり、きわめて残念である。

（36）前掲『日本侵華教育全史　第二巻』四三一～四三二頁。

（37）在中華民國（北京）大使館參事官堀内干城から外務大臣有田八郎あて添附文書には「……今次事變後閉鎖セラレタルニ依リ支那人ノ本邦留学ニ際シ種々不便ヲ伴ヒ居ルニ付本留学證書ヲ発給シテ初メテ其ノ身元丈ニテモ明カニセントノ趣旨ニシテ……」（引用は原文のまま）とある。なお、この文書は、東亜同文会会長近衛文麿・日華学会会長細川護立にも、外務省文化事業部長から転送されている（JACAR（アジア歴史資料センター）Ref. B05015476800（第二二九～二三一

画像）在本邦選抜留学生補給実施関係雑件／方針関係第二巻）。

(38)「教育部呈國立中央大學、國立上海大學經臨費支出預算書及審査意見」（一九四〇年六月一八日）（前掲『汪偽政府行政院會議録　第三巻』七五～九四頁）等。なお、この史料は原版の孔版印刷を写真製版したもので、史料性が高い。

(39)「教育部審査留日公費生考選委員會組織大綱、考選辦法及支出預算書」（前掲『汪偽政府行政院會議録　第三巻』二一〇～二二四頁。「留日公費生考選委員會組織大綱」などの審議過程や内容についてその審議議事録も収録されており、そのプロセスを知ることができる。この事項に関しては、特にことわりのないかぎり、本史料による。

(40)前掲『日本侵華教育全史　第三巻』三七七頁。

(41)前掲『日本侵華教育全史　第三巻』三七七頁。なお、同書によれば、考選委員会の委員として教育部高等教育司司長銭慰宗、同部秘書徐漢、同部参事徐公美、同部普通教育司司長徐季敦、同部社会教育司司長厳恩柞、同部督学趙如珩、編審孫振および徐義範の八人がその任にあたった。七月九日付で四人増員されて合計一二人の委員会となるので、当初のメンバーは上記ですべてであった。

(42)前掲『日本侵華教育全史　第三巻』三七七頁。同書では「教育部留日公費生考選辦法（民国二十九年度）」のように、年度を（　）に別にと表記している。これは、先の「教育部留日公費生考選委員会組織大綱」も同様である。本稿では、管見のかぎり最も一次史料に近い『汪偽政府行政院會議録　第三巻』収録のものを資料来源とするので、史料タイトル表記もそれに従った。また、前掲『日本侵華教育全史　第三巻』三七七頁では、六月二七日に第一次会議を開いて、その場で「教育部度留日公費生考選委員会組織大綱（民国二十九年度）」を策定したように記しているが、本文で述べたように、第十五次行政院会議に提出された同委員会報告から見ると、その段階では確定していない。

(43)原文「列席」。

(44)前掲「教育部度留日公費生考選委員會組織大綱」（『汪偽政府行政院會議録　第三巻』二〇九～二一〇頁）。

(45)「教育部民國二十九年度留日公費生考選辦法」には「蒙疆華北両処呈請行政院諮転該地方政府選抜」とあり、蒙疆政権と華北政務委員会の統治地域を別扱いしている。

（46）なお、以下の申請書類のうち、二部（二葉）提出が求められているものは、一部（一葉）を申請窓口となる各省市の教育行政機関で保存し、一部（一葉）を中央の教育部に送付する。

（47）サイズ、無帽指定などは記されていないが、維新政府の「留学規定」では「四寸」と指定があった。また、常識的に考えて、帽子をかぶった証明写真はあり得まい。

（48）原文のまま。人材を秤に懸ける意味をそのままもちいている。従って、試験を行って選抜するのとは異なる意味で用いられている。

（49）原文：「検験体格」。

（50）先には「武昌」でも一次試験を実施することとなっているが、選抜単位としての記載はない。漢口に含まれているものと判断する。

（51）「正規生」は原文「正取生」、「補欠」は原文「備取生」。

（52）前掲『日本侵華教育全史　第三巻』三七八頁。

（53）前掲『日本侵華教育全史　第三巻』三七八頁では、同年一〇月の汪政権「教育部工作報告」を根拠に、一次試験終了後に日本に対して一〇名の増員を要請したように記してあるが、行政院会議録では七月九日段階ですでに要請している（前掲「教育部度留日公費生考選委員會組織大綱」（『汪偽政府行政院會議録　第三巻』二一〇～二一一頁））。したがって、本文に記したように、この段階で日本側との交渉が決着したと判断した。

（54）前掲「教育部民國二十九年度留日公費生考選大綱」（『汪偽政府行政院會議録　第三巻』二一一頁）。

（55）「湖北」と漢口との関係、およびもともと二か所で実施することになっていた二次試験を四か所に拡大した理由は不明。時間が切迫していたために、受験生の便を考慮したのかも知れない。

（56）原文：「専門科学（依拠報考者之擬習科目分別試験）」。「専門科学」が加わったことは、前掲『日本侵華教育全史　第三巻』三七八頁。もともとの「考選大綱」にはない。

（57）この問題について、実際の募集要項などをまだ入手していないので、最終的な判断はつきかねる。

(58) 原文：「特許者」。

(59) 前掲『日本侵華教育全史　第三巻』三七八頁。以下、具体的な日本派遣留学生の行動は、特にことわりのないかぎり同書、三七八～三七九頁による。

(60)『中華日報』民國二九年八月二〇日。他の新聞は、未見。前掲『日本侵華教育全史　第三巻』三七八頁。

(61) 前掲「教育部民國二十九年度留日公費生考選大綱」（『汪偽政府行政院会議録　第三巻』二二二頁）。「大綱」ではどこでだれからの訓話を聴くのかまでは記されていない。

(62)「通行証」「防疫証」は原文のまま。「護照」「旅券」などと記されていない理由は不明。なお、「防疫証」が現在の「予防接種証明書（イエローカード）」と類似のものであるとは思われるが、こちらも詳細は不明。

(63) 前掲『日本侵華教育全史　第三巻』三七八頁では「聆訓」、前掲「教育部民國二十九年度留日公費生考選大綱」（『汪偽政府行政院會議録　第三巻』二二二頁）では「聴訓」。意味は同じであるが、使っている文字が異なる。また、後者から、こうした派遣予定者の行動がすでに決まっていたスケジュールに従っていることがわかる。

(64) 当時、上海―長崎は一昼夜で結ばれており、五〇〇〇トンの長崎丸は上海丸、神戸丸とならぶ代表的な高速船であった。

(65) 前出「陸思傑履歴書」（昭和一五年二月一日付）（JACAR（アジア歴史資料センター）Ref.B05015580500（第一八画像））には、「上陸地神戸」とある。その後、入関手続きを済ませた後、東海道本線で東京へ向かったのであろう。

(66)「教育部民國二十九年度留日公費生考選委員會支出預算書」（前掲『汪偽政府行政院會議録　第三巻』二二三～二二四頁）。以下に、それを添附する。この金額の一人あたり経費が、果たして妥当なのかどうか判断がつきかねるが、付き添いで日本まで往く係員の旅費が、全体の四分の一弱を占めるのは、多少高いようにも思える。

(67)「教育部呈請酌予留日公費生及自費生津貼擬具津貼辦法及經費支出預算書」（一九四〇年一一月二六日）（前掲『汪偽政府行政院會議録　第四冊』五一八～五二四頁）。「國外留學生津貼辦法」がその具体的規定であり、全一三条からなっていた。

(68) 一九四〇年当時、日本の物価水準については、週刊朝日編集部『値段の世相史　明治・大正・昭和』朝日文庫、一九八七年。同書によれば、当時の大学卒で大蔵省入省のキャリア官僚の初任給は七五円、また山手線初乗り運賃は五銭であった。

(69) 教育部「國外留學規定」民國三〇年五月（國民政府文官處印鑄局『國民政府公報　第壹玖零號』中華民國三十年六月二十日、一七～二五頁）（中国第二歴史檔案館編『汪偽国民政府公報』江蘇古籍出版社、一九九一年八月）。これには、「國外留學規定」の標題の下に、「民國三十年五月奉院令修正公布」とある。本文中にも記したように、これは国民政府が一九三三年に制定した「國外留學規定」を「修正」したという意味である。

(70) 「行政院第伍捌次會議討論事項第壹案附件」（前掲『汪偽政府行政院會議録　第七巻』二〇～二一頁）。

(71) 民国一七年におかれた県名。甘粛省皐蘭県の南。

(72) 省名、県名が入り乱れている理由は不明。

(73) 原文：「和運理論」。

(74) 前掲「行政院第伍捌次會議討論事項第壹案附件」。

(75) 王奇生『留学与救国　抗戦時期海外学人群像』広西師範大学出版社、一九九五年一二月、二六頁。原文では、「文法商教」、「理工農医」「其他」とあるものを、それぞれ「文系」「理系」「その他」と訳出した。

(76) 前掲『日本侵華教育全史　第三巻』三六五頁。本書の著者は、これを汪政権教育部統計室編『全国教育統計　第五集』、二二頁からの引用と注記している。以下に、それを表にしたものを引用する。

(77) 前掲『留学与救国』二六頁。王奇生は、それに続けて、「当時の留米学生の中では工学を学ぶ者が最も多く、なかでも航空工学はこれまた留米工学生が最も熱心に究めようとするものであった」（二六頁）、と述べている。

(78) 行政院「中國國民黨第五次全國代表大會教育工作報告　（一）高等教育（五）実用学科之注重」（一九三五年一一月）（前掲『革命文献　第五十三輯』、一七三頁）。なお、学院は日本の大学の「学部」に、課目は「学科」にあたる。

(79) 王奇生も、「近代における留学生の専攻選択は、中国知識人の国家観と民族意識とを余すところなく反映していたのである。国家民族を大前提として、〝中国に最も益となるものを選ぶ〟ことが、この世代の学び手に共通する信念であった」（前掲『留学与救国』二七頁）と述べている。

（付表）「汪政権時期の日本派遣留学生専攻別統計」

専攻	人数	比率（%）
文学	8	4.30
法学	12	6.45
医学	25	13.44
工学	16	8.6
機械	3	1.61
数理	3	1.61
師範	1	0.54
美術	2	1.08
軍事	2	1.08
農科	8	4.30
体育	1	0.54
外交	1	0.54
理科	6	3.22
商科	10	5.38
教育	2	1.08
土木	3	1.61
電機	4	2.15
生物	1	0.54
蚕桑	3	1.61
政経	26	13.97
警察	1	0.54
家政	2	1.08
音楽	1	0.54
未定	45	24.19
合計	186	100.00

出所：『日本侵華教育全史　第三巻』395 頁。

原注：資料来源：汪偽教育部統計室編：《全国教育統計》、第五集、第 21 頁。

訳注　①各専攻名は原文のまま。

②原文「比例」。

③比率の小数点以下の標記原文では不揃いのため、引用に際して下 2 桁にそろえた。

あとがき

孫　安石

本書は、学術振興会科学研究費「東アジアにおける『学』の連鎖——中華民国期の日中間の留学生派遣に関する比較研究」（二〇〇三年〜二〇〇五年、基盤Ｂ、課題番号１５３２００９７）の研究成果の一部に、その前後の時期の個別の研究成果を加えて構成されている。人文学分野において中国人日本留学生を取り上げた共同研究の意義や近年の研究動向などについては、先に上梓した『中国人日本留学史研究の現段階』（御茶の水書房、二〇〇二年）ですでに紹介しているので、以下、二〇〇三年以降に開始した本共同研究が目ざしたこと、取り組んだ主な活動、および今後の研究課題にふれて、あとがきに代えたい。

本共同研究は、前記『中国人日本留学史研究の現段階』の研究成果を継承しつつ、中華民国期における日本と中国の留学生交流を広い意味における「学」の連鎖という視点から再構築することを目指すものであった。研究の具体的な内容は、中華民国期の留学生関連資料の収集と分析、日中戦争期の留学生の動向、そして、日本人（学生、研究者および役人、軍人等）の中国留学に関する資料の収集、分析を行って、今後両国の留学生史を比較しつつ考察する視点を確保することであった。本書の各論考は、これらの問題提起を踏まえた各執筆者の取り組みの中間報告であり、資料編に収録した中華民国国史館の「教育部留日事務檔案」、『同仁』、『日華学報』、『留東学報』、『中国留日同学会季刊』の目次と解題などは、一九九八年から断続的ながら国内と国外で行った資料調査の成果の一部を遅ればせながらまとめたものである。

ところで、二〇〇三年以降の中国人留学生研究をめぐる最も大きな変化は、中国大陸における留学生史研究が活発な様相を帯びてきたことである。その一例が、二〇〇四年一〇月に天津の南開大学で開催された国際シンポジウム「留学生と中外文化」であったように思われる（その成果は、二〇〇五年に李喜所主編『留学生与中外文化』天津、南開大学出版社、として刊行された）。同シンポジウムでは、一九世紀の清末から一九八〇年代の改革開放以降の現代中国までイギリス、フランス、アメリカ、ロシア、日本などに留学した中国人留学生の諸活動に関する最新の研究成果が披露された。また、徐州師範大学には中国人留学生と近代中国との関連を専門に研究する「留学生与近代中国研究中心」が設けられており、留学生研究を取り巻く中国側の動きは熱いものがある。

このような中国側の新たな研究動向を日本国内に紹介し、日本からもこの数年来取り組んできた研究成果を中国側に向けて発信すべく開催したのが、「中国人留学生と日中戦争」シンポジウム（神奈川大学、二〇〇六年三月）であった。同シンポジウムには、本共同研究のメンバーがそれぞれ、「中国人留学生と『日華学報』・『同仁』雑誌」（大里浩秋）、「維新政府と汪兆銘政権の留学生政策」（三好章）、「日本占領期華北における留日学生をめぐる動向」（川島真）、「日本人の中国留学に関する史料紹介」（孫安石）と題する報告を行い、中国と台湾からは「日中戦争時期の留日学生と留英学生」劉暁琴（南開大学）、「日中戦争時期の中国人留学生」周棉（徐州師範大学）、「台湾・国史館所蔵の史料紹介」林清芬（台湾・国史館）と題する報告が行われた。

また、同シンポジウムにあわせて若手研究者による研究発表会を開き、「戊戌変法前後の留日学生」川崎真美（中国研究所）、「二〇世紀初頭の在日中国人留学生」川尻文彦（帝塚山学院大学）、「旧制第一高等学校特設予科及び特設高等科の事例」夏目賢一（東京大学大学院）、「改革開放期の中国政府派遣赴日学部留学生」王雪萍（慶應義塾大学大学院）と題する報告を聞き、率直に意見交換した（以上、所属は当時）。

シンポジウムでの議論をいま振り返れば、中国人の日本留学史というテーマは、その具体的な諸問題については見解の相違がいろいろあったのは当然として、同テーマが日中関係史、異文化交流、現代政治、教育学など様々な分野にわたって極めて重要な研究テーマであることには多くの人が賛意を表したように思われる。また、一九四五年の終戦と一九四九年の中華人民共和国の建設、そして、一九六〇年代の文化大革命という大きな歴史的な転換期を挟んだ時期の中国の留学生派遣政策がどのように変容し、一九八〇年代以降の留学生派遣の再開につながるかについても、早急な研究が必要であるとの声が多かった。私たちの今後取り組むべき課題はたくさんあるのである。

本共同研究が学術振興会の科学研究費の補助を最初に受けた一九九八年から数えれば一〇年という年月が経過し、やっと二冊目の研究成果を上梓することができ、継続は力なり、ということわざの意味をひしひしと感じるこの頃である。

本書刊行に当たって執筆者の他にも多くの方のお世話になった。とくに、佐々木恵子さん（神奈川大学大学院・中国言語文化研究専攻修了）には資料編のデータ入力において多大な協力をいただいた。また、御茶の水書房編集部の小堺章夫さんには企画から原稿校正まで限られた時間において的確な指示をいただいた。

最後に、本書は独立行政法人日本学術振興会の平成二〇年度科学研究費補助金（研究成果公開促進費）を得て出版することができた。ここに記して感謝します。

書名	著者	体裁・価格
中国人日本留学史研究の現段階	大里浩秋編	A5判・四六〇頁 価格 六六〇〇円
中国における日本租界——重慶・漢口・杭州・上海	孫安石編	A5判・三九六頁 価格 七八〇〇円
中国における社会結合と国家権力	大里浩秋・孫安石編著	A5判・五〇〇頁 価格 六六〇〇円
日中戦争史論——汪精衛政権と中国占領地	祁建民著	A5判・三八〇頁 価格 六〇〇〇円
東アジア共生の歴史的基礎	小林英夫著	A5判・三五〇頁 価格 六〇〇〇円
近代中国と日本——提携と敵対の半世紀	鶴園裕・弁納才一編	A5判・三五〇頁 価格 六〇〇〇円
日本財界と近代中国——辛亥革命を中心に	曽田三郎編著	菊判・三二〇頁 価格 四八〇〇円
中国国民政府期の華北政治	李廷江著	A5判・三七四頁 価格 六六〇〇円
中国農村の権力構造	光田剛著	A5判・三二〇頁 価格 五〇〇〇円
中国社会と大衆動員	田原史起著	A5判・四六〇頁 価格 六八〇〇円
日本人反戦兵士と日中戦争	金野純著	A5判・四九八頁 価格 六八〇〇円
中国教育の発展と矛盾	菊池一隆著	菊判・六八〇頁 価格 六〇〇〇円
アジアにおける文明の対抗	小島麗逸・鄭新培編著	菊判・三二〇頁 価格 五九〇〇円
	藤田裕二著	A5判・五〇〇頁 価格 七〇〇〇円

御茶の水書房
（価格は消費税抜き）

編　者

大里浩秋

孫安石

留学生《りゅうがくせい》派遣《はけん》から見《み》た近代日中関係史《きんだいにっちゅうかんけいし》

2009 年 2 月 19 日　第 1 版第 1 刷発行

編　者——大里浩秋・孫安石

発行者——橋本盛作

発行所——株式会社御茶の水書房

〒113-0033 東京都文京区本郷 5-30-20

電話　03-5684-0751（代）

組版・印刷・製本所——シナノ印刷株式会社

Printed in Japan

ISBN978-4-275-00813-8 C3022

執筆者略歴

桑兵（Sang Bing）

1956年、中国桂林生まれ、華西師範大学歴史系大学院博士課程修了、博士

現職：中山大学歴史系教授

専門分野：中国近現代政治・社会・文化、中日関係史

主著：『晩清民国的国学研究』（上海古籍出版社、2001年）、『庚子勤王与晩清政局』（北京大学出版社、2004年）、『晩清民国的学人与学術』（中華書局、2008年）

孫安石（Sun An Suk）

1965年、韓国ソウル生まれ、東京大学大学院地域文化研究専攻博士課程修了、博士（学術）

現職：神奈川大学外国語学部教授

専門分野：中国近現代史

主著：『中国人日本留学史研究の現段階』（編著、御茶の水書房、2002年）、『戦争・ラジオ・記憶』（編著、勉誠出版、2006年）、『東アジアの終戦記念日——敗北と勝利のあいだ』（編著、ちくま新書、2007年）

川崎真美（かわさき　まみ）

1979年、東京生まれ、中央大学大学院法学研究科政治学専攻博士前期課程修了

現職：（社）中国研究所職員

専門分野：近代日中関係史

大里浩秋（おおさと　ひろあき）

1944年、秋田県生まれ、東京大学大学院人文科学系修士課程修了

現職：神奈川大学外国語学部教授

専門分野：中国近代史、日中関係史

主著：『20世紀の中国研究——その遺産をどう生かすか』（編著、研文出版、2001年）、『中国人日本留学史研究の現段階』（編著、御茶の水書房、2002年）、『中国における日本租界——重慶・漢口・杭州・上海』（編著、御茶の水書房、2006年）

劉　振生（Liu Zhensheng）

1962年、中国遼寧生まれ、東北師範大学日本語科博士課程修了、文学博士

現職：大連民族学院日本語学部助教授・日本研究所所長

専門分野：日本近現代文学、中日歴史文化関係

主著：『日本社会派作家石川達三文学評述』（吉林大学出版社、2001年）、『「満州国」日本留学史研究』（吉林大学出版社、2004年）、『二宮尊徳思想と実践研究』

（共編著、吉林大学出版社、2008年）

祁　建民（Qi Jianmin）

1960年、中国山西省生まれ、南開大学大学院中国歴史専攻博士課程修了、歴史学博士。東京大学大学院地域文化研究専攻博士課程単位取得、博士（学術）

現職：長崎県立大学国際情報学部准教授

専門分野：中国近現代史、日中関係史

主著：『二十世紀三四十年代的晋察綏地区』（天津人民出版社、2002年）、『中国における社会結合と国家権力――近現代華北農村の政治社会構造』（御茶の水書房、2006年）、『日本の蒙疆占領　1937-1945』（共著、研文出版、2007年）

川島　真（かわしま　しん）

1968年、東京生まれ、東京大学大学院人文社会系研究科博士課程単位取得満期退学、博士（文学）

現職：東京大学大学院総合文化研究科准教授

専門分野：アジア政治外交史、中国近現代史

主著：『中国近代外交の形成』（名古屋大学出版会、2004年）、『東アジア国際政治史』（共編著、名古屋大学出版会、2006年）、『中国の外交』（編著、山川出版社、2006年）

三好　章（みよし　あきら）

1952年、栃木県生まれ、一橋大学大学院社会学研究科博士後期課程満期退学、博士（社会学）

現職：愛知大学現代中国学部教授

専門分野：中国近現代史、中華人民共和国教育史

主著：『摩擦と合作　新四軍　1937～1941』（創土社、2003年）、『『清郷日報』記事目録』（中国書店、2005年）

林清芬（Lin Qingfen）

台湾台北生まれ、中国文化大学歴史研究所修士課程修了

前職：国史館協修

専門分野：中国近代教育史

主著：『抗戦時期我国留学教育史料（全6冊）』（編著、台北国史館、1994—99年）、『台湾戦後初期留学教育史料彙編（全5冊）』（台北国史館、2002-07年）、「戦後初期我国留日学生之召回与甄審（1945-1951）」（『国史館学術集刊』第十期、台北国史館、2006年2月）

資　料　編

資料-1
中華民国国史館「教育部留日事務檔案」紹介

林　清芬

一、中華民国国史館と教育部移転檔案の簡単な紹介

1、国史館の任務と組織

a, 任務

(1) 中華民国国史、地方史の編纂。

(2) 国家重要資料文献の保存。

(3) 総統、副総統の文物に関する業務の主管。

b, 組織：総統府に直属し、館長、副館長、主任秘書、秘書処等が設けられ、その下に次の3処が置かれている。

(1) 修纂処：中華民国国史、地方史の編纂を行う。

(2) 審編処：国家重要資料文献の保存を行う。

(3) 採集処：総統、副総統の文物に関する業務を主管する。

2、教育部から国史館に移転した檔案の簡単な紹介

a, 檔案移転時間：1976（民国65）年から1991（民国80）年まで、6度に分けて移転。

b, 檔案内容時間：1904（清光緒30）年から1971（民国60）年まで。

c, 檔案内容：清朝学部と中華民国教育部の檔案合わせて2438巻。

d, 檔案目録：教育部檔案移転目録（目録番号、191から197まで）。

e, 檔案目録検索：国史館ホームページ http://www.drnh.tw/www/index.aspx
中の、学術資源検索 / 現蔵移転資料目録。（附件1参照）

二、国史館「教育部檔案」中の留学教育と関連する檔案の概略

1、清末民初部分

　留学卒業生試験、海外訪問および留学各項規定、管理欧州遊学監督処章程、学生を選抜して国外留学に就かせる件、農・工・医を習うことをもって私費留学生に国費を与える規定、留学費目、留学生が外国の婦女と結婚することを禁じる件、日本および西欧へ留学した者の名簿、各省私費留日学生名簿、各省留日学生帳簿および私費生調査表、イギリス・アメリカ・ドイツ・フランス・ベルギー等へ留学した者の卒業生ならびに在校

生名簿、イギリス・ベルギー両国の銀行に留学生の学費支払いで借款する件等。

（附件２参照）

2、民国部分

a, 各省市による留学生選考（1934—1948）：省市留学選考総巻、江蘇・浙江・安徽・江西・福建・広東・広西・湖南・湖北・四川・西康・貴州・雲南・河北・河南・山東・山西・陝西・甘粛・寧夏・綏遠・察哈爾・青海・新疆・上海・天津等の省市による留学生選考に関する檔案（目録番号197/007—033、115）。

b, 教育部による公費生選考（1942—1956）：総巻、教育部によるイギリスへ派遣する公費生選考・アメリカに派遣する公費生選考に関する檔案（目録番号197/104—106）。

c, 各機関による留学生選考（1942—1954）：総巻、中英庚款董事会・全国経済委員会・東北青年教育救済処・国立北洋工学院・清華大学・中山大学・中法教育基金委員会・中央研究院・中華教育基金委員会・中法大学・同済大学・中華農学会等の機関、学校による留学生選考に関する檔案（目録番号197/034—046、116）。

d, 各省による留学補助：（1937—1948）半官方補助費奨学金総巻、江蘇・安徽・江西・広西・湖南・湖北・四川・貴州・雲南・河南・山東・陝西・甘粛等の省による留学補助関連の檔案（目録番号197/047—060）。

e, 公費・私費の留学証書の発給（1937—1954）：

公費留学証書の発給—総巻、イギリス・アメリカ・ドイツ・フランス・オーストリア等の国に関する檔案（目録番号197/077—082）。

私費留学証書の発給—イギリス・アメリカ・ドイツ・フランス・日本・ベルギー・イタリア・オーストリア・スイス・カナダおよびその他の国の留学事務に関する檔案（目録番号197/083—094）。

f, 各留学国事務（1937—1956）：総巻、イギリス・アメリカ・ドイツ・フランス・日本・ソ連・ベルギー・イタリア・オーストリア・スイス・カナダおよびその他の国の事務に関する檔案（目録番号197/061—073）。

g, 私費留学試験（1944—1946）：（目録番号197/111；193/139—140）。

h, 帰国手続き（1937—1956）：総巻、イギリス・アメリカ・ドイツ・フランス・日本・ソ連・ベルギー・イタリアに関する檔案（目録番号197/095—103）。

i, 帰国留学生救済の紹介サービス（1939—1955）：帰国留学生救済・帰国留学生救済のための手続き・帰国留学生の各大学への分配・帰国留学生救済の紹介サービス等に関する檔案（目録番号197/107—110；193/138）。

j, その他：国外留学総巻、教育部発布の留学規則、留学についての各国の規定、留学生による国際宣伝協力、留学生選考委員、国外留学生補導；欧州大戦中の留学生の処置、革命功労者子女の留学；専科以上の学校教員の出国講義あるいは研究の方法；留学生選考委員会；国際派遣留学生；華僑教育（華僑学生救済）（目録番号197/001—006；074

—076；117；193/109；194/023—025；194/026）。

三、教育部「各省市による留学生選考に関する檔案」中の日中戦争前後の留日事務資料紹介

1、「各省市による留学生選考に関する檔案」概略

a, 目録番号：197/007—033・115、70巻、643件。

b, 時間：1934—1948年。

c, 各省市：江蘇・浙江・安徽・江西・福建・広東・広西・湖南・湖北・四川・西康・貴州・雲南・河北・河南・山東・山西・陝西・甘粛・寧夏・綏遠・察哈爾・青海・新疆・上海・天津等の省市。

d, 内容：

⑴ 各省の留学政策関連の法令・規則・文件等。

⑵ 各省の留学試験に関する事項：受験生名簿、留学試験問題、受験生成績表、合格者名簿等。

⑶ 各省の留学生出国に関する事項：留学証明書発行の請求、留学旅券の発行等。

⑷ 各省の留学生留学に関する事務：転学、期間延長等。

⑸ 各省の留学経費、留学予算等に関する事項。

⑹ 各省留学生の留学費救済請求や旅費発給に関する状況。

2、『抗戦時期我国留学教育史料—各省考選留学生』内容

第1冊：広東・広西・安徽、第2冊：江西・江蘇・浙江・福建・四川、第3冊：湖北・湖南・雲南、第4冊：山東、山西・甘粛・綏遠・青海、第5冊：陝西、第6冊：河北・河南・貴州・西康・寧夏・察哈爾・新疆および上海・天津の留学生選考に関する檔案。

（附件3参照）

四、教育部「各留学国事務檔案」中の日中戦争前後の事務資料に関する紹介

1、「日本留学に関する事務檔案」概略

a, 目録番号：197/066、84巻、259件。

b, 時間：1937—1955。

（附件4参照）

2、『台湾戦後初期留学教育史料彙編—留学日本事務（一）』内容

第1章：戦後初期留日学生概況

第2章：戦後初期留日学生の召集と甄審

第3章：戦後初期留日学生名簿と留学支援

第4章：戦後初期留日学生の留学支援

第5章：戦後初期留日学生の事務処理に関する規定　　　　　　　　　　　　（附件5、6参照）

3、『台湾戦後初期留学教育史料彙編―留学日本事務（二）』内容

壱、戦後初期台湾留日学生の経費と補助

弐、戦後初期台湾の私費留日学生

1、民国42年の私費留日学生

2、民国43年の私費留日学生

3、民国44年の私費留日学生

参、戦後初期台湾留日学生の留学証明

肆、戦後初期台湾留日学生の中共との対峙状況

五、国史館「教育部留日事務檔案」に関連する調査資料と著作

1、関連調査記録および史料編纂

a, 大里浩秋・孫安石「台湾国史館所蔵留日学生関連資料調査報告」（2000年、未刊）

b, 国史館『教育部檔案移転目録』（ネット上で見ることができる）

c, 国史館審編処編『国史館現蔵史料概述』（台北、国史館、2003年9月）

d, 林清芬編『抗戦時期我国留学教育史料』（台北、国史館、1994―99年、6冊）

e, 林清芬編『台湾戦後初期留学教育史料彙編―留学日本事務』（台北、国史館、2001―2年、2冊）

2、関連著作

a, 大里浩秋・孫安石編『中国人日本留学史研究の現段階』（東京、御茶の水書房、2002年5月）

b, 林清芬「国史館「各省市考選留学生檔案」之典蔵概況及其運用―以広西省為例」『国史館館刊復刊』第16期（台北、国史館、1994年5月）pp. 267―288

c, 林清芬「中央与地方政府対留学教育的政策与措施―以民国二十三至三十四年広東省為例」『中華民国史専題第五届討論会論文集』（台北、国史館、2000年12月）pp. 1595―1649

d, 林清芬「民国二十一至二十五年間江蘇省之考選公費留学生（上）（下）」『近代中国』第141―142期（台北、近代中国雑誌社、2001年2月、4月）pp. 165―184；pp. 53―85

e, 林清芬「戦後初期我国留日学生之召回与甄審（1945―1951）」『国史館学術集刊』第10期（台北、国史館、2006年12月）pp. 97―128

附件１：　國史館網頁 http://www.drnh.gov.tw/www/index.aspx

／學術資源檢索／現藏移轉史料目錄／

檔 號 一	而且
檔 號 二	而且
目 錄 號	而且
案 卷 號	而且
案　　名	而且
移轉單位	而且
時　　間	民前　　起、到　　民前
開始搜尋	

附件２：　國史館現藏目錄

列印選擇	檔號一	檔號二	目錄號	案卷號	案名	移轉	民前起	民前迄	民國起	民國迄	卷數	備註
□	平	文貳5	196	012	前清學部檔案目錄（一）（二）教育部檔案類目、國內外學術團體檔案目錄、前教育部秘書室、參事室、文書科、專門司（一）（二）檔案清冊、前教育部普教司、社教司、留學、庶務科、會計科、統計科檔案目錄等	教育部					6	
□	平	留	196	014	各省自費留日學生名冊	教					1	
□	平	留	196	015	江蘇省留日學生存根	教				4	2	
□	平	留	196	016	浙江省留日學生存根	教		3			2	

□	平	留貳2	196	016	浙江省留日學生存根	教育部	3		2
□	平	留貳3	196	017	安徽省留日學生存根	教育部		3	1
□	平	留貳4	196	018	江西省留日學生存根、官費生調查表	教育部	2		1
□	平	留貳5	196	019	福建省留日學生存根	教育部	3		1
□	平	留貳6	196	020	廣東省留日學生存根	教育部	2		1
□	平	留貳7	196	021	廣西省留日學生存根、公私費留日學生名冊	教育部	3		1
□	平	留貳8	196	022	湖南省留日學生存根	教育部	4		1
□	平	留貳9	196	023	湖北省留日學生存根	教育部	3		2
□	平	留貳10	196	024	四川省留日學生存根、官費留日學生調查表	教育部	4		1
□	平	留貳12	196	025	貴州省留日學生存根	教育部	4		1

□	平	留貳 13	196	026	雲南省留日學生存根	教育部		3	1
□	平	留貳 14	196	027	奉天省留日學生存根	教育部	3		1
□	平	留貳 17	196	028	直隷省留日學生存根、自費留日學生調查表	教育部	2		1
□	平	留貳 18	196	029	河南省留日學生存根	教育部	3		1
□	平	留貳 19	196	030	山東省留日學生存根	教育部	4		1
□	平	留貳 20	196	031	山西省自費留日學生調查表留日存根	教育部	3		1

□	平	留	196	031	山西省自費留日學生調查表留日存根	教	3	1
□	平	留	196	032	陝西省留日學生存根	教	3	1
□	平	留伍	196	033	考試游學畢業生案、出洋游歷游學各項簡章管理歐洲游學監督處章程、選派學生赴國外游學、自費游學生以習農工醫等科准給官費規定游學學費數目、游學生在肄業時禁與外國婦女結婚、東西洋留學生名冊等	教育部	4	6
□	平	留伍	196	035	前五年至前二年度留美肄業生、民國第一年度至十五年度留美畢業生各年度回國學生名冊等案	教部	17	8
□	平	留伍5	196	038	留日各項章則、各省留日學生按年分任經費、使日楊公游學計畫書、留日教育協議會草案法科等限制送學留日學生入學程度留日師範畢業獎勵留日各高等學校事項、議定游日學生定額及官費缺額、改訂管理游日學生監督處章程、籌設游學日本高等五校預科、核定留日選科劃一辦法、愛知縣醫校學生未便補費裁撤游日學生監督處案、游學日本高等五校預備學堂章程、游日山商學生准回原校肄業留日畢業生冊表等		16	22

附件 3：　教育部「各省市考選留學生檔案」中有關留日事務史料舉例

編號	檔案案名	時間	資料來源	項目	檔案內容概要
001	廣東省教育廳呈教育部遵令改訂修正廣東考選國外留學公費生章程	1935 年 3 月 28 日	林清芬編：《抗戰時期我國留學教育史料第 1 冊》（台北：國史館、1994 年 6 月） 原書編號第 1 章壹、03, pp.7-12	留學政策與留學規章	附件：修正廣東考選國外留學公費生章程 * 第 11 條三、留日學生
002	廣東省教育廳呈教育部遵令擬訂廣東省第 2 屆考選國外留學公費生簡章請查核	1935 年 4 月 2 日	同上書 v.1, 第 1 章壹、04 pp.12-18	留學政策與留學規章	附件：廣東省第 2 屆考選國外留學公費生簡章 *留日學生 10 名

003	廣東省教育廳呈報教育部取錄留學東西洋公費生	1935年 8月2日	v.1, 第1章貳、01 pp.37–58	留學考試與出國事宜	附件1：廣東省第2屆考選國外留學公費生名冊　*黃敦涵1名、派赴日本專習體育；附件2：廣東省第2屆考選國外留學公費生試題*17、日文試題
004	廣東省教育廳呈復教育部奉部令發留德公費生陳伯齊請准予延期歸國原呈及附件請審查加具意見等情	1938年 12月31日	v.1, 第1章參、10 pp.105–107	公費留學生留學學務	*陳伯齊原廣東省留日東京工業大學公費生、因參加愛國運動、為日勒令回國、後改派德國留學
005	教育部令廣東省教育廳據該省第2屆考選留日公費生黃敦涵呈懇將在日被敵監禁期間應領公費令飭該廳核發辦理	1938年 4月3日	v.1, 第1章肆、20 pp.149–150	留學經費與留學預算	附件：黃敦涵原呈
006	廣東省公費留德生陳伯齊呈教育部為請發給外匯證以維在德生活及學業	1939年 4月4日	v.1, 第1章伍、09 pp.162–164	留學救濟與匯發川資	*陳伯齊之公費原由留日公費轉移而來
007	廣西省政府咨送教育部廣西省最近5年度考送留學國外分科研究實習公費生辦法	1936年 3月31日	v.1, 第2章壹、02 pp.184–206	留學政策與留學規章	附件：廣西省最近5年度考送留學國外分科研究實習公費生辦法 附表1：廣西省最近5年度（24至28年度）考送留學國外分科研究實習公費生一覽表；附表2：廣西省5年度內考送留學國外分科研究實習公費生名額表 附表8：廣西省考送留學國外分科研究實習公費生每名應領各項公費表

008	廣西省政府電送教育部 25 年度招考留學國外公費生簡章請查明備案	1937 年 4 月	v.1, 第 2 章壹、05 pp.208-211	留學政策與留學規章	附件：廣西省 25 年度考送留學國外分科研究實習公費生簡章
009	安徽省政府咨教育部檢同該省 26 年歐美日留學公費生考試簡章請查核見復	1937 年 3 月 17 日	v.1, 第 3 章壹、03 pp.401-404	留學政策與留學規章	附件：安徽省政府教育廳招考留學歐美日公費生簡章
010	安徽省政府咨教育部該省教育廳轉陳留日公費生王石岩呈請以原費轉學德國學習航空機製造等情擬准予原費延長 1 年轉德	1936 年 8 月 7 日	v.1, 第 3 章參、01 pp.428-430	公費留學生留學學務	
011	教育部咨安徽省政府教育廳所呈准留日公費生王石岩轉學德國並將其留日原費延長 1 年應准如擬辦理	1936 年 8 月 15 日	v.1, 第 3 章參、02 p.430	公費留學生留學學務	
012	安徽省政府咨教育部留日公費生王樅呈請以原留日公費轉學德國應否照准	1936 年 9 月 24 日	v.1, 第 3 章參、05 pp.432-433	公費留學生留學學務	
013	教育部咨安徽省政府該省留日公費生王樅呈請以原費轉學德國一案礙難照准	1936 年 10 月 5 日	v.1, 第 3 章參、06 pp.433-434	公費留學生留學學務	
014	安徽省教育廳呈教育部准駐日本留學生監督處函以據陳壽琦呈請繼續發費准予延長 1 年	1937 年 7 月 3 日	v.1, 第 3 章參、07 pp.432-433	公費留學生留學學務	
015	教育部令安徽省教育廳准陳壽琦延長留學期限 1 年	1937 年 7 月 15 日	v.1, 第 3 章參、08 p.435	公費留學生留學學務	

016	安徽省教育廳呈教育部據留德公費生王石岩請再延長1年等情轉請鑒核	1937年12月27日	v.1, 第3章參、09 pp.435-436	公費留學生留學學務	
017	教育部令安徽省教育廳該省留德公費生王石岩公費准再延長1年	1938年1月3日	v.1, 第3章參、10 pp.436-437	公費留學生留學學務	
018	陳公博函教育部王部長王海驪呈請教部准予恢復官費事	1936年7月14日	林清芬編：《抗戰時期我國留學教育史料第2冊》（台北：國史館、1995年6月）原書編號第1章貳、01, p.19	留學考試與出國事宜	*王海驪原係江西省教育廳留日公費生、因九一八事變奉令回國、後轉學法國
019	王海驪呈教育部懇予令飭江西教育廳恢復公費	1936年7月23日	同上書 v.2, 第1章貳、02 pp.19-20	留學考試與出國事宜	
020	王海驪呈教育部請恢復留學歐美官費並改派赴美	1941年8月28日	v.2, 第1章貳、11 pp.37-40	留學考試與出國事宜	*本案提及九一八事變後各省留日官費生多有轉學歐美官費考試辦法、江西教育廳亦頒布留日官費生轉學歐美考試辦法
021	江西省教育廳呈教育部請轉飭前駐日留學生監督處陳監督將本省積存未發之公費如數匯還	1938年12月8日	v.2, 第1章肆、15 pp.83-85	留學經費與留學救濟	附件：江西省存駐日留學生監督處經費細數
022	陳次溥呈復教育部江西省教育廳催清結前監督處積存該省留日生公費案	1939年2月11日	v.2, 第1章肆、17 pp.86-87	留學經費與留學救濟	
023	教育部令江西教育廳據前駐日留學生監督陳次溥呈復該省留日學生公費餘款一案	1939年2月22日	v.2, 第1章肆、19 p.88	留學經費與留學救濟	
024	浙江省教育廳呈送教育部該省派遣國外留學生暫行章程	1937年2月23日	v.2, 第3章壹、01 pp.271-277	留學政策與留學規章	附件：浙江省派遣國外留學生暫行章程 *留日本公費生5名

025	福建省政府咨教育部為咨送該省26年度選派公費留學辦法請查核備案	1937年 5月19日	v.2, 第4章壹、01 pp.283-288	留學政策與留學規章	附件：福建省26年度選派國外公費留學生辦法 農科育種日本1名、獸醫1名美國或日本、水產1名日本或挪威
026	福建省政府教育廳呈報教育報該省26年度考取公費留學生人數留學國別等請查核令遵	1947年 3月5日	v.2, 第4章貳、01 pp.310-313	留學學務與出國事宜	附件：福建省26年度考取國外公費留學生一覽表
027	湖北省政府咨教育部該省教育廳擬准該省留德公費生黃超繼續研究2年並自24年5月起支留德公費是否可行請核辦見復	1935年 7月18日	林清芬編：《抗戰時期我國留學教育史料第3冊》（台北：國史館、1996年6月）原書編號第1章參、02, pp.98-101	公費留學生留學學務	*黃超原為日額轉德公費生 *本件述及湖北省留日公費生轉學歐美各國暫行辦法第7條有：「留日公費生轉學歐美後、其留學期間、應與在日留學期間合併計算、共計不得過4年」
028	湖北省政府咨教育部擬准該省留日公費生余頌堯繼續實習1年請核辦見復	1935年 10月22日	同上書 v.3, 第1章參、03 pp.101-102	公費留學生留學學務	*本件述及湖北省國外留學章程第34條有：「公費生在理工醫農等科畢業後、呈准繼續研究或實習者、其留學期間得延長1年至2年」
029	湖北省政府咨教育部擬換補日額轉德公費生周光達為留德公費咨請核辦見復	1935年 1月26日	v.3, 第1章肆、01 pp.130-131	留學經費與留學救濟	
030	教育部咨湖北省政府據該省教育廳案呈擬換補日額轉德公費生周光達為留德公費生一案應准所擬辦理	1935年 2月2日	v.3, 第1章肆、02 p. 131	留學經費與留學救濟	

031	湖北省教育廳呈教育部為購買外匯困難請函財政部核辦並懇代購匯發該省國外公費留學生及自費留學獎學金	1939年 4月6日	v.3, 第1章肆、22 pp.151-153	留學經費與留學救濟	附件1：湖北省政府教育廳主管國外公費留學生應購外匯清單
032	湖北省教育廳呈教育部請代購匯發該省國外公費留學生及自費留學獎學金祈鑒核示遵	1939年 6月30日	v.3, 第1章肆、35 pp.163-165	留學經費與留學救濟	附件1：湖北省政府教育廳主管國外公費留學生應購外匯清單
033	湖南省教育廳呈教育部擬舉行第2屆考送國外公費留學生考試呈請查核備案	1935年 1月14日	v.3, 第2章壹、01 pp.185-190	留學政策與留學規章	附件1：湖南省24年考送公費留學生初試專門科目 *留日學生8名
034	湖南省教育廳電呈教育部該省第3屆留學考試所習學科及留學國別情形請核示	1936年 3月20日	v.3, 第2章壹、05 pp.192-197	留學政策與留學規章	附件1：湖南省25年考送公費留學生初試專門科目 *留日學生8名
035	湖南省教育廳呈教育部擬修正該省考送國外公費留學生名額請備案	1936年 10月3日	v.3, 第2章壹、06 pp.198-204	留學政策與留學規章	附件1：湖南省考送國外公費留學生章程 *留日學生4名
036	教育部令湖南省教育廳據呈擬修正該省考送國外公費留學生名額准予備案	1936年 10月13日	v.3, 第2章壹、07 p.205	留學政策與留學規章	
037	湖南省教育廳呈教育部擬定該省第4屆留學考試研究科目及留學國別請核示	1936年 12月21日	v.3, 第2章壹、08 pp.205-209	留學政策與留學規章	附件1：湖南省第4屆留學生考試各科應考專門科目詳單 *留日學生4名
038	教育部令湖南省教育廳據呈擬該省第4屆留學考試研究科目及留學國別一案准如所擬辦理	1937年 1月7日	v.3, 第2章壹、09 p.209	留學政策與留學規章	

039	湖南省教育廳呈教育部奉令呈報該省以往考取之留學生人數懇鑒核	1946 年 2 月 24 日	v.3, 第 2 章壹、24 pp.221-223	留學政策與留學規章	附件：湖南省考取留學生名冊
040	湖南省教育廳呈報教育部該省第 2 屆考送國外公費留學生初試取錄學生成績等件請鑒核	1935 年 5 月 18 日	v.3, 第 2 章貳、01 pp.225-234	留學考試與出國事宜	附件 1：湖南省第 2 屆考送國外公費留學生考試成績冊；附件 2：湖南省第 2 屆考送國外公費留學生考試試題 *有日文試題
041	湖南省教育廳長朱經農電教育部為該屆留學考試擬展至 7 月底舉行可否乞電示遵	1936 年 3 月 3 日	v.3, 第 2 章貳、09 p.243	留學考試與出國事宜	*留學考試為便利留日考試擬展期
042	教育部電復湖南省教育廳該省該屆留學考試准展至 7 月底舉行	1936 年 3 月 5 日	v.3, 第 2 章貳、10 pp.243-244	留學考試與出國事宜	
043	湖南省教育廳呈報教育部該省第 3 屆考送國外公費留學生初試取錄學生成績等件請鑒核	1936 年 7 月 23 日	v.3, 第 2 章貳、11 pp.244-247	留學考試與出國事宜	附件：湖南省第 3 屆考送國外公費留學各科正取備取學生成績表
044	湖南省教育廳呈教育部據葛豪呈請續給葛飛熊公費一節應否照准祈核示	1937 年 3 月 24 日	v.3, 第 2 章參、05 pp.260-262	公費留學生留學學務	*本文件敘及湖南省教育廳曾頒管理留日學生章程、只准留級 1 次規定
045	教育部令駐日學生監督處據湖南省教育廳呈轉該省留日公費生葛飛熊請續給公費一案令仰該處轉飭該生前往指定之醫院檢查體格並向該生所入學校調查其修業情形呈報該部以憑核辦	1937 年 4 月 5 日	v.3, 第 2 章參、06 pp.262-263	公費留學生留學學務	

046	駐日學生監督處呈教育部奉令查明學生葛飛熊學籍情形呈覆請鑒核	1937年5月4日	v.3, 第2章參、07 pp.263-264	公費留學生留學學務	
047	教育部令湖南省教育廳該省留日學生葛飛熊所請續給公費一案礙難照准	1937年5月20日	v.3, 第2章參、08 p.264	公費留學生留學學務	
048	湖南省教育廳長朱經農電教育部為該省第2屆考送國外公費留學生擬招考中有丹麥荷蘭各1名惟該2國每月公費及出國川資費額為該省原章所未列擬比照比國例定各數支給可否之處乞核示電遵	1935年1月15日	v.3, 第2章肆、01 pp.269-270	留學經費與匯發川資	
049	湖南省教育廳呈教育部為留日公費生已在高等師範畢業再升大學者可否續發公費請核示祗遵	1935年4月29日	v.3, 第2章肆、03 pp.270-271	留學經費與匯發川資	
050	教育部令知湖南省教育廳留日公費生已在高等師範畢業再升入大學者請求續發公費一案礙難照准	1935年5月8日	v.3, 第2章肆、04 p.271	留學經費與匯發川資	
051	湖南省教育廳呈教育部為擬修正該省考送國外公費留學生章程第16條所列留學國別及月需公費數目呈請鑒核備案	1935年5月30日	v.3, 第2章肆、05 pp.272-274	留學經費與匯發川資	附件：湖南省考送國外公費留學生章程

052	教育部令湖南省教育廳據呈擬修正該省考送國外公費留學生章程第16條所列每月公費及出國回國川資表准予備案	1935年6月8日	v.3, 第2章肆、06 p.274	留學經費與匯發川資	
053	湖南省教育廳呈教育部據該省留日公費生淩智呈為該生已入東京文理科大學請將原校未滿年限應領公費繼續發給一節可否照准請核示	1936年8月28日	v.3, 第2章肆、07 p.275	留學經費與匯發川資	
054	教育部令湖南省教育廳據呈轉該省留日公費生淩智呈為該生已入東京文理科大學請將原校未滿年限應領公費繼續發給一案應予照准	1936年9月4日	v.3, 第2章肆、08 p.275	留學經費與匯發川資	
055	湖南省教育廳呈教育部奉令撥發國外留學生準備金以供災害救濟等因經提請省政府委員會通過1萬1千8百元呈請鑒核	1937年1月13日	v.3, 第2章肆、09 pp.276-277	留學經費與匯發川資	
056	湖南省教育廳呈教育部據該省留日返國學生劉世超等呈請補發7、8兩月學費一節請鑒核	1937年12月4日	v.3, 第2章肆、12 pp.278-279	留學經費與匯發川資	

057	教育部高等教育司函駐日留學生監督處陳監督湖南省教育廳呈部請轉令該處將已匯之湖南省留日公費生剩餘學費及準備金撥還請查照辦理見復	1937年12月11日	v.3, 第2章肆、13 pp.279–280	留學經費與匯發川資	
058	湖南省教育廳電復教育部該省對於留學歐美公費及獎學金情形請鑒核	1937年12月17日	v.3, 第2章肆、14 p.280	留學經費與匯發川資	
059	山東省教育廳呈送教育部該省24年度招考國外留學公費生簡章請鑒核備案	1936年2月11日	林清芬編：《抗戰時期我國留學教育史料第4冊》（台北：國史館、1997年6月）原書編號第1章壹、01, pp.1–4	留學政策與留學規章	附件：山東省24年度招考國外留學公費生簡章 *留學日本習園藝1名
060	教育部令山東省教育廳據呈送該省24年度招考國外留學公費生簡章准予備案	1936年2月17日	同上書 v.4, 第1章壹、02 p.5	留學政策與留學規章	
061	山東省教育廳廳長何思源電教育部黃離明司長該省留學考試海洋漁業1名以何國為宜	1937年3月	v.4, 第1章壹、06 p.12	留學政策與留學規章	
062	教育部電復山東省教育廳留學考試海洋漁業1科以派赴日本或美國為宜	1937年3月	v.4, 第1章壹、07 p.12	留學政策與留學規章	
063	山東省教育廳呈送教育部該省25年度招考國外留學公費生簡章恭請鑒核備案	1937年3月11日	v.4, 第1章壹、08 pp.12–16	留學政策與留學規章	附件：山東省25年度招考國外留學公費生簡章　*留學日本習園藝1名、海洋漁業1名

064	教育部令山東省教育廳據呈送該省25年度招考國外留學公費生簡章准予備案	1937年 3月17日	v.4, 第1章壹、09 p.16	留學政策與留學規章	
065	山東省選補國外留學公費生考試委員何思源等電教育部本屆選補國外留學公費生考試已於2日舉行計錄取孫守全等5名	1936年 4月7日	v.4, 第1章貳、01 p.22	留學考試與出國事宜	
066	山東省政府咨送教育部該省該年度國外留學公費生考試錄取各生試卷等件請核免覆試見復	1936年 4月13日	v.4, 第1章貳、03 pp.23-42	留學考試與出國事宜	附件2：山東省24年度錄取國外留學公費生成績表
067	山東省教育廳呈報教育部該省錄取本年度國外留學考試公費生畢天德等6名相片證件等件及各科試題試卷並辦理考試情形恭請鑒核	1937年 5月10日	v.4, 第1章貳、03 pp.44-49	留學考試與出國事宜	附件1：山東省25年度考選國外留學公費生錄取各生姓名學歷表；附件2：山東省25年度考選國外留學公費生錄取各生考試科目成績表
068	宋修阜呈教育部陳部長為於26年度考取山東省政府留學考試請改派赴美留學	1940年 11月11日	v.4, 第1章參、12 pp.62-64	公費留學生留學學務	
069	宋修阜呈教育部陳部長為呈請轉咨山東省政府准予轉移留學國度以利學業	1941年 7月	v.4, 第1章參、14 pp.65-67	公費留學生留學學務	
070	教育部咨山東省政府為據學生宋修阜再呈請改派美國留學咨請查照核辦並見復	1941年 9月5日	v.4, 第1章參、15 pp.67-68	公費留學生留學學務	

071	山西省教育廳呈送教育部該省 24 年度招考國外留學公費生簡章請備案	1935 年 2 月 8 日	v.4, 第 2 章壹、03 p.139	留學政策與留學規章	附件：山西省第 2 屆招考國外留學公費生簡章
072	教育部電復山西省教育廳該省第 2 屆招考國外留學公費生簡章准予備案	1935 年 2 月 15 日	v.4, 第 2 章壹、04 p.139	留學政策與留學規章	
073	山西省教育廳呈送教育部該省 25 年度招考國外留學公費生科目種類及留學國別並招考簡章請備案	1936 年 3 月 12 日	v.4, 第 2 章壹、06 pp.144-149	留學政策與留學規章	附件 1：山西省 25 年度考選國外留學生科目種類及留學國別單；附件 2：山西省第 3 屆招考國外留學公費生簡章 *化學工業科、電氣工程科、機械工程科、紡織科、地質科、工場管理科留學生全數選送日本
074	教育部令山西省教育廳據呈送該省第 3 屆招考國外留學公費生簡章准如所擬辦理	1936 年 3 月 21 日	v.4, 第 2 章壹、07 pp.149-150	留學政策與留學規章	
075	山西省政府咨送教育部該省第 4 屆招考國外留學公費生簡章請備案	1937 年 1 月 5 日	v.4, 第 2 章壹、10 pp.151-157	留學政策與留學規章	附件：山西省第 4 屆招考國外留學公費生簡章 *化學工業及工程科、紡織科、地質學、採礦科、獸醫科及交通管理科留學生全數選送日本；*電工程科留學生選送德國
076	教育部咨山西省政府准咨送該省第 4 屆招考國外留學公費生簡章咨復查照	1937 年 1 月 19 日	v.4, 第 2 章壹、12 pp.157-158	留學政策與留學規章	

077	山西省政府咨教育部准咨該省第4屆招考國外留學生簡章內地質學一科可求之國內希酌改其他科目等因已決定本屆不派送地質學一科請查照	1937年2月8日	v.4, 第2章壹、13 p.158	留學政策與留學規章	
078	教育部咨復山西省政府准咨以該省第4屆國外留學公費生考試決定不派送地質學一科等由茲已照將招考簡章內地質學一科刪除並已備案	1937年2月17日	v.4, 第2章壹、14 p.159	留學政策與留學規章	
079	山西省政府咨教育部為擬定該省27年度考選國外留學公費生科目種類及留學國別送請查照備案	1937年6月22日	v.4, 第2章壹、15 pp.159–161	留學政策與留學規章	附件：山西省27年度考選國外留學公費生科目種類及留學國別表
080	山西省教育廳呈送教育部該省第1屆考選國外留學公費生初試及格學生姓名履歷表暨各項附件請鑒核	1934年5月13日	v.4, 第2章貳、01 pp.169–176	留學考試與出國事宜	附件2：山西省第1屆招考國外留學公費生考試命題人姓名履歷表；附件3：山西省第1屆招考國外留學公費生考試閱卷人姓名履歷表；附件5：山西省第1屆考選國外留學公費生初試及格學生姓名履歷表
081	山西省教育廳呈送教育部該省25年度國外留學公費生考試錄取各生證件成績單試卷試題等件請鑒核	1936年7月13日	v.4, 第2章貳、04 pp.178–185	留學考試與出國事宜	附件1：山西省第3屆國外留學生考試錄取學生一覽表；附件3：張效良等學生成績計算表

082	山西省政府咨送教育部該省26年度國外留學生考試初試錄取學生證件成績單試卷試題等件請查照	1937年5月5日	v.4, 第2章貳、06 pp.186-192	留學考試與出國事宜	附件1：山西省第4屆國外留學生考試報考學生一覽表；附件2：山西省第4屆國外留學生考試學生成績計算表；附件3：山西省第4屆國外留學生考試留學國語會話成績表；附件4：山西省第4屆招考國外留學生考試試題
083	山西省考取公費留學生劉全福呈教育部陳部長為呈請由留日公費生改留美公費生事	1940年1月6日	v.4, 第2章貳、11 pp.197-198	留學考試與出國事宜	
084	教育部高等教育司函復樂山中國工業合作協會劉全福所請改為留美公費生未便照准	1940年1月22日	v.4, 第2章貳、12 pp.198-199	留學考試與出國事宜	
085	綏遠省政府咨教育部據教育廳呈為依部頒國外留學規程修訂該省國外留學公費生章程請鑒核示遵並咨部備案等情咨請查照備案	1935年8月22日	v.4, 第4章壹、01 pp.321-326	留學規章與留學考試	附件：綏遠省考送國外留學公費生章程
086	綏遠省政府咨教育部據該省教育廳呈以26年度招考留日學生2名留德學生1名請准提前辦理考試並附呈招考簡章請咨轉核示等情茲檢送簡章1份請一併核復	1937年7月27日	v.4, 第4章壹、05 pp.331-338	留學規章與留學考試	附件：綏遠省教育廳第1屆考送國外留學公費生招考簡章
087	教育部咨復綏遠省政府該省國外留學公費生考試應暫緩舉行請查照轉知教育廳	1937年9月9日	v.4, 第4章壹、06 p.338	留學規章與留學考試	

088	駐日留學生監督處呈教育部據公費留學生鄒國泰呈請轉呈函催青海省政府匯發學費懇鈞鑒核轉	1935 年 12 月 20 日	v.4, 第 5 章貳、01 pp.392-393	留學經費與 留學救濟	
089	教育部令飭青海省教育廳迅將該省留日公費生鄒國泰之公費匯發嗣後並應按期照寄	1935 年 12 月 27 日	v.4, 第 5 章貳、02 pp.393-394	留學經費與 留學救濟	
090	教育部令駐日留學生監督處已轉飭青海省教育廳迅將該省留日公費生鄒國泰之公費匯發並令嗣後按期照寄	1935 年 12 月 27 日	v.4, 第 5 章貳、03 pp.394-395	留學經費與 留學救濟	
091	青海省教育廳呈復教育部留日學生鄒國泰應領津貼已請該省政府令飭財廳籌發請鑒核飭知	1936 年 1 月 20 日	v.4, 第 5 章貳、04 pp.395-396	留學經費與 留學救濟	
092	教育部令駐日留學生監督處據青海省教育廳呈復留日學生鄒國泰應領津貼已請該省政府令飭財廳籌發	1936 年 2 月 5 日	v.4, 第 5 章貳、05 pp.396-397	留學經費與 留學救濟	
093	駐日本留學生監督陳次溥呈教育部據留日學生鄒國泰呈請轉呈准咨青海省政府匯發學費懇鑒核	1936 年 7 月 3 日	v.4, 第 5 章貳、06 pp.397-400	留學經費與 留學救濟	附件：鄒國泰原呈
094	教育部電青海省教育廳該省留日公費生鄒國泰公費如尚未匯出應即電匯	1936 年 7 月 11 日	v.4, 第 5 章貳、07 p.400	留學經費與 留學救濟	

095	教育部電知駐日留學生監督處青海省留日公費生鄒國泰公費已轉請青海省教育廳電匯	1936年7月11日	v.4, 第5章貳、08 pp.400-401	留學經費與留學救濟	
096	青海省政府電復教育部該省留日公費生鄒國泰之公費已於日前匯出	1936年7月13日	v.4, 第5章貳、09 p.401	留學經費與留學救濟	
097	教育部電駐日留學生監督處青海省政府已將該省留日公費生鄒國泰之公費匯出	1936年7月22日	v.4, 第5章貳、10 pp.401-402	留學經費與留學救濟	
098	青海省政府電復教育部留日公費生鄒國泰之津貼費已如數匯上請為轉匯	1937年2月10日	v.4, 第5章貳、11 p.402	留學經費與留學救濟	
099	教育部電復青海省政府該省公費生鄒國泰津貼已如數電匯駐日留學生監督處轉發	1937年2月17日	v.4, 第5章貳、12 pp.402-403	留學經費與留學救濟	
100	教育部電駐日留學生監督處青海省政府頃匯到該省留日公費生鄒國泰津貼643元已電匯該處轉發	1937年2月17日	v.4, 第5章貳、13 p.403	留學經費與留學救濟	
101	駐日留學生監督陳次溥呈教育部懇鑒核查示該處前收中央銀行匯款是否即青海省政府發給該省留學生鄒國泰之津貼	1937年3月9日	v.4, 第5章貳、14 pp.403-404	留學經費與留學救濟	

102	教育部高等教育司函復駐日留學生監督處該處所收到之國内匯款日幣 664 元 94 錢即係該部所轉匯青海省留日公費生鄒國泰之津貼 643 元已電匯該處轉發	1937 年 3 月 23 日	v.4, 第 5 章貳、15 pp.404–405	留學經費與留學救濟	
103	駐日留學生監督處呈教育部請鑒核准予電催青海省政府速電匯留學生鄒國泰公費	1937 年 8 月 25 日	v.4, 第 5 章貳、16 pp.405–406	留學經費與留學救濟	
104	教育部電青海省教育廳該省留日公費生鄒國泰該年公費未發應即由廳電匯旅費令其返國	1937 年 9 月 23 日	v.4, 第 5 章貳、17 p.406	留學經費與留學救濟	
105	青海省留日公費生鄒國泰呈教育部請電催該省政府速電匯積欠公費以救急困	1937 年 10 月 1 日	v.4, 第 5 章貳、18 pp.406–408	留學經費與留學救濟	
106	教育部電青海省教育廳該省留日公費生鄒國泰已返抵粵應即電匯旅費由粵教廳轉發飭其回省服務	1937 年 10 月 7 日	v.4, 第 5 章貳、19 p.408	留學經費與留學救濟	
107	陝西省教育廳呈教育部奉令擬定陝西省政府教育廳國外留學公費生考送及管理規程陝西省政府教育廳國外留學自費生獎學金暫行規程請核備	1936 年 2 月 3 日	林清芬編：《抗戰時期我國留學教育史料第 5 冊》（台北：國史館、1998 年 6 月） 原書編號第 1 章壹、01, pp.1–14	留學政策與留學規章	附件 1：陝西省政府教育廳國外留學公費生考送及管理規程 *日本留學生 12 名 附件 2：陝西省政府教育廳國外留學自費生獎學金暫行規程 *日本留學生 10 名

108	教育部令陝西省教育廳據呈送所擬陝西省政府教育廳國外留學公費生考送及管理規程陝西省政府教育廳國外留學自費生獎學金暫行規程准予備案並仰遵照修正	1936 年 2 月 13 日	同上書 v.5, 第 1 章壹、02 p.15	留學政策與留學規章	
109	陝西省教育廳電復教育部該省因財政支絀本年留學生暫不考送	1936 年 4 月 29 日	v.5, 第 1 章壹、03 p.16	留學政策與留學規章	
110	陝西省教育廳呈教育部該省本年考送國外公費留學生因故延期擬請照規定派員來陝指導將初試覆試合併一次舉行特附呈考送辦法簡章及章程請核示	1937 年 4 月	v.5, 第 1 章壹、04 pp.16-31	留學政策與留學規章	附件 1：陝西省考送國外公費留學生辦法；附件 2：陝西省考送國外公費留學生簡章；附件 3：陝西省政府教育廳國外留學公費生考送及管理章程；附件 4：陝西省國外留學公自費生呈報登記表；附件 5：陝西省國外留學公自費生呈報成績表
111	教育部令陝西省教育廳據呈送該省本年考送國外留學公費生辦法及簡章除修正者外准予備案所請免予覆試應予照准	1937 年 4 月 22 日	v.5, 第 1 章壹、05 p.32	留學政策與留學規章	
112	陝西省教育廳呈報教育部關於辦理考選國外留學生補加土木工程及獸醫 2 系變通情形請備案	1937 年 6 月 21 日	v.5, 第 1 章壹、06 pp.32-35	留學政策與留學規章	

113	陝西省教育廳呈送教育部該省處理戰時留日及國內專科以上學校公補費生臨時辦法請核備註冊轉飭陝籍返國留日公補費生知照	1937 年 9 月 15 日	v.5, 第 1 章壹、08 pp.35-37	留學政策與留學規章	附件：陝西省教育廳處理戰時留日及國內專科以上學校公補費生臨時辦法
114	教育部高等教育司函送戰區來京學生登記處陝西省教育廳所呈處理戰時留日及國內專科以上學校公補費生臨時辦法 1 份請該處於陝籍返國留日公補費生申請登記時轉飭知照	1937 年 9 月 24 日	v.5, 第 1 章壹、09 pp.37-38	留學政策與留學規章	
115	教育部令陝西省教育廳據呈送該省處理戰時留日及國內專科以上學校公補費生臨時辦法准予備案並已由司函知駐日留學生管理處本部戰區來京學生登記處分別轉知	1937 年 9 月 24 日	v.5, 第 1 章壹 .、10 p.38	留學政策與留學規章	
116	教育部高等教育司函送駐日留學生監督處陝西省教育廳所呈處理戰時留日及國內專科以上學校公補費生臨時辦法 1 份請該處設法轉飭陝籍返國留日公補費生知照	1937 年 9 月 24 日	v.5, 第 1 章壹、11 p.39	留學政策與留學規章	
117	陝西省教育廳長周學昌函莊澤宣督學為該省考選國外留學生諸項困難事	1936 年 4 月 18 日	v.5, 第 1 章貳、01 pp.78-81	留學考試與出國事宜	附件 2：陝西省 25 年考送國外留學生辦法 *日本留學生 3 名

118	陝西省政府咨教育部據教育廳呈報考送國外留學生試驗業經完竣經考送委員會決定擬將及格7名全行錄取請轉部覆核等情請查照覆核見復	1937年8月25日	v.5, 第1章貳、04 pp.82-133	留學考試與出國事宜	附件1：陝西省考送國外留學生成績計分表；附件3：陝西省考送國外公費留學生姓名學歷籍貫一覽表；附件4：陝西省考送國外留學生各科試題
119	駐日大使館電外交部轉教育部為陝甘事變後陝甘寧青四省留日官自費學生經濟斷絕紛求救濟請速籌善後辦法電復	1937年1月22日	v.5, 第1章肆、02 p.204	留學經費與留學救濟	
120	振務委員會函教育部准駐日許大使電陝甘寧青4省留日學生經濟斷絕函請迅賜籌濟	1937年1月26日	v.5, 第1章肆、03 pp.204-205	留學經費與留學救濟	
121	教育部電請陝西省政府孫主席匯發公費留學生學費並將各公費生名單費額查照見示	1937年1月27日	v.5, 第1章肆、06 pp.206-207	留學經費與留學救濟	
122	教育部電復駐日許大使陝甘兩省省公費生當量為救濟請轉知監督處將該生等姓名學額報部	1937年1月28日	v.5, 第1章肆、07 p.207	留學經費與留學救濟	
123	陝西省政府電復教育部留英日公費生學費已令教廳核辦並飭將名單費額查復即轉	1937年1月29日	v.5, 第1章肆、09 p.208	留學經費與留學救濟	
124	駐日留學生監督處呈教育部遵令造具陝甘青海公費生名單呈懇鑒核	1937年1月29日	v.5, 第1章肆、10 pp.208-210	留學經費與留學救濟	附件：陝西、甘肅兩省公費生名單

125	駐日留學監督處呈教育部據陝西留日同鄉會呈請准予救濟學費懇鈞鑒核示	1937 年 1 月 29 日	v.5, 第 1 章肆、11 pp.211-216	留學經費與留學救濟	附件：陝西留日同鄉會代表原呈名單
126	行政院指令教育部據摺呈為自陝甘事件發生以來各該省在國外留學生因學費無著紛紛請求救濟茲擬在撥助各該省邊疆教育經費內墊撥陝省 1 萬 2 千元甘肅 4 千元由本部酌定辦法委託所在地使館或留學監督處予以救濟請鑒核備案等情經提院會決議准予備案指令知照	1937 年 1 月 30 日	v.5, 第 1 章肆、12 p.217	留學經費與留學救濟	
127	陝西省留日本法政大學學生寇喻謙呈教育部王部長請示知對於陝甘留學生補救辦法	1937 年 1 月	v.5, 第 1 章肆、13 p.218	留學經費與留學救濟	
128	教育部王部長函最高法院焦院長准函為救濟陝西省旅外同學現狀惟東西洋省費留學生現已決定救濟辦法其他甚感困難但當可囑以私人資格屬託各校量為通融	1937 年 2 月 2 日	v.5, 第 1 章肆、14 pp.218-219	留學經費與留學救濟	
129	教育部高等教育司函陝西省留日學生寇喻謙來呈所請示知救濟陝甘國外留學生辦法函達查照	1937 年 2 月 9 日	v.5, 第 1 章肆、20 pp.222-223	留學經費與留學救濟	

130	陝西省政府咨教育部據該省教育廳呈復奉令准部電催匯該省留英日公費生學費並飭查報公費生名單費額辦理情形咨復查照	1937年2月12日	v.5, 第1章肆、21 pp.223-227	留學經費與留學救濟	附件1：陝西省留學日本公補費學生姓名學籍簡表；附件2：陝西省留學英國公補費學生姓名學籍簡表
131	教育部電駐日留學生監督處墊撥陝公費及補助費生費用各1個月共1千1百元甘津貼費生費用據省府電復並無虧缺	1937年2月12日	v.5, 第1章肆、22 p.228	留學經費與留學救濟	
132	教育部電駐日許大使陝公費及補助費生費用茲由部墊撥各1個月已電匯監督處轉發甘津貼費生費用據省府電復並無虧缺	1937年2月12日	v.5, 第1章肆、23 p.228	留學經費與留學救濟	
133	教育部電陝西省教育廳該省留日公費及補助費生費用已由部就補助該省邊疆教育經費內各墊撥1個月共1千1百元	1937年2月12日	v.5, 第1章肆、24 p.228	留學經費與留學救濟	
134	陝西省教育廳遵令呈送教育部該省留學各國公補費學生簡表1份請鑒核並將墊發本省留英日兩國公補費各生姓名及費額列表示知	1937年2月20日	v.5, 第1章肆、29 pp.231-236	留學經費與留學救濟	附件：陝西省留學歐美及日本等國公補費學生姓名學籍簡表

135	教育部令陝西省教育廳據呈送該省留學各國公補費學生簡表應予存部備查附發該部墊發該省留學英日兩國公補費生留學費用名單1份	1937年3月1日	v.5, 第1章肆、33 pp.239-242	留學經費與留學救濟	附件：教育部墊發陝西省留英日公補費生留學費用名單
136	陝西省教育廳呈教育部以奉令該省選送國外留學公費生8名對留日學生學費月給日金百元超過需要飭改為月給70元等因查此案係經呈奉陝省府核定似未便遽行變更除將該生等學費仍按核定數照發外由現在起所送留日公費生學 費當按70元日金發給以合需要請核備	1937年4月29日	v.5, 第1章肆、43 pp.249-250	留學經費與留學救濟	
137	河北省教育廳呈教育部奉省令改訂考選國外留學生各項章程請鑒核備案	1935年4月15日	林清芬編：《抗戰時期我國留學教育史料第6冊》（台北：國史館、1999年4月） 原書編號第1章壹、03, pp.11-21	留學政策與留學規章	附件1：河北省考試國外留學生章程 *日本留學生暫定20名 附件3：河北省選送留學國外研究實習人員章程
138	河北省教育廳呈報教育部考送國外留學生日期附送簡章請鑒核備案	1936年3月19日	同上書 v.6, 第1章壹、05 pp.21-24	留學政策與留學規章	
139	河北省政府咨教育部據該省教育廳呈為考送國外留學生展期檢同修正簡章請核備轉咨情咨請備案	1937年8月14日	v.6, 第1章壹、18 pp.47-51	留學政策與留學規章	附件：河北省考送國外留學生簡章 *日本留學生5名

140	教育部咨復河北省政府關於該省教育廳呈為考送國外留學生展期一案請查照飭知	1937 年 8 月 27 日	v.6, 第 1 章壹、19 pp.51–52	留學政策與留學規章	
141	河北省教育廳呈教育部為該省留日轉英學生陳國珍請轉學德國請鑒核指令祗遵	1935 年 8 月 8 日	v.6, 第 1 章貳、01 pp.57–58	留學考試與留學學務	
142	教育部令知河北省教育廳據呈該省公費留學生陳國珍應准轉學德國	1935 年 8 月 17 日	v.6, 第 1 章貳、02 p.58	留學考試與留學學務	
143	河南省政府咨教育部據該省教育廳呈修正河南省公費留學各國章程 26 年河南省考選國外留學公費生簡章考選國外留學公費生委員會簡章咨請查照	1937 年 2 月 15 日	v.6, 第 2 章壹、01 pp.143–154	留學政策與留學規章	附件 1：河南省考送國外留學生簡章
144	河南省教育廳電教育部為摘呈該省該年國外留學公費生考選簡章修正各點伏候電示祗遵	1937 年 2 月 20 日	v.6, 第 2 章壹、03 p.155	留學政策與留學規章	
145	貴州省教育廳呈送教育部貴州省國外留學生規程祈核示	1935 年 4 月 30 日	v.6, 第 3 章壹、01 pp.273–274	留學政策與留學規章	附件：修訂貴州省補助國外留學生暫行規程
146	教育部令貴州省教育廳據呈送該省國外留學生暫行規程應准修正備案	1935 年 5 月 24 日	v.6, 第 3 章壹、02 p.275	留學政策與留學規章	
147	寧夏省教育廳呈教育部奉寢電令匯發國外留學生官費一案呈復溫寶德官費經呈省府准每年在教費結餘項下發給國幣 3 百元	1937 年 3 月 25 日	v.6, 第 5 章壹、01 p.289	留學政策與留學規章	

148	寧夏省政府咨復教育部該部令飭該省教育廳呈復留日學生溫寶德撥給補助費經過情形請查照備案	1937年 7月10日	v.6, 第5章壹、02 p.290	留學政策與留學規章	
149	教育部咨寧夏省政府准咨據該省教育廳呈復補助溫寶德留學日本經過情形業經補予備案嗣後關於此類事件應由教廳先期呈報該部核准咨復查照轉知	1937年 8月31日	v.6, 第5章壹、03 p.291	留學政策與留學規章	
150	察哈爾省政府咨送教育部該省考送24年度國外留學公費生簡章請查照	1935年 3月31日	v.6, 第6章壹、01 pp.293-299	留學政策與留學規章	附件：察哈爾考送24年度國外留學公費生簡章 *日本留學生1名習獸醫
151	教育部咨復察哈爾省政府該省教育廳所擬考送24年度國外留學公費生簡章應准予備案	1935年 4月10日	v.6, 第6章壹、02 pp.293-299	留學政策與留學規章	附件：察哈爾考送24年度國外留學公費生簡章 *日本留學生1名習獸醫

附件4：　教育部檔案目錄197／66各卷涵蓋時間

197／066-1（1937-1939）；-2（1937-1939）；-3（1937-1939）；-4（1937-1939）；-5（1937-1939）；-6（1950-1954）；-7（1948）；-8（1947）；-9（1946-1948）；-10（1949）；-11（1947）；-12（1949）；-13（1950）；-14（1951）；-15（1950）；-16（1952）；-17（1952）；-18（1953）；-19（1954）；-20（1954）；-21（1955）；-22（1946）；-23（1947）；-24（1948）；-25（1950）；-26（1950）；-27（1950）；-28（1951）；-29（1952）；-30（1952）；-31（1953）；-32（1954）；-33（1954）；-34（1955）；-35（1956）；-36（1947）；-37（1948）；-38（1950）；-39（1952、53）；-40（1954）；-41（1954、55）；-42（1947）；-43（1948）；-44（1955）；-45（1947）；-46（1948）；-47（1955）；-48（1947）；-49（1948）；-50（1955）；-51（1955）；-52（1947）；-53（1948）；-54（1947）；-55（1948）；-56（1955）；-57（1947）；-58（1948）；-59（1947）；-60（1948）；-61（1947）；-62（1948）；-63（1948）；-64（1947）；-65（1948）；-66（1947）；-67（1948）；-68（1947）；-69（1948）；-70（1947）；-71（1948）；-72（1947）；-73（1948）；-74（1947）；-75（1948）；-76（1947）；-77（1948）；-78（1947）；-79（1947）；-80（1947）；-81（1947）；-82（1947）；-83（1947）；-84（1947）

附件5：「各留學國事務檔案」中有關中日戰爭前後留日事務史料舉例

例1：張鳳舉於1946年5月呈教育部報告當時中國留日學生之概況如下：

我國抗戰前留日學生人數約在2萬以上、抗戰起後、大部歸國。偽成組織成立官公私費生復陸續東來、截至太平洋戰前、數近5千。太平洋戰啟、一部分歸國。民國32年中、合偽寧、偽滿學生、總計約近3千。其中偽寧約2千、偽滿近千。空襲開始、又紛紛返國。直至民國34年4月、強制疏散結果、偽寧學生、剩5百左右、偽滿學生百名左右、蒙疆學生五、六十名左右。與今日之數、相差無幾。今日除台灣籍學生外、各省留此學生總數、為456名。台灣籍學生、據台灣學生聯盟之報告、為765名。合計現在留日學生總數、為1221人。

資料來源：張鳳舉：〈留日學生概況〉、1946年5月、《教育部檔案》（台北國史館藏）、197／066—1。

例2：1947年4月30日、台灣省行政長官公署電教育部、台灣省留日學生情形：

奉鈞部頒發抗戰期間留日學生甄審辦法及留日學生召回辦法。惟本省經日本51年之統治、留日學生委較其他各省為多。據1935年（民國24年日本昭和10年）之統計、為2169人、以後年有增加。至1942年（民國31年日本昭和17年）達7091人。1943年以後、無正確統計。日本投降後、估計本省留日學生、尚有5千人以上。光復後、此項學生陸續返台者、不在少數。本處為處理返台或未返台之留日學生、乃於35年2月間、分別訂定台灣省留日學生處理辦法暨台灣省留日返省學生處理辦法。規定留日學生除專科以上學校理、工、農、醫各科志願繼續留日肄業者外、其餘均以全部返台為原則。

資料來源：台灣省行政長官公署教育處：〈電教育部奉頒抗戰期間留日學生甄審辦法及留日學生召回辦法遵將該省留日及留日返省學生以往處理情形報請核備〉、1947年4月30日、《教育部檔案》（國史館藏）、197／066—23。

附件6：「各留學國事務檔案」中有關中日戰爭前後留日事務史料舉例

編號	檔　案　案　名	時　　間	資　料　來　源	項　　目	檔案內容概要
001	外交部楊雲竹函教育部長朱家驊為轉陳留日學生呈及留日學生調查統計表	1946年2月19日	林清芬編：《臺灣戰後初期留學教育史料彙編第1冊—留學日本事務(一)》（台北：國史館、2001年12月）原書編號壹、02、pp.1-4	留日學生概況	附件：中華民國留日同學總會呈教育部呈 ＊中華民國留日同學總會呈教育部表明中日戰爭期間留日之原由與請示戰後應所從
002	駐日代表團朱世明李濟張鳳舉電外交部轉教育部長朱家驊留日學生要求政府4事應如何善後乞電示	1946年4月15日	同上書、壹、03 pp.4-5	留日學生概況	＊中國留日學生要求政府承認學籍、給予繼續求學官費生官費、給予歸國學生川資、准予轉學等4事

003	駐日代表團張鳳舉函陳教育部留日學生概況及用費意見	1946年5月15日	同上書、壹、04 pp.5-8	留日學生概況	附件1：留日學生概況(1946年) *中日戰爭期間中國留日學生總數、派遣機關及學費來源
004	駐日代表團朱世明函教育部長朱家驊留日學生接濟事日方表示7月以後由中國自籌辦法已由張鳳舉向盟軍磋商	1946年6月3日	同上書、壹、05 pp.12-13	留日學生概況	*留日學生統計
005	駐日代表團張鳳舉函陳教育部長朱家驊留日臺籍學生留學經費等8項事	1946年7月30日	同上書、壹、15 pp.21-24	留日學生概況	*留學經費及南開大學和上海亞洲文會等在日書籍等事
006	臺灣省行政長官公署教育處電教育部奉頒抗戰期間留日學生甄審辦法及留日學生召回辦法遵將該省留日及留日返省學生以往處理情形報請核備	1947年4月30日	同上書、壹、31 pp.38-44	留日學生概況	附件1：臺灣省留日學生處理辦法；附件2：臺灣省留日返省學生處理辦法；附件3：臺灣省留日返臺學生審查委員會組織規程；附件4：臺灣省留日返臺學生審查委員會委員
007	教育部令公布制定抗戰期間留日學生甄審辦法及留日學生召回辦法	1947年1月	同上書、貳、03 pp.65-69	留日學生召回甄審	附件1：抗戰期間留日學生甄審辦法；附件2：留日學生召回辦法(附：留日學生調查表)
008	教育部令公布留日學生資格甄審委員會組織規程	1947年5月16日	同上書、貳、09 pp.76-77	留日學生召回甄審	附件：留日學生資格甄審委員會組織規程
009	教育部留日學生資格甄審委員會第1次會議紀錄	1947年6月12日	同上書、貳、11 pp.80-83	留日學生召回甄審	附件：教育部留日學生資格甄審委員會通告 *應繳證件：登記表、保證書、照片、自傳；研讀《國父遺教》及《中國之命運》之讀書報告、暨圈點原書

010	教育部函送考選部銓敘部臺灣省政府等單位有關抗戰期間留日學生資格審查各項文件	1950年 3月6日	同上書、貳、20 pp.93-100	留日學生召回甄審	附件1：教育部商討抗戰期間留日學生資格第1次會議紀錄附件2：教育部商討抗戰期間留日學生資格第2次會議紀錄附件3：教育部抗戰期間留日學生資格審查辦法　*臺灣省籍留日學生、免予審查
011	教育部舉行抗戰期間留日學生資格審查委員會第1次會議紀錄	1950年 4月6日	同上書、貳、21 pp.100-111	留日學生召回甄審	附件1：抗戰期間留學日本專門以上學校畢業學生比照本國學歷任用資格表；附件2：申請登記留日學生原校名稱一覽表；附件3：抗戰期間留日學生資格審查申請登記學生名單
012	教育部函臺灣省政府該省辦理收復區專科以上學校畢業生甄審留日學生部分繼續審核情形請查照轉知	1950年 10月23日	同上書、貳、24 pp.116-120	留日學生召回甄審	附件1：甄審留日學生證件清單；附件2：留日學生甄審證明書；附件3：留日學生甄審情形表
013	劉祖年函呈教育部請准參加留日學生甄審	1951年 8月27日	同上書、貳、35 pp.137-142	留日學生召回甄審	附件1：劉祖年抗戰期間留日學生申請補行甄審登記表；附件2：劉祖年保證書；附件3：劉祖年自傳；附件4：劉祖年讀書報告
014	教育部職員李小廉檢呈抗戰期間留日及收復區專科以上學校畢業學生甄審委員會會議紀錄簽請部長核示	1952年 1月3日	同上書、貳、36 pp.142-190	留日學生召回甄審	附件1：抗戰期間留日學生甄審委員會、收復區專科以上學校畢業生甄審委員會聯席會議紀錄；附件2：參加抗戰期間留日甄審學生名單；附件3：參加收復區專科以上學校畢業生甄審學生名單

015	教育部高等教育司函郭宗賢等參加抗戰期間留日補行甄審已經及格填發證明書	1952年3月11日	同上書、貳、44 pp.197-200	留日學生召回甄審	附件1：抗戰期間留日補行甄審及格學生姓名發還證件及通訊地址；附件2：參加抗戰期間留日補行甄審及格學生名單
016	教育部電駐日代表團請查明日本女子美術專門學校等學校名單及留日學生楊詠來等247人學歷是否屬實	1950年9月30日	同上書、參、01 pp.203-235	留日學生名冊與留學學校	附件1：查詢留日學校名單；附件2：查詢留日學歷學生名單
017	教育部電駐日代表團請惠予提先查覆日本女子美術專門學校等24校及留日學生楊詠來等人學歷	1951年4月1日	同上書、參、02 pp.235-236	留日學生名冊與留學學校	
018	駐日代表團電教育部檢送留日學生名冊	1951年4月26日	同上書、參、03 pp.236 -257	留日學生名冊與留學學校	附件：日本女子美術專門學校等16校120名留日學生名冊
019	教育部電駐日代表團准電送留日學生學歷查覆名冊電覆查照	1951年8月29日	同上書、參、04 pp.257-258	留日學生名冊與留學學校	
020	教育部電駐日代表團請查詢胡崢榮等29名留日學生學歷見覆	1951年3月7日	同上書、參、05 pp.258-264	留日學生名冊與留學學校	附件：查詢留日學歷學生名單
021	中國陸軍總司令何應欽電教育部為留日學生生活困難請求救濟請核辦見覆	1945年12月14日	同上書、肆、01 pp.265-266	留日學生留學救濟	
021	外交部電教育部准何應欽總司令電為留日學生生活困難請求救濟請查照辦理	1945年12月26日	同上書、肆、02 p.266	留日學生留學救濟	
023	外交部電覆教育部關於留日學生救濟案請查照	1946年1月5日	同上書、肆、03 pp.266-267	留日學生留學救濟	

024	教育部電覆中國陸軍總司令部教部辦理留日學生救濟情形	1946年1月9日	同上書、肆、04 pp.267-268	留日學生留學救濟	
025	駐日代表團團長朱世明沈覲鼎電呈外交部轉教育部請總部向日政府交涉撥款日金2千萬元以救濟留日學生	1946年11月26日	同上書、肆、05 pp.268-269	留日學生留學救濟	
026	外交部函教育部據駐日代表團來電關於留日公費學生款項事請擬訂解決辦法	1946年12月10日	同上書、肆、06 pp.269-270	留日學生留學救濟	
027	臺灣省行政長官公署教育處電教育部呈送留日臺灣學生名冊等件請予救濟	1947年3月	同上書、肆、08 pp.270-271	留日學生留學救濟	
028	教育部電請駐日代表團通予編報召回留日學生預算並斟酌情形予經濟困難之留日學生以救濟	1947年4月23日	同上書、肆、11 pp.273-274	留日學生留學救濟	附件：教育部職員陳東原簽呈
029	駐日代表團張鳳舉函行政院副院長朱家驊檢呈救濟留日學生辦法請行政院及教育部核准經費	1949年6月9日	同上書、肆、12 pp.274-280	留日學生留學救濟	附件：留日學生救濟辦法
030	駐日代表團張鳳舉函陳教育部長杭立武留日學生困難情形檢附救濟辦法祈核閱並於政務會議鼎力促成	1949年6月17日	同上書、肆、13 pp. 280-281	留日學生留學救濟	
031	行政院通知教育部駐日代表團代電擬具留日學生救濟辦法請核示一案	1949年7月6日	同上書、肆、16 pp.283-284	留日學生留學救濟	附件：抄駐日代表團原代電

032	外交部王炳文函教育部長杭立武關於救濟留日學生案外部已電政院賠委會辦理結果難逆料請力爭	1949 年 7 月 9 日	同上書、肆、20 pp. 286-287	留日學生留學救濟	
033	外交部電教育部駐日代表團所擬救濟留日學生辦法似尚可行惟事關出售歸還物資將轉商政院賠委會辦理	1949 年 7 月 15 日	同上書、肆、22 pp.288-290	留日學生留學救濟	附件：駐日代表團留日學生緊急救濟及資助優良學生預算表
034	教育部函行政院賠償委員會為救濟留日學生案函請查酌見覆	1949 年 7 月 26 日	同上書、肆、26 pp.292-293	留日學生留學救濟	
035	行政院賠償委員會電教育部救濟留日學生案抄同該會覆行政院原文覆請查照	1949 年 7 月 30 日	同上書、肆、28 pp.294-295	留日學生留學救濟	附件：行政院賠償委員會抄覆行政院秘書處函原文
036	行政院令教育部據駐日代表團呈擬救濟留日學生辦法一案令仰知照	1949 年 9 月 7 日	同上書、肆、32 pp.297-300	留日學生留學救濟	附件：駐日代表團原擬留日學生救濟辦法
037	教育部長杭立武函駐日代表團團長朱世明救濟留日學生辦法已奉院令核准希查照	1949 年 9 月 7 日	同上書、肆、33 pp.300-301	留日學生留學救濟	
038	教育部電駐日代表團為奉院令救濟留日學生事電請查照辦理見覆	1949 年 10 月 3 日	同上書、肆、34 pp.301-302	留日學生留學救濟	
039	駐日代表團電報教育部辦理留日學生救濟經過情形	1950 年 3 月 9 日	同上書、肆、35 pp.302-304	留日學生留學救濟	附件：留日學生補助金管理及支付辦法

040	外交部電教育部檢附駐日代表團電報辦理留日學生救濟經過情形原附各件電請查照核辦	1950年3月17日	同上書、肆、36 pp.302-304	留日學生留學救濟	
041	教育部電外交部為救濟留日學生事電覆查	1950年4月1日	同上書、肆、37 pp.305-306	留日學生留學救濟	
042	教育部電駐日代表團為救濟留日學生事電覆查照	1950年4月1日	同上書、肆、38 pp.306-307	留日學生留學救濟	
043	外交部電覆教育部已電飭駐日代表團從嚴審核救濟留日學生事	1950年4月1日	同上書、肆、39 p.307	留日學生留學救濟	
044	駐日代表團電覆教育部為救濟留日學生事電覆查照	1950年4月18日	同上書、肆、40 pp.307-424	留日學生留學救濟	附件1：民國38年11月份留日學生補助金清冊；附件2：民國38年12月份留日學生補助金清冊；附件3：民國39年1月份留日學生補助金清冊；附件4：民國39年2月份留日學生補助金清冊 *另有醫學博士留日學生補助 金清冊
045	教育部電覆駐日代表團請從嚴審核救濟留日學生事並轉知各生格外奮勉	1950年5月9日	同上書、肆、41 p.425	留日學生留學救濟	
046	外交部電教育部為駐日代表團撥款救濟留日學生困難情形	1950年7月17日	同上書、肆、42 pp.425-427	留日學生留學救濟	
047	外交部電教育部關於救濟留日學生案開列意見請查核辦理見覆	1950年8月28日	同上書、肆、43 pp.427-431	留日學生留學救濟	

048	教育部電覆外交部同意停發留日學生王兆元等 9 名補助費	1950 年 9 月 4 日	同上書、肆、44 p.432	留日學生留學救濟	
049	外交部電教育部關於國防部擬請准在日本出售麻醉品項下撥美金購置日式雷達事	1950 年 9 月 5 日	同上書、肆、45 pp.432–434	留日學生留學救濟	
050	行政院秘書處通知教育部准經濟部呈關於救濟留日學生一案擬具撥款辦法請核示事	1950 年 9 月 12 日	同上書、肆、46 pp.434–438	留日學生留學救濟	附件：抄經濟部原呈
051	教育部電覆外交部為救濟留日學生補助金之發給及籌措辦法至表贊同	1950 年 9 月 12 日	同上書、肆、47 pp.438–439	留日學生留學救濟	
052	教育部電覆經濟部為救濟留日學生補助金之發給及籌措辦法至表贊同請核辦見覆	1950 年 9 月 12 日	同上書、肆、48 pp.439–440	留日學生留學救濟	
053	經濟部電教育部關於救濟留日學生已擬具撥款辦法呈院核示俟奉指令再請查照	1950 年 9 月 18 日	同上書、肆、49 pp.440–441	留日學生留學救濟	
054	財政部函教育部准通知為經濟部呈擬救濟留日學生撥款辦法請查照	1950 年 9 月 21 日	同上書、肆、50 pp.441–442	留日學生留學救濟	
055	外交部電教育部為經濟部呈為救濟留日學生一案請查照	1950 年 9 月 21 日	同上書、肆、51 pp.442–444	留日學生留學救濟	
056	經濟部電教育部為在日出售歸物價款抵付各項用途定該月 26 日召集會議	1950 年 9 月 23 日	同上書、肆、52 pp.444–452	留日學生留學救濟	附件：經濟部提案　附表 1：在日出售歸還物資價款現金收支對照表；附表 2：在日出售歸還物資價款 R 帳收支對照表

057	教育部函行政院秘書處為救濟留日學生案同意由經濟部在歸還物資價款下再墊3萬美元	1950年10月5日	同上書、肆、53 pp.452-453	留日學生留學救濟	
058	行政院電教育部據經濟部呈擬具救濟留日學生撥款辦法請核示一案仰遵照	1950年11月14日	同上書、肆、54 pp.453-454	留日學生留學救濟	
059	外交部電駐日代表團關於救濟留日學生一案希遵照辦理	1950年11月20日	同上書、肆、55 pp.454-455	留日學生留學救濟	
060	教育部電呈行政院編具追加救濟留日學生專款總算5份請鑒核	1950年11月30日	同上書、肆、56 pp.455-456	留日學生留學救濟	附件：教育部追加39年度歲出總算
061	教育部電駐日代表團請對留日學生之補助嚴格審核並列表報核	1950年11月30日	同上書、肆、57 pp.456-457	留日學生留學救濟	
062	駐日代表團電覆教育部對留日學生之補助當依照指示嚴格審核並列表報核	1950年12月19日	同上書、肆、58 pp.457-458	留日學生留學救濟	
063	教育部呈行政院為留日學生事擬訂補助辦法呈核	1951年8月2日	同上書、肆、59 pp.458-460	留日學生留學救濟	附件：教育部補助留日學生辦法
064	行政院令教育部據呈擬補助留日學生辦法請核示一案指令知照	1951年8月25日	同上書、肆、60 pp.460-461	留日學生留學救濟	
065	教育部長程天放電駐日代表團為補助留日學生請嚴予核發以免浮濫	1951年9月6日	同上書、肆、61 pp.461-462	留日學生留學救濟	
066	臺灣省留日學生處理辦法	1946年2月	同上書、伍、1 pp.463-464	留日學生事務規章	
067	臺灣省留日返省學生處理辦法	1946年2月	同上書、伍、2 pp.464-466	留日學生事務規章	

068	臺灣省留日返臺學生審查委員會組織規程	1946 年 2 月	同上書、伍、3 pp.466-467	留日學生事務規章	
069	抗戰期間留日學生甄審辦法	1947 年 1 月	同上書、伍、4 pp.468-469	留日學生事務規章	
070	留日學生召回辦法	1947 年 1 月	同上書、伍、5 pp.469-470	留日學生事務規章	
071	留日學生資格甄審委員會組織規程	1947 年 5 月	同上書、伍、6 pp.471-472	留日學生事務規章	
072	留日學生救濟辦法	1949 年 6 月	同上書、伍、7 pp.472-474	留日學生事務規章	
073	教育部抗戰期間留日學生資格審查辦法	1950 年 3 月	同上書、伍、8 pp.474-475	留日學生事務規章	
074	留日學生登記補充辦法	1951 年 4 月	同上書、伍、9 p.476	留日學生事務規章	
075	教育部補助留日學生辦法	1951 年 4 月	同上書、伍、10 pp.477-478	留日學生事務規章	

資料-2
同仁会と『同仁』

大里　浩秋

一、同仁会について

同仁会は明治35（1902）年6月に結成され、昭和20（1945）年の敗戦まで続いた医学界における一団体である。この団体の歩みを簡単にまとめると、次のごとくである。

明治27、8年の日清戦争に勝利した後、日本は「英・米・仏・露の間に伍して一等国の地歩漸く固く、国民は東亜の先進国として爾他の諸国を誘掖啓発する義務を深く認識するに至」り（『同仁会四十年史』2頁。以下、『四十年史』と略称。文中の漢字の旧字体を新字体に改め、カタカナについてはひらがなに改めた。今後の引用も、ことわらない限りは『四十年史』からのものである）、医学界でもその認識を実践に移そうとする動きがあって「公爵近衛篤麿氏等東亜同文公司（東亜同文会の前身）関係の人士を中心として」（6頁）医学界の一部の人々によって「同文医会」が組織された。その後、明治34年末頃から「清韓諸国を医学的に啓発せんと企てる一団があり」（6頁）、翌35年に「亜細亜医会」を作ることになったが、それが実行されないうちに、先の同文医会をも併合した組織を「同仁会」の名のもとに結成することになり、3月に近衛篤磨、長岡護美、北里柴三郎、岸田吟香、片山国嘉等30余名が創立協議会を開き、そこで選出した北里ら創立総会準備委員が準備をして、6月16日に創立総会を開いた。総会当日は外務大臣小村寿太郎、清国公使蔡鈞が出席、席上「長岡子爵は日清国交の上より我が医学を対岸に扶植するの必要を論じ、蔡公使も亦本会の趣旨に賛同の意を表明し」（6頁）た。この総会およびその後の臨時総会等で整備確定された同仁会規則（「同仁会寄付行為」）の「目的及事業」の部分を抜き出すと、

第五条　本会の目的は清韓其他亜細亜諸国に医学及之に随伴する技術を普及せしめ且彼我人民の健康を保護し病苦を救済するにあり。

第六条　本会は前条の目的を達するため左の事項を漸次実施す。

一、清韓其他亜細亜諸国に対し医学校及医院設立を勧誘し又之を設立すること

二、前記諸国の政府及彼我人民の招聘に応して医師及薬剤師其他之に随伴する技術を有する者を紹介すること

三、前記諸国の医事衛生及薬品に関する件を調査し時宜に依り其機関の設置を勧誘すること

四、前記の諸国へ本邦の医師及薬剤師の移住開業を扶助し又は之に便益を与ふること

五、前記諸国の医学生及薬学生の留学を勧誘し且其留学生を保護し修業の便益を与ふること

六、本会は前記諸国に適切なる医学薬学及之に随伴する技術に関する図書を刊行すること

となる。こうして、創立総会で発足した会長長岡護美以下のスタッフが会の趣旨内容を対外的に宣伝して会員を募ると共に、上述のごとき事業に着手するのである。

早い時期から取り組まれたのは医師の派遣で、中国では当地の医学校の教師になったり、在住日本人（以下、「居留民」と呼ぶ）の要請で赴任する者があり、朝鮮では、日本の京釜鉄道起工に伴うその沿線地区への医師配置に応じて赴任したが、その数は徐々に増えて、南はバンコック、シンガポール等への派遣を含めて大正元年までに329名に達した。但し、地域的な広がりはこの時期までの医師派遣に限られているようであり、上記「同仁会規則」にある「清韓其他亜細亜諸国」にいろいろ働きかけるというのは、実際には「清韓」に限定されたものであり、さらには、中国に的を絞ったものであることが同仁会の各種言動から明らかである（二、でも触れる）。

明治37年8月長岡会長が辞任し、その後任に大隈重信が就任した頃から会の運営が活発となり、明治39年には朝鮮と中国東北（以下、「満州」と記述）にいくつか病院を開設した。朝鮮では、大邱、平壌、龍山に、満州においては、安東、営口に同仁医院を開設した。明治43年、日韓併合を機に朝鮮各地の同仁医院は朝鮮総督府に移譲され、安東と営口の場合は、南満州鉄道会社に満州各地に病院設立の計画があったことから、それに協力する形で譲渡した。

その後、大正3年1月北京に日華同仁医院（のち北京同仁医院と改称）を開設した後、満鉄が医院設立を計画する満州地区と「台湾総督府にて博愛医院設立を計画する南支地方を除いた支那大陸の重要地点に順次医院を設立する計画を樹て」て（93頁）、大正5年政府に補助金を申請した。これは、10年間で中国の主要都市33ヵ所に病院を設立しようとするもので、「医院設立十年計画」と呼ばれたが、その実現の先にはさらに30ヵ所の設立が予定されていたという。しかし、この計画で実現を見たのは大正12年1月開設の漢口同仁医院のみで、その他は資金不足を主な理由として開設には至らず、その後は居留民を多く抱える上海での設立が一大懸案となった。

上記計画とは別途の理由から病院の設立が実現したのが、青島と済南の場合である。青島の病院は、もとはドイツ人が経営していたものを第一次大戦で日本軍が同地を占領した際に接収して陸軍病院として使い、守備隊が撤退した後は外務省の管轄となり、一時期同地の居留民団の経営するところとなったが、それが大正14年4月に同仁会に移管された。また済南の病院は、大正4年に診療所として始めたものを徐々に拡張し、青島と同様、守

備隊が撤退した後の居留民国の経営を経て、大正14年4月から同仁会の経営に移った。こうして、大正年間までに同仁会は四つの病院を中国内で経営することになったのである。ところが「日本内地には未だ一つも診療機関が無」く（115頁）、次第に在住が増える中国人に医療面で対応できないでいる情況を打開しなければとの声が高まり、満州事変が起った翌昭和7年東京神田の本部事務所内に診療所を設置し、昭和11年にはその近くに新築独立させて、同仁会東京医院を名乗った。

これまでもっぱら病院開設に関する経緯を追ってきたが、同仁会の活動としては他に臨時に医療救助が必要になった際に出動する「救護事業」があった。その最初の出動は、明治44（1911）年秋に起った辛亥革命の際で、革命軍と清朝軍の武力衝突のさなか、既に中国各地に派遣されていた医師のみか、本部からも救護隊を編成派遣して、負傷者への治療を行った。また、大正14年から翌年にかけての第三次奉直戦争の際には、済南市周辺の戦闘での負傷者救援を中国側に要請されて済南同仁医院が対応し、さらに、昭和6年の揚子江流域の大水害や翌年の満州北部の水害に際しても援助を行った。これらは、人災ないし自然災害に対する国境を越えた人道的支援といえるものであるが、それとは別にもっぱら居留民救助のための出動もあった。昭和2年の漢口事件や翌年の済南事件の際の動きはそれに該当するものであり、出動した軍隊の指揮下、日本人負傷者の治療に専念した。そしてその後の救護の活動はますます日本軍の行動に寄り添うものとして展開され、それが同仁会の主要な仕事になっていくのであるが、それについては後述する。

同仁会が重視した活動の一つに中国人医療関係者の育成がある。時間がさかのぼるけれども、明治39年2月早稲田大学の校舎の一部を借りて、東京同仁医薬学校を開設した。これは、中国人留学生で医学、薬学に志すものを教育する目的で開いたもので、同年にはまた、この学校の付属事業として、神田に清韓語学研究会を設けて、同仁会から朝鮮、中国方面への派遣を希望する医師、薬剤師、助産婦、看護婦に対して、朝鮮語、中国語を教えた。翌40年には、学校、研究会共に牛込に移転し、学校は規模を拡大して「斯会の権威者40数氏を講師に招聘し」、前後両期生約百名を募集、日本人学生も収容した。さらに、同年中に学校付属早稲田同仁医院を新築して診療を開始した。しかし、開校して5年目の明治44年に閉校せざるを得なくなり、在校生は千葉、金沢等の医学専門学校に移した。閉校の原因は「財政意の如くなら」なかったからとするが（172頁）、この学校の実態については、不明な点が多く、その解明は今後の課題のひとつである。

昭和期に入ると、日本留学の中国人医薬学生との親睦を計る目的で、東京周辺に在住する留学生を対象にして「留日中華民国医療学生懇話会」と称する集まりを、2年から毎年2回開き5年からは日本の医学生も参加して「中日医薬学生談話会」と改称した。また「中国人医師の学術補修を目的として同仁会医院の所在地において年々開催する」（187頁）「中華民国医師講習会」も2年から始めた。

中国側の医学校、薬学校、病院等との関係を密にするため、その手始めとして日本に留

学した中国人医師、薬剤師及び留学中の学生の情報を集めて、やはり2年から『日本留学中華民国医薬学生名簿』を発行し、毎年改訂版を作った。中国における医学校運営も試みられ、大正13年から昭和2年までは青島医学校が開設され、昭和16年以降は青島東亜医科学院が開かれた。

さて、昭和6年に満州事変が起ったことで「本会の蒙った打撃は頗る大きく」、医師講習会等の日中医学界の連絡提携に関する事業は中止し、「在支各医院の事業は緊縮方針を執るの止むなき状態」となったが、「昭和9年頃から、支那大衆の対日感情は漸次緩和し」「各医院の患者数も増加して」きた。しかし、昭和12年の盧溝橋事件以来戦線は拡大して、「同仁会も亦絶大なる影響を蒙りて」北京医院は公使館区域に避難しあとの3病院は日本に引き上げて、「在支医院が診療を中止するは勿論、本部に於ける爾余の事業も一時殆ど中止の已むなきに立至った」。まもなく、戦乱で医療が行き届かない状況下中国人住民に種々の病気が発生し、それに対応すべく同仁会としては、四つの病院の職員をすばやく現地に復帰させ、特に漢口、済南、青島各医院の職員は診療救護班を編成して再び中国に渡るや、「皇軍の指揮下に入って各地に転出し、支那大衆の診療救護に当って宣撫事業に協力した。」さらに翌年以降、「皇軍の占領地域の拡大するに従ってその重要地点に各々診療班を送り、防疫処を設け、衛生研究所を興し、医学校を経営する等本会の事業は累年拡充し」「其の地域も支那本土のみならず北は蒙疆より南は海南島に及」んだ。そしてこのような変化を『四十年史』は、同仁会は大東亜戦争を契機として「換骨脱胎、蛹が蝶に孵った以上の変化を敢へてした」、「事変前の35ヶ年に比較して量的にも質的にも数段の飛躍を遂げた」と述べているのである（以上、207～9頁）。が、日中戦争期に至って「数段の飛躍を遂げた」のは何も同仁会の活動に限ったことではなく、その他の文化領域の活動しかり、各地の居留民の取り組みしかりであり、数年後の敗戦を迎える際に飛躍と思えたものの内実が問われることになるのも、同仁会に限られたことではなかった。

これまで、同仁会の活動の主なものを取り出して日中戦争に至るまでの動きを概括的に述べてきたつもりだが、指摘すべきことで抜け落ちている点がいくつもあるに違いない。その幾分かを補うとすれば、次のようになる。同仁会の活動内容を担ったのは医療関係者に違いないが、それを財政的に支えたのは前半においては会員からの寄付金であり、結成時から精力的に全国各地に支部を作っていき、大会や支部長会合を開いては会の意義を確認しつつ会員数を増やして、大正12年末の会員総数は3万8千余、寄付総額は2百万6千円余にのぼった。しかし、第一次世界大戦後の経済恐慌で寄付金が減り、大正12年秋の関東大震災後は「支部の活動は殆ど終止したと看做していい」（67頁）状況となった。それに代わってというべきか、大正7年からは国庫補助を受けるようになり、12年には外務省の対支文化事業に組み込まれて、その前後から毎年のごとくに国庫補助を得て（この点は、『四十年史』に載る年表「要務年次誌」で確認できる）財政を支え、事業の拡大を図ることになる。そして、昭和期に入り日中間に緊張の度合いを増すにつれて、日本軍

による武力侵略に医療の面からの補完の役割を担い、日中戦争になるとその役割はピークに達した。やがて指導官庁が外務省から興亜院となり更に大東亜省に代わって、昭和 19 年には中国に関わる諸団体を統括するものとして新たに日華協会という組織を作ることが考えられ、その中に同仁会を含んで指導管理の強化を図ろうとしたようであるが、まもなく迎えた敗戦の現実の前に机上の空論と化した。敗戦前後、さらに解散時の同仁会の様子については、筆者にとって今後調べるべき課題である。

もう一つ補うべきものとして「出版事業」があるが、それについては二で述べることとする。

二、同仁会の出版事業

同仁会は、創立して 4 年目から定期的に雑誌を発行し、数年間出さなかったことが 2 度あるものの、同時に 1 種ないし 2 種の雑誌を発行して昭和 19 年末まで至った。情宣活動に相当に力を入れた表れといっていいであろう。以下、それらの雑誌について発行順に簡単にコメントすることにする。

(1)、『同仁』、月刊、明治 39 年 6 月、第 1 号〜大正 5 年 11 月、第 129 号

第 1 号のトップに「発刊の辞」がある。雑誌を発行するに当っての志が述べられているので少しく触れると、まず、西洋人は東洋人より科学知識が優れ開発が進んでいるために「優勝の民族」とし、東洋人は「劣等の民族」と品定めされているが、日本人は開港を余儀なくされて以降西洋の科学をあらゆる面で咀嚼し力をつけ、その真価は今回の日露戦争によって十分に発揮された、と述べている（この戦争が終わったのは、『同仁』発刊の前年のことだった）。そして、日本がロシアを「満州に掃討」したのは、彼らが満州を占領するのは「東洋永遠の平和に大害あり」と考えたからであり、「東洋の平和を確保し東西文明の調和を成就せんと欲せば尚ほ幾多の大難を平和的に」解決しなければならない。「蓋し我が国が東洋に於ける今後の位置は東亜諸国、就中怜悧にして温順なる四億民庶を有し豊穣なる五百万方里の土地を有せる清国人民の現状を維持し之を開発し之れを教導するに」ある。我々が「此の大任に当らんと欲するはあに唯だ同文同種たる清国人に文明の幸福を与へんと欲する私情と謂はむ、又た実に清国人を開発し清国半開の人民をして泰西諸国民に理由なき危害を加ふる不幸を一日も速やかに滅却せんとする」ためである。ところで「清国開発の任務固とより少なからず」あるが、「清国国民に最も欠乏せる医術衛生に事業を普及し個人の病苦を除き衆庶の福祉を進歩し疫癘を予防し天然痘を撲滅し、而して日進医学に達せしむるは急務中の最大急務と謂はざるべからず」と続けたあとに、まとめとして次のように言う。「我が『同仁』は渺たる一小雑誌に過ぎずと雖も其の発念の真諦は此の平和的文明の大主義を鼓吹するの微意に出づ。」この「発刊の辞」がそうであり、

そのすぐ後に続く大隈重信の「清国開発の第一義」その他の文章もそうであるが、いずれも中国に対する並々ならぬ関心が述べられているのは、一でも触れたように、同仁会の活動は実のところ「清韓其他亜細亜諸国」という広がりで考えられたものではなく、狙いは中国にあることを明らかにしているのである。

1号には他に、会としてその時期に取り組んだ内容を紹介する「同仁会録事」、中国や韓国に派遣した医師の現地報告である「海外通信」、寄付をした者の氏名を並べた「同仁会寄付」などが載り、その後の号にも引き続き載っていくのであるが、最初の数号にある同仁会の役割等を論じた文章が次第に中国や韓国での医学事情を紹介するものに取って代わり、それのみか中国国内の政治、社会情勢を論評する文も載るようになり、とりわけ明治44（1911）年12月発行の67号以降の数号には、辛亥革命に関する情報や同仁会が救護隊を派遣した様子が詳しく報告されている。そして、それ以降の号にも中国の情勢の変化やそれに対する日本を含む各国の反応を多くのスペースを割いて論じていて、一見して医学を専門とする団体の機関誌とは思えぬ内容である。

ここで、筆者の興味に従がって中国人日本留学関係の記事を拾うならば次のごとくである。この雑誌の創刊とほぼ同時期に開校した東京同仁医薬学校については、1号に「招募清国留学生」と題する広告が載り、その後も飛び飛びに広告が載る外、2号に山口秀高「清国開発と同仁医薬学校」、28号の「同仁会記事」に「同仁医学校の拡張」と題する文が載っている。前者は、台湾で医学校の設立と運営に関わった筆者が書いたもので、「同仁会はあらゆる手段を以て清国の文化に貢献すると同時に東洋の平和を確保し、而して間接には日清貿易の隆盛を期するが故に、先づ文明の先鋒たるべき医術を以て之を清国に普及せしめんと試むるものである」と述べ、それゆえこの学校を創立して清国学生を養成することになったと続けているのであるが、清国文化への貢献などの理念に「日清貿易の隆盛」という現実的要請が加わっているところがおもしろい。後者は、創立2年半を経て翌年には第1回卒業生を出す状況にあるとき、それまで清国留学生のみを収容したのを改め、規模を拡大して女子を含む日本人学生も収容して9月の新学期からは前後期各百名を募集することにした、付属で開いていた清韓語学の講習は終了したが、近い将来「農工商業何人を問はず、事に清韓に従はんとする者の為めに」再開したいと書いている。しかし、そこには留学生の実情は触れておらず、何ゆえの規模拡大なのかもはっきりしない。さらに、36号の「同仁医学校卒業式」は第1回卒業式の様子を伝えているが、明治44年の閉校した時期にはそれに関する記事は見当たらず、この学校についての事実の解明は残されたままである。

但し、当時の医学以外の中国人日本留学に関する情報が時々載っているのは参考になる。例えば、6号から18号まで「留学生学校」と題して、10数校の沿革や留学生の受け入れ状況などを紹介している（うち、12号は未見）。6号東京警監学校、7号実践女学校、8号早稲田大学留学生部、9号東斌学校、10号東洋大学日清高等学部、11号東京同文書院、

13号法政大学、14号振武学校、15号光武学校、大極学校―この2校は韓国留学生を受け入れている――筆者、16号高等警務学堂、17号女子美術学校、成女学校、18号宏文学院。また、従来余り知られていない海軍留学生に関するミニ情報もある。35号、43号、59号など。

なお、この雑誌は大正5年11月の126号をもって停刊されたが、それについての説明はその号にはなく、『四十年史』には、当事者の意向で一時中止したとあるのみである。

(2)、(第2次)『同仁』、大正11年3月～13年末

筆者未見につき、『四十年史』に従うと、(1) の『同仁』と同じ趣旨で月刊として始めたが、関東大震災後の12年10月号から季刊に改め、13年末に休刊したとのこと。

(3)、(第3次)『同仁』、月刊、昭和2年5月～13年5月

発行月に従い、昭和2年は5月号～12月号とし、それに第1巻第1号～8号と総称番号をつけている。翌年から1年ごとに第2巻、3巻……、最終号は第13巻第5号。

昭和2年になぜ3度目の『同仁』が誕生したのかといえば、同誌の創刊号（1巻1号）に載ったいくつかの文章中にその答えが見出せる。その一つ、当時の会長内田康哉の「医院長会議席上に於て」によれば、同仁会経営の各医院長を招集した会議には外務省のお歴歴も出席していることを述べると共に、その年以降着手するものとして機関誌の発行を含む五つの新事業を列記しており、また外務次官の出淵勝次の挨拶中には、先に外務省は青島と済南の二つの病院の経営管理を同仁会に委託したことに触れつつ、病院の経営には多大な資金を要するがゆえに外務省としても出来るだけの援助をすると述べた上で、「本会の事業が国際上極めて重要なる意義を有する事業なることに想到せられ、十分努力して戴きたい」とハッパをかけている。さらに、日華学会理事山井格太郎は「『同仁』の更正を祝す」において、「同仁会の支那に於て経営せる事業が近年著しく発達して最早同会の機関雑誌たる『同仁』の休刊を許さない事情に立至った」と述べている。つまりこれらを総合すると、外務省のてこ入れを得て大正年間から多額の国庫補助を受けており、昭和に入って日中間の外交関係が緊張を増す中で同仁会の果たす役割が一層重要性を帯びてきて、その認識が『同仁』の再々度の発刊を促したということになる。

雑誌の中身は、『四十年史』に従うと「支那大陸に於ける医事衛生を中心にその人情、風俗、習慣等を吾が国に紹介し、隣邦支那に対する我が国人の関心を昂むることに努めた」とする（195頁）。筆者としては、多量にある誌面を充分に読み込んでいないので、性急に感想を述べるのは控えたいが、ざっと目を通した限りでも、このコメントにあるごとく中国内部の医療事情に関する研究ないし観察のレポートがたくさん載っており、医療面からの「支那通」が排出したことを感じさせるものがある。しかし、医療とは関わりない「支那通」による中国紀行も多数載っており、また、当時の中国文学事情についての詳

しい紹介や作品の翻訳も載っていて、今の中国文学研究者にとっても参考になりそうな情報が提供されている。さらには、刊行開始の昭和2年には漢口で租界を回収しようとする中国人の運動が起こり、翌年には済南で北伐軍と日本軍との衝突があって、居留民を含め双方に多数の死傷者が出る事件が起こったが、このように中国各地で日中関係が極度に緊張する事態が次々に発生した際に、同仁会周辺の人々がどのように対応したのかが誌面にさまざまに反映されている。(1) の『同仁』では、会結成後10数年間の取り組み状況を具体的に知ることが出来るのに対して、今回の『同仁』は、会の事業を拡大しつつ次第に日本軍の中国各地での侵略行為に根こそぎ動員される事になる、その初期の動きや考え方を見ることが出来るだろうと思う。

ここでまた、筆者の関心に従って中国人日本留学に関する記事を拾うと、まず、1巻2号から始まって時々「留日中華民国医薬学生懇話会」についての記事が載っているのが目に付く。これは、独自の医薬留学生養成機関を持たなくなって久しい同仁会が、日本各地、とりわけ東京周辺で医薬を学ぶ中国人を集めて影響力を発揮しようとした動きであり、同時に始めた『留日医薬学生名簿』の編集と共にかなりの熱を入れて取り組もうとしたことが、当初の数号の記事から読み取れる。この会は3年後からは日本の医学生も加えて「中日医薬学生談話会」と改称して引き続き年に2回講演会や親睦会を開いていることが時折の記事で報じられているが、10年続いた取り組みも日中戦争が起こることで一頓挫するのである。他には、3巻11号に中華民国留日学生監督姜琦「中華民国留日学生会館建築意見書」が載っている。これは、個人の資格で外務省文化事業部の部長宛に提出したものと断っているが、当時日本が対支文化事業を展開して留学生の学費の一部を補助しつつある現状を踏まえて、さらに留学生のための会館をつくってほしいとの要望が中国側にあったことを示しているのであろう。しかし、この意見書が書かれて2年後に満州事変が起き、そのまた7年後に「満州国」留学生会館は出来たけれども、姜琦の希望した中華民国留日学生会館の建設は実現することがなかった。また、10巻6号は、「他山の石」と題して中国人の文を3篇紹介しているのは興味を引く。日本が対支文化事業を始める際の基金とした同じ義和団賠償金を使って、イギリス、アメリカは中国に対してどのような文化事業を展開しているかを述べた「庚子賠償金による英米の文化事業」、日本への医学留学生派遣にいささかの疑問を呈している「医学留学生派遣について」、日本は中国に対して文化事業を積極的に進めようとする一方で「武化事業」を行いつつあると指摘している「日本対華文化事業の積極化」がそれであるが、日ごろ良くも悪くも日本人の中国観察が占拠している誌面にこのような中国人の見解を載せるのはまれなことである。

さて、昭和12 (1937) 年7月に盧溝橋事件が起こって戦線が拡大の一途をたどるや、その直後の11巻9号からの誌面はそれにいかに対処したか、今後どう対応すべきかに重点が置かれているが、さらに12巻8号になると、その巻頭言「雑誌内容の改革に就いて」に「本号から断然雑誌の内容を革め、もっぱら本会の有する各機関が直接調査研究して得

たる資料を掲載して、支那の医事衛生に対する朝野の理解に資する」と述べているように、それまでの構成とはがらりと違う内容で占められており、なお13巻5巻に至って「宣言」と題する文を載せて、今後「大陸の医事衛生に関する調査研究の発表に専念し、其の名も」「『同仁会医学雑誌』と改題せんとする」と述べている。日本人の中国に対する関心の薄さを啓発すべく、機関雑誌の範疇を越えてこれまでもろもろの内容を載せてきたのをここで終えるというわけである。なぜか、その一つの理由は、「支那事変起こり、大陸に対する我が国人の関心は最高潮に達し、新聞雑誌等何れも大陸に関する記事を満載して遺漏なき有様」だからである。

(4)、『同仁医学』、華文、月刊、昭和3年6月～昭和13年5月

筆者未見につき『四十年史』に従うと、始め『同仁会医学雑誌』と呼んだが、のちに上記のごとくに改名した。内容は「日本の各種医薬学雑誌から其の粋を抜いて支那文に翻訳したもので、此の種の文献に乏しい支那の医薬学界に貢献するところ頗る多」かった（196頁）が、日中戦争が起こって翌年に廃刊された。なお。この雑誌が発行されるたびに（3）の『同仁』がその目次を紹介しているので、専門家であればそれを見て内容を類推することができるかもしれない。

(5)、『同仁会医学雑誌』、月刊、昭和14年6月、第13巻6号～昭和19年12月、第18巻12号。

巻数は（3）の『同仁』の後を継いでいるが、呼び方は昭和を使わずに「皇紀」を使い、例えば13巻6号は紀元二千五百九十九年六月号としている。

この雑誌の創刊号というべき13巻6号には「改題宣言」があり、そこには「時局は進展して大陸は今や建設の過程に入り、我が同仁会はその医事衛生方面を担当するに至った。従て本会の機関雑誌も亦大陸医学衛生の指導を以て任ずるの要あり、茲に題号も『同仁会医学雑誌』と改め」たとある。そして、この号から1年間ほどは「同仁会報」とか「同仁会記事」と題した会の情報が載り、長大な旅行記も連載されているが、そのあとの号には全て医学の専門的内容が載るだけである。早稲田大学図書館所蔵分を見ただけなので、その後続いて出たかは未確認である。

(6)、『同仁会報』、不定期刊、昭和15年8月、第1冊～昭和19年9月、第18冊。

発行の間隔は、当初はほぼふた月だがあとには三月となり、最後は5ヶ月となった。第18冊に終刊を告げる言葉はなく、これで終わったかは未確認。

内容は、医学関係に限定されていない点では（3）の『同仁』に近いが、執筆者の殆どが中国のどこかの地区に配属された同仁会関係者であるためか、話題はローカルでこじんまりとした仕上がりになっている。また、各号に、班とか処、例えば保定診療班とか青島

防疫処とか言う中国各地に配置した部署からの報告である「班処通信」、(3) の『同仁』や当初の『同仁会医学雑誌』にも載っていた「同仁会記事」が引き継がれかつ詳しい内容で書かれているのが、この雑誌の特徴といえそうである。その意味で、名前のとおり同仁会の「会報」であり、とりわけ戦時下に命をかけて働く同僚に関する情報を載せ、不幸にして犠牲になった同僚を痛む文を長々と載せているのである。

以上、少しは目を通したものとまったく見ていないものを含めて、同仁会が発行した6種類の雑誌について紹介した。最初にこれらを読んでみようとしたのは、これらの中から中国人日本留学に関する情報を得られるのではないかと思ったからだが、それは見込み違いであった。しかし、拾い読みをするうちに、ここには明治期の日本人が医療を通じていかに中国と関わって日中戦争時期まで至ったのかを語っている証言が豊富に残されており、同仁会の歴史を通じて近代の日中関係を考えることができるのではないかと感じた。そこで、筆者としては急がば回れで、まずは目次を整理して公にし、興味を覚えた人を誘って一緒に読みながら、近代以降の日本人が中国に向かったさまざまな有り様を考える事にした。いくつか拾い読みをしたうち、(1) の『同仁』は2号分を見ることができず、(2) と (4) は未見、(5) は医学専門雑誌であるので敬遠することになり、ここでは全部の号を見ることができた (3) の『同仁』と (6) の『同仁会報』についてだけ目次を整理して、以下に並べることにした。この2種の雑誌が発行された時期は昭和2年から19年までにわたっており、それはすでに目次を整理して公表した『日華学報』が発行された時期とほぼ重なっていることから、今後『日華学報』の内容と比較しながら読むのにもこの目次が役立つだろうと思う。(『日華学報』目次は、本書に掲載)

三、『同仁』、『同仁会報』目次

最初に2、3の断りをする。両雑誌とも基本的には各号の目次に拠ったが、号によっては本文にあって目次に載らないものがあるので、それを追加し、連載ものについては付していない回数を加えたりして、見やすいものになるように心がけた。原文の旧字体は、氏名を除いて新字体に直した。『同仁』は北海道大学図書館、『同仁会報』は早稲田大学図書館所蔵のものを閲覧し、後者の欠号分は東京大学東洋文化研究所図書室所蔵のもので補った。目次をこのような形で整理できたのは、北海道大学（当時）川島真氏、本学中国語学科卒業生小川博子さん、中国言語文化研究科修士修了三田裕子さんの協力があってのことである。記して感謝する。

『同仁』

◉第1巻第1号　（昭和2年5月号）

表紙　同仁会漢口医院本館正面

　　　同仁会総裁久邇宮邦彦王殿下御親筆

写真　記念撮影於久邇宮邸

令旨　昭和2年3月25日於総裁宮邸　1

同仁会医院長会議席上に於ける挨拶

同仁会長伯爵　内田康哉　2

同席上に於ける口演　外務次官　出淵勝次　4

同仁会の現状及将来に対する希望

　同仁会副会長　江口定條　6

雑誌「同仁」の更生を祝す

　日華学会理事　山井格太郎　9

支那人の衛生法と日本人の衛生法（1）

　日本赤十字社奉天病院長　小川勇　10

倭村漫筆　韓退之　鄭成功

　医学博士　入澤達吉　14

国際上より見たる我国の医事衛生

　荘司秋白　20

中華国民に於ける医薬及売薬に関して

　同仁会済南医院薬局長　有馬晋吉　22

漢口通信（動乱と同仁会医院）　30

支那旅行日誌（1）　小野得一郎　45

会報　42

　同仁会事業大要、各医院概況、同仁会の新規事業、中華民国医師講習会、同仁会医院長会議状況、同仁会評議員会議事の大要、人事消息、昭和2年1月以降4月に到る本会の重要事項

談叢　一記者　62

小説　旅人　加納幽閑子　63

同仁歌壇　67

編輯室より　68

◉第1巻第2号　（昭和2年6月号）

表紙　同仁会北京医院本館正面

口絵　北京万寿山昆明湖畔　同仁会本部に於ける南満医学堂見学団民国学生招待会

朝野の各位に告ぐ　伯爵　内田康哉　1

同仁会の使命　有賀長文　2

創刊を祝して所感を述ぶ　野呂寧　3

同仁会の既往　小野得一郎　6

日本留学中華民国医薬学生懇話会

　次第　12

　開会の辞　小野得一郎　13

　同仁会の事業に就て医学博士　入澤達吉　14

　日支医学の提携　医学博士　稲田龍吉　16

　学生諸氏の爲に　医学博士　林春雄　18

　同上　吉岡弥生女史　20

　謝辞　熊俊　22

支那人の衛生法と日本人の衛生法（2）

　日本赤十字社奉天病院長　小川勇　24

倭村漫筆（続）閩江金陵医学博士　入澤達吉　28

心外録　念写縦横論　歌女能唱曲乎

　中国米年幾多　荘司秋白　33

支那旅行日誌（2）　小野得一郎　36

文化事業の独立　43

同仁会医院通信　44

　北京医院　漢口医院　済南医院

会報　50

　4月20日以降本会の重要事項、各医院の必需品委託購買の状況、4月分各医院患者表、昨年度中に於ける寄附金収納額、支那動乱と本会の慰問

漢口見聞記　中村大三　55

埋められた銀　加納幽閑子　58

新緑抄　俳句　62

同仁歌壇　63

編輯たより　64

同仁会の目的事業及役員　65

◉第1巻第3号　（昭和2年7月号）

表紙　同仁会青島医院本館正面

口絵　6月7日本会に於ける理事会

　　　万里の長城（八達嶺）

巻頭言　1

日支の共存共栄を実現せよ　井上敬次郎　2

同仁会事業と支那の時局

　医学博士　岡田和一郎　4

支那人の衛生法と日本人の衛生法
　日本赤十字社奉天病院長　小川勇　9
倭村漫筆（続）黄河　聖林医学博士入澤達吉　15
心外録（続）　中華名産黒蛋　瓜子兒的效験
　荘司秋白　19
漢口動乱に直面して　安西金平　21
支那旅行日誌（3）　小野得一郎　25
天佑　野原英麿　30
済南地方診療異聞　甲田半　33
同仁会医院通信　35
　北京医院　漢口医院　青島医院　済南医院
会報　36
　5月23日以降本会の重要事項　同仁会理事会議事の大要　5月分各医院患者表
彙報　40
樹の霊　秋澤次郎　42
盧生の夢　凌霄花　44
同仁俳壇　48
同仁歌壇　49
資料　支那に於ける欧米人の文化事業　50
留日中華民国医薬学生懇話会（中国訳文）　52
同仁会之沿革及目的事業（中国訳文）　62
編輯たより　63
同仁会の目的事業及役員　64

◉第1巻第4号（昭和2年8月号）

表紙　同仁会済南医院本館正面
口絵　香山双清別墅前庭に於ける日支名士の会合／日本駐在中国公使汪榮寶氏と筆蹟
巻頭辞　此意気此決心　1
支那人と医療　長野朗　2
時局に直面せる同仁会事業に対する批判
　同仁会当事者に希望す　内藤久寛　5
　功を百年に期せよ　国分三亥　6
　断じて撤退するな　内ヶ崎作三郎　7
　同仁の二字を赤十字旗と心得よ　宮本仲　8
支那人の衛生法と日本人の衛生法（四）
　小川勇　9
杏林桃窓　安岡正篤　19
倭村漫筆（続）　青島　入澤達吉　21
杏林偉人小伝（1）　橋本綱常氏　長尾藻城　23
小山田侍従武官奉迎印象記　漢口野原英麿　26
支那旅行日誌（4）　小野得一郎　28
支那の医事衛生を婦人の双肩に　吉岡弥生　37
おみくじの処方箋　北京　白賁生　39
明代稗話　緑衣の女　凌宵花　42
青嵐抄　同仁俳壇　47
同仁歌壇　47
同仁会医院通信　49
　済南医院　青島医院　北京医院　漢口医院
会報　53
　6月15日以降本部並各医院に於ける重要事項人事異動　6月分各医院患者表
彙報　57
同仁会寄付行爲　付中国訳文　59
奥付　64

◉第1巻第5号（昭和2年9月号）

表紙　同仁会青島医院付属医学校
口絵　於同仁会北京医院正面
　同仁会済南医院搾乳場の一部
巻頭辞　支那へ支那へ　1
支那の現状　芳澤謙吉　3
対支医療事業の前途　長野朗　9
同仁会に対する希望　野呂寧　15
整形外科を紹介す　田代義徳　17
支那人の衛生法と日本人の衛生法（5）
　小川勇　21
医師の心理と患者の心理　遠山椿吉　27
随聞随筆　大哉食乎　唯壁居人　29
杏林偉人小伝（2）佐藤尚中先生　長尾藻城　32
医者の随筆　楠瀬日年　35
土豪劣紳の引回はし　38
資料　支那に於ける欧米の文化事業（承前）　40
虎になった人　凌宵花　43
同仁歌壇　49
会報
　7月20日以降本会に於ける重要事項　50
　人事異動　51
　支部役員囑託　51
　7月分各医院患者表　青島医院　52
同仁会医院通信　青島医院　53
彙報　極東熱帯医学会、陸軍衛生部員青島派

遣、東大学生支那見学、上海地方のコレラ、上海の自然科学研究所、同仁会済南医院職員より贈呈せし慰問袋、本誌通信主任の嘱託　55
同仁会寄付行為（付属規程）会員及会員章規程、同仁会支部規程、同上中国訳文　57
同仁会之沿革及目的事業　63
奥付　64

◉第1巻第6号（昭和2年10月号）

表紙　同仁会済南医院新築病棟の一部
口絵　於同仁会済南医院前庭　北京正陽門外
巻頭辞　山極博士の提案　1
最高意義に徹する同仁会事業　秋澤次郎　2
支那の動き　莫愁楼主人　4
肋膜炎の話　小川勇　9
民国に於ける癌の調査に就て　山極勝三郎　21
杏林桃窓（4）胎性如何　安岡正篤　23
倭村漫筆（続）広東　入澤達吉　27
杏林偉人小伝（3）松本順先生　長尾藻城　30
乞食礼賛　瀧田伊平　33
民国の長老趙爾巽の死　35
煙館一瞥　双山楼主人　36
金風抄　同仁俳壇　40
同仁歌壇　41
小説
　胡媚娘　凌宵花　42
　真昼　金森多可夫　47
会報　8月15日以降の重要事項、8月分患者表、人事往来　51
医院通信　漢口医院　青島医院　54
彙報　55
北京交民衛生試験所沿革、同上中国訳文　56
その日草　墨堂　58
同仁会の沿革及目的事業　62
奥付　63

◉第1巻第7号（昭和2年11月号）

表紙　同仁会北京医院施療所の一部
口絵　於天津段祺瑞氏邸
　　　致仕有作（医学博士入澤達吉氏）
巻頭辞　太平洋会議と支那問題　1
日支親善と同仁会事業　小豆澤英男　3
支那国民性のいろいろ　長野朗　8
肋膜炎の話　小川勇　14
猩紅熱と其の治療血清に就て　秋山猛　23
丹波薬学博士を弔す　31
雲南に於ける医療事業　莫愁楼主人　32
杏林桃窓（5）（6）　安岡正篤　34
随聞随筆（2）医師か医工か　唯壁居人　36
東京帝国大学医学部学生支那旅行記　39
　（1）出発までに（2）青島に向う（3）青島の街（4）支那料理（5）苦力
　（1）守屋博（2、3、4、5）松田勝一
資料　支那に於ける医学校　48
深秋抄　同仁俳壇　52
同仁歌壇　53
会報
　9月10日以降の重要事項　54
　人事、異動、往来　54
　9月分各医院患者表　55
医院通信　56
　派遣軍隊を迎へたる当時の済南　済南医院に収容せる軍隊の患者　済南医院集談会開催漢口医院長武正博士の書翰　山東地方の悪疫と同仁会医院
中国医師講習会　58
　講習日程並同科目、講習会要領
彙報　60
中華民国医薬学生秋季懇話会　61
故山内嵓氏の一周忌　61
その日草　編輯子　62
奥付　65

◉第1巻第8号（昭和2年12月号）

表紙　同仁会青島医院第二病棟の一部
口絵　中国医師講習会記念撮影（於青島医院）
　　　同仁会済南医院職員の乗馬会
巻頭辞　昭和2年の回顧　1
満蒙奥地の医療施設に就て　尾池禹一郎　3
恩師山極先生の癌の『テーマ』に就て　牧野融　8
青島に於ける医療機関　廣瀬徹夫　13
中華民国医薬学生秋季懇話会

| --- | --- | --- |
謝辞	金子直	18
口演	秦佐八郎	19
同	岡田和一郎	20
挨拶	稲田龍吉	23
口演	田代義徳	24
同	松本高三郎	26
謝辞	李祖蔚	27
同	載神庇	27
同	熊俊	28
中華医薬学会々員招待		29
杏林偉人小伝（4）長与専斎先生		
	長尾藻城	31
随聞随筆（3）医師の精神的権威		
	唯壁居人	34
故丹波博士を懐ふ	小野得一郎	38
東京帝国大学医学部学生支那旅行記		
（6）青島の一夜	鈴木重大	40
（7）李村行	平山勝司	41
（8）支那見学旅行漫記	近藤千樹	43
（9）青島から済南へ	三木威勇治	44
（10）済南医院に於ける生活断片		
	久保久俊	45
（11）済南の名所を見る	守屋博	48
中国医師講習会記事		52
医院通信　漢口通信、北京通信		54
滞京感想	野原英麿	56
彙報		58
会報		
昭和2年10月15日以降の重要事項	61
人事往来		62
訃報		62
10月分各医院患者表		63
同仁歌壇		64
新刊紹介		65
同仁を回顧して	蘇水	66
奥付		71

●第2巻第1号　（昭和3年1月号）
口絵　東方文化事業上海委員会総会（於帝国学士院）／中国南京下関馬頭之景

巻頭辞　昭和3年を迎ふ		1
対支文化事業に就いて	岡部長景	2
支那の将来	長野朗	12
肺結核の話	小川勇	15
漢法医学と吾国の医術	石田保次	26
新年の同仁	野呂寧	30
杏林談叢（地球上の猩紅熱分布と濃度及其説明）	豊田太郎	31
故丹波博士のことども	遠山九鱗	32
支那の正月	羅覚僧	34
張三李四録	故山内崙（遺稿）	37
昭和3年同慶帖		
蘭亭修禊序	禿兵衛	41
資料　本邦在留中華民国人分布表		46
東京帝国大学医学部学生支那旅行記		
（12）北京郊外の見物	山本鉄城	48
（13）八達嶺、十三陵、湯山	近藤千樹	51
（14）天津行	鈴木重大	53
会報		
昭和2年中に於ける本部及各医院の重要事項		54
昭和2年中に於ける本部諸会議		59
同上人事異動		60
彙報		61
同仁俳壇		62
同仁歌壇		63
奥付		64

●第2巻第2号　（昭和3年2月号）
口絵　青島医院長へ扁額寄贈の光景
　　　総裁宮殿下御染筆（入澤副会長所蔵）

巻頭辞　医療事業の使命		1
日華両国の精神的融合は可能なりや　張準		3
文化事業に対する支那人の思想と同仁会の事業	風間阜	6
肺結核の話	小川勇	12
漢方医学と吾医術	石田保次	20
医者の値段	唯壁居人	25
杏林談叢		
飛んでもない盲腸炎	上田春治郎	28
所謂経験	竹林平一郎	29

東京帝国大学医学部学生支那旅行記
　泰山紀行　大井上龍夫　山本欽三郎　35
　大連　奉天　登倉裕徳　39
同仁卓上座談（昭和2年12月於東京会館）　43
資料　本邦に於ける医師の分布　48
学費補給中華民国留学生調　50
民国医学者の説察報告　56
会報
　昭和2年12月以降の重要事項　57
　人事異動　往来　58
　昭和2年12月各医院患者表　59
医院通信　北京医院　青島医院　済南医院　60
彙報　62
詞藻　詩壇／歌壇／俳壇　63
奥付　66

◉第2巻第3号　（昭和3年3月号）

口絵　同仁会医院事務長会議（於本部楼上）
　漢口医院設立五週年祝賀（於漢口医院門前）
巻頭辞　医学と国境　1
事務長会議に際し本誌の希望　小野得一郎　2
肺結核の話（3）　小川勇　4
杏林談叢
　医業の本質と医業の将来　佐々木秀一　14
　医業の行く可き途　宮島幹之助　15
　医療国営の大勢は止むべからず　湯澤三千男　16
　正に更始一新の機　佐藤正　17
広東共産党擾乱記　19
熱河往診記　生島捨次郎　26
倭村漫筆　北京　入澤達吉　35
日本の国花と支那の国花
　桜花＝日本、牡丹＝支那　秋澤次郎　38
気転丸毒下し　唯壁居人　41
資料
　中国医学大会記事　45
　北京中央防疫処の概況　48
会報
　本会評議員の嘱託　51
　日本赤十字社救護事業と本会済南医院の活動　51
　北京交民衛生試験所補助金下付　51
　同仁会医院事務長会議開催　52
　中国医学会大会　53
　垂井医長と学位　53
　東方文化事業委員の視察　53
　漢口医院対田中長次訴訟事件　53
　済南医院杉本医長の上海出張　53
　済南医院集談会　53
　人事異動　往来　訃報　54
　昭和3年1月分医院患者表　55
医院通信　漢口医院　56
彙報　58
詞藻　詩／歌　61
奥付　63

◉第2巻第4号　（昭和3年4月号）

巻頭辞　中国文月刊医学雑誌刊行　1
事務長会議に於ける訓示　伯爵　内田康哉　2
同仁会医院事務長に対する希望
　子爵岡部長景　3
支那の南と北　長野朗　5
変りつゝある支那と同仁会の事業
　莫愁樓主人　7
同仁会の幹部に愬ふ　上田恭輔　12
肺結核の話（4）　小川勇　15
杏林談叢
　腸窒扶斯と肺結核　近藤見長　22
　小児の採血に就て　皆見省吾　23
　アネステヂン創製者　北村信治　24
人間製造　松村松年　25
支那診療異聞　牧野融　34
随聞随筆（5）　医師と政治　唯壁居人　36
仙薬の話　神仙思想と不老長生　米田華舡　40
会報
　事務長の医院診察　43
　事務長招宴　43
　同仁会済南医院に於ける赤十字救護事業　43
　留日中華民国医薬学出身者名簿刊行　44
　民国留学生に種痘施行　44
　青島医院集談会　44
　本会定例評議員会開催　45
　人事異動／人事往来／訃報　46

昭和3年2月分医院患者表　47
彙報　48
小説　涙　吉井勇　51
詞藻　詩／歌　59
奥付　60

◉第2巻第5号　(昭和3年5月号)
口絵　満州医科大学中国学生見学団招宴
同仁会青島医院構内桜の通り
巻頭辞　本会関係者諸賢に愬ふ　1
同仁会評議員となるに当りて　木村徳衛　2
医育の現在及将来　田代義徳　4
支那に対する阿片の害毒防止運動　菊地西治　7
肺結核の話 (5)　小川勇　13
杏林談叢
ワイル氏病の経験　松本俊胤　22
麻疹、予防注射、過信　楢林篤三　23
油断のならぬ胸痛　横森賢次郎　24
支那薬草奇談　上田恭輔　25
何故の医科志望ぞ　唯壁居人　29
偉い人よりも善い人　福島四郎　32
武昌遊記　莫愁楼主人　34
詩は心霊の表現なり　辻澤菖水　37
日本医学会総会記事　日本内科学会 (第25回)／日本外科学会 (第29回)／日本皮膚科学会 (第28回)／日本生理学会　40
会報
中国文医学雑誌の刊行　44
満州医科大学中国学生見学団招待　44
満州医科大修学旅行団の済南、青島医院視察　44
済南医院に於ける赤十字救護事業　44
済南医院集談会　44
医院通信　漢口医院　済南医院　45
人事異動／人事往来／訃報　46
昭和3年3月分各医院患者表　47
彙報　48
詞藻　詩／歌　56
同仁会の歌　無着　58
宣和遺事の一節 (小説)　紫楼　51
編輯室より　60
奥付　63

◉第2巻第6号　(昭和3年6月号)
口絵　同仁会済南医院全景
巻頭辞　我等の使命　1
日本留学生中華民国医薬学生懇話会
所感　北島多一　5
民国留学生に対する希望　慶松勝左衛門　5
年齢別に観たる耳鼻咽喉疾患　細谷雄太　11
偶感　青江政太郎　14
真の日本を理解せよ　吉岡弥生　15
肺結核の話 (6)　小川勇　16
東洋医学の確立を期せよ　辻澤菖水　24
上田恭輔氏に質す　飯島庸徳　26
済南の動乱と同仁会済南医院　29
医苦断片　唯壁居人　33
資料　国際聯盟保健機関の活動　36
会報
済南医院の活動　50
同仁会医学雑誌の発行　50
中華民国医薬学生春季懇話会　50
本部職員の江の島紀行　53
青島医院桜会／同院集談会　54
済南医院看護婦養成所卒業式　55
昭和3年4月分各医院患者表　56
彙報　57
詞藻　詩／歌　60
東京より　一記者　62
奥付　65

◉第2巻第7号　(昭和3年7月号)
口絵　日本留学中華民国医薬学生懇話会／景山
巻頭辞　所感一則　1
同仁会漢文医学雑誌序　汪栄宝　3
資本主義の医業に及ぼしたる影響　鈴木直巳　5
仁述の新旧観念　唯壁居人　13
支那人に多き外耳の疾患　林外男　28
血管病と血圧との関係　田中吉左衛門　31
第32回同仁会済南医院集談会
麻疹の異常経過の数例　荒木三郎　16
痘瘡異常例　伊吹月雄　17
『カラアツアール』に就て　杉本浩三　17
人類下顎過剰歯に就て　井上忠　18

　腸『チブス』の予防接種との関係に就て　四方京一　19
　肺射創の一例　村上徳治　20
　戦時外科一般　牧野融　20
名医葉天士の逸事　上田恭輔　36
資料　山東省産漢薬に就て　小林清治　40
会報
　同仁会医学雑誌好評、訳書刊行会　49
　同仁会済南医院に於ける日本赤十字救護事業　49
　黎元江氏弔問、本会役員会に於ける支那視察談、医院通信　北京　漢口　済南　50
　人事異動　53
　人事往來　54
　訃報　55
　昭和3年5月分各医院患者表　55
彙報　56
詞藻　詩／歌　58
華文同仁会医学雑誌発行之趣旨　60
東京より　一記者　62
奥付　65

◉第2巻第8号（昭和3年8月号）

口絵　済南医院収容第6師団傷病兵救護状況
　　青島医院日光浴病棟、青島海水浴場
同仁会の事業精神　小野得一郎　1
列国の対支文化政策　長野朗　3
支那動乱と同仁会事業　禾恵学人　9
戦時外科の一般（承前）　牧野融　12
健康の所有権は何人か　唯壁居人　19
欧米を回顧して（1）　小川玄々子　22
済南余談　通信子　30
時局と北京医院の苦心　通信子　32
資料　国際聯盟保険機関の組織と其出版物　国際聯盟事務局東京支局　35
済南紀行　墨堂　44
会報
　同仁会医学雑誌8月号発行　49
　同仁会済南医院に於ける日本赤十字救護事業、長与理事の消息、済南医院慰問　49
　医院通信　青島　漢口　済南　50
　人事／慶事　51
　訃報　52
　昭和3年6月分各医院患者表　53
彙報　54
北京日記より　M子　57
詞藻　詩／歌　61
東京より　63
四行欄　66
奥付　68

◉第2巻第9号（昭和3年9月号）

口絵　不戦条約調印帝国全権委員本会会長内田伯
　　同仁会理事会（7月30日於如水会館）
巻頭言　不戦条約の締結　1
事前療法　山口察常　2
日本医学の発達史　方石珊　4
在支日本婦人の覚悟　千鳥女史　10
満州視察余録　長野朗　12
長与博士訪問記　一記者　14
貧乏国民の健康維持費　唯壁居人　16
欧米を回顧して（2）　小川玄々子　21
杏林談叢
　支那に於ける猩紅熱の縁起　楊鳳鳴　18
　再発せる産褥熱　村上保　18
　意外な礼状　大久保九平　19
　飛行療法　逸名　20
済南余聞　通信子　24
資料　国際聯盟保険機関の組織と其出版物　国際聯盟事務局東京支局　26
会報
　理事会、牧野済南院長並小野理事之報告其他　35
　同仁会医学雑誌愛読申込頻りなり　41
　同仁会済南医院に於ける日本赤十字救護事業　42
　医院通信　青島　済南　43
　人事／慶事　44
　昭和3年7月分各医院患者表　45
彙報　46
詞藻　詩／歌　49
小説　明代稗話廃寺の怪　凌霄花　51
チツト、チヤツト　一記者　61
奥付　65

◉第2巻第10号（昭和3年10月号）

口絵　同仁会北京医院電機治療室及同仁会
北京医院看護婦養成所教室、石皷書院
巻頭言　支那語学の普及を望む　1
同仁会に対する希望　野呂寧　2
中華民国に於ける思想難　太田秀穂　5
国民党は何処へ行く　長野朗　8
中国医学雑論　葉古江　11
天下を三分してその一を　唯壁居人　19
吉益東洞に就て　墨堂　22
杏林談叢
虫を下ろす話　阿部龍夫　25
珍奇なる鼻孔異物例　熊谷太市　26
創傷の入浴療法　泉伍朗　27
欧米を回顧して（3）　小川玄々子　29
四博士帰朝歓迎会　一記者　38
資料　国際聯盟マラリア委員会の活動
国際聯盟事務局東京支局　栗飯原晋　40
会報
同仁会員と地方餐饌　45
同仁会済南医院に於ける日本赤十字救護　47
漢口事件救護事業詳報　47
医院通信　北京　漢口　済南　47
人事／慶事　49
昭和3年9月分各医院患者表　50
彙報　51
詞藻　詩／歌　53
小説　鑑湖夜泛ぶ記　一夢　55
チット・チャット　61
奥付　65

◉第2巻第11号（昭和3年11月号）

御真影
奉祝の歌　斎藤茂吉　1
御大典に際して　田中義一　2
医事衛生の国際協力　鶴見三三　8
張仲景に就て　米田華舡　18
欧米を回顧して（4）　小川玄々子　21
泰嶗同筍会記　大村泰男　27
是亦一つの記念事業なるべし　蘇水　30
四季の衛生
緒言　入澤達吉　32
第1編冬の衛生　34
概論　34
暖室法の話　佐々木秀一　35
冬期に於ける看病上の注意　荘司秋白　41
会報
同仁会医学雑誌11月号発行　51
同仁会済南医院に於ける日本赤十字救護
事業、同済南医院医学集談会　51
病院用日華会話書編纂　52
青島医学校卒業式　52
人事／訃報／慶事　52
医院通信（北京　漢口　済南　青島）　53
昭和3年9月分同仁会各医院患者表　56
彙報　57
詞藻　詩／歌　60
医界時事　唯壁居人　62
チット・チャット　64
奥付
付録
同仁会事業大要

◉第2巻第12号（昭和3年12月号）

乱れたる支那の強味と治まれる日本の弱味
安岡正篤　1
日華両国民窮局の願望は何ぞ　王大楨　3
医事衛生の国際協力（2）　鶴見三三　11
欧米を回顧して（5）　小川玄々子　15
調査資料　国際聯盟の癩調査委員会
栗飯原晋　24
四季の衛生　其の二
冬期に罹り易い病気と其の手当　豊田栄　28
凍傷の予防と手当　賀川哲夫　38
医界時事　唯壁居人　47
会報
同仁会医学雑誌12月号発行　49
同仁会済南医院に於ける日本赤十字救護
事業　49
同仁会会員の鹵簿奉拝　49
青島医院集談会　50
同仁会関係者の光栄　50
同仁会会員の御還幸啓奉迎　51
医院通信　漢口　51

　昭和3年10月分同仁会各医院患者表　54
彙報
　阿片条約の適用拡張、京城大薬園竣成、癩予防
　慶應大学協会設立さる　55
　米人の医師試験合格、結核虎眼両予防法の改正、
　日華医薬学生懇親会　57
詞藻　詩／歌　58
チット・チャット　60
奥付　62

◉第3巻第1号　（昭和4年1月号）

年頭所感　1
支那の家族制度　服部宇之吉　2
支那新聞に現れたる売薬の広告　上田恭輔　8
文化侵略歓迎すべし　山崎百治　14
北京の正月の思出で　泉隣小史　17
欧米を回顧して（6）　小川玄々子　21
「同仁」は斯くあれと思ふ（1）　石井愛亭　29
資料　漢方に関する書籍及び時価　TH生　33
四季の衛生　其の三　第1編　冬の衛生（3）
　冬の食物　島薗順次郎　42
　衛生上より見たる我国の正月　白木武　46
会報
　同仁会漢口医院の御大典記念事業　52
　同仁会医学雑誌第2巻第1号発行　52
　支那名画展覧会華国側代表歓迎会　53
　同仁会済南医院医師集談会　53
　同仁会北京医院の御大典記念娯楽部　54
　中華民国医薬学生第4回懇話会　54
　人事　56
　昭和3年度上半期同仁会各医院患者表　57
　昭和3年度上半期同仁会各医院診療収入調　58
彙報　59
詞壇 詩／歌　61
医界時事　63
チット・チャット　65
付録　同慶帖

◉第3巻第2号　（昭和4年2月号）

追悼辞　1
嗚呼総裁久邇宮殿下　2
故総裁宮殿下と同仁会　7
総裁久邇宮殿下の薨去に就て
　同仁会会長　伯爵　内田康哉　8
久邇元帥宮殿下の薨去を悼み奉る
　同仁会顧問　男爵　田中義一氏謹話　11
久邇宮殿下を偲び奉る
　同仁会副会長　江口定條　12
総裁の宮殿下を偲び奉る
　同仁会副会長　入澤達吉　15
故総裁宮殿下を追悼し奉る
　同仁会理事　岡田和一郎氏謹話　17
哀悼の辞　同仁会理事　鈴木梅四郎　18
故久邇宮邦彦王殿下を追悼し奉る
　元久邇宮々務監督　国分三亥氏謹話　20
かなしみの歌　久邇宮付宮内事務官
　山田益彦　24
追憶　同仁会理事　小野得一郎　27
会報
　総裁宮殿下の薨去　36
　同仁会医学雑誌第2巻第2号発行　37
　役員定例会　38
　済南医院内日本赤十字救護所　38
　同仁会北京医院集談会　39
　同仁会青島医院集談会　39
　人事　40
　昭和3年中重要事項　40
　昭和3年12月分同仁会各医院患者表　46
彙報　47
詞藻　歌／詩　51
資料　漢法に関する書籍及時価（2）
　TH生　53
医界時事　唯壁居人　62

◉第3巻第3号　（昭和4年3月号）

巻頭辞　支那の排日と同仁会の事業
　小野得一郎　1
所感　姜琦　3
欧米医学界視察談　福士政一　6
阿片問題に関して　菊地西治　11
支那の箭毒　川端柾夫　17
欧米を回顧して（7）　小川玄々子　20
同仁は斯くあれと思ふ（2）　石井愛亭　29

四季の衛生　其の四　32
第２編　春の衛生（1）
春先きの眼病　小川剣三郎　33
春三月小児の衛生　藤井秀旭　44
会報
同仁会医学雑誌第２巻第３号発行　53
同仁会済南医院内日本赤十字救護所　53
同仁会漢口医院分院再開　54
訳書刊行委員会　54
湯爾和氏歓迎会　54
人事　54
医院通信　漢口より　55
昭和４年１月分同仁会各医院患者表　59
彙報　60
歌壇　斎藤茂吉選　63
詩壇　辻澤菖水選　64
医界時事　唯壁居人　65

◉第３巻第４号（昭和４年４月号）
巻頭辞　隣邦医薬界事情調査の必要を提唱す　1
日支親善は精神的なるを要す　上田恭輔　3
エーリツヒ先生に就て　秦佐八郎　13
米国の医界視察団　吉岡弥生　20
阿片問題に関して（2）　菊地西治　25
清朝王族の末路　市吉徹夫　33
欧米を回顧して（8）　小川玄々子　37
梅花の賦　秋澤次郎　39
四季の衛生　其の五　42
第２編　春の衛生（2）
お花見頃の衛生　樫田十次郎　43
婦人体格の改善案　氏原佐蔵　51
会報
故総裁宮殿下五十日祭　54
役員会　54
同仁会医学雑誌第２巻第４号発行　54
済南医院内日本赤十字救護所の閉鎖　55
理事会　55
南満州医科大学修学旅行団歓迎会　55
新旧文化事業部長送迎晩餐会　56
同仁会北京医院集談会　56
同仁会青島医院集談会　57
人事　57
昭和４年２月分同仁会各医院患者表　58
彙報　59
歌壇　斎藤茂吉選　62
詩壇　辻澤菖水評選　63
医界時事　唯壁居人　64

◉第３巻第５号（昭和４年５月号）
巻頭辞　青年支那に学べ　田川大吉郎　1
漢医方廃止是非（1）　米田華舡　3
支那のルネサンス　アーサー・ソワビー　7
思ひ出すまゝ（1）　虚心窟主人　12
己巳年東遊雑詠　爾叟　15
人参採りの話　北條太郎　19
欧米を回顧して（9）　小川玄々子　23
食用の花　雲外居人　28
四季の衛生　其の六　30
第２編　春の衛生（3）
睡眠の話　医学博士　福田得志　31
腸窒扶斯の個人的予防法
医学博士　村山達三　37
新旧医学の衝突（1）　43
仙台市に於ける聯合医学会　50
資料　国際聯盟阿片諮問委員会の活動
国際聯盟事務局　52
会報
同仁会顧問後藤伯爵の逝去　57
同仁会医学雑誌第２巻第５号発行　57
済南医院集談会　58
本部職員の清遊　58
医院通信　漢口より　59
人事　59
昭和４年３月分同仁会各医院患者表　60
彙報　61
歌壇　斎藤茂吉選　64
詩壇　辻澤菖水評選　65
医界時事　夢草生　66

◉第３巻第６号（昭和４年６月号）
同仁会北京医院創立十五週年に当りて
伯爵　内田康哉　1
支那は果して謎か　坂西利八郎　3

思ひ出すま、（2）	虚心窩主人	21
民国医界時事		
新旧医学の衝突（承前）		25
国民政府衛生近況		32
支那に於ける衛生運動		32
資料　国際聯盟阿片諮問委員会の活動（承前）		
国際聯盟事務局		34
四季の衛生　其の七		43
第3編　夏の衛生（1）		
小供の消化器病　医学博士	栗山重信	44
梅雨期の衛生　医学博士	渡辺衡平	50
会報		
故総裁宮殿下百日祭		55
同仁会北京医院十五週年祝賀会		55
金杉・楠本両博士の渡支		56
同仁会医学雑誌第2巻第6号発行		56
浙江医専旅行団と同仁会の交歓		56
西湖博覧会に出品申込み		57
留日中華民国医薬学出身者名簿		57
第5回留日中華医薬学生懇話会		58
青島医院記念日		59
昭和4年4月分同仁会各医院患者表		60
人事		59
彙報		61
歌壇	斎藤茂吉選	62
詩壇	辻澤菖水選	63
済南の撤兵		64
医界時事	夢草生	67

●第3巻第7号（昭和4年7月号）

学生諸氏に支那旅行を勧む		1
欧米に於ける人種的考察		
医学博士	林春雄	2
漢医方廃止是非（3）	米田華舡	14
東西医学と言う観念	唯壁居人	19
中国人氏名考	無平学人	21
支那の思出（3）	虚心窩主人	25
旅の印象	秋澤次郎	29
歌壇	斎藤茂吉選	32
詩壇	辻澤菖水評選	33

民国医界時事		34
医界時事	夢草生	38
四季の衛生　其の八		40
第3編　夏の衛生（2）		
夏季の衛生の根本義は家庭外飲食の廃止にあり　医学博士	二木謙三	41
青葉の頃に多い鼻出血の話		
医学博士	坂口武雄	45
彙報		49
同仁会記事		51
人事		58
付録		
漢薬と食療本草　薬学博士	中尾万三	

●第3巻第8号（昭和4年8月号）

同仁会事業の発展を喜ぶ		
医学博士	金杉英五郎	1
人体の寄生虫に就て　医学博士	楠本長三郎	2
漢詩和読の話から東西医学の将来に		
	下瀬謙太郎	16
支那の保健状態を瞥視して	生江孝之	13
漢医方廃止の是非（4）	米田華舡	20
支那の思出（4）	虚心窩主人	23
欧米を回顧して（11）	小川玄々子	26
見学雑記	斛斗筲	32
四季の衛生　其の九		34
第3編　夏の衛生（3）		
本邦と外国との夏の気候並に和服と洋服との比較　医学博士	石原房雄	35
夏の果物　栄養研究所	樋口太郎	39
民国医界時事	O・C・C	50
日本医界時事	夢草生	53
彙報		55
歌壇	斎藤茂吉選	58
詩壇	辻澤菖水選	59
同仁会記事		60

●第3巻第9号（昭和4年9月号）

巻頭言　支那会館の建設を提唱す		1
節制と健康　医学博士	金杉英五郎	3

| --- | --- | --- |
四季の衛生　其の十		33
第4編　秋の衛生（1）		
秋の生活	高島平三郎	34
秋の胃腸に就て		
胃腸病院副院長	川島震一	42
民国医界時事	O・C・C	48
日本医界時事	夢草生	51
歌壇	斎藤茂吉選	53
詩壇	辻澤菖水選	54
彙報		55
同仁会記事		56

●第3巻第10号　（昭和4年10月号）

賀詞		1
同仁会医学雑誌を読む	下瀬謙太郎	2
或る洋医の経験	木尋生	8
支那の思出（5）	虚心窟主人	11
欧米を回顧して（12）	小川玄々子	14
調査　民国に於て発行する医薬学雑誌調		21
民国医界時事	O・C・C	27
日本医界時事	夢草生	31
四季の衛生　其の十一		33
第4編　秋の衛生（2）		
秋の遠足の衛生	大村達夫	34
食用菌と有毒菌	畑中正雄	38
歌壇	斎藤茂吉選	43
詩壇	辻澤菖水選	44
彙報		45
同仁会記事		46
第64回同仁会青島医院集談会		50

●第3巻第11号　（昭和4年11月号）

巻頭言　本誌の一使命		1
中華民国留日学生会館建築意見書	姜琦	2
支那に於ける薬用植物に就て	矢部吉禎	4
同仁会医学雑誌を読む（2）	下瀬謙太郎	9
我国新医内部に階級争闘起らん	銭恵倫	19
中華民国の医政並に医界の近況	陳芳之	23
日本医界に対する民国医界の希望	楊子驤	27
支那の思出（6）	虚心窟主人	29
欧米を回顧して（13）	小川玄々子	32

民国医界時事	O・C・C	44
日本医界時事	夢草生	50
歌壇	斎藤茂吉選	52
詩壇	辻澤菖水選	53
彙報		54
同仁会記事		56
受贈書目		65

●第3巻第12号　（昭和4年12月号）

巻頭言　青年医家に望む		1
治療志料（1）	富士川游	2
在外医療機関の国際的立場	小川勇	5
衣食住行医	汪于岡	7
支那の思出（7）	虚心窟主人	9
欧米を回顧して（14）	小川玄々子	11
中華民国旅行日記	佐藤嘉津馬	17
	細江静男	24
	今高義	30
民国医界時事	O・C・C	32
日本医界時事	夢草生	36
歌壇	斎藤茂吉選	39
詩壇	辻澤菖水選	40
彙報		41
同仁会記事		43
同仁会北京医院創立満十五年記念祝賀会記事		48

●第4巻第1号　（昭和5年1月号）

明治天皇御製		1
休戦の回顧　伯爵	内田康哉	2
中華民国視察談	坪上貞二	11
同仁会の事業に就て	入澤達吉	22
新年書感	辻澤菖水	27
扁鵲の療法と淳于意の療法（1）	中尾万三	29
治療志料（2）	富士川游	33
満蒙、河北及朝鮮の薬草所見　其一		
	石戸谷勉	37
民国医界時事		44
日本医界時事		49
資料　国際保健衛生問題		
国際聯盟事務局東京支局		51

詩壇　辻澤菖水選　57
彙報　59
同仁会記事　61
支那を観る（1）　森悦五郎　70

◉第4巻第2号（昭和5年2月号）

口絵　呉道子孔子像／上海二景
巻頭言　華文医書刊行の必要　1
我国医学革命の破壊と建設　余巌　2
治療志料（3）　富士川游　8
扁鵲の療法と淳于意の療法（2）　中尾万三　12
満蒙、河北及朝鮮の薬草所見　其二
石戸谷勉　18
支那の思出（8）　虚心窟主人　25
欧米の回顧（15）　小川玄々子　28
民国医界時事　34
日本医界時事　37
歌壇　斎藤茂吉選　40
詩壇　辻澤菖水選　41
彙報　42
同仁会記事　43
同仁会青島医院集談会記事　46
支那を観る（2）　森悦五郎　55

◉第4巻第3号（昭和5年3月号）

口絵　無字碑／青州城と管鮑の墓
巻頭言　支那の医育に就て　1
我国医学革命の破壊と建設（2）　余巌　3
北平の近状　飯島庸徳　10
扁鵲の療法と淳于意の療法（3）　中尾万三　16
満蒙、河北及朝鮮の薬草所見　其三
石戸谷勉　22
欧米の回顧（16）　小川玄々子　27
民国医界時事　33
日本医界時事　38
蒼々集　国分三亥　41
歌壇　斎藤茂吉選　43
詩壇　辻澤菖水選　44
小説　三孝廉　榛原茂樹　45
彙報　50
同仁会記事　49
同仁会青島医院集談会記事（承前）　54

支那を観る（3）　森悦五郎　62

◉第4巻第4号（昭和5年4月号）

口絵　宜昌峡二景
同仁会巡回診療班と其の乗船当陽丸
巻頭言　お隣り同志　1
治療志料（4）　富士川游　2
保険と治病　松村壽軒　6
我国医学革命の破壊と建設（3）　余巌　14
満蒙、河北及朝鮮の薬草所見　其四
石戸谷勉　19
民国医界時論抄訳　31
民国医界時事　36
日本医界時評　39
12世紀頃支那医界の珍話　鈴木眞海　42
欧米の回顧（17）　小川玄々子　46
故久邇宮邦彦王殿下御一年祭に当りて
山田益彦　52
詩壇　辻澤菖水選　53
小説　三孝廉　榛原茂樹　54
第8回日本医学会　59
彙報　68
同仁会記事　69
支那を観る（4）　森悦五郎　73

◉第4巻第5号（昭和5年5月号）

口絵　山東の長城と青石関
中華民国医界名士同仁会招宴
巻頭言　民国人の日本研究熱に就て　1
支那の法医学に就て　柏田忠一　2
満蒙、河北及朝鮮の薬草所見　其四
石戸谷勉　6
中華民国医界より日本に対する希望
全紹清　瞿紹衡　揚子驤　徐誦明　13
潮州の韓文公祠廟の碑に就て　入澤達吉　18
欧米の回顧（18）　小川玄々子　19
李白伝　榛原茂樹　30
民国医界時事　38
日本医界時事　42
漢口医院巡回診療班日誌　44
第8回日本医学会余録　49
彙報　52

●**第4巻第6号**（昭和5年6月号）
口絵　九華山天台峰の巨巌と王陽明祠道（68頁説明）
　　　同仁会第2回中国医師講習会開講式
巻頭言　同仁会調査部の設置		1
漢人の発展性	長野朗	3
満蒙、河北及朝鮮の薬草所見　其五		
	石戸谷勉	7
阿片吸食体験記（上）	井上紅梅	14
支那社会相二題	倭軒	24
漢口医院巡回診療班日誌（承前）		27
小説　両姑娘	陶晶孫	31
民国医界時事		42
日本医界時事		44
彙報		46
同仁会中国医師講習会記事		47
同仁会記事		56
支那を観る（5）	森悦五郎	59

●**第4巻第7号**（昭和5年7月号）
口絵　黄山二景／同仁会新事務所
巻頭言　中華民国日本医薬出身者名簿に就て		
		1
日本に於ける医学の変遷と洋医学の濫觴（上）		
	富士川游	2
満蒙、河北及朝鮮の薬草所見　其七		
	石戸谷勉	9
中国医師講習会より帰りて		
	秦佐八郎　宮川米次	15
阿片吸食体験記（中）	井上紅梅	25
漢口医院巡回診療班日誌（承前）		35
欧米を回顧して（19）	小川玄々子	39
小説　後方医院	張継純	48
民国医界時事		62
日本医界時事		64
彙報		66
同仁会記事		67

●**第4巻第8号**（昭和5年8月号）
口絵　蕪湖二景／吉田外務次官一行の同仁会視察

巻頭言　同仁会医院の使命		1
六神丸とガマの油の科学的考察		
	小竹無二雄	2
日本に於ける医学の変遷と洋医学の濫觴（下）		
	富士川游	6
満蒙、河北及朝鮮の薬草所見　其八		
	石戸谷勉	12
阿片吸食体験記（下）	井上紅梅	17
第68回同仁会青島医院集談会（上）		20
欧米を回顧して（20）	小川玄々子	32
小説　薄情郎を打つ	榛原茂樹	46
民国医界時事		53
日本医界時事		54
彙報		56
同仁会記事		57
北支に旅して	小野得一郎	60

●**第4巻第9号**（昭和5年9月号）
口絵　泰安と長沙／南方支那の美人
巻頭言　支那の医育機関に就て		1
『中華民国医事衛生の現状』を読む		
	（華北医報社評）	2
西医東漸前の創傷治療薬に就て　飯島茂		8
満蒙、河北及朝鮮の薬草所見　其八		
	石戸谷勉	14
第68回同仁会青島医院集談會（下）		20
欧米を回顧して（21）	小川玄々子	31
支那の女性	池田桃川	34
音楽会小曲	陶晶孫	41
民国医界時事		50
日本医界時事		52
彙報		54
同仁会記事		55
支那を観る（6）	森悦五郎	58

●**第4巻第10号**（昭和5年10月号）
口絵　范文公の像と其の廟
　　　中華民仏教徒寄贈の吊霊鐘
巻頭言　秋に寄す		1
支那の医学界と文化事業		2

| --- | --- | --- |
満蒙、河北及朝鮮の薬草所見 其十		
	石戸谷勉	23
延年長寿補益養性秘聞	田中吉左衛門	28
小説 阿片極楽、阿片地獄	井瀬蓼介	34
民国医界時事		47
日本医界時事		50
彙報		54
同仁会記事		56
支那を観る（7）	森悦五郎	59

●**第4巻第11号**（昭和5年11月号）
口絵 同仁会青島医学校第3回卒業式
　　　平和郷四川

巻頭言 中日医薬生談話会の設立		1
墨子と現代思想	萱野長知	2
上海に於ける医学校、病院参観記 其二		
	下瀬謙太郎	7
満蒙、河北及朝鮮の薬草所見 其十一		
	石戸谷勉	14
中華民国健康保険計画書 国民政府衛生部		19
支那日記		19
珍聞医談		25
銷夏紀游	入澤達吉	28
支那の性経	池田桃川	34
支那医薬学実地研究生の報告		38
小説 阿片極楽、阿片地獄	井瀬蓼介	43
民国医界時事		53
日本医界時事		55
彙報		58
中日医薬学生談話会		59
同仁会記事		61

●**第4巻第12号**（昭和5年12月号）
口絵 韓文公の像と其祠／北支那の冬

巻頭言 『同仁』市場進出の意義		1
団匪償金と文化事業	貴志英夫	2
満蒙、河北及朝鮮の薬草所見 其十二		
	石戸谷勉	12
上海に於ける医学校、病院参観記 其三		
	下瀬謙太郎	18

支那日記		18
同仁会漢口医院に於ける実習記	神蔵助盛	25
支那婚礼の話	井上紅梅	33
小説 岐路	郭沫若	40
民国医界時事		51
日本医界時事		54
彙報		57
同仁会記事		57
支那を観る（8）	森悦五郎	59

●**第5巻第1号**（昭和6年1月号）
口絵 狩野芳崖筆 蘇武図

巻頭詞 社頭雪	斎藤茂吉	1
説苑		
更新の意気と同仁の精神	坪上貞二	2
安と均	長野朗	5
漢方捨つべからず	田中吉左衛門	8
上海視察旅中意外の数々	下瀬謙太郎	15
随筆		
耆婆の話	鈴木眞海	20
表紙説明		28
支那秘薬物語（1）	中野江漢	29
支那正月の食べ物	井上紅梅	40
支那日記		40
血		44
支那の酒飲の話	池田桃川	48
数より見た人体		48
編輯後記		51
文芸		
施料争議	正木不如丘	54
金剛山にて	郭沫若	59
燕京雑吟	西村木尋	65
歌壇	斎藤茂吉	67
詩壇	辻澤菖水	68
報道		
中国医界時事		69
日本医界時事		71
彙報		75
同仁会記事		77
資料		
満蒙、河北及朝鮮の薬草所見 其十三		

上海に在る各国の病院調（1）　同仁会調査部　85

付録

昭和6年同慶帖

◉第5巻第2号（昭和6年2月号）

口絵　羅浮仙図（27頁参照）

巻頭詞　1

説苑

1928、9両年に於ける国民政府衛生部の業跡　刁敏謙　2

支那の真相と支那研究の科学化　田中忠夫　9

随筆

上海視察旅行談　上海在住の邦人医師　下瀬謙太郎　17

文身と支那及南蛮北夷　中山栄造　28

清室内房秘話　池田桃川　32

花柳病の漢法療法　南拝山　38

支那日記　38

文芸

誰が妻　一庭　45

資料

満蒙、河北及朝鮮の薬草所見　其十四　石戸谷勉　48

上海に在る各国の病院調（2）　同仁会調査部　53

報道

中国医界時事　68

日本医界時事　71

彙報　73

中日医薬学生談話会記事　74

同仁会記事　75

支那を観る（9）　森悦五郎　77

◉第5巻第3号（昭和6年3月号）

口絵　水ぬるむ（柴田是眞筆）

巻頭詞　新興支那の文化　1

説苑

経籍訪古志を読んで感あり　水野梅暁　2

随筆

上海視察談民国の医育問題　下瀬謙太郎　9

支那医界漫談（1）　陶熾　16

支那日記　16

文芸

函谷関　一天生　25

詩　辻澤菖水選　40

歌　斎藤茂吉選　41

報道

中国医界時事　42

日本医界時事　45

彙報　47

同仁会記事　49

中日医薬学生談話会記事　54

資料

上海に在る各国の病院調（完）　同仁会調査部　57

満蒙、河北及朝鮮の薬草所見　其十五　石戸谷勉　66

◉第5巻第4号（昭和6年4月号）

口絵　採桑図（16頁口絵説明参照）

巻頭詞　純真なる学者の態度　1

説苑

中華民国医学教育振興策（1）　戈紹龍　3

随感、漫筆

伍連徳博士と語る　布施知足　17

中国医学雑誌展望　17

唐の夢　田中吉左衛門　20

医師の人格　稲田龍吉　27

支那日記　30

中日医界の歴史的考察　藤浪剛一　31

学術救国　劉燧昌　34

文芸

詩　辻澤菖水選　40

歌　斎藤茂吉選　41

帰へりの函谷関　郭沫若　42

資料

新興支那の医事衛生思想と其の施設（1）　濱田峰太郎　50

満蒙、河北及朝鮮の薬草所見　其十六　石戸谷勉　66

報道

中国医界時事　70

日本医界時事　73

中日医薬学生談話会記事　75
同仁会記事　76
支那を観る（10）　森悦五郎　78

◉第5巻第5号（昭和6年5月号）

口絵　三笑人
巻頭言　理想と実行　1
説苑
外人から見た中国の文化　風間阜　2
中華民国医学教育振興策（2）　戈紹龍　11
中国医界漫談（2）　陶熾　24
米国教授の日本観　24
支那日記　30
支那漫談　心中と苦命　中山栄造　32
文芸
詩　辻澤菖水選　37
歌　斎藤茂吉選　38
血と涙　郁達夫　39
報道
中国医界時事　53
中国社会時相　71
日本医界時事　61
同仁会記事　75
中日医薬学生談話会記事　76
資料
新興中華民国の医事衛生思想（2）　濱田峰太郎　78
満蒙、河北及朝鮮の薬草所見　完　石戸谷勉　85

◉第5巻第6号（昭和6年6月号）

口絵　松岡環翠筆　蓮華図
巻頭言
支那留学生の為に医育機関の特設を要す　1
説苑
最近の支那に就いて　谷正之　3
支那自然科学の創見　山本鼎　8
漫筆随感
六不治五難参毒　田中吉左衛門　12
中国辺疆風俗綺話　川邊白楊　18
湯爾和先生と語る　記者　25
文芸
小説　孫中山の死　田漢　27
詩　辻澤菖水選　44
歌　斎藤茂吉選　45
詩仙李白詩聖杜甫　呉錫文　46
報道
中国医界時事　51
中日医薬学生談話会記事　53
中国社会時相　54
日本医界時事　59
同仁会記事　63
支那日記　70

◉第5巻第7号（昭和6年7月号）

口絵　寺崎廣業氏筆　午睡
巻頭言　同仁会々長と満鉄総裁　1
説苑
支那の繁栄と列国の協力　長野朗　2
三つの報告書を中心として　柏田忠一　5
均産主義と日華の協和　野満四郎　12
随筆
中国人に対する態度　小川勇　14
宣伝戦　無平学人　14
思ひ出の一節　萱野長知　19
済南で発見した新魚類七種　柴田清　22
支那秘薬物語（2）　中野江漢　23
上海研究所にはどんな病院を付設すべきか　矢来里人　31
文芸
飄流挿曲（小説）　郭沫若　36
詩　辻澤菖水選　48
歌　斎藤茂吉選　49
報道
中国社会時相　50
中国医界時事　55
日本医界時事　60
中日医薬学生談話会記事　64
同仁会記事　65
支那日記　69

◉第5巻第8号（昭和6年8月号）

口絵　満鉄新正副総裁就任祝賀会
巻頭言　外交の新傾向　1

説苑
　列国の対支文化事業の将来　柏田忠一　2
　日本近代医学の回顧　平光吾一　6
　支那現代婦人の問題　西山栄久　15
随筆
　支那飲料の話　米田祐太郎　24
　モダン北平より　風間阜　29
文芸
　歌壇　斎藤茂吉選　34
　詩壇　辻澤菖水選　35
　中山服（小説）　羅暟嵐　36
報道
　中国社会時相　47
　中国医界時事　51
　佐藤博士の南華行　51
　日本医界時事　56
　支那日記　53
　同仁会記事　61
　中日医薬学生談話会記事　64
付録
　支那常識（其一）　賀来敏夫　65

◉第5巻第9号（昭和6年9月号）

口絵　平福穂庵筆　松陰煮茶之図
巻頭言　中華民国の大水災を救へ　1
説苑
　大水後の防疫問題（大公報社説）　2
座談
　隣邦民族に日新医学の普及を図る方法
　　入澤達吉　下瀬謙太郎　宮川米次
　　水野梅暁　上田恭輔　小野得一郎　4
漫筆
　支那料理について　辻聴花　20
　エロ的に活躍する共産娘子軍　20
　支那への族　野満四郎　28
　支那日記　28
　客星帝座を犯す　野尻抱影　32
文芸
　詩壇　辻澤菖水選　39
　歌壇　斎藤茂吉選　40
報道
　中国社会時相　41
　支那各地水害彙報　43
　中国医界時事　48
　中日医薬学生談話会記事　50
　日本医界時事　51
　同仁会記事　55
資料
麻酔剤製産制限に関する国際的活動の回顧
　国際聯盟通報局　59
編後に　75
付録
　支那常識（其二）　賀来敏夫　76

◉第5巻第10号（昭和6年10月号）

口絵　(1) 同仁会第四診療班、(2) 第四診療班出発と同仁会扱賑災薬品の発送、(3) 第二診療班の巡航と診療の状況、(4) 第一診療班の巡航と診療所前の群衆、(5) 第三診療班とその出発、(6) 黒山に蝟集せる避難民と同仁会診療船
巻頭言　再び中華民国の水災に就て　1
説苑　団匪償金の種々相 (1)　貴志英夫　2
座談
　中日医学界の連絡を助長する必要なきか、留日中華民国学生の為に医学校特設の要なきか
　　入澤達吉、下瀬謙太郎、宮川米次、
　　水野梅暁、上田恭輔、小野得一郎　11
随筆
　中国医界漫談 (3)　陶 熾　21
　支那への旅（第2信）　野満四郎　26
文芸
　歌壇　斎藤茂吉選　28
　詩壇　辻澤菖水選　29
報道
　中華民国水災後報　30
　　同仁会賑災事業　31
　　漢口水災情報　34
　中国医界時事　41
　中日医薬学生談話会記事　52
　中国社会時相　43
　日本医界時事　47
　同仁会記事　51
付録

支那常識（其三）　賀来敏夫　57
支那日誌　68

◉第 5 巻第 11 号（昭和 6 年 11 月号）

口絵　与謝燕村筆　谿山探薬図
巻頭言
吾が水災救護に対する中国側の態度　1
説苑
支那に於けるキリスト教宣教師の医学的活動　下瀬謙太郎　3
団匪償金の種々相（2）　貴志英夫　15
随筆
支那への旅（第 3 信）　野満四郎　21
支那秘薬物語海狗の巻　中野江漢　26
斉魯大学国際親善考察団帰校報告会傍聴記　高洲艸夢　26
伊藤公と寒山寺梵鐘　池田桃川　42
支那日誌　42
文芸
詩壇　辻澤菖水選　46
歌壇　斎藤茂吉選　47
報道
同仁会の中国水難救済事業の経過　小野理事報告　48
診療班日記　第三診療班　50
診療雑記　第四診療班　53
中国社会時相　55
中日医薬学生談話会記事　57
中国医界時事　58
日本医界時事　60
同仁会記事　64
資料
中国の大学専門学校の近況　編輯部　66
編後に　74

◉第 5 巻第 12 号（昭和 6 年 12 月号）

口絵　中村不折氏筆　神農図
巻頭言　年末所感　1
説苑
対華外交感言　宮脇賢之介　2
団匪償金の種々相（3）　貴志英夫　8
支那に於けるキリスト教宣教師の医学的活動（承前）　下瀬謙太郎　15
随筆
日貨排斥の励行期に際して　高洲草夢　31
支那女学生の見たる日本　31
支那飲料の話（2）　米田祐太郎　33
満州事変に対する外国新聞の論調　35
武漢地方を視察して　篠崎正幸　37
文芸
詩壇　辻澤菖水選　43
歌壇　斎藤茂吉選　44
小説　刺花流氓　井上紅梅訳　45
報道
中国社会時相　50
中国医界時事　53
日本医界時事　55
中日医薬学生談話会記事　58
同仁会記事　59
付録
支那常識（其四）　賀来敏夫　61

◉第 6 巻第 1 号（昭和 7 年 1 月号）

口絵　明治大帝御尊影（平福百穂画伯謹写）
巻頭言　中華国民に告ぐ　1
説苑
年頭所感　坪上貞二　2
時局に際して対支文化事業を思ふ　下瀬謙太郎　4
文化事業今後の進路　長野朗　12
団匪償金種々相（4）　貴志英夫　15
支那に於ける「寿」の研究　今牧白鈴　22
随筆
淄博の史跡を探る　馬場春吉　40
天津事変の前後　野満四郎　49
学之為言効也　矢野春隆　51
支那の兵隊の話　池田桃川　53
尼僧の生活を覗く　坂田寛三　56
文芸
歌壇　斎藤茂吉選　59
詩壇　辻澤菖水選　60
皇国一千年前の新年詩　辻澤菖水　61
（小説）梅蘭芳伝（1）　榛原茂樹　67
報道

中国医界時事　80
中国社会時相　81
日本医界時事　82
同仁会記事—漢口医院長武正博士談　85
付録
支那常識（其五）　賀来敏夫　89
編後に　103

◉第6巻第2号（昭和7年2月号）

口絵　蘭亭と流觴亭
巻頭画　普陀山　1
説苑
日本医学の支那に於ける組織化　武正一　2
今日之孟子救国策　李文権　6
随筆
支那医聖列伝（其一）　今牧白鈴　15
淄博の史跡を探る（2）　馬場春吉　26
蘭亭　西川寧　33
淄川の半日　高洲太助　37
満州を後に　野満四郎　40
支那見学の一節　寺崎由太郎　42
文芸
歌壇　斎藤茂吉選　48
詩壇　辻澤菖水選　49
（小説）梅蘭芳伝（2）　榛原茂樹　50
報道
中国社会時相　66
中国医界時事　67
日本医界時事　69
同仁会記事　71
中日医薬学生談話会記事　71
付録
支那常識（其六）　賀来敏夫　72
支那読み（1）　84
支那趣味漫談　88

◉第6巻第3号（昭和7年3月号）

口絵　支那農村二景
巻頭画　蘇州　清水東翠　1
説苑
対外文化政策に就て　三枝茂智　2
随筆
端渓の硯坑に就て　飯島茂　15
年頭観　福地信世　24
満州並に上海事変に関する外国新聞の論調　24
支那医聖列伝（其二）　今牧白鈴　32
上海と陶庵公　池田桃川　39
淄博の史跡を探る（完）　馬場春吉　47
酒　米田華舡　52
文芸
詩壇　辻澤菖水選　60
歌壇　斎藤茂吉選　61
蘇州の名医と倪雲林　松村雄蔵　62
報道
中国社会時相　70
中国医界時事　72
日本医界時事　73
同仁会記事　77
中日医薬学生談話会記事　77
漢口通信　78
付録
支那常識（其七）　賀来敏夫　80
支那読み（2）　97

◉第6巻第4号（昭和7年4月号）

口絵　舟山列島二景
巻頭言　時局と同仁会事業　1
説苑
満州医業の現状と将来　菊田新太郎　3
上海に於ける各国人　清水董三　7
随筆
蘭（1）　寺中猪介　14
端渓の硯坑に就て（2）　飯島茂　17
蘇州　松村雄蔵　28
支那医聖列伝（其三）　今牧白鈴　32
文芸
詩壇　辻澤菖水選　41
日華両優の屏障　雲荘生　42
歌壇　斎藤茂吉選　44
報道
中国社会時相　45
中国医界時事　46
中日医薬学生談話会記事　47

日本医界時事　48
同仁会記事　51
付録
支那常識（其八）　賀来敏夫　53
支那読み（3）　72
上海事変に関する外国新聞の論調　73
編後に　75

◉第6巻第5号（昭和7年5月号）

口絵　虎邱山と采香径
巻頭言　五周年を迎へて　1
説苑
仁術に国境なし　下村海南　2
日支親善と同仁会　内藤久寛　6
同仁会事業三十年の回顧　下瀬謙太郎　9
四海同仁　長野朗　17
随筆
午睡と人生と保健　田中吉左衛門　19
端渓の硯坑に就て（3）　飯島茂　25
蘭（2）　寺中猪介　37
悲劇と喜劇　秋澤次郎　45
少昊陵を訪ふ　馬場春吉　47
支那医聖列伝（其四）　今牧白鈴　56
文芸
支那新文学運動の現状　大高岩夫　67
詩壇　辻澤菖水選　75
歌壇　斎藤茂吉選　76
董其昌邸焼打事件　村松雄蔵　77
孫文死線彷徨記　池田桃川　85
報道
中国社会時相　100
中国医界時事　100
中日医薬学生談話会記事　101
日本医界時事　102
同仁会記事　105
付録
支那常識（其九）　賀来敏夫　111
支那読み（4）　121
編後に　122

◉第6巻第6号（昭和7年6月号）

口絵　蒙古包と内蒙古の草原
巻頭言　犬養首相を悼む　1
説苑　失業問題と精神衛生　斎藤玉男　2
随筆
支那香艶余録　村田烏江　7
蘭の話（3）　寺中猪介　16
支那医聖列伝（其五）　今牧白鈴　21
洛陽の国難会議　21
一党専制打破の叫び　27
叔梁紇の墓を弔ふ　馬場春吉　35
上海バラバラ事件　井上紅梅　37
察哈爾蒙旗組織　古川園重利　49
文芸
歌壇　斎藤茂吉選　59
詩壇　辻澤菖水選　60
（小説）荘子　郭沫若　61
報道
中国社会時相　70
中国医界時事　70
中日医薬学生談話会記事　72
日本医界時事　74
同仁会記事　77
付録
支那常識（其十）　賀来敏夫　79
支那読み（5）　89
編後に　90

◉第6巻第7号（昭和7年7月号）

口絵　杭州二景
巻頭画　河岸にて　東翠　1
説苑
上海と病院　岸金城　2
中国新医史稿（1）　無平学人　9
随筆
端渓の硯坑に就いて（4）　飯島茂　18
支那香艶余録（2）　村田烏江　27
宋代の陶窯　奥野信太郎　35
日本を責め得るか　ギボンズ　35
支那医聖列伝（其六）　今牧白鈴　41
内戦廃止運動　50
犬養木堂先生の風格　野満四郎　54
足袋と纏足　生島横渠　55
文芸

詩壇　辻澤菖水選　59
歌壇　斎藤茂吉選　60
長髪賊（小説）(1)　梅外山人訳　61
報道
中国社会時相　76
中国医界時事　77
日本医界時事　78
中日医薬学生談話会記事　81
同仁会記事　82
付録
支那常識（其十一）　賀来敏夫　85
支那読み (6)　94
編後に　95

◉第 6 巻第 8 号（昭和 7 年 8 月号）

口絵　蘇州の塔三景
巻頭画　中華民国の新傾向　1
説苑
満州雑感　岸田英治　2
民国婦人の近況　田中忠夫　7
随筆
支那硯石文献解題 (1)　飯島茂　11
西遊通信（其一）　岩村成允　18
劇に現はれたる女性　村田烏江　20
蘇洲古塔物語り　松村雄蔵　28
烟　生島横渠　32
天童寺の一夜　池田桃川　34
支那小説　空閑少佐を読む　澤村幸夫　35
支那医聖列伝（其六）　今牧白鈴　38
至聖孔子の墓 (1)　馬場春吉　46
筍皮博士済南院長就任祝賀句集を読みて　墨堂　51
文芸
歌壇　斎藤茂吉選　52
詩壇　辻澤菖水選　53
小説　長髪賊 (2)　梅外山人訳　54
報道
日本医界時事　66
中日医薬学生談話会記事　69
同仁会記事　71
編後に　73

◉第 6 巻第 9 号（昭和 7 年 9 月号）

口絵　盧山二景
巻頭画　協力　東翠　1
説苑
排日思想の根源　児玉廣人　2
中国の接生婆と助産士　濱田峰太郎　7
汪兆銘論　風間阜　13
随筆
支那硯石文献解題 (2)　飯島茂　20
上海捨子収容所　桃谷文治　32
隔靴論　生島横渠　35
姑蘇の名橋　松村雄蔵　38
赤壁の秋　池田桃川　44
化粧考　村田烏江　47
至聖孔子の墓 (2)　馬場春吉　53
支那医聖列伝（其七）　今牧白鈴　57
文芸
古稀書懐　国分三亥　62
歌壇　斎藤茂吉選　63
詩壇　辻澤菖水選　64
小説　長髪賊 (3)　梅外山人訳　65
報道
中国社会時相　76
中国医界時事　76
日本医界時事　78
中日医薬学生談話会記事　81
同仁会記事　82
編後に　84

◉第 6 巻第 10 号（昭和 7 年 10 月号）

口絵　働きぬく支那の女
巻頭言　満州国承認を機として　1
説苑
国外で働く者の覚悟　江口定條　3
中華民国と満州国　岸田英治　6
彼を知り己を知る　太田秀穂　14
随筆
支那社会の現代化と離婚裁判　マックグルーヂー　18
王道実進　野満四郎　23
上海の不思議　王長春　26
働きぬく支那の漁婦農婦　澤村幸夫　28

古器玩に趣味を有つまで　龍孫生　33
憶江南　西川寧　40
何如璋　生島横渠　44
旅の印象　秋澤次郎　49
姑娘の出来事二つ　比目長二　51
支那硯石文献解題（3）　飯島茂　56
支那医聖列伝（其八）　今牧白鈴　65
至聖孔子の墓（3）　馬場春吉　71
文芸
後悔　郭沫若　75
歌壇　斎藤茂吉選　82
詩壇　辻澤菖水選　83
小説　長髪賊（4）　梅外山人訳　84
報道
北満地方の水災並に救済概況　94
中国医界時事　98
中日医薬学生談話会記事　99
日本医界時事　100
同仁会記事　103
編後に　105
付録
支那常識（其十二）　賀来敏夫　106
支那読み（7）　115
同仁会三十周年紀念記事
三十周年に際して　江口定條　117
同仁会と私　入澤達吉　119
同仁会創立三十周年を祝して　岡部長景　120
同仁会事業の初期時代を回顧して
岡田和一郎　120
同仁会創立三十年を祝す　飯島茂　125
所感　倉知鉄吉　127
所感　藤山雷太　128
創立三十周年を祝して　小川勇　129
同仁会三十年記念回顧　鈴木梅四郎　130
所感　柏原文太郎　139
同仁会三十周年に際して　栗本庸勝　141
三十年記念の所感　楠本長三郎　142
同仁会は椽の下の力持である　藤浪剛一　143
所感　八木逸郎　144
祝三十周年　吉岡弥生　145
同仁会事業三十年の回顧　下瀬謙太郎　146
所感　塩原又策　147
後の十年回顧　小野得一郎　149
所感　鈴木又　153
所感　武正一　153
同仁会三十周年を祝し併せて吾人の覚悟を告ぐ
飯島庸徳　155

◉第6巻第11号（昭和7年11月号）
口絵　秋二題
巻頭言　妥協より提携へ　1
説苑
支那を毒し列国を愆まる国家思想
無平学人　2
満州国承認感言　岸田英治　6
随筆
支那硯石文献解題（4）　飯島茂　11
三十年前　生島横渠　19
王廃基の怪火　松村雄蔵　23
珍秘譚　岩本正樹　28
張天師拝訪記　桃谷文治　31
外紙上の『リットン報告』批判　31
王道実進論に対する質疑者に答ふ
野満四郎　38
青島医院研学見聞記　中島義雄　41
文芸
詩壇　辻澤菖水選　44
歌壇　斎藤茂吉選　45
長髪賊（小説）（5）　梅外山人訳　46
資料
生阿片に関する各種統計　57
英文『中国医史』紹介　調査部　64
報道
中国社会時相　67
中日医薬学生談話会記事　68
中国医界時事　69
日本医界時事　73
同仁会記事　76
付録
続支那常識（1）　岡野一郎　77

◉第6巻第12号（昭和7年12月号）
口絵　冬は来りぬ
巻頭言　昭和7年を送る　1

随筆

新京雑記　岸田英治　2

支那学　無平学人　7

祝由科　生島横渠　10

中国近代の書繍家　澤村幸夫　12

支那硯石文献解題（5）　飯島茂　18

蘇州の画舫　松村天頼　25

リットン報告に対する吾意見書と外紙の論調　25

座談

中国懐旧医談　鈴木又、徐昌道、神谷甫彦、斎藤為助、原素行、生島捨次郎　30

文芸

詩壇　辻澤菖水選　46

歌壇　斎藤茂吉選　47

長髪賊（小説）（6）　梅外山人訳　48

資料

保健問題と国際連盟　徳田六郎　55

報道

中国社会時相　63

中国医界時事　65

日本医界時事　66

同仁会記事　68

中日医薬学生談話会記事　68

◉第７巻第１号　（昭和８年１月号）

口絵　天宮賜福之図　福地信世

巻頭画　朝の海　1

随筆

支那芝居の元旦　福地信世　2

揮毫を乞はれての感　上田恭輔　3

故久迩宮邦彦王殿下の御遺墨に就て　小野得一郎　4

姑蘇の四季　松村雄蔵　5

屠蘇の話　中野江漢　9

誨淫書　生島横渠　12

支那美人鑑定　井上紅梅　15

楊守敬先生を懐ふ　澤村幸夫　17

北平故宮博物館移転問題　古城生　20

漢方医について　猪頭一郎　23

歳朝覧古　辻澤菖水　24

癌にかゝらぬ話　長与又郎　28

支那風物記（1）　米内山庸夫　35

宋金郎　村田烏江　42

聚珍探訪　50

蒋介石を捨てた妓　池田桃川　54

上海の高杉晋作　森山直樹　61

上海雑話　東翠生　68

スケッチ帳から　玉井荘雲　72

歌壇　斎藤茂吉　78

詩壇　辻澤菖水　79

長髪賊（7）　梅外山人　80

通信

中国医界時事　93

日本医界時事　96

同仁会記事　99

中日医薬学生談話会記事　99

漢口医院通信　100

編輯後記　106

◉第７巻第２号　（昭和８年２月号）

巻頭画　寒山暮色

随筆

日本人を紹介せる支那人　澤村幸夫　2

試験地獄　生島横渠　5

我東方文化事業展開の契機　岸田英治　8

顔淵の墓を弔ふ　馬場春吉　11

流氓　大高岩夫　15

上海・支那医家諸相（1）　小山清次　18

社会問題に現はれた支那の国民性　長野朗　25

支那風物記（2）　米内山庸夫　33

聚珍探訪　44

詩経時代に於ける支那の女性　李建芳　48

支那文人側面談（1）　古城隠士　57

スケッチ帳から　玉井荘雲　64

歌壇　斎藤茂吉　70

詩壇　辻澤菖水　71

長髪賊（8）　梅外山人　72

都市紹介・首都南京　小坂士　83

報道

中国社会時相　90

中国医界時事　91

日本医界時事　93

同仁会記事　95

　中日医薬学生談話会記事　96
編後に　96

◉第7巻第3号　（昭和8年3月号）

巻頭画　漁り　1
随筆
　骨董屋のコツ　楠瀬日年　2
　王紫詮の生涯と事業　桃谷文治　3
　満州雑曲　貴志英夫　7
　三日天下　生島横渠　10
　KL 問答　無平学人　14
　中国農村赤化事情一斑　野満四郎　17
　中国の変つた狩猟の話　内田佐和吉　19
東洋モンロー主義　下村宏　23
上海・支那医家諸相（2）　小山清次　27
支那風物記（3）　米内山庸夫　31
聚珍探訪　44
詩経時代に於ける支那の女性生活（2）
　李建芳　48
スケッチ帳から　玉井荘雲　57
詩壇　辻澤菖水　63
歌壇　斎藤茂吉　64
長髪賊（9）　梅外山人　65
都市紹介・最近の北平　風間阜　79
報道
　日本医界時事　82
　中国社会時相　85
　中国医界時事　85
　中日医薬学生談話会記事　86
　同仁会記事　87
編後に　90

◉第7巻第4号　（昭和8年4月号）

巻頭画　嵐峡煙雲　1
随筆
　匡山と匡門　龍孫生　2
　中国に於ける文化事業　瀬川浅之進　3
　上海事変の思出　清水董三　5
　鄭国務総理　佐藤四郎　6
満州国人の教育に就て　柏田忠一　8
蒙古民族の由来　古川園重利　12
支那風物記（4）　米内山庸夫　17
聚珍探訪　32
東西還壮術今昔譚（1）　田中吉左右衛門　36
中国文人側面綺談（2）　古城隠士　40
欧米視察団　岩村成允　49
滬上雑俎　無平学人　63
詩壇　辻澤菖水　66
歌壇　斎藤茂吉　67
小説　長髪賊（10）　梅外山人　68
報道
　中国社会時相　82
　日本医界時事　83
　中日医薬学生談話会記事　85
　同仁会記事　付仁風会　86
編後に　88

◉第7巻第5号　（昭和8年5月号）

巻頭画　江浜の若葉　1
随筆
　支那新派劇の陸甫　澤村幸夫　2
　桜咲く大日本ぞ日本ぞ　貴志英夫　5
　北里青山先生　佐藤四郎　7
　支那の回光は満州国発展の如何に懸る
　野満四郎　8
　支那医書に載せたる詩歌　前田薮園　10
日本の女と支那の女　古鷹高三郎　12
晏城に遊ぶ　馬場春吉　18
窮袴、守宮、貞操帯　周作人　24
東西還壮術今昔譚（2）　田中吉左右衛門　30
支那文人側面綺談（3）　古城隠士　34
聚珍探訪　40
墨に就いて　飯島茂　42
「支那風物記」（5）大陸の人々　米内山庸夫　45
国境満州里の春　古川園利重　59
詩壇　辻澤菖水選　62
歌壇　斎藤茂吉選　63
長髪賊（小説）（11）　梅外山人　64
漢口雑話　内田佐和吉　77
報道
　中国社会時相　83
　中国医界時事　84
　中日医薬学生談話会記事　84
　日本医界時事　85

同仁会記事　88
編後に　89

◉第7巻第6号　（昭和8年6月号）
巻頭画　水辺の初夏　1
随筆
聖跡巡幸　生島横渠　2
茘枝・枇杷その他　桃谷文治　6
北平故宮古物と石鼓の南遷　風間阜　8
儒門事親を読む　前田蔎園　10
大上海の医薬界を語る　龐京周　11
朱・毛の乱　榛原茂樹　21
墨に就いて（2）　飯島茂　25
支那風物記（6）杭州名画記　米内山庸夫　35
聚珍探訪　48
東西還壮術今昔譚（3）　田中吉左右衛門　50
甘珠爾廟に関連して　古川園重利　54
熱河グラフィック　58
滬上雑俎（2）　無平学人　62
詩壇　辻澤菖水選　65
歌壇　斎藤茂吉選　66
長髪賊（12）　梅外山人　67
報道
中国社会時相　77
中国医界時事　77
中日医薬学生談話会記事　78
日本医界時事　79
済南通信　81
同仁会記事　82
編後に　84

◉第7巻第7号　（昭和8年7月号）
巻頭画　川風　清水東翠　1
清朝末の海外留学生　澤村幸夫　2
いやな好事家　楠瀬日年　4
聖跡巡幸（承前）　生島横渠　6
王道経済論　野満四郎　11
聚珍探訪　15
中国両性不平均問題　呉澤霖　19
満州国の文化的施設に就て　水野梅暁　27
北平の看護界　XYZ　34
満蒙画帖より　玉井荘雲　37
支那風物記（7）近代支那画（上）
米内山庸夫　43
墨に就いて（3）　飯島茂　55
詩壇　辻澤菖水選　64
歌壇　斎藤茂吉選　65
小説　長髪賊（12）　梅外山人　66
報道
中国社会時相　78
中国医界時事　79
中日医薬学生談話会記事　80
日本医界時事　81
漢口通信　83
同仁会記事　84
編後に　85

◉第7巻第8号　（昭和8年8月号）
巻頭画　川風　清水東翠　1
江浙の水と女　桃谷文治　2
支那の結婚と葬式　古城生　4
唐人送贈詩抄　前田蔎園　6
目醒めてもよからう　名取保　7
聚珍探訪　10
古文学から見た支那の一国民性　芝野六助　12
許行主義と権藤主義　横田三郎　18
硯の使用法及保存法　飯島茂　23
支那風物記（8）近代支那画（下）
米内山庸夫　30
満蒙画帖より　玉井荘雲　40
東西還壮術今昔譚（4）　田中吉左右衛門　46
虎邱　松村雄蔵　50
詩壇　辻澤菖水選　55
歌壇　斎藤茂吉選　56
小説　長髪賊（14）　梅外山人　57
報道
中国社会時相　70
中国医界時事　70
中日医薬学生談話会記事　72
日本医界時事　73
同仁会記事　75
編後に　77

◉第7巻第9号　(昭和8年9月号)

巻頭画　水光る	清水東翠	1
滬上雑俎	無平学人	2
聖賢偉人配偶者漫談	永富均	4
福禄寿の願望	澤村幸夫	6
新京の一夜	岸田英	9
満蒙画帖より	玉井荘雲	12
満州の家庭と婦人	武地吉次郎	18
支那風物記(9)巴蜀山水記	米内山庸夫	21
王昭君の型	丹澤豊子	28
支那美人考	松村雄蔵	32
聚珍探訪		38
見えぬ世界の力	多賀萬城	40
鄭州怪談	烏江生	45
画聖王摩詰	池田桃川	48
支那の『首斬浅右衛門』の事	榛原茂樹	56
詩壇	辻澤菖水選	59
歌壇	斎藤茂吉選	60
小説　長髪賊(15)	梅外山人	61
武昌	内田佐和吉	71
報道		
中国社会時相		76
日本医界時事		77
医院通信		80
同仁会記事		82
中日医薬学生談話会記事		82
編後に		83

◉第7巻第10号　(昭和8年10月号)

巻頭画　秋たけなは	其石	1
結婚天命説	村田孜郎	2
子福者	澤村幸夫	6
黛玉葬花	大高巌	8
松南詩抄	前田蔭園	12
支那文章の一特質	芝野六助	13
現代支那の夫婦年齢差について	田中忠夫	20
支那の中間搾取	風間阜	25
満蒙画帖より	玉井荘雲	21
支那風物記(10)西湖景物志(1)	米内山庸夫	33
戯曲　王昭君	郭沫若	39
小説　長髪賊(16)	梅外山人	54
詩壇	辻澤菖水選	69
歌壇	斎藤茂吉選	70
今日の武昌	内田佐和吉	71
報道		
中国社会時相		77
中国医界時事		77
日本医界時事		78
同仁会記事		81
中日医薬学生談話会記事		81
編後に		82

◉第7巻第11号　(昭和8年11月号)

巻頭画		1
嵯峨野の秋	秋澤次郎	2
印人風懐	楠瀬日年	4
日華の栄える道	長野朗	5
子達に聴く	岸田英	7
娶らば日本の女を	桃谷文治	10
詩のはじめ	辻澤菖水	12
中国問題と唯物錯覚の打開	野満四郎	14
支那文学に就て	本田成之	18
満州に於ける在家裡教	柏田忠一	23
支那のゲ・ベ・ウ	榛原茂樹	27
支那の混乱と支那研究の混乱	田中忠夫	29
孔雀	渡邊晨畝	35
林春雄博士のシルエット	記者	40
戯曲　王昭君(承前)	郭沫若	43
小説　長髪賊(17)	梅外山人	53
詩壇	辻澤菖水選	67
歌壇	斎藤茂吉選	68
漢口を語る	武正一	69
巷に拾ふ	古城学人	74
報道		
中国社会時相		79
中国医界時事		81
中日医薬学生談話会記事		81
日本医界時事		82
同仁会記事		85
編後に		86

◉第7巻第12号　(昭和8年12月号)

巻頭画		1

大陸の話	古城生	4
婦女の地位	生島横渠	7
中夜聞荒鶏起舞	四川銀耳	11
駐日30年の感想	江洪傑	14
支那農村の衛生状態に就いて	田中忠夫	17
中国現代社会のイデオロギー	池田孝	23
漢方秘薬の起源（1）	本田秀彦	30
東西還壮術今昔譚（5）	田中吉左衛門	38
北島多一博士のシルエット	記者	44
小説　長髪賊（18）	梅外山人	48
歌壇	斎藤茂吉選	60
詩壇	辻澤菖水選	61
都市紹介『新京』	米田祐太郎	62
報道		
中国社会時相		72
中国医界時事		73
中日医薬学生談話会記事		73
日本医界時事		74
同仁会記事		77
編後に		77

●第8巻第1号　(昭和9年1月号)

奉祝皇太子殿下御誕生		1
大昔の大学の講義と其筆記	福地信世	2
中国の正月	瀬川浅之進	5
日華両国民に告ぐ	内藤久寛	8
明けて春上海	四川銀耳	11
上海裏街の正月風景	井上紅梅	17
王朝元旦の詩を読む	辻澤菖水	20
青島の春	岸田英	23
満州所々	武藤夜舟	27
国際文化事業の意義	柳澤健	32
十九路軍物語	榛原茂樹	36
中国古代の社会（1）	王礼錫	40
漢方秘薬の起源（2）	本田秀彦	49
長与又郎博士のシルエット	記者	57
中国新文学の紹介	記者	61
春遊	葉紹鈞	62
葉紹鈞と其作品	池田孝	64
同人句抄		67
同人吟詠		68

甘珠児廟定期市	大月桂	69
華北を語る	岩佐忠哉	75
報道		
中国医界時事		79
日本医界時事		80
同仁会記事		82
漢口通信		82
編後に		83
付録　同慶帖		

●第8巻第2号　(昭和9年2月号)

巻頭画　江南の春		1
中国人の名前	西山栄久	2
肉食者・菜食者	桃谷文治	5
人相改良論	多賀万城	7
中国恋愛革命	古城生	9
民族の尊重	長野朗	13
蜀の一斑	無餓庵主人	15
瑞鳥鳳凰について	井上哲	16
満州所々（2）	武藤夜舟	20
趙之謙之事	西川寧	26
中華民国に於ける国際連盟の技術的工作		
	宮島幹之助	34
漢方秘薬の起源（3）	本田秀彦	37
中国古代の社会（2）	王礼錫	45
山東の神仙の話（1）	馬場春吉	54
岡田和一郎博士のシルエット	記者	63
命命鳥	許地山	67
許地山と其の作品	池田孝	70
同人句抄		76
同人吟詠		77
呼倫貝爾民族史	古川園重利	78
報道		
中国社会時相		83
中国医界時事		87
日本医界時事		88
同仁会記事		90
中日学生談話会記事		91
編後に		92

●第8巻第3号　(昭和9年3月号)

中国おもひおもひ　本田成之　2
華北奥地の史蹟所見　大島譲治　6
中国の土葬風水説に就て　陶熾孫　12
華南の美味　澤村幸夫　15
道教の源流（上）　胡哲敷　18
清朝とルイ王朝　風門日阜　20
満州所々（3）　武藤夜舟　23
中国医界の為に　田代義徳　29
上海市最近十年来の医薬鳥瞰　葉恭綽　33
漢方秘薬の起源（4）　本田秀彦　41
稲田龍吉博士のシルエット　記者　48
硯の起源并に其発達　飯島茂　53
普陀天童行（上）　米内山庸夫　61
山東の神仙の話（2）　馬場春吉　67
同人句抄　72
同人歌壇　73
猺民の生活　金子二郎　74
主潮革命文学に向ふ　池田孝　78
報道
　中国社会時相　84
　中国医界時事　89
　第9回日本医学会　91
　日本医界時事　94
　中日学生談話会記事　95
　同仁会記事　96
編後に　98

◉第8巻第4号（昭和9年4月号）

巻頭画　龍井風景　天籟生　1
江南旅の味　池田生　2
喫茶新旧の話　勝山一郎　4
希望の神様　片門右衛門　7
詩人としての郭沫若　大高巌　10
硯墨使用の用語略解　飯島茂　14
道教の源流（下）　胡哲敷　17
淀の枯蘆　秋澤次郎　19
華北奥地の史蹟所見（承前）　大島譲次　22
満州所々（4）　武藤夜舟　27
中国と印度の医学　志賀潔　33
上海市最近十年の医薬鳥瞰（承前）　龐京周　37
漢方秘薬の起源（4）　本田秀彦　46
入澤達吉博士のシルエット　記者　54
普陀天童行（中）　米内山庸夫　61
山東の神仙の話（3）　馬場春吉　66
同仁句抄　72
同仁歌壇　73
南華の蕃族　木村兎目郎　74
プロレタリヤ文学の全盛に就て　池田孝　78
報道
　中国社会時相　83
　同仁会上海医院新設計画　87
　日本医界時事　88
　第9回日本医学会　90
　同仁会記事　94
編後に　96

◉第8巻第5号（昭和9年5月号）

巻頭画　初夏　虹雲山人　1
漢音呉音之弁　福地信世　2
宗密禅師の原人論を読む　遠藤秀造　4
中国南方の械闘について　田中忠夫　6
蒙古のはなし　無余庵主人　9
江南の竹と筍　天王寺三郎　11
老子経の話　本田成之　13
近松の錦祥女　丹澤豊子　16
喫茶新旧話　勝山一郎　19
満州所々（5）　武藤夜舟　21
中国に於ける国際連盟保健機関の活動について　海野義之　27
第9回日本医学会の開催に当りて　入澤達吉　30
訪滬雑感　小野得一郎　35
上海市最近十年来の医薬鳥瞰（承前）　龐京周　40
普陀天童行（下）　米内山庸夫　47
山東の神仙の話（4）　馬場春吉　51
中国匪賊遭難記　大島譲次　55
同人句抄　62
同人歌壇　63
1930年以後の中国文学の動向　池田孝　64
報道
　中国社会時相　71
　中日医薬学生談話会記事　75
　日本医界時事　76

◉第8巻第6号（昭和9年6月号）

皇恩国外に溢る　1

徐霞客とその子　生島横渠　2

苗族の見た文明社会　水尾晶　5

交野の春　秋澤次郎　8

清末の社会小説に就いて　大高巌　11

鶻・筍・欵冬　澤村幸夫　15

四料簡に就いて　遠藤秀造　17

民国に於ける麻薬の問題（1）　翁平谷　20

中国本草の変遷　曹炳章　26

上海市最近十年来の医薬鳥瞰（承前）　龐京周　30

欧米各地に残された東洋文化の趾　岩村成允　36

アフガニスタン　布施知足　45

中国刺客物語　池田桃川　49

同人句抄　56

同人歌壇　57

中国現代作家列伝（1）　池田孝　58

報道

日本医界時事　65

中国社会時相　68

同仁会記事　70

編後に　73

◉第8巻第7号（昭和9年7月号）

巻頭画　舢板　武藤夜舟　1

匪賊から逃れる迄　山井格太郎　2

奇僧風外の洞穴生活（上）　松本赳　5

東亜黎明の頃　田中重蔵　7

旧六月雷尊斎　桃谷文治　10

硯石の色彩に対する唐以後各時代好尚の変遷

並石色の解説（上）　飯島茂　12

銀河に浮かむ東洋思潮　永持静香　17

中国に於ける新医の発達と其の現状　陳明斎　21

中国本草の変遷　曹炳章　29

最近十年来上海医薬界鳥瞰（承前）　龐京周　34

中国に於ける麻薬問題（2）　大島譲次　39

中国を遊歴した日本名士と其の罹病　布施知足　47

中国の民謡（其一）　七理重恵　52

墓の話　藤浪剛一　57

同人句抄　64

同人歌壇　65

中国現代作家列伝（2）　池田孝　66

過去　郁達夫　74

内蒙古地方自治政務委員会の意義　古川園重利　82

報道

日本医界時事　85

中国社会時相　87

同仁会記事　88

中日医薬学生談話会記事　90

編後に　91

◉第8巻第8号（昭和9年8月号）

巻頭画　江南の初夏　夜舟　1

石坂惟寛先生のことゞも　龍孫生　2

薔薇その他の夏花　天王寺三郎　6

東亜黎明の頃　田村重蔵　7

人事紅白　永持静香　10

硯石の色彩に対する唐以後各時代好尚の変遷

並石色の解説（下）　飯島茂　13

奇僧風外の洞穴生活（下）　松本赳　16

中国に於ける麻薬問題（3）　大島譲次　21

辛亥革命の頃医家としての思出　須藤理助　26

上海市最近十年来の医薬鳥瞰（完）　龐京周　34

中国俚謡（其二）　七理重恵　39

青磁窯を探る（上）　米内山庸夫　44

同人句抄　55

同人歌壇　56

文学の生物学的解釈　洪深　57

中国現代作家列伝（3）　池田孝　60

英羅提の墓　郭沫若　67

報道

日本医界時事　73

中国医界時事　75

中国社会時相　76

同仁会記事　78

編後に　81

●第8巻第9号 （昭和9年9月号）
巻頭画　江山秋晴　　　　　　　　　　　　　　1
王国維の死　　　　　　　　　　永持静香　　2
碉堡　　　　　　　　　　　　　榛原茂樹　　5
ハロン・アルシヤンの秋　　　古川園重利　　8
華南を一巡して　　　　　　　　岸田英治　 10
夷族の社会　　　　　　　　　　古城生　　 13
月餅を語る　　　　　　　　　　澤村幸夫　 15
孫文と松方幸次郎　　　　　　　萱野長知　 17
中国文化について疑問　　　　　多賀万城　 21
須磨の松籟　　　　　　　　　　秋澤次郎　 24
中国の医薬に及ぼした道仏二教の影響
　　　　　　　　　　　　　　　本多秀彦　 27
中国に於ける麻薬問題（4）　　大島譲次　 34
中国俚謡（其三）　　　　　　　七理重恵　 39
中国に於ける氏族社会時代（上）胡秋原　　 44
孫総理の広東遭難　　　　　　　蔣介石　　 51
大学卒業生の前途　　　　　　　胡適　　　 54
憲法草案の経過　　　　　　　　孫科　　　 57
全国財政会議の結果　　　　　　孔祥熙　　 61
同人句抄　　　　　　　　　　　　　　　　 64
同人歌壇　　　　　　　　　　　　　　　　 65
中国諸劇を史観し改造私案に及ぶ　洪深　　 66
密約　　　　　　　　　　　　　張資平　　 70
報道
　中国社会時相　　　　　　　　　　　　　 77
　日本医界時事　　　　　　　　　　　　　 80
　同仁会記事　　　　　　　　　　　　　　 82
　中日医薬学生談話会記事　　　　　　　　 84
編後に　　　　　　　　　　　　　　　　　 85

●第8巻第10号 （昭和9年10月号）
巻頭画　竹蔭塔影　　　　　　　　　　　　　　1
祈雨　　　　　　　　　　　　　四川銀爾　　2
耶馬渓風景論　　　　　　　　　岩村韻松　　4
越南旧事回顧　　　　　　　　　桃谷文治　　8
孫文福州より日本へ亡命　　　　多賀万城　 10
蒙古の結婚に就いて　　　　　　古川園重利　14
断金如蘭の交　　　　　　　　　岸田英　　 16
満州の医療並に医育機関に就いて
　　　　　　　　　　　　　　小野得一郎　 19
中国に於ける麻薬問題（5）　　大島譲次　 29

国際連盟と癩　　　　　　　　　バーネット 33
日本治世論　　　　　　　　　　蔣廷黻　　 36
中国に於ける氏族社会時代（下）胡秋原　　 40
青磁窯を探る（中）　　　　　米内山庸夫　 46
同人句抄　　　　　　　　　　　　　　　　 57
同人歌壇　　　　　　　　　　　　　　　　 58
中国現代作家列伝（4）　　　　池田孝　　 59
自殺　　　　　　　　　　　　　茅盾　　　 67
報道
　米国に於ける平和運動　　　　　　　　　 74
　中国社会時相　　　　　　　　　　　　　 77
　中国医界時事　　　　　　　　　　　　　 81
　日本医界時事　　　　　　　　　　　　　 83
　同仁会記事　　　　　　　　　　　　　　 86
編後に　　　　　　　　　　　　　　　　　 88

●第8巻第11号 （昭和9年11月号）
巻頭画　青霜落群木尽見西山秋　　　　　　　　1
日本文学観の一断片　　　　　　徐祖正　　　2
陳太傅を訪ふ　　　　　　　　　七理紫水　　4
満州瞥見　　　　　　　　　　　太田秀穂　 11
最後の燕京　　　　　　　　　　永持静香　 15
中国俚謡（其四）　　　　　　　七理重恵　 20
青年谷崎の北京見学　　　　　　泗川銀爾　 25
蜀紅錦　　　　　　　　　　　　丹澤豊子　 27
山東の回想　　　　　　　　　　吉見正任　 29
周作人氏と語る　　　　　　　　記者　　　 36
和漢黴瘡史談叢　　　　　　　烏栖刀伊亮　 40
青磁窯を探る（下）　　　　　米内山庸夫　 47
同人句抄　　　　　　　　　　　　　　　　 56
同人歌壇　　　　　　　　　　　　　　　　 57
中国現代作家列伝（5）　　　　池田孝　　 58
仲秋の月　　　　　　　　　　　周全平　　 66
中国見学者の感想　　　　　　　青木重次　 73
報道
　中国社会時相　　　　　　　　　　　　　 75
　中国医界時事　　　　　　　　　　　　　 76
　日本医界時事　　　　　　　　　　　　　 77
　同仁会記事　　　　　　　　　　　　　　 79

◉第8巻第12号 (昭和9年12月号)

巻頭画　漁村の斜陽　王一亭　1
南洋の中国人　高橋敏次郎　2
中国の社会経済から見た離婚問題　培悌　5
支那筆に就いて　香山梅外　8
大総統府の雅会　永持静香　12
龍之介胡琴を愛す　泗川銀爾　15
バタヴィア随想　天王寺三郎　18
孔子祭と三民主義の一大転向に就いて　七理重恵　21
屍体恐怖の精神分析　対島完治　26
船中雑感　禾恵生　28
中国俚謡（其五）　七理重恵　30
麻薬中毒者救護問題　生江孝之　35
同人句抄　42
同人歌壇　43
中国現代作家列伝（6）　池田孝　44
「官場現形記」について　武田泰淳　50
秦淮暮雨　倪貽徳　57
報道
中国医界時事　62
日本医界時事　64
中国医師講習会　68
同仁会記事　71
編後に　72

◉第9巻第1号 (昭和10年1月号)

巻頭画　猪神　香衛人　1
南京の春　矢人生　2
漫読漫筆　西川栄久　5
李太白と桃花台　香月梅外　9
新疆の婚姻風俗　伊藤左右三郎　12
尾崎士郎と上海の怪画　泗川銀爾　15
「過年」の思ひ出　永持静香　18
五十年前の上海（上）　生島横渠　21
支那通　内田佐和吉　26
莫妄想　岸田英　29
巡警　禾恵生　31
勅題『池辺鶴』　秋澤次郎　34
医学随筆　柳澤健　35
お酒から見た東洋　山崎百治　39
中国疾病史考（上）　本多秀彦　49
俳壇　58
歌壇　59
蒙古風土記（1）　米内山庸夫　60
易経時代における中国の社会機構　王伯平　65
蒙古民族法の研究に就いて　柏田忠一　74
破棄　許欽文　80
嬶天下　榛原茂樹　83
浙江紹興の新年　池田孝　88
報道
日本医界時事　92
中国医界時事　95
中国社会時相　95
同仁会記事　96
中日医薬学生談話会記事　97
編後に　98

◉第9巻第2号 (昭和10年2月号)

巻頭画　梅花　1
文房瑣言　西川寧　2
アムールの春　白鳥香一　5
2月の南極寿星　野尻抱影　8
元相耶律楚材　烏有氏　11
赤壁の遊楽乎　MN生　15
高原春寒炉辺夜話　泗川銀爾　21
日華錯覚　永持静香　24
故郷は中国　池田桃川　27
支那人の迷信癖　濱野斗南　30
火車　禾恵生　34
中国疾病史考（中）　本多秀彦　36
漢口市の医界現状　45
易経時代における中国の社会機構　王伯平　49
俳壇　57
歌壇　58
野獣の群　米内山庸夫　59
中国新文学と世界文学との交渉　吉井稜恵　65
報道
医界時事　73
同仁会記事　76
中日医薬学生談話会記事　76
編後に　77

●第9巻第3号 （昭和10年3月号）
巻頭画　山色染春烟		1
開山門	泗川銀爾	2
中国人の見た香港雑感	洛林	4
支那五代における二人の外国作家		
	田中忠夫	6
中国戯へ接触の憶出	森梅園	9
五十年前の上海（中）	生島横渠	13
のみ・しらみの演芸	澤村幸夫	18
言葉	禾恵生	20
中日医学の一交渉	佐藤恒二	22
蒙古人診療報告の中より	村田孜郎	25
中国疾病史考（下）	本多秀彦	28
国際文化事業に就いて	柳澤健	38
俳壇		48
歌壇		49
黄金	王魯彦	50
中国新文化運動の素描	吉井稜恵	58
放牧	米内山庸夫	67
報道		
日本医界時事		78
同仁会記事		81
中日医薬学生談話会記事		83
編後に		84

●第9巻第4号 （昭和10年4月号）
巻頭画　平橋之野趣		1
シーボルト余談	烏栖刀伊亮	2
考史余談	郭沫若	5
柳絮飛ぶ	林静	7
新来留学生の眼に映つた東京	陳琳	9
魚の女人に関する諺	澤村幸夫	11
梅一輪	岸田英	13
中部支那の特殊地名文字	内田佐和吉	17
北平の水閥と糞閥	禾恵生	20
続中国医史考	本多秀彦	23
孫中山先生の十年祭に際して	藤澤親雄	31
巻頭画解説		39
中国人気質の種々	濱野斗南	40
中国教育の新動向	吉井稜恵	50
詩経に現はれた星（1）	野尻抱影	57
文選と国語国文読本	芝野六助	61
高原の花	米内山庸夫	67
俳壇		77
歌壇		78
欧米視察報告（1）	武正一	78
報道		
日本医界時事		81
同仁会記事		83
編後に		84

●第9巻第5号 （昭和10年5月号）
巻頭画　学柯丹丘	香衛人	1
梅蘭芳と蝴蝶	泗川銀爾	2
鍾馗と門神の身元	七理重恵	5
香椿芽その他二題	桃谷文治	10
泥灣の馬占山	白鳥香一	13
五十年前の上海（下）	生島横渠	20
「ハルハ」廟事件とZ字型満蒙国境		
	古川園重利	24
印学叢談	朱其石	27
黄土積む	永持ार香	31
痘瘡の東漸と病名の変遷	飯島茂	34
周時代の医学	烏栖刀伊亮	38
詩経に現はれた星（2）	野尻抱影	48
現代中国文化について	田中忠夫	52
草原民族	米内山庸夫	56
中国の端午節	吉井稜恵	67
俳壇		74
歌壇		75
酔ふ	羅黒芷	76
中華民国医事総覧の発刊に際して		
	小野得一郎	82
報道		
日本医界時事		79
同仁会記事		84
中日医薬学生談話会記事		84
編輯後記		85

●第9巻第6号 （昭和10年6月号）
口絵　新会長林男爵近影		
巻頭言　新旧会長送迎の辞		1

中国の文芸雑誌　上田永一　9
6月の雪と雪の聖母　梅柳居人　12
水上生活者三態　天王寺三郎　14
内蒙自治政府其後の動向　古川園重利　17
偶然の重大性　且川漁夫　19
長崎懐旧　沈倹　21
康徳学院を訪ふ　布施知足　23
続印学叢談　朱其石　26
中国人の婚期に関する新説　小山清次　30
中国人の食物について　田中忠夫　33
漢時代の医学　烏栖刀伊亮　40
俳壇　50
歌壇　51
女性の使命と『易』の原理に就いて　七理重恵　52
詩経に現はれた星（3）　野尻抱影　60
若墨といふ医者　沈従文　64
ハロン・アルシヤン行（上）　米内山庸夫　72
報道
　日本医界時事　81
　中国医界時事　83
　同仁会記事　84
　中日医薬学生談話会記事　84
編後に　85

◉第9巻第7号　(昭和10年7月号)
巻頭画　翠巒　王伝燾　1
中国上代の工芸美術　渡邊素舟　2
内藤湖南逝いて一年　澤村幸夫　6
画仙王道源　泗川銀爾　8
民族性の立場から当面の中国問題を見る　田中忠夫　10
三貝子花児園　林静　15
成吉思汗の墓に関する論争　吉川園重利　18
粒食と胃腸　多賀万城　23
ヂヤイルスの死　NM生　26
日本中国及西洋の按摩術　無求庵主人　28
広西省の衛生概況　山口縣造　32
西医東漸史（上）　本多秀彦　37
歌壇　46
俳壇　47
転換期に面せる日本の対中国態度　長瀬誠　48
書筆の話　佐藤物外　51
ハロン・アルシヤン行（下）　米内山庸夫　58
報道
　日本医界時事　68
　同仁会記事　71
　漢口医院通信　73
編輯後記　75

◉第9巻第8号　(昭和10年8月号)
巻頭画　疎林幽亭　香衞人　1
漢人と満人との体格上に於ける二三の相違点　無求庵主人　2
中国古楽の意味　石井文雄　3
中国考古事業の過去と現在　鄭師許　8
勝鬘院と関帝廟　難波三男　14
荷衣蕙帯録　永持静香　17
儒教復興　FI生　20
瞿秋白の最後　村田孜郎　26
日本に於ける医薬学教育並に学校衛生視察所感　朱内光　29
最新の中国医学衛生統計を観る（上）　小山清次　41
西医東漸史（下）　本多秀彦　47
歌壇　56
俳壇　57
戚夫人　芝野六助　58
書筆の話（続）　佐藤物外　74
中国の中秋節　吉井稜恵　80
同仁会上海医院建設に就いて誤りを訂す　小野得一郎　85
報道
　日本医界時事　87
　漢口通信　89
　同仁会記事　91
編後に　95

◉第9巻第9号　(昭和10年9月号)
巻頭画　碧山過雨　1
医学と音楽　I・F生　2
中国人と自殺　斗南生　3
中華民国産婦の坐月、嬰児の洗三及命名に就いて　無求庵主人　5

| --- | --- | --- |
国外から観た日本の医業	尾川順太郎	14
満漢民族の人種的見聞談	高杉新一郎	16
中国医界名士座談会		22
最新の中国医学衛生統計を観る（下）		
	小山清次	34
歌壇		40
俳壇		41
中華民国之近情と日華関係之良導		
	坂西利八郎	42
東洋思想と西洋思想	石井文雄	54
殷墟卜辞	長瀬誠	58
中国戯劇概観（上）	郭虚中	65
原始民族の遺跡を探る（上）	米内山庸夫	73
報道		
日本医界時事		84
中日医薬学生談話会記事		86
同仁会記事		87
編後に		88

◉第9巻第10号　（昭和10年10月号）

巻頭画　万里行旅	先春居主人	1
蘇曼殊と逗子	陶熾孫	2
医と信仰	F・I生	4
秋10月女人行路	泗川銀爾	6
満州視察摘記	北島多一	9
中国医界と医学用語其他	下瀬謙太郎	17
中西の医を語る	鉄庵	23
中国に於ける新医学者分布	朱席儒	25
中国重要都市に於ける衛生費	李安廷	33
歌壇		45
俳壇		46
原始民族の遺跡を探る（中）	米内山庸夫	47
中国戯劇概観（下）	郭虚中	55
報道		
日本医界時事		62
中国医界時事		64
同仁会記事		67
飛鴻帰雁録		68
編後に		69

◉第9巻第11号（昭和10年11月号）

巻頭画　採薪	柳荘	1
呉織、漢織の古里	天王寺三郎	2
女人行路長江の巻	泗川銀爾	4
哀れなる人々	長谷川兼太郎	6
楊朱の自我主義と近代思潮	呂振羽	10
満州の医事衛生に就いて	梶尾貞吉	14
衛生問題を中心とした厦門事情	蘇子卿	25
麻薬慢性中毒症（1）	酒井由夫	34
中国に於ける社会衛生及び医学教育		
	タンドラー	40
欧米視察報告（2）	武正一	53
歌壇		59
俳壇		60
中国風俗研究への緒言	何炳松	61
原始民族の遺跡を探る（下）	米内山庸夫	69
報道		
日本医界時事		80
中国医界時事		82
同仁会記事		84
人事		86
編後に		88

◉第9巻第12号（昭和10年12月号）

巻頭画　雪中訪友		1
30年前日本名士一団の南京行	布施知足	2
木魚書	澤村幸夫	6
女人行路南国の巻	泗川銀爾	9
承認の承認	岸田英	11
中国のサイエンス並衛生機関瞥見	小泉丹	14
南昌市小学校児童の寄生虫卵	熊俊	23
鎮江に於ける住血虫	洸永政・祝海如	31
湖南省に於けるマラリヤ病	GHピアソン	38
薬名の漢字訳に就いて	矢来里人	40
歌壇		45
俳壇		46
日本内地在留中国人の小学校	張嘉鋳	47
欧米視察報告（3）	武正一	51
中国封建社会の素描	長瀬誠	65
中国西南地方蕃人の文化（1）	武田泰淳	72

中国医界時事　89
日本医界時事　91
同仁会記事　94
編後に　97

◉第10巻第1号　(昭和11年1月号)

巻頭画　冰鼠　香衛人　1
東京随筆　冰瑩　2
支那学の偉さ　田中吉左衛門　4
北平うはさ聞書　宗天紫蘭　5
支那ところどころ　七理重恵　7
留日中国学生側面観　向愚　12
似非医―祝由科　澤村幸夫　16
古武士と素町人　泗川銀爾　18
中国の正月　内田佐和吉　21
30年前日本名士一団の南京行（承前）　布施知足　28
中国の新年　瀬川浅之進　31
歌壇　33
俳壇　34
中国の中央衛生組織　南崎雄七　35
慢性麻薬中毒症（2）　酒井由夫　48
中国の簡体字並に国語運動一般　下瀬謙太郎　55
中国医界見聞談　山井格太郎　61
詩壇　70
中国の民間伝承に現はれた鼠　鍾敬文　72
中国西南地方蕃人の文化（2）　武田泰淳　86
骨董の話　岩村韻松　100
満州回顧録　小川勇　105
報道
中国医界時事　118
日本医界時事　119
大連医院を見る　121
同仁会医院長会議　125
同仁会記事　128
中日医薬学生談話会記事　129
編後に　130
付録　昭和11年度同慶帖

◉第10巻第2号　(昭和11年2月号)

巻頭画　天空海濶　1
『外国人が見たら』の感　西東野人　2
扶桑飯語　華雲彰　4
猗園札記　西川寧　6
寒山寺の詩碑に就いて　七理重恵　10
天津の梁山泊を憶ふ　小山草衣人　16
天王寺のふくろふ鳥　澤村幸夫　20
王仁の入蒙と満大施療班　長谷川兼太郎　23
歌壇　27
俳壇　28
中国医事座談会　29
中国阿片考拾遺　王世恭　47
詩壇　51
槃瓠神話の考察　鍾敬文　53
浙江省の畲民　西川栄久　56
満州回顧録（2）　小川勇　62
報道
中国社会時相　70
中国医界時事　72
日本医界時事　76
同仁会記事　78
編後に　79

◉第10巻第3号　(昭和11年3月号)

巻頭画　春風寒　1
日本に於ける孔子の正裔　馬場春吉　2
王仁三郎の入蒙と満大施療班（上）　長谷川兼太郎　6
福昌華工を語る（上）　本多秀彦　10
貴妃の温泉とその地方の風習　倚萍　15
台湾医界雑感　錫康　16
庫論を語る　玉井荘雲　18
中国画行脚　服部亮英　21
中国新医史稿　陶熾孫　26
民国禁制薬品問題　布施知足　33
国語愛護同盟医学部新年座談会　36
俳壇　46
歌壇　47
槃瓠神話の考察（中）　鍾敬文　48
満州回顧録（3）　小川勇　58
書画骨董の話　岩村韻松　65
詩壇　71
報道

　中国社会時相　73
　中国医界時事　77
　日本医界時事　85
　同仁会記事　87
編後に　88

◉第 10 巻第 4 号（昭和 11 年 4 月号）

巻頭　内田伯悼辞　1
山水と自然景物の観賞　郁達夫　2
春光蝶鳥譜　天王寺三郎　4
儒林外史雑話　野々村正雄　6
八達嶺の旅　大高巌　10
王仁三郎の入蒙と満大施療班（下）
長谷川兼太郎　13
支那から帰つて３年　木内旦川　16
福昌華工を語る（下）　本多秀彦　19
漢口の紀元節　安部清　21
漢方医学と泰西医学　引地興五郎　23
民国の禁制薬品問題（承前）　布施知足　33
歌壇　40
俳壇　41
満州回顧録（4）　小川勇　42
槃瓠神話の考察（下）　鍾敬文　48
詩壇　61
報道
　中国社会時相　62
　新生活運動二周年記念大会／禁阿片運動其後の情況／中国々民教化運動愈熾烈／中華慈幼協会近況
　中国医界時事　75
　中国各地時症概況／衛生施設近状／中医条例公布顛末と公布の影響／医療機関増補現況其他
　日本医界時事　87
　同仁会記事　90
編輯後記　92

◉第 10 巻第 5 号（昭和 11 年 5 月号）

巻頭画　清江帆影　1
史に見る中国の時疫　桃谷文治　2
海南島情景　林信生　4
中国画の彫刻鑑賞者への警鐘　泗川銀爾　5
察哈爾の田舎旅行　片山英夫　8
文選の大いなる所似　芝野六助　11
天問室瑣語　静君　15
歌壇　19
第一線のこえ
　同仁会の中国指導精神を論ず
石鳴居主人　20
　中国に学校を　石橋俊　22
　所感二ツ　寺崎由太郎　23
　文化事業の意義　偏見散人　26
俳壇　28
民国禁制薬品問題（承前）　布施知足　29
江蘇省立鎮江郷区衛生実験区報告　36
察・綏・大同・医薬衛生概況　林公際　40
詩壇　45
満州遍路（1）　米内山庸夫　46
蒲松齢の遺稿に就て　平井雅尾　57
満州回顧録（5）　小川勇　65
報道
　中国社会時相　71
　1. 孫総理逝去紀念会 2. 社会統計 3. 社会雑報
　中国医界時事　77
　1. 医事会議 2. 国医記事 3. 医事教育 4. 医事雑報 5. 医療機関
　日本医界時事　83
　同仁会記事　87
編輯後記　90

◉第 10 巻第 6 号（昭和 11 年 6 月号）

巻頭画　豁口の雲　香衛人　1
一本の歯と一粒の朴の実　天王寺三郎　2
ワンパオツオー　泗川銀爾　3
天問室瑣語続編　静君　6
部屋に聞く　寺崎由太郎　11
燕石　丹澤豊子　16
黒瞎子哀話　Ｈ・Ｈ生　18
梅雨考　甲山生　21
長江風景　服部亮英　27
民国禁制薬品と日本　布施知足　30
医薬分業国としての中国　引地興五郎　37
詩壇　41
他山の石

庚子賠償金による英米の文化事業　42
医学留学生派遣について　46
日本対華文化事業の積極化　47
科学的に見た中国古楽の声律論　石井文雄　51
満州遍路（2）　米内山庸夫　64
歌壇　75
俳壇　76
報道
中国社会時相　77
中国医界時事　84
日本医界時事　93
同仁会記事　95
中華民国文化機関要覧特輯の辞
小野得一郎　99
編後に　100

◉第10巻第7号（昭和11年7月号）

巻頭画　瀑布　1
扁鵲の墓　龍孫生　2
遷り行く中国農村の一面　王興瑞　3
史前史後の穴居　澤村幸夫　5
家庭教師展堂先生　小山草衣人　7
発明の偶然　Y・H生　10
中国詩修辞零拾　静君　11
老儒章太炎氏を悼みて　七理重恵　14
長江風景　服部亮英　18
清末に於ける西医の輸入について　全漢昇　22
中国科学界管見　小宮義孝　32
禁薬と国民政府　布施知足　35
中華民国訪問記（上）　藤浪剛一　38
詩壇　47
満州回顧録（6）　小川勇　48
歌壇　60
俳壇　61
報道
中国医界時事　62
中国社会時相　71
日本医界時事　76
同仁会記事　78
青島医院巡回診療／済南医院巡回診療
編輯後記　91

◉第10巻第8号（昭和11年8月号）

巻頭画　月影　1
中日聯合学士会のこと　布施知足　2
露訳されゆく中国文学　狄謨　7
明治38年晩秋北京の一日　故宮本叔遺稿　9
中国に於ける客の歓待とその新解釈
田中忠夫　13
話　寺崎由太郎　16
漢口由来　藤川貞三郎　19
成吉思汗の陵墓祭　桃谷文治　25
長江風景　服部亮英　28
清末に於ける西医の輸入について　全漢昇　32
中華民国訪問記（下）　藤浪剛一　39
歌壇　52
俳壇　53
支那文学の音楽的特性　石井文雄　54
冷温浴の起源と発達殊に混堂に就いて
飯島茂　63
詩壇　71
報道
中国社会時相　72
中国医界時事　81
日本医界時事　86
同仁会記事　88
北京医院巡回診療班　91
編輯後記　95

◉第10巻第9号（昭和11年9月号）

口絵　同仁会主催第1回医学大会
巻頭画　湖江観月　1
留日中国学生の立秋雑感　王伯益　2
アランギヤ・ラギヤの性薬　布施知足　4
蚊取線かう煙のもつれ　三秋　8
姜太公在此　天王寺三郎　10
聊斉小曲　平井雅尾　12
長江風景　服部亮英　15
中華医界見学報告　尾河正夫　19
フランスの庚子賠償返還金　27
俳壇　30
尼姑思俗曲　柳泉作　31
満州回顧録（7）　小川勇　37
清商楽の主楽器に就いて　石井文雄　49

中国医界時事	57
中国社会時相	62
日本医界時事	67
同仁会記事	69
同仁会主催第1回医学大会	71
編輯後記	76

●第10巻第10号　(昭和11年10月号)
『同仁』創立十周年記念増大号

題字　沢如時雨	林権助	
親仁愛衆	許世英	
巻頭画　谿山無尽	香衞人	1
同仁の創刊十周年に際して	小野得一郎	2
仁術に国境なし	下村海南	4
青島一瞥	陶熾孫	5
漢医語玩味	澤弌	8
文明の余沢と子供の体質	楢林篤三	10
新京・北平・張家口	宗天紫蘭	12
無題漫語	上田恭輔	19
開業医の昔と今	長尾美知	21
悪並等	近藤乾郎	24
東坡医事	小川政修	25
超越気分に富む中国人の生活	遠藤秀造	28
新聞記事の扱方に就いて	高田富蔵	31
寒さ	下島勲	33
単純	松岡鋭作	36
詩人の技巧	西脇玉峰	37
携帯便所	佐藤四郎	45
中国に対する文化外交の一考察	飯田龍象	47
杭州の思ひ出	楠瀬日年	51
国字に就いて	石橋松蔵	52
四川省といふところ	澤村幸夫	54
同文よりも同音	浅田一	57
同仁創刊十周年に当り		4–57
巴陵宣祐、川上漸、平河公行、藤井尚久、草間芳雄、井上康治、津崎孝道、加藤長三、石川憲夫、逸名、及川邦治、弘中進、木下東作、庄司義治、蘇近之、飯島茂、山田益彦、湯剛和、王大徳、宮島幹之助、無声庵主人、西山栄久、陶熾孫、澤村幸夫、容軒		
生、李祖蔚、濱野末太郎、侯希民、高田義一郎、増山梅亭、芝野六助、石井愛亭、前田蔎園		
莫愁湖浜仲秋漫録	泗川銀爾	59
開業医の将来	中楯幸吉	61
日記の一節	菱崖逸士	62
救療と救済	飯村保三	63
蜘蹰漫談	吉村春枝丸	64
五行説と生命現象	田中吉左衛門	65
偶感	有馬頼吉	66
黄山遊記	後藤朝太郎	67
医科器械製作家一行の渡華を送る	入澤達吉	70
陶元慶及其作品	許欽文	73
中国医界論叢		
新旧医学の交替期に於ける期望	郭琦元	77
新旧医薬に関する私見	劉日永	78
中国医事の現状とその改革方法	濤鳴	80
濤鳴氏の「中国医界の現状とその改革方法」に対する批判	陳志潛	88
中国医界視察談	永井潜	96
中国医界談片	遠山郁三	109
漢・魏・南北朝時代に於ける外来医術及び薬物に関する考証	陳竺同	114
中華民国医事衛生座談会		122
湯蠡舟、黄希明、戴尚文、孫道夫、章志青、佐藤恒二、下瀬謙太郎、山井格太郎、小野得一郎、金子義晃、橋本五郎、穂坂唯一郎、曹欽源		
民国に於ける漢薬研究の状況	引地興五郎	134
中国医事研学報告	岸田壮一	139
赤峰の町	武藤夜舟	145
朝鮮に於ける同仁会事業の追憶	佐藤剛蔵	147
同仁俳壇		163
中国学の基礎工作	布施知足	164
玉堂春に就いて	七里重恵	170
雲南の夏	高橋惇	179
書経に見たる経済地理学の思想	野口保市郎	197
日華の文化提携	石井文雄	202

報道
　中国社会時相　221
　中国医界時事　232
　日本医界時事　237
　同仁会記事　239
編輯後記　242

◉第 10 巻第 11 号　(昭和 11 年 11 月号)

巻頭画　秋江の漁舟　1
民国政府の新に発表した化学元素の名称　下瀬謙太郎　2
合浦の珠　桃谷文治　4
楠木の棺　神崎清　6
訳詩鴇羽　井田啓勝　11
酒の論　前田蕿園　12
葛根廟舞楽（上）　長谷川謙太郎　13
蒙古の旅から帰つて　宗天紫蘭　18
南京よもやま話　小山草衣閑人　20
長江画帖　服部亮英　23
中国視察談　浦本政三郎　27
Z・O・Pブランドの中国亜片論　布施知足　36
中国法医学史　孫達方・張養吾　42
中国医事研学報告　岩戸三治　48
孟子と井田制　莫非斯　56
釣合の取れぬ偶力（上）　張資平　61
満州回顧録 (9)　小川勇　71
報道
　中国社会時相　83
　中国医界時事　95
　日本医界時事　105
　同仁会記事　107

◉第 10 巻第 12 号　(昭和 11 年 12 月号)

巻頭画　寒光晴雪　1
魯迅君のしのび草　澤村幸夫　2
スキーと赫哲族の木馬　筱坪　4
同仁会医院での収穫　永持静香　5
満州人の習俗　山下勇吉　9
人類社会の治療に努めた医家文豪　曹聚仁　12
葛根廟舞楽（下）　長谷川謙太郎　15
偶感　内山孝一　19
長江画帖　服部亮英　22
G・O・Pブランドの中国亜片論　布施知足　26
満州の保健状態に就いて　児玉周一　32
無錫鴉片中毒治療所参観記　記者　38
漢・魏・南北朝時代に於ける外来医術及薬物に関する考証（承前）　陳竺同　41
釣合の取れぬ偶力（下）　張資平　52
満州回顧録最終編　小川勇　63
報道
　中国社会時相　71
　中国医界時事　80
　日本医界時事　86
　同仁会記事　89
編輯後記　92

◉第 11 巻第 1 号　(昭和 12 年 1 月号)

巻頭画　牛　香衛人　1
支那料理と日本料理　木下東作　2
元旦の垂涎拝観記　泗川銀爾　4
長寿者　澤村幸夫　6
日華文化の交流　田中忠夫　8
閙房・聴房　井田俳愚　11
漢口の暮から正月　寺崎由太郎　15
夜雨思夫曲　平井雅尾　20
上海雑感　黒屋政彦　22
民国政府に於いて医学用語の統一を完成せる経過　下瀬謙太郎　26
地方志に記載された中国痘疹略考　井村哮全　32
漢・魏・南北朝時代に於る外来医術及薬物に関する考証（承前）　陳竺同　37
支那に旅して　小野得一郎　44
亜米利加に於ける日本語　志賀潔　46
六十年前の北支那紀行　布施知足　51
漢土より取材せる謡曲の三四を鑑賞して (1)　七理重恵　58
清末の諷刺文学について　武田泰淳　65
湖畔　脩甫　75
報道
　中国社会時相　79
　中国医界時事　84
　日本医界時事　95
　同仁会記事　96

日本医科器械業者代表中国医界視察団紀行(1)	森悦五郎	113
編輯後記		119
付録　昭和12年同慶帖		

●第11巻第2号　（昭和12年2月号）

巻頭画　早春		1
大阪に於ける77代の正裔故孔徳冕君及其の母子	田崎仁義	2
挙兵から亡命	須藤理助	4
黄浦江淡水のいはれ	天王寺三郎	7
だが心配御無用	A生	10
大陸の波物語	山本耕橘	12
阿片鬼の厄年	泗川銀爾	13
安陽王伝説	高橋惇	17
満州馬賊の隠語	王世恭	21
鮮満支遍歴所感	佐藤秀造	23
中国に於ける看護人養成事業の概略	李令棟	33
眼科患者より観たる中国の医事衛生	石橋俊	36
六十年前の北中国紀行	布施知足	40
蒙古草原を行く	米内山庸夫	47
報道		
中国社会時相		59
中国医界時事		64
日本医界時事		73
同仁会記事		75
同仁会済南医院第2回秋季巡回診療報告		77
日本医科器械業者代表中国医界視察団紀行(2)	森悦五郎	84
編輯後記		92

●第11巻第3号　（昭和12年3月号）

巻頭画　桃源		1
敵愾の観念	宗天紫蘭	2
旅人の目に映つた満州	河内山賢祐	3
自然を喫する『野茶』	桃谷文治	8
古螺城址	高橋惇	10
趣味の選択	龍孫生	15
孔家第五府に於て	馬場春吉	19
私共の既に研究した和漢薬に就て	阿部勝馬	23
中国医界視察団報告	市河顕純	29
阿片吸食の禁断	泗川銀爾	33
中国結核予防協会の近況と計画	顔福慶	36
中国に於ける漢西両医	布施知足	41
漢・魏・南北朝時代に於ける外来医術及び薬物に関する考証（承前）	陳竺同	45
銭塘江を溯る	米内山庸夫	60
報道		
中国医界時事		72
中国社会時相		86
日本医界時事		91
同仁会記事		93
日本医科器械業者代表中国医界視察団紀行(3)	森悦五郎	94

●第11巻第4号　（昭和12年4月号）

巻頭画　春霞		1
左利問題	飯島茂	2
蠱といふもの	澤村幸夫	7
日本とリーダーシップ	清水郁子	9
薔薇水	水野美知	13
日本の婦人を讃ふ	筱坪	14
黄鶴楼にある墓二つ	野々村正雄	16
現代医学と漢方と民間療法と	西端驥一	19
皇漢医学といふもの	布施知足	24
消毒・煙一色時代を将来す	泗川銀爾	28
漢・魏・南北朝時代に於ける外来医術及薬物に関する考証（承前）	陳竺同	33
癌のはなし	久留勝	38
天目山に登る	米内山庸夫	49
故内田伯一周年追悼		
挨拶	林権助	63
故内田伯と忠恕	小幡酉吉	64
日露戦争当時の伯爵	松井慶四郎	66
故内田伯爵の情誼	山井格太郎	68
故内田伯の好運	徳富猪一郎	70
外交に於ける故内田伯の足跡	幣原喜重郎	73
非常時に際して内田伯を偲ぶ		

故内田伯の追悼会に列して　小野墨堂	78
報道	
中国社会時相	80
中国医界時事	87
日本医界時事	92
同仁会記事	98
日本医科器械業者代表中国医界視察団紀行(4)　　　　　　　　　　　森悦五郎	100
編輯後記	109

●第11巻第5号　（昭和12年5月号）

口絵　同仁会東京医院	
巻頭言　同仁会東京医院落成に際して所懐を述ぶ　　　　　　　　　　金子義晁	1
唐有壬父子の事　　　　　澤村幸夫	4
中国の婦人譚　　　　　　本郷清和	7
半世紀前の上海　　　　　泗川銀爾	11
漢土から取材した謡曲の三四を鑑賞して（2）　　　　　　　　　　　七理重恵	14
徽宗皇帝とその書　　　　小平総治	19
孔子と仁　　　　　　　　石井文雄	20
中国に於けるカラ・ザールの研究概要　　　　　　　　　　同仁会調査部	23
中国医学教育の今後　　　　常時煥	33
中華医学会第四回大会	37
中華重要日誌	37
中華医学会第4回大会開会に際して　　　　　　　　　　　　朱恒璧	45
トラホームのはなし　　　　山崎順	48
保健と治病の真髄　　　　国島貴八郎	54
西湖の春　　　　　　　米内山庸夫	66
報道	
中国社会時相	75
中国医界時事	83
日本医界時事	89
カラ・アザール病診療研究団に就いて　　　　　　　　　　　佐藤秀三	92
同仁会記事	95
日本医科器械業者代表中国医界視察団紀行(5)　　　　　　　　　　森悦五郎	101
編輯後記	104

●第11巻第6号　（昭和12年6月号）

巻頭画　九夏松風　　　　　香衞人	1
同仁会東京医院の落成を祝す　小野得一郎	2
鬼子と大人と釘梢　　　　天王寺三郎	4
病める白薇女士を訪ふ　　逸霄女士	6
李白と武漢　　　　　　　野々村正雄	8
方法を有たぬ運動　　　　　布施知足	10
漢土より取材せし謡曲の素材について（続）　　　　　　　　　　　七理重恵	14
鉄拐の顔　　　　　　　　武田泰淳	17
漢訳白骨章　　　　　　　禅寺仏僧	19
日華両国の医学用語統一の要否　佐藤恒二	21
中華民国に於ける歯科医の問題　　　　　　　　　　同仁会調査部	32
学校歯科衛生施設私案　　　蒋長椿	33
中国に最も適した歯科医制度は何か　　　　　　　　　　　A・W・リンゼイ	37
中国に於いては如何にして歯科医の地位を確保せしむべきか　　　　　同人	41
無資格歯科医の処置如何　　張楽天	45
最近の中国歯科医界（1）　　劉瀬章	47
結核のはなし　　　　　　濱野規矩雄	52
中華民国重要日誌	57
芸術管見　　　　　　　　逝水山人	61
湖州　　　　　　　　　米内山庸夫	66
報道	
中国社会時相	71
中国医界時事	79
永井潜博士北平大学名誉教授就任の挨拶	85
日本医界時事	87
同仁会記事	89
中日医薬学生談話会記事	91
東京医院開院披露	93
日本医科器械業者代表中国医界視察（6）　　　　　　　　　　森悦五郎	96
編輯後記	108

●第11巻第7号　（昭和12年7月号）

巻頭画　新緑渓行	1

東洋人的な孫文　澤村幸夫　6
医学から見た茶の話　武田太郎　8
宋の徽宗欽宗2帝の満州遷徙　小平総治　13
前門の虎後門の狼　逸霄女士　18
日華両医学者提携の私案　久野寧　20
最近一ケ年間に於ける中国の医学教育
朱季青　33
最近の中国歯科医界（2）　劉瀨章　48
中華民国重要日誌　56
最近の中国　雨宮巽　58
上林湖　米内山庸夫　71
報道
　中国社会時相　82
　中国医界時事　87
　日本医界時事　94
　同仁会記事　97
　　北京医院第二回巡回診療　100
日本医科器械業者代表中国医界視察団紀行（7）　森悦五郎　102
編輯後記　119

◉第11巻第8号（昭和12年8月号）

巻頭画　香衞人　1
二詩丐　馬場春吉　2
広西省の歌垣　賈農　3
浦敬一を憶ふ　宗天紫蘭　6
張之洞の学堂歌　布施知足　8
中日議和記略　天王寺三郎　11
凄艶動人的恣態　逸霄女士　13
満華の旅から　石原清子　15
東洋医術の現代性　内山孝一　19
中国に於ける護士問題　同仁会調査部　28
　護士学校の学制改革について　花新人　39
　護士業今後の見透し　李令棟　43
　中国護士事業の検討　蔣野萍　48
最近の中国歯科医界（3）　劉瀨章　52
中華民国重要日誌　57
玉泉山と長坂坡　米内山庸夫　60
報道
　中国社会時相　64
　中国医界時事　67
　日本医界時事　70
　同仁会記事　73
　　第2回北京医院巡回診療（2）　75
日本医科器械業者代表中国医界視察団紀行（8）　森悦五郎　81

◉第11巻第9号（昭和12年9月号）

巻頭　政府声明　1
日支事件と同仁会　3
北支事変後の北京医院　7
漢口医院引揚げ事情　17
済南医院の青島に引揚げるまで　24
青島医院遂に引揚ぐ　28
漢口引揚げの記　武正一　35
済南医院惜別の感懐　外田麟造　41
青島を去つて　栗本定治郎　46
同仁会記事　50
編輯後記　56

◉第11巻第10号

口絵
　宮城の奉拝に赴いた同仁会診療救護班
　同仁会診療救護班の明治神宮参拝
　同漢口医院班
　同青島医院班
　同済南医院班
　同仁会診療救護班四景
巻頭言　同仁会診療救護班各位に告ぐ
同仁会会長男爵　林権助　2
同仁会活躍の秋　3
同仁会診療救護班の北支派遣　5
其後の北京医院　10
会報　15
同仁会青島医院見学記　足助又次　16
馬鼻疽の人体感染　葛西勝弥　24

◉第11巻第11号（昭和12年11月号）

巻頭言　北支の旅行より得たる感想（1）
小野得一郎　2
同仁会診療救護班開始情況　4
同仁会診療救護班日誌抄　6
同仁会診療救護班漢口班近況　9
同　青島班近況　10

同　済南班近況　12
北京医院の近況　14
同仁会診療救護班と伴に　小野得一郎　17
北支に十大病院を建設せよ　西村泰　35
武正一博士に支那の医業状態を訊く　37
雑報　54

◉第 11 巻第 12 号　（昭和 12 年 12 月号）
口絵　同仁会診療救護班の活動
巻頭言　北支旅行より得たる感想（2）
小野得一郎　2
日支文化工作の一断面　七理重恵　4
北京滞在中の所感　永井潜　9
ソ満の秘境に『クミス』を索めて
武井正衛　19
戦線に衛生陣を窺く　28
湯爾和先生のシルエット　33
雑報　35
会報　38
同仁会診療救護班総務報告　40
青島医院班／済南医院班　41
編輯後記　51

◉第 12 巻第 1 号　（昭和 13 年 1 月号）
巻頭　山獣之君　1
年頭の感　2
北支今後の衛生建設に対する希望　侯毓汶　3
北支衛生対策の要諦　入澤達吉　5
真の親日は知日から　孫甦舟　7
同仁会病院事業に対する卑見　飯島茂　9
日支医学の提携を提唱す　佐多愛彦　11
大公無私の文化であれ　澤村幸夫　13
北支の文化工作に就いて　布施知足　15
事変下の中国大衆に対する文化工作と医療
七理重恵　19
聖戦の後に来るもの　永持静香　22
北支の旅行より得たる感想（3）
小野得一郎　25
精神病学から見た日支事変　金子準二　27
支那事変と青島　安藤重郎　33
中国雑感　武正一　39
四十年前の威海衛　龍孫生　45

詩　52
幕府御殿医高木済庵（上）　小野田亮正　54
報道
日本医界時事　58
雑報　60
同仁会記事　61
診療救護班第 2 回派遣　61
編輯後記　69
同慶帖

◉第 12 巻第 2 巻　（昭和 13 年 2 月号）
巻頭言　対支文化工作の一基調
小野得一郎　1
啓蒙運動としての医薬　布施知足　2
『仁術』の具現　串田幸次郎　5
威海衛の環翠楼記に就いて　飯島茂　5
大隈侯の追憶　峰直次郎　8
英人に学ぶべきもの　澤村幸夫　9
沙蝨に就いて　田中敬助　11
七星板のこと　野尻抱影　13
日支医の提携　田中利雄　16
ポロ色の支那服　谷口清子　17
北支の旅行より得たる感想（4）
小野得一郎　19
カラ・アサールの予防及検査に就いて
石井信太郎　22
北支産業衛生の特殊性　石原修　27
非常時と食物の革命　三田谷啓　32
中国歯科医小史　劉瀬章　37
詩　43
幕府御殿医高木済庵（中）　小野田亮正　44
蘇州の曾遊を憶ふ　小野墨堂　48
報道
日本医界時事　52
同仁会診療救護班の一月　54
同仁会診療救護班通信　56
同仁会記事　61
編輯後記　63

◉第 12 巻第 3 号　（昭和 13 年 3 月号）
巻頭言　支那の医界事情を調査研究せよ
専務理事　田邊文四郎　1

鳳陽と明太祖　西山栄久　2
交友難　鵜月左青　5
五台山に登れる人々　天王寺三郎　11
儒教の経典に見えたる食物と衛生思想の三四　七理重恵　13
新礼楽主義を提唱す　石井文雄　16
東洋文化進展を観点とせる聖戦及び其の聖果　永持静香　19
北支の旅行より得たる感想（5）　小野得一郎　22
日本の使命　新垣恒政　25
支那に於ける風土病　宮川米次　27
馬鼻疽の人体感染　葛西勝弥　33
医薬侵略　布施知足　38
診療室に現はるゝ支那性格（上）　本村儀作　43
詩　萩原錦江選　47
幕府御殿医高木済庵（下）　小野田亮正　48
報道
　日本医界時事　52
　中国医界時事　55
　同仁グラフ
　同仁会記事　61
　　本会幹部更送　61
　　同仁会専務理事就任の挨拶　田邊文四郎　63
　　中支派遣第一診療救護班　64
　　北支派遣診療救護班の2月　68
　　雑報　70
編輯後記　72

◉第12巻第4号　（昭和13年4月号）

巻頭画　江南の早春　鈴木信夫　1
二人の支那人　西端驥一　2
新支那の明朗化を防げる者　高田義一郎　6
日語欧語　鵜月左青　9
秦の徐福の墓　澤村幸夫　13
中国装入門　泉九郎　15
診療室に現はるゝ支那性格（下）　本村儀作　18
或日の食堂　20
邦人北支進出と医政　石原修　22
東洋に於ける阿片吸食の伝播史実　酒井由夫　28
支那に於ける教医　布施知足　33
詩　萩原錦江選　39
伝馬町牢医望月寿仙（上）　小野田翠雨　40
報道
　中国医界時事　44
　日本医界時事　47
　金井章次といふ人　50
　同仁グラフ
　同仁会記事　51
編輯後記　66

◉第12巻第5号　（昭和13年5月号）

巻頭言　初夏　小野寺梅丘　1
支那への認識　竹内尉　2
北京の桜　金崎賢　6
日本僧の偉らさ　天王寺三郎　7
柳条辺牆と金の辺堡（上）　長谷川兼太郎　10
支那の国家主義と外国伝道　布施知足　13
民族衛生の立場から戦後に於ける衛生対策に就て　中楯幸吉　18
支那医学の理解　馬場和光　22
満支から伝播の恐ある伝染病と其対策　石原房雄　25
所謂『銃後衛生』の示標　石原修　30
太原を語る　栗本定治郎　35
詩　萩原錦江選　44
菜根譚の書誌学的研究（上）　佐藤物外　45
伝馬町牢医望月寿仙（中）　小野田翠雨　53
報道
　同仁グラフ
　日本医界時事　57
　中国医界時事　59
　同仁会記事　62
編輯後記　67

◉第12巻第6号　（昭和13年6月号）

同仁会顧問故岡田和一郎先生追悼号
　誄　1
　同仁会顧問故岡田和一郎先生の薨去を悼み謹みて追悼記念号を御霊前に捧呈す　主幹　田邊文四郎　2
　弔辞　同仁会会長　男爵　林権助　3
　弔辞　外務大臣　陸軍大将　宇垣一成　4

資　料　編

弔辞　東京帝国大学総長　長与又郎　5
弔辞　東京医学会会頭　石原忍　6
岡田和一郎先生の追憶　増田胤次　7
岡田先生のことゞも　颯田琴次　10
岡田博士の置土産　広瀬渉　12
岡田和一郎先生の昇天を哭す　本田雄五郎　13
我校長岡田和一郎先生を憶ふ　上条秀介　20
謹むで恩師岡田先生を悼む　山本常市　22
中国に於ける医育機関を如何にすべきや　林春雄　27
篤志救護班を追想して医家の信念に及ぶ　脇田政孝　30
医学の危機の問題に関連して　馬場和光　37
詩　萩原錦江選　41
菜根譚の書誌学的研究（中）　佐藤物外　42
同仁グラフ
伝馬町牢医望月寿仙（下）　小野田翠雨　49
報道
日本医界時事　54
中国医界時事　56
同仁会記事　60

◉第12巻第7号（昭和13年7月号）

巻頭画　儂郷何処　小野寺梅邱　1
支那事変に直面して吾等の覚悟　田邊文四郎　2
大陸の医療政策に就いて　朝岡稲太郎　8
新民族の誕生と其の指導　石原修　10
盧州と該地出身の傑人　西山栄久　19
王義之の蘭亭文字　竹内撫石庵　22
紀元前の人体解剖思想　永持静香　25
釣と俳句　鵜月左青　28
梅花鹿　澤村幸夫　32
柳条辺牆と金の辺堡（下）　長谷川兼太郎　34
僧霊仙の碑　雲荘生　37
蘇州便りを得て　谷口清子　38
菜根譚の書誌学的研究（下）　佐藤物外　42
親子の水柵鴉片の煙（1）　文熾星　52
報道
同仁グラフ
日本医界時事　62
中国医界時事　64
同仁会記事　68
編輯後記　70

◉第12巻第8号（昭和13年8月号）

巻頭言　雑誌内容の改革に就いて　主幹　田邊文四郎　1
南京市民疾病観　岡崎祇容　2
徐州に分班を送つて　外田麟造　11
最近の支那に於ける伝染病流行状況　外務省文化事業部調　15
第一診療班（南京）業務報告　岡崎祇容　25
第二診療班（上海南市）業務報告　瀬尾省三　43
付　各科診療概況　48
第四診療兼防疫班（太原）概況報告　越川彰　60
報道
同仁会時報　63
中国医界時事　67
親子の水柵鴉片の煙（2）　文熾星　69
編輯後記　81

◉第12巻第9号（昭和13年9月号）

対支防疫事業概要　外務省文化事業部発表　1
杭州付近の『コレラ』　谷口腆二　5
伝染病に関する所感一、二　野田九郎　8
北支防疫班業務報告　10
付　北支防疫班日誌抄　14
中支防疫班業務報告　20
中支防疫班上海支部業務情況　26
付　中支防疫班日誌抄　28
同仁会診療班情況
太原の昨今　30
済南医院診療班　30
済南医院診療班徐州分班　31
青島医院診療班太原分班の思出　32
漢口医院診療班（杭州）　34
第一診療班業務報告　36
最近の支那に於ける伝染病流行状況　外務省文化事業部調　48
同仁会時報　56

外務大臣より慰労／会計検査／部長及班長会議／診療班受診患者の状況／有料診療開始／北京医院医師集団会／同仁医学九月号発行／第四診療班の進出／杭州診療班長更迭／中支方面予防接種実績／各地防疫班とコレラ流行状況／診療班家族懇談会／人事

親子の水柵鴉片の煙（3）
文熾星作　七理重恵訳　62

編輯後記　67

◉第12巻第10号　（昭和13年10月号）

外科医の見た北支雑観　寺田幸夫　1

支那管見記　西原敏男　4

コレラ防疫実施に関する経験並教訓
新垣恒政　9

同仁会診療班に加りて　広田恵治　14

太原診療班の全貌　越川彰　25

南京診療班業務報告（5回）　岡崎祇容　32

ある日の講話　44

同仁会時報　46

同仁会日誌　49

親子の水柵鴉片の煙（4）
文熾星作　七理重恵訳　52

編輯後記　60

◉第12巻第11号　（昭和13年11月号）

写真　故入澤達吉先生

誄　1

同仁会理事故入澤達吉先生の薨去を悼み奉る
主幹　田邊文四郎　2

弔辞　林権助　3

弔辞　荒木貞夫　4

弔辞　佐藤寛次　5

入澤達吉翁と拙者　金杉英五郎　7

恭輓雲荘入澤博士賦二律　国府種徳　17

入澤さんを憶ふ　江口定條　18

入澤先生の三つの大きな業績　林春雄　20

恩師入澤先生を偲びて　宮川米次　24

入澤先生の追憶　増田胤次　53

入澤先生と同仁会　小野田得一郎　56

入澤先生について一つの思出　下瀬謙太郎　60

恩師入澤先生を憶ふ　武正一　62

「入澤先生と支那」に関することゞも
藤井尚久　65

入澤先生の御病歴　坂本恒雄　74

同仁会記事　68

同仁会日誌　79

編輯後記　82

◉第12巻第12号　（昭和13年12月号）

北支・中支に於ける同仁会の診療班・防疫班の活動に就て　宮川米次　1

北支防疫班の活動状況　高木逸磨　11

天津滄洲及杭洲に於ける診療体験　武正一　19

北京及青島に於ける診療体験　栗本定治郎　28

石家荘・正定及済南に於ける診療体験
外田麟造　32

南京に於ける診療体験並に支那人の特殊疾病に就て　岡崎祇容　38

山西に於ける民衆防疫及診療体験　越川彰　48

同仁会北京医院の現況　塩澤七晟　53

南京市立小学校児童体格検査成績表
岡崎祇容　62

同仁会記事　85

同仁会日誌　86

編輯後記　88

◉第13巻第1号　（昭和14年1月号）

写真　皇太后陛下より同仁会に賜れる御沙汰

皇太后陛下の御沙汰に就て謹話　近衛文麿　1

畏き御沙汰を拝して謹話　林権助　2

支那の医事衛生に就て　宮川米次　3

『コレラ』の診療並に上海に於ける支那人の疾病に就て　瀬尾省三　38

南京市民疾病観（第2号ノ1）　岡崎祇容編　46

Active of the Japanese Medical Corps in China　Yoneji Miyagawa　76

同仁会記事　82

同仁会日誌　83

編輯後記　85

付録　昭和14年同慶帖

◉第13巻第2号　（昭和14年2月号）

上海に於ける医事衛生施設並にコレラ赤痢の

二三事項に就て　瀬尾省三　2
南京市民疾病観（第2号ノ2）　岡崎祇容編　6
第四診療班（太原）各科集談会抄録　26
徐州診療班5ケ月間の回顧　三輪舜　32
同仁会支那派遣診療班物故者追悼記事　39
同仁会記事　62
編輯後記　66

◉第13巻第3号　（昭和14年3月号）
滄州、杭州に於ける診療報告　多胡楢祐　2
第三診療班業務報告摘録　新垣恒政　22
奉天に於ける法定伝染病の疫学的観察
西本義一　40
硬水軟化剤に対する一考察　山口一孝　50
同仁会記事　53

◉第13巻第4号　（昭和14年4月号）
中支防疫本部及上海支部作業概況摘録　1
北支防疫班業務報告摘録　10
石家荘診療班報告摘録　飯塚助治　30
事変下に於ける北支中支の特種疾病の分布状況に就て（其ノ一）　岡崎祇容　45
硬水軟化剤に対する一考察　山口一孝　53
同仁会記事　55
編輯後記　62

◉第13巻第5号　（昭和14年5月号）
宣言　2
事変下に於ける北支中支の特種疾病の分布状況に就て（其ノ二）　岡崎祇容　3
同仁創刊以来の総目次
医事衛生　13
説話　25
文苑　47
其他　50
同仁会記事　53
編輯後記　61

『同仁会報』

◉第1冊　（昭和15年8月30日）
国民使節としての南京行き（抄）　宮川米次　1
蘇州地方住民の衛生事情
植波寿・大隈政敏　17
阿片に就いて　藤田良仙　31
班処通信　35
同仁会記事　36
編輯後記　41

◉第2冊　（昭和15年11月1日）
会計監督に就て　会計検査官　東谷伝次郎　1
滬上雑感（其の一）
華中中央防疫処長　井上善十郎　10
班処情報
保定診療班　24
南昌診療分班　27
同仁会記事　29
編輯後記　33

◉第3冊　（昭和16年1月1日）
物の見方と考へ方
興亜院文化部長　村松肅　1
滬上雑感（其の二）
華中中央防疫処長　井上善十郎　3
南京の詩路　元南京診療班長高天成　19
支那の年中行事について
蘇州防疫処山本力蔵　22
湯爾和先生薨去　37
湯爾和博士を悼む　清水秀夫　38
湯爾和先生の追憶　下瀬謙太郎　45
湯さんを憶ふ　菅野松太郎　48
班処情報　50
同仁会記事　53
編輯後記　55

◉第4冊　（昭和16年3月1日）
巻頭言　1

滬上雑感（其の三）
　華中中央防疫処長　井上善十郎　3
済南地誌　済南医院診療防疫班　飯塚幸作　7
皇国医学の信頼高し　14
支那に於ける仏教と医学　金蕉山人　15
春とともに生れた俳句会　18
華訳日本医書　調査部　19
班処情報　39
同仁会記事　42
編輯後記　44

◉第5冊　（昭和16年5月1日）

日本医界に訴ふ
　北京大学医学院教務長　呉祥鳳　1
准陰訪問記　華北中央防疫処　駒野丈夫　3
上海断章　井上四六　11
河北省農村の一斑
　天津防疫処　北村直次・佐藤正雄　16
嘆きの鳩笛　華北中央防疫処　稲子中　40
俳壇／歌壇　52
雑記帳　53
班処情報　55
同仁会記事　57
編輯後記　59

◉第6冊　（昭和16年7月1日）

巻頭言　1
遺棄死体の問題
　華中中央防疫処長　井上善十郎　2
新郷県の概況　新郷診療防疫班　杉田真　6
中国婦人を語る座談会　9
一言同仁　18
漢方医には如何なる態度で接すべきか　19
婦人感想　支那婦人の風習　32
巷の相　41
班員感想　現地より観た内地　42
同仁会報に就ての希望　44
遺骨を護って帰るの記　今藤文十郎　46
同仁俳句　47
内地便り　48
班処情報　49
同仁会記事　52
編輯室便り　55

◉第7冊　（昭和16年9月1日）

口絵　同仁会臨時施療班　小姐天使の声
第76議会と医療問題―特に同仁会に関して　1
泰国に於ける結婚風習　耶奈義歩青　7
現地生活のあらまし
　保定診療班　川口貴一　11
随筆
　北京ふんぷ物語　夢野黄鳥　16
　北京横丁　YN生　17
　支那の歌唱　辻正一　18
　北京好食　増田東魚　20
中国人の長所と短所に就て　川口貴一　23
班員の声　26
懸賞同仁会歌発表　28
詩／俳句　34
同仁会診療班の歌　35
同仁会ニュース　36
班処巡り　華北支部の巻　38
紙上通信　39
班処情報　40
同仁会殉職職員合同慰霊祭　44
同仁会記事　48
編輯後記　50

◉第8冊　（昭和17年1月1日）

所感　理事　赤木朝治氏談　2
モルヒネ中毒のこと
　華北防疫処　鈴木知準　4
聖戦第六年新春を迎へて　開封診療防疫班　19
　Ⅰ．雑感　班長　青山進午
　Ⅱ．開封漫話　高木芳雄
　Ⅲ．開封雑話　大森あさ子
迎春三景
　第一景　正月瑣事記
　　華北防疫処　夢野黄鳥　24
　第二景　新郷の春　新郷班　J・M生　27
　第三景　かくして春は訪れたり
　　毛利富郷　29
皖中巡回診療日誌　南京診療班　高塚太吉　32

建設文化を火野氏に聴く
華北支部　梅田浩正　41
随想
北京の一年を顧みて
華北防疫処　加藤龍川　46
上海から　華中防疫処　山田孤羊　47
北支の印象　開封班　中島賢一　50
支那黴瘡秘録　華北支部　増田東魚　52
随筆
柿　牧野まこと　58
北京横丁　成川芳江　60
美人の都揚州を訪ねて
蘇州防疫処　山本力蔵　62
現地生活読本（石門の巻）　古澤喜千代　68
伸びゆく蒙疆の首都張家口の建設譜　71
同仁会ニュース　72
班処情報　76
同仁会記事　77
編輯後記　84

◉第9冊　（昭和17年3月1日）

同仁会の仕事は愈々「これからだ」
専務理事　田邊文四郎　2
所感　監事　中村大三　8
臨汾近在のキリスト教団　臨汾班　服部敏　10
泰人一生に於ける二、三の重大行事
柳歩青　27
随筆
支那の言葉　華北防疫処　夢野黄鳥　32
上海音楽風景　上海班　辻正一　34
支那の正月と行事に就いて
太原班　山本力蔵　38
支那の人身売買に就いて
華北支部　増田東魚　42
過去をふりかへりて　石門班　古澤喜千代　47
日華新詩交流　明日・我是少年　柳歩青訳　52
正月日記抄
三ケ日　華北防疫処　牧野まこと　54
句日記　相馬睦月　55
俳句　佐藤静鳥・牧野まこと・志賀青研　57
短歌と詩　各氏　58
現地生活読本（北京の巻）　古都政男　61
同仁会ニュース　74
班処情報／読後情報　78
同仁会記事　80
編輯後記　85

◉第10冊　（昭和17年6月1日）

海南島の印象　経理部長　池内又一　1
扁鵲考　華北支部　斎藤彦　16
十に因んだ話
十字路　牧野まこと　26
十円紙幣　夢野黄鳥　27
十日間の旅　堤美代子　28
十の囁き　牧野まこと　31
十句集　静鳥・まこと　32
中支特に蘇州地方の排泄物処理施設、就中
「馬桶」に就て　蘇州防疫処　井藤康亮　33
中国人職員は如何なる生活をしているか
済南班　木村猛一　39
中国の郵政略史　太原班　山本力蔵　47
俳句
ライラック　志賀青研　50
北京の春　牧野まこと　50
つちふり　佐藤静鳥　51
柳絮　村上紫峰　51
庭　北京　古都政男　52
おもひで二題
①新出さんを偲ぶ　毛利富郷　58
②ほとゝぎす　木知世　60
短歌／詩　62
職を同仁会に奉じたる所感
保定班　川口貴一　66
現地生活読本
杭州の四季　水越清子　69
芝罘案内記　斎藤市郎・福岡清吉　72
班処情報　75
北京通信・南京だより　76
同仁会ニュース　78
同仁会記事　80
編輯後記　90

◉第11冊　（昭和17年9月1日）

同仁会創立四十周年記念日を迎ふ

専務理事　田邊文四郎　1
砂塵を越えて
福田礼子・糟谷八千代・内田静野　5
北京の夏を語る（座談会）　26
漢口への期待　龍尾生　38
ちゃばなし　太原班　山本力蔵　45
支那煙草史譚　華北支部　増田東魚　57
現地生活読本（開封の巻）
山口きぬ子・吉田律子　60
文苑　日記、手紙、短歌、俳句、詩　63
日本を訪れて　方一欽　76
回覧板　78
班処だより　80
同仁会ニュース　84
同仁会記事　88
誌上通信　寄宿舎の窓から　94
編輯後記　95

◉第12冊（昭和18年1月1日）

大東亜戦争第3年の迎春に当りて
所謂西医の概況と所感
芝罘班　小鹿整四郎　1
中支に於ける庶民の医薬に就いて
編集部調査　6
喇嘛の陰陽仏に就いて
華北支部　増田東魚　11
蘇州美人と毒亀の話　山本霞涯　17
現地生活読本（新郷の巻）　杉田真　23
南京まで　ふぢた　31
防疫戦記　相良廸彦　34
随想
回顧　石門防疫班　矢嶋ユキ　41
中意横道　M生　42
華北建設と邦人の意気
華北防疫班斎藤秀峰　43
回覧板　44
寄宿舎通信　46
詩、句、歌　50
殉職職員合同慰霊祭記事　56
同仁会記事　60
編輯後記　67

◉第13冊（昭和18年3月1日）

大東亜医学に就て　副会長　宮川米次　1
江南施療行　上海　佐加倉滬浪　9
現地便り
①金華診療防疫班　大西晃　53
②杭州診療班　SA生　57
③青島診療班　大澤いのゑ　59
現地生活読本
海州案内記　伊藤定次郎　61
随筆
霧水　佐藤静鳥　63
雲と泥鰌　牧野まこと　65
新春風景　佐加倉生　67
樸春　古都政男　68
在支四ヶ年　牧野まこと　74
職域所感（感想）　東郷実行　78
短歌、俳句　81
紙上通信　84
同仁会記事　85
編輯後記　94

◉第14冊（昭和18年6月1日）

蒙古雑観　華北防　佐藤久蔵　2
支那貨幣　上海班　樋渡雋二郎　21
西湖の月　南京班　安井広　27
巡回診療日誌　開封班　衣絵　39
班処通信
南昌だより　46
無錫だより　47
新郷だより　50
青島だより　51
北防だより　53
随想
北京の乞食　笹島博　54
支那民族性覚書　SA生　57
現地生活読本（張家口）　早川浅吉　59
短歌・俳句・詩　63
美しき忘れもの　西條智行　68
同仁会記事　70
編輯後記　79

◉第 15 冊 （昭和 18 年 9 月 1 日）

訓示　昭和 18 年 9 月 29 日　同仁会会長近衛文麿
経営管見　経理部長　池内又一　4
海南島診療防疫簿余白　楡林班　大村寛　12
徐州と古跡　徐州班　中村文萍　19
梅田処長の死を悼む
　北海道帝国大学教授　井上善十郎　26
梅田春塘先生遺稿　32
支那四億の民族　華中防　瀬下末吉　34
歌壇　39
俳壇　42
現地だより　44
同仁会記事　47
編輯後記　52

◉第 16 冊 （昭和 19 年 1 月）

訓示　昭和 18 年 9 月 29 日　同仁会会長近衛文麿
靖亜の大業に殉ぜよ
　専務理事　田邊文四郎　2
第一戦地区安義方面施療行　南昌班　慈浪　5
丹陽特別地区巡廻診療日誌
　南京班　井合勉　18
一般中国人の家庭食に就いて
　北支衛研　勝又温子　25
間島春男君私見
　私立京都病院　後藤惣兵衛　38
随筆集　43
同仁会四十年史出来　51
現地だより　57
歌壇　54
俳壇　55
班処通信　57
殉職職員合同慰霊祭　60
同仁会記事　66

◉第 17 冊 （昭和 19 年 4 月）

訓示　昭和 18 年 9 月 29 日　同仁会会長近衛文麿
北支の衛生工学　野澤典美　2
華北戒煙療養所概観　華北防　鈴木知準　6
ビルマの話　井上頭一郎　20
コレラ防疫座談会　22
虱譚　北華防　村上務　35
婦長候補の筆の跡　33
俳壇　42
歌壇　43
下瀬謙太郎君の長逝を悼む　飯島茂　46
言の葉のくすし　下村海南　48
謙堂下瀬先生を偲ぶ　穂坂唯一郎　51
班処通信　56
同仁会記事　62

◉第 18 冊 （昭和 19 年 9 月）

訓示　昭和 18 年 9 月 27 日　同仁会会長近衛文麿
喇嘛と牛の伝説　増田東魚　1
国民政府衛生署長陸潤之氏歓迎懇談会
　総務部　8
海軍記念日に当り日露戦役当時の追憶
　森田広　12
随想
　ビルマのさまざま　藤田良仙　14
　美しきかな北京　園みどり　16
　杭州と名勝　SA 生　18
　菊　古都政男　19
　簡素の美　滬浪生　21
詞藻
　外科患者の詩歌　高不驕　22
　近什の中より　飯島茂　23
同仁歌壇　24
同人俳壇　26
班処通信　28
同仁会記事　34
編輯後記　47

資料-3
日華学会と『日華学報』

大里　浩秋

一、日華学会について

日華学会は大正7（1918）年4月に創設された。その目的は「中華民国留学生の為めに学校の選択、入学転学の事より宿舎の供給、銀行、工場、個人商店の実習見学に関する周旋並に学術技芸の研究調査、或は教育事業の視察に随時渡来する同国人士の為めに同様便宜を図る」（『日華学会第8回年報』「本会の目的及沿革」、大正14年。原文のカタカナを現代仮名遣いのひらがなに、漢字の旧字体を新字体に改めた。以下も同じ）ことにあった。つまり、来日する中国人留学生に対する種々の便宜を提供することを主とし、併せて教育関係視察者にもサービスしようとするものであった。また、この団体の財政的基盤となったのは、明治44（1911）年に中国で辛亥革命が起こった際、帰国しようにもお金がなくて帰れない留学生の旅費や、祖国からの送金が途絶えて勉学を継続できない者への学費を援助すべく、財界有志が「支那留学生同情会」（以下、「同情会」と略記）を結成して集めた多額の寄付金だった。三井物産の山本条太郎、日清汽船の白岩龍平らが主唱し「都下に於ける支那関係の会社、銀行等に謀り、留学生救済資金を募集し、支那公使館を経て、之を留学生に貸与し」（『日華学会二十年史』—以下、『二十年史』と略記—「支那留学生同情会概要」、昭和14年。原文のひらがなを現代仮名遣いに、漢字の旧字体を新字体に改めた。以下も同じ）、それで余ったお金にその後中華民国教育部から返済された分を加えて3万7500円余となり、さらに有志の寄付1万円を足したものが基金となった。

日華学会設立を提唱したのは、同情会の運営に関わった山本、白岩ら諸人であるが、彼らは中華民国になってからもその残務処理を継続しつつ（なお必要な援助を留学生個人あるいは受け入れの学校に対して行っていた）、同情会が担った留学生の世話をさらにグレードアップする必要を感じていったようである。『二十年史』「本会設置の必要」に述べているところによると、辛亥革命以前からこのかた留学生の受け入れが十全なものではなく、一般日本人の彼らに対する態度や接し方も誠実でないところがあって、「かかる実情なるにより、従来留学生を始め、多くの視察渡来者の不便少なからず、延いて不満を感じるに至るは人情の自然である。」さらに、欧米諸国に留学する者を見ていて、彼らは大体において親欧、親米家となり、帰国後も長く好意を抱いているのに、「独り本邦留学生の或る一部を除き大部分の者は、不平不満を抱き好感を有する者少なきは抑も如何なる動機に基

因するものか、世の有識者の大に考慮を要する問題である。然るに此の状態が従来のままにして顧みざらんか、遂に彼らを駆りて、欧米に陶酔せしむるの結果を招来するに至らん…将来何等施設する処なくんば日支国交上にも策を得たるものに非ず」と考えて日華学会を設立する方向に進んだのだとする。つまり、従来の受け入れの不備を克服して留学生に親日感情を持ってもらうよう、同情会の善意の延長上でお世話役の機関を作ろうというのである。

しかし、ここには具体的には語られていないけれどもその結成前後に日中間に重大な外交懸案が持ち上がっており、それに敏感に反応した留学生による対日批判が起こって、日本政府はこの対処に苦慮する事態となっていた。それは大正4（1915）年に政府が袁世凱政府に突きつけた「二十一カ条要求」やその後袁世凱の後釜の段祺瑞政府に認めさせた大正7年の「日華共同防敵軍事協定」に対して、祖国の存亡に関わるものだとして留学生は激しく反発し、とくに7年には一斉帰国運動へと発展したのがその内容であった。この時期帝国議会は留学生教育問題を初めて議題に取り上げることになったが、日華学会を発足させようとした人々はこうした留学生の動きを知りつつ、留学生全般に広がる「不平不満」を受け入れの不備を克服することでどうにかせねばと考え、もたもたする議会の対応を尻目にして活動を開始したのではなかったか。同情会当時の財界主導からスタッフの枠を広げて、「支那関係の有力者及名望家を理事又は顧問とし、帝国大学各官私立高等専門学校の職員、及文、外2省の当局者其他の人士を以て評議員とし」ており（山井格太郎「創刊の辞」、『日華学報』第1号）、その陣容からいってとても任意の民間団体とはいえぬ、半官半民的性格を備えてのスタートだった。

その後の経過を簡単に追う。大正10（1921）年に文部、外務両大臣の許可により財団法人となった。同年には又留学生宿舎設置に関する費用として文部省から15万円の補助を受けた。さらに、13年の関東大震災で学会事務所が焼失し、留学生宿舎が破損したための復旧費及び留学生の帰国費用が必要になった際には、外務省からの補助を受けた。これは、12年に「対支文化事業特別会計法」が制定されて外務省にその事業を管轄する文化事業部が置かれたことと関係があり、以後文化事業部の支援を得て毎年のように外務省からの国庫補助を得ているのである。こうして昭和12年までに得た国庫補助を合計すると、77万4737円93銭に上っている。また、財界を主とする寄付金はその後も募っており、当初の同情会の基金を含めて昭和12年末までに合計29万2358円60銭に達した。これらの事実は、日華学会が単なる善意の民間団体ではなく、政府、財界の強い支援を得て動いている団体であることを示すに十分である。創立当初からの文部省や外務省との関係、とりわけ外務省文化事業部との関係はいかなるものであったか（国庫補助を出したら口も出す、というのが当然の成り行きであろう）は今後明らかにすべき興味ある課題である。

ところで、満州事変を経て日中戦争を始めた翌昭和13（1938）年12月に興亜院が設置されると、日華学会は興亜院の管轄下に入り、17（1942）年の大東亜省設置後は、同省支

那事務局に移管された。そして、敗戦間際の20（1945）年1月には「政府の要請に応じて本会を解散し、日華協会に合流せんことを議決して目下措置中である」として「文化の交流提携、留日学生の補導育成、国民親善の促進等対支文化事業に対し一元的統合機関たる財団法人日華協会」へと統合される運命にあることを明らかにしている（『日華学報』第97号「日華協会の設立と本会の合流」）が、おそらくこれは実現に至らぬままに敗戦となり活動を停止するしかなかったのであろう。敗戦解散に至るこうした数年の状況についても今後調べて、最初の志と最後がいかにかけ離れたものになっていたかを明らかにできればと思っている。

さて、創立後の日華学会の日常的な活動に触れるのが後回しになってしまった。すでに見たような「目的」に沿って留学生に対する各種の世話をし、教育視察者への便宜を与えている様子は、彼らが当初1年に1回発行した『日華学会報告』、ついでやはり1年1回発行の『日華学会年報』で知ることができ（『日華学会報告』は第1回から5回まで発行された、大正7〜11年。『日華学会年報』は第6回から始まって、23回まで出たことは確認されている、大正12〜昭和15年）、さらには、遅れて機関誌として発行された『日華学報』によっても知ることができる。彼らの日常活動の軸になるのは当然にも留学生への対応であり、創立の年から民家を借りて寄宿舎として留学生を泊め、時を経るうちに土地を購入して自前の宿舎を建てて男女留学生用それぞれ2〜3棟を運営した。また創立数年後からは留学生予備教育機関として「東亜高等予備学校」（昭和10年に「東亜学校」と改称）を経営した。その他の活動を含め、上記資料を見る限り日華学会は彼らの掲げた活動をきまじめに遂行したといえそうである。

しかしそれで十分であったか、問題はなかったかといえば、まったくそうとはいえない。例えば、日常活動というよりも突発事件の処理といえるものだが、関東大震災が起こったとき、日華学会は留学生の身の安全を図るために尽力し、死者を手厚く葬り、負傷者を救済し、混乱の中祖国に帰る者を無事に見送るなどの世話をしたと誇らしげに『年報』や『二十年史』などに記しているが、同時期朝鮮人と同様中国人労働者が多数日本人住民に虐殺されたのを気遣ってその現場に行って警察に捕まり挙げ句に陸軍の兵士に殺された王希天のような留学生には、一言の言及もない。日本政府に逆らう者は世話するに値しない留学生として切り捨てたのか、それとも陸軍の行為ゆえに口をつぐんだのか。また、日中戦争が深まるにつれて、例えば留学生を紀元二千六百年の式典に参列させたりするのは、どう考えても日本の立場の押しつけでありお世話の範疇には属さないが、当事者にするとこれもお世話と心得ている節がある。こうして、日中間の対立が深まる中での留学生への対応の内実が改めて問われることになるのである。この点も今後の課題とする。

二、『日華学報』について

日華学会が活動を始めて以来待望久しい機関誌の発行が実現したのは、昭和2（1927）

年のことである。この年6月に日華学報部を作り、8月には第1号が発行されているからそれまでに一定の下準備はできていたことになる。発行の間隔は、最初は季刊とするが、「現下の急需に応じ、徐々に之を大成して月刊雑誌となし、以て之が趣旨の徹底を期せん」(『二十年史』「日華学報刊行趣旨」)とした。実際にはどうなったかといえば、11号まではほぼ季刊で出されており、12号からはほぼ月刊となって34号(昭和7年4月)まで続くが、その後はずっと2ヶ月か3ヶ月の間隔で発行されることが多かった。どんな理由かは判然としないが、月刊では出し続けられない理由が絶えず存在したということだろう。そして、最後の2号についてみると、96号は前号から1年経った昭和19年6月に出され、97号は敗戦後の20年10月25日の日付で出されている。その頃はもう従来の間隔で出せる条件すらなかったのであろうが、20年近く培ってきた使命感と誌面構成の慣れに支えられて記事を埋めた感が強く、とりわけ97号については、春までの情報で作った記事を遅れて敗戦後にそのままの内容で出すことで、終刊のけじめとしているようである。

次に、『日華学報』に載った記事内容についてである。これに該当する説明は第1号の「編輯余録」にあり、その後も6号までは同様の説明があるが、『二十年史』に載る「日華学報記事範囲」の方がやや詳しい記述をしているので、そちらを引用して読者の参考に供することとする。

日華学報記事範囲

一、支那留学生に関する、文部省及び文化事業部其他の法規及各種事項を発表す。

一、駐日中華民国公使館及学生監督処より、発せらるる留学生関係規程、其他の事項を発表す。

一、留学生を収容せる各種学校と連絡し、入学手続、入学試験課目、試験時日及入学試験の成績等を発表す。
但し臨時必要生じたる場合は別に印刷物を以て発表す。

一、支那留学生を収容せる各学校に、入学、卒業、退学、退学、転学其他の事項を調査し、毎年完全なる留学生名簿を作製し、留学生相互間の連絡及留学生史編纂の資料に供す。

一、前項以外、留学生史編纂に要する資料蒐集に努む。

一、各省経理員、留学生総会及各省同郷会と連絡を図り、必要事項を報道す。

一、専門大家に請い、学術に関する論説、講演等を掲載す。

一、留学生の学芸に関する研究又は論説を発表すること。

一、留学渡来便覧を編纂すること。

一、以上の外、留学界に便益する事項の報道を為すは、勉めて留学生の好伴侶たらしめんとす。

このように長々と引用したのは他でもなく、『日華学報』に掲載されている記事の大部分が、上述の範囲に基づいて書かれ、あるいは編集されていることがわかったからである。従って、この「記事範囲」を頭に入れてそれぞれの記事を読むもよし、同じ範囲に属する記事を何号分か通して読むもよしで、そうすることでこの雑誌に載る個別記事の価値や大量の記事群のおおまかな傾向が見えてくるのではないかと思えるのある。稿を改めて内容の分析を試みることにする。

さて、記事の範囲を示しつつその前提として編集者が語っているのは、「政事問題には一切触れざる」（第1号の「編輯余録」では、「政治外交に亘らざる」）という点である。この点に注目して目次に当たり、かついくつかの記事を読んでみると、満州事変勃発前後で（第37号を境にして）誌面の構成に徐々に変化を生じていることに気づく。それ以前においてはおおよそ政事に触れないことを念頭に置き「記事範囲」に沿って記事が埋められていたのが、事変後になると中国側の事変に対する反応が気になるところとなり、さらに「満州国」留学生の受け入れも始まって、日中両国の政治外交上の対立がいっそう無視できなくなってきたという事情が底辺にあるからに違いないが、自らに律していたはずの政事に触れないとする約束を思わず破ってしまっている記事が次第に登場するのである。とくに日中戦争が始まってから（第63号から）の記事は、号を追うごとに日本の侵略の正当性を説教して留学生をその方向に動員しようとする傾向が目立っていく。

なお、日華学会が『日華学報』に載った諸資料をまとめて（あるいは、さらに資料を補充して）単行本の形で出版したものに、以下のようなものがある。

a、昭和2（1927）年から昭和19（1944）年までの留学生名簿（版により名称が異なる）。

『留日中華学生名簿』（1～6版）
『留日学生名簿』（7～10版）
『中華民国、満州国留日学生名簿』（11～13版）
『中華民国留日学生名簿』（14～18版）
1版は昭和2年刊、18版は昭和19年刊である。

b、『中華民国留日学務規程及概況』、昭和9年、12年の2度発行。

c、実藤恵秀『中国人日本留学史稿』、昭和14年刊。

総じていえば、『日華学報』は、1920年代から45年の日本敗戦までの中国人日本留学に関する情報を豊富に備えている雑誌であるといえる。従来資料が少なく研究が進んでいない時期に発行されていたものだから、その時期の留学生の実態を知る上で、又その時期の受け入れ側の日本の実態を知る上で、この雑誌に載った各種の記事や統計は役立つに違いない。さらに、とくに満州事変から日中戦争時期の中国の教育事情を侵略を拡大しつつある日本の立場から紹介している記事も貴重には違いない。こうした関心から、筆者は『日華学報』の目次を整理して公表することを思いついたのである。活用していただけれ

ば幸いである。

三、『日華学報』目次

以下に目次を載せるに際しての2、3のことわりを記す。基本的には各号に載る目次に拠ったが、号によって精粗の差があって、大きい見出しを載せるのみで小さい見出しは載せていないものがあり、1頁足らずあるいは数行だけの記事の見出しを載せていないものもあったが、それらを気づく限りで載せることとした。また、目次の見出しと本文中の見出しに表現の異同がある場合は本文の方を採用した。原文のひらがなを新仮名遣いに、漢字の旧字体を新字体に改めた。なお、目次をこのような形で整理するに当たって、同僚の孫安石氏、中国言語文化修士の増子直美さん、佐々木恵子さんの協力を得たことを記して感謝する。

第1号	昭和2年8月10日発行			
表紙	題字、駐日公使　汪栄宝			
	図案、小室翠雲			
写真	孔子行教図（顧愷之筆）			
	題字、教育総長　任可澄			
	外務大臣　田中義一			
	駐日公使　汪栄宝			
	文部大臣　水野錬太郎			
	梁啓超			
	鄭貞文			
	長崎高商全景			
	東京帝大正門			
	東亜高等予備校			
	海水浴場其他			
創刊の辞		日華学会常務理事	山井格太郎	1
創刊の辞		東方文化事業総委員会委員・文学博士	柯劭忞	4
		東方文化事業総委員会委員	王樹枏	
		文部次官	粟谷謙	
		外務省文化事業部長・子爵	岡部長景	
		中華留日学生代理監督	張振漢	
		東京帝国大学総長	古在由直	
		東京高等師範学校長	三宅米吉	
		東京高等工業学校長	中村幸之助	
		日本女子大学校長	麻生正蔵	

		東京女子医学専門学校長	吉岡弥生	
		東亜高等予備学校学監	三輪田輪三	
説苑				
	日本塩見氏元始儒教宣伝題詞（華文）	中華民国駐日公使	汪袞父	17
	書根本通明氏説易諸書後（華文）	中華民国駐日公使	汪袞父	18
	北京の天壇	京都帝国大学教授理学博士	新城新蔵	20
	中華民国留日学生と長崎の国際的使命	長崎高等商業学校教授・経済学博士	田崎仁義	22
	敬んで日本各学校長に告ぐ	中華民国留学生代理監督	張振漢	29
	為中華留学生進一言（華文）	東亜高等予備学校教員	椎木真一	31
	留学生教育に従事する諸賢に愬う	慶應大学医学部	呉堅	35
研究	孔家と批判哲学の理論	東京帝大大学院	程衡	38
	支那の新思潮運動に関する二三の考察	東京帝大法学部	楊雲竹	46
資料	西洋留学生の決算（訳文）		椎木生	55
	民国教育制度概要			58
	長崎高等商業学校特設予科生徒募集要項			66
学欄				67
	中日文化事業留学生学費分配弁法（原文、訳文）			
	管理留日学生事務規定（原文、訳文）			
	留日学生監督処組織			
	教育部布告（訳文）			
	発給留学証書規定（原文）			
	特設予科規定（一高、東京高師、東京高工、広島高師、奈良女子高師、長崎高商、明治専門）			84
	陸軍士官学校入学志望者心得			90
	東亜高等予備学校、章程（華文）、沿革、評議員会			92
	日華学会紀要、寄宿舎、視察団			97
文苑	日本旅行見学の所感	早大政経学部	曹勷国	100
	関西の修学旅行	東京女子医専卒業	朱松子	103
	漢詩		袞父、漚客、夢花、汗漫生、右芹	108
	新詩		鄭沢、馬可夫、藩逸群	111

	詞曲		斯予	115
付録	留日新卒業・入学学生名表			1
	房州だより			19
編輯余録				20
第2号	**昭和2年11月20日発行**			
表紙	題字、駐日公使　注栄宝			
	図案、小室翠雲			
口絵写真	題字、日華学会会長　侯爵　細川護立			1
	孔子行教図（顧愷之筆）			2
	館山消夏団（昭和2年8月）			3
	日華学会会館			4
巻頭言				1
説苑	中国古来処謂「命」之意義（華文）		文訪蘇	2
	同訳文			9
	中華民国留学生教育の沿革		松本亀次郎	17
研究	初めて社会学を学びて	東京女子高師	王少英	28
	日本智識階級の方々へ	慶大経済学部予科生	何庭鎧	30
	中国における食糧問題と酒類	農学博士	山崎百治	33
	皮蛋（Pidan）に関する研究	農学士	王兆澄	47
	妊娠子宮内容の不完全手術による胎盤「ポリープ」		楊翠珠	57
資料欄	特設予科試験問題（一高、東京高師、東京高工、広島高師、長崎高商、明治専門）			61
	国立京師大学校組織総綱並同校校長各科部学長任命に関する件			80
	大日本帝学陸軍士官学校入学希望者須知（華文）			80
学欄	中華民国留日学生監督処布告			82
	就任挨拶、日本朝野各位	中華民国留日学生監督	徐鴻沢	93
消息欄	日華学会に来訪せる中国人士の消息			95
	東亜高等予備学校記事			100
	中国留日基督青年会の沿革及状況		張清鑑	106
	消夏団の報告		同	108
	北京学童書画展覧会			110
	国際連盟支部会の中華留日女学生招待			110
	関紫蘭女士二科展入選に就て			111

文苑	暑期中之参観保田女子青年会消夏団並登鋸山紀略		范声	112
	漢詩		袁父、心口、公賜、漚客、翊雲、朱孔沢	115
	李松の罪		楊振声著 椎木訳	117
編輯余録				120
第 3 号	**昭和 3 年 2 月 20 日発行**			
表紙	題字、駐日公使　汪栄宝			
	装幀、小室翠雲			
口絵写真	(1) 題字、胡適			
	(2) 孔子行数図、顧愷之筆			
	(3) 題字、黄琬（福建教育庁長）			
	(4) 中華女子寄宿舎懇親会			
巻頭言				1
説苑	吾人応宣伝中国文化（華文）		李文権	2
	元始儒教之宣伝（華文）		塩見平之助	6
	日本国民性と切腹に就て	早大政経学部	黄石公	13
	最近の時代相		林東峯	19
	本然の面目に反れ（隣邦留東の士に呈す）		村上徳太郎	23
研究	中華民国留学生教育の沿革（其の二）		松本亀次郎	28
	中華留学生と明治大学	於明大研究室	師尾源蔵	34
	先天的総合判断は如何にして可能なりや？	東大文学部大学院	程衡	43
学欄	新訂中華民国各省派遣留日学生規程			50
	各高等専門学校中国学生募集要項			62
	対支文化事業の概要		外務省文化事業部	65
消息欄	中華民国教育視察旅行記	東亜高等予備学校学藍	三輪田輪三	81
	中華女子寄宿舎主催中日学生懇親会			83
	第一高等学校特設予科入学生発表			84
	長崎高等商業留日中華民国学生同窓会（華文）			85
	日華学会に来訪せる中国人士の消息			88
	本邦渡来外国人旅客趨勢			5

資料編

文苑	高校生活		呉堅	90
	堀江帰一博士逝世之感言		馬洗忱	95
	東京に来るまで		東峯	96
	漢詩			100
編輯余録				104
第4号	**昭和3年6月25日発行**			
表紙	題字、駐日公使　江栄宝			
	装幀、小室翠雲			
口絵写真	(1) 孔子行教図、顧愷之筆			
	(2) 題字、広東教育庁　許崇清			
	(3) 東京高等工業学校			
	(4) 旅行写真、塩谷博士　東京鉄道局教習処			
巻頭言				1
説苑	留日中華学生に希望す	文学博士	服部宇之吉	2
	余之中国文学観（華文）		金天羽	5
	中国視察旅行処感	東京帝大教授文学博士	塩谷温	7
	日本昔話桃太郎話材由来（華文）		塩見戈山	16
	現在日本に於ける留日中華学生予備教育我観―特設予科存立の意義	北京	高橋君平	23
	極東に於ける日華両国青年の使命	鉄道省教習所専門部	郭斌	36
研究	中華民国留学生教育の沿革（其の三）		松本亀次郎	40
	東蒙古の天然曹達	薬学博士	慶松勝左衛門	50
	民国に於ける法律思潮の研究		陶惟能	52
	極東に於ける鉄道将来の考察	東京鉄道局教習所	李徳周	57
資料学欄	新訂中華民国各省派遣留日学生規程（華文）			62
	本校に於ける中国学生教育大要並びに新設特設予科の概況		東京高等工業学校	72
消息	中華民国教育視察旅行記（続）	東京高等予備学校学監	三輪田輪三	76
	日華学会に来訪せる中国人士の消息			81
	北京に於ける日語学校		日華学会北京通信部	84
文苑	東北北海道見学旅行記	東京鉄道局教習所	田玉良	91
	告初到日本之中国留学生書（華文）		朱	95
	漢詩			97
付録	留日新卒業生・新入学生名表（昭和3年3月、5月調）			1 —27

114

編輯余録				99
第5号	**昭和3年9月25日発行**			
表紙	題字、駐日公使　江栄宝			
	図案、小室翠雲			
口絵写真	題字、蔡元培			
	孔子行教図（顧愷之筆）			
	題字、江瀚			
	東亜高等予備学校設計図			
巻頭言				1
	儒教理想感	法学博士	大川周明	3
	新日支親善問題（華文）	東京商大華語教師	常静仁	10
	漢字の渡来と其の発達		水野梅暁	14
	中華民国留学生教育の沿革（其の四）		松本亀次郎	20
	支那自治制	早大大学院	黄石公	37
	中国産業の将来		徐三善	46
	真珠（華文）		黄文澧	52
	東亜高等予備学校是甚麽学校	本校教員	椎木真一	59
	北平学界の昨今	在北平	高橋君平	66
	支那学生と日本の山水及社会相を語る		師尾源蔵	82
	本校に於ける特設予科		奈良女子高等師範学校	100
	本校特設予科に就て	東京高等師範学校教授	馬上孝太郎	104
	長崎高等商業学校　付特設予科規程			107
	新興中華留学界之学術団体			108
	各省経理員消息			110
	昭和3年度特選選抜学生		外務省文化事業部	111
日華学会記事				114
	北支教育界人物略伝		范々生	118
編輯余録				123
第6号	**昭和3年11月1日発行**			
表紙	題字、駐日公使　汪栄宝			
	図案、小室翠雲			
口絵写真	題字、江庸氏			
	姜留学生監督就任式			
	孔子行教之図　（顧愷之筆）			
	広島高等師範学校			
巻頭言				1

	支那の南と北	文学博士	中村久四郎	3
	文明の寿命		津田光造	12
	東洋の格物的精神		安岡正篤	17
	漢字の渡来と其の発達		水野梅暁	21
	孔孟老荘実為一貫弁（華文）	旅順工科大学講師	許学源	27
	日本歴史之研究（華文）	新文化学会主任	陳彬龢	29
	中日学生の団欒			37
	山左回顧録（其一）	元山東全省師範学堂総教習	内堀維文	38
	真珠（其三）（華文）		黄文澧	46
	経済上より見たる中国		王洪業	52
	就任の辞	中華民国駐日留学生監督	姜琦	61
	日本学術界の昨今（其二）			67
	布告消息			79
	姜先生略歴			80
	東亜高等予備学校卒業式			81
	中華民国駐日留学生監督処為布告			82
	留学生在学の学校より			86
	江西留学生経理処通告			88
日華学会記事				89
	本校特設予科に就て		第一高等学校	90
	第一高等学校特設予科規程			92
	漢詩			93
	介紹四角号碼検字註（華文）		陳彬龢	94
	長崎高等商業特設予科入学者			98
編輯を了りて				99
第7号	**昭和3年12月28日発行**			
表紙	図案、石井了介画			
	説明、高橋健自博士			
口絵	題字、王一亭			
	旭光照波（富士の遠望）			
	題字、犬養毅			
	写真、王正延			
	題字、汪公使			
	康未元明名画展覧会開催式記念並 に頭山満先生題字			
巻頭言				1
	年頭の辞	日華学会会長侯爵	細川護立	3
	同	文部大臣	勝田主計	5
	中華民国の前途を祝す	大連	松崎鶴雄	7
	同	熊本	岡井慎吾	10
	同		諸名家	13

	東方文化の使命	中華民国駐日公使	汪栄宝	15
	真正の教育	工学博士	青柳栄司	19
	日華共同の世界的使命		内堀維文	36
	外人の観たる支那	東亜同文書院教授	坂本義孝	42
	満州を旅して	工学博士	田中龍夫	47
	日本科学界の特質		田制佐重	52
	四部源流述（華文）		樹校	63
	日支感情の史的考察	早稲田大学教授	清水泰次	66
	読韓昌黎篇後（華文）	旅順工科大学講師	許学源	73
	革命支那の三民主義教育	北平	高橋君平	75
	一楽居漫語		今関天彭	106
	服部操先生逝く		日華学会	113
	北支那教育界人物伝略（五）	上海新文化学会	茫茫生	115
	四角号碼検字法		陳彬龢	122
	日本学術界（一年史）			139
日華学会記事				143
布告	各省公文			145
	漢詩			156
編輯後記				158
第8号	**昭和4年4月1日発行**			
表紙	図案、石井了介画			
	説明、高橋健自博士			
口絵	一、郭責喧先生題			
	二、北大運動選手、明治神宮外苑			
	三、趙宗柞先生題			
	四、東亜高等予備学校写真			
巻頭言				1
	哲学の危機	文学博士	桑木厳翼	3
	日華親善論（留学所感）		李執中	13
	科学の殉教者野口英世博士		田制素影	18
	野口英世博士（華文）	医学博士（劉信春訳）	宮島幹之助述	32
	日本正気歌緒言（華文）		内堀維文	51
	藤田一正（華文）		会津安	52
	藤田彪（華文）		青山延光	55
	和文天祥正気歌（華文）		藤田彪	57
	大連宁屋（華文）		横尾謙	59
	山左回顧録		内堀維文	66
	北京音と漢音との関係		賀来敏夫	69
	庚款補助費分配規程修訂に対する所感	留日学生監督	姜琦	76
	30年の過去と将来	大連	李文権	84

資　料　編

	唐宋元明名画展覧会記（華文）			86
	革命支那の三民主義教育（続）		高橋君平	90
	北支教育界人物			99
	周礼より見たる教化制度		桂生	100
	中華の漬物	農学士	王兆澄	107
布告				112
編輯後記	孫総理四周年記念会、豫陝甘賑災音楽舞踏会、世界の歩み			122
第9号	**昭和4年7月28日発行**			
表紙	図案、石井了介画			
口絵	一、孫総理霊堂			
	二、陳煥章先生題字			
	三、中国学術視察団			
	四、孔子行教之図			
巻頭言				1
	孔夫子の大義名分論	文学博士	宇野哲人	3
	伝教大師と支那文化	文学博士	常盤大定	6
	国際上に於ける吾人の責任	中華民国留日学生監督	姜琦	19
	清醒明瞭的日支親善問題（華文）	東京商科大学講師	常静仁	23
	文化義盟を提唱す		口田安信	26
	知識之独占与我国社会問題（華文）		陳之	35
	道徳運動の提唱		原重治	41
	物部守屋論（華文）		渋谷敬蔵	47
	藤原鎌足（華文）		横尾謙	47
	中華新文学の道		奥平定世	52
	文明と文化	山口高商	姜文涛	60
	遊芸録		高起元	72
	中華の漬物（続）	農学士	王兆澄	80
	日本軍隊軍務見学に対する所感		席煥然	83
	皮蛋に於ける諸無機成分の分布に就いて	農学士	王兆澄	86
日華学会記事				97
第10号	**昭和4年10月30日発行**			
表紙	図案、石井了介画			
口絵	張継氏題字			
	東京華僑学校発会式			
	視察団記念撮影			
	関東大震災遭難学生追悼会			
巻頭言				1

	英雄哲人に対する青年求道者の私淑	法学士	安岡正篤	3
	支那近三百年来の四大思想家	北平大学教授	胡適	20
	長崎高商特設予科新入学生			29
	亜細亜経済同盟運動を提唱す		口田安信	30
	漢詩、暮春雨後		桂里、華鶴	37
	和気清麻呂（華文）		横尾謙	38
	和気清麻呂伝賛（華文）		安積覚	43
	中華民国に於ける産業組合運動	農学士	劉信春	44
	菅原清公	大東文化学院	福田福一郎	60
	北平に於ける大学校（紹介）		茫茫生	78
	北支教育界人物		同	87
	万国工業会議			89
	中華「五香」考証	農学士	王兆澄	90
	愛與血的交流		朱雲影	98
	ある夜		黄口	104
	思えば7年前の大震災		孫廣卿	105
	漢詩			108
消息	最近日本之教育			109
	東京華僑学校開学誌盛			112
雑報	視察団状況			114
	関東大震災7周年追悼会			
	東亜高等予備学校			
	本邦に於ける主なる学術団体			
	館山夏期寄宿舎の状況			
	留日学生の奇禍			
第11号	**昭和5年1月1日発行**			
口絵	1、写真　上、富士山　下、函谷関			
	2、題字　湖北省教育庁長　黄昌穀			
	3、写真　東亜高等予備学校			
	4、写真　上、万国工業会議中国側委員　下、上海復旦大学排球隊			
巻頭言				1
	庚午の年頭に本会の前途を祝す	日華学会会長侯爵	細川護立	3
	年頭所感	同仁会理事	小野得一郎	5
	太陽を旗章とする民族に望む	貴族院議員	坂西利八郎	7
	新年	中華民国留学生監督	姜琦	10
	庚午年頭の辞	東亜高等予備学校学監	三輪田輪三	11
	年頭所感	東亜高等予備学校	三戸勝亮	13

	隣邦に建設的人材出でよ	前東亜同文書院教授	清水董三	15
	中華民国の新年と日本の新年	東亜高等予備学校教頭	松本亀次郎	18
	支那の菊譜に顕るる我が白菊	支那時報社長	水野梅暁	25
	隣保関係の起源と進化	法学博士	穂積重遠	27
	秦の徐福に対する憧憬		田中逸平	33
	文天祥と藤田東湖		児玉花外	39
	中国民族の長		内堀維文	44
	菅原是善		福田福一郎	67
	支那近三百年来の四大思想家（続）	北平大学教授	胡適	79
	正月と新年行事の起源	文学士	松永速雄	87
	呉昌碩翁追薦雅会	東亜同文書院教授	山田岳陽	90
	扶桑夢（華文）	湖北省	帥雲風	100
	他郷の新年	広東省	林東峯	104
	感懐（華文）		定国	109
	神戸労働保険組合（華文）		安部磯雄 黄明訳	111
	漢詩		桂華岳	115
	復旦大学排球隊東征記（華文）		包長伝	116
雑報	日華学会主要記事			121
	万国工業会議中国側委員招待会			
	東亜予備学校落成祝賀会			
	女子寄宿舎の購入			
	南京留日同学会			
	日本学術界日誌			
第12号	**昭和5年4月10日発行**			
口絵	1、宮島大八先生題字			
	2、（上）広州市童子軍視察団			
	（下）奉天学生懇親会			
巻頭言				1
	漢代儒教の特色	文学博士	津田左右吉	3
	科学を貫いて宗教へ	工学博士	田中龍夫	22
	花血濃東亜の歌		児玉花外	32
	マキアヴァリズムの剖検		東譲三郎	39
	中日親和の要諦	東亜同文書院教授	坂本義孝	57
	我等は何を為すべきか		譚覚真	61
	日華学会の御隆盛を祝して	営口商業学校長	三田村源次	63
	「日本合作社史」之紹介与批判（華文）	東京帝大教授	東畑精一	65
	国立北京師範大学校（紹介）			71
	長崎高等商業第2学年補欠入学生			74

	東亜高等予備学校記事			75
雑報	1、留学生の軍港見学			76
	2、中川主事の中国視察			
	3、江口理事の栄誉			
	4、日華学会啓事			
	漢詩		羅翼羣、彭生	77
第13号	**昭和5年5月20日発行**			
題字口絵	黄士衡先生書			
	民国政府派遣英学生記念撮影滬上香取丸			
巻頭言				1
	東洋文化史上における仏教の地位	文学博士	高楠順次郎	3
	カイザリングの眼に映じたる支那	法学士	口田安信	10
	マキアヴェリズムの剖検（承前）		東譲三郎	27
	若き緑は燃える		児玉花外	36
	「佃作法與自作農創定法」「中欧諸国土地制度及土地政策」	九州帝大教授　農学博士	沢村康	38
	発動機快輪「秩父丸」之構造及設備	日本郵船船客課課長	永島義治	50
	留日学務改進意見書		各省留日学生経理員	60
	東洋文化を宣伝する夏期大学		海外之日本社	76
第14号	**昭和5年7月1日発行**			
題字	張之江			
口絵	1930年北平師範第14班教育参観団			
	広東ボーイスカウト徒歩旅行団			
巻頭言				1
	東洋文化史上に於ける仏教の地位	文学博士	高楠順次郎	2
	文化事業の意義に就て	外務省文化事業部第一課長	三枝茂智	10
	黄檗の開宗を論じて日華提携の真諦に及ぶ	大東文化学院教授	田中逸平	16
	現代哲学の傾向		佐藤慶二	29
	マキアヴェリズムの培検（承前）		東譲三郎	38
	朝鮮産「薬酒」「濁酒」と支那産「紹興酒」との関係	農学博士	山崎百治	49
	留日「時代相」雑感		譚覚真	53
	夏の南北長吟短唱		児玉花外	56
	看花口占寄京友（五首）		逸廬	62
	飛行家となる近道、御国飛行学校			62
	明治大学に於ける中華学生		師尾源蔵	63

	広東童子軍全中国徒歩旅行隊記實(華文)		帥雲風	66
	極東選手権競技大会			70
	渡日視察団の状況			71
第15号	**昭和5年8月1日発行**			
題字	張之江先生題字			
口絵	北平教育局視察団、明治大学嚶声会			
巻頭言				1
	律の三分損益法の変遷と隋志の誤		布川寿	3
	東洋文化史に於ける仏教の地位(其の三)	文学博士	高楠順次郎	17
	カイザアリンクの眼に映じたる支那（承前）	澳門	口田安信	39
	芸術の哲学的研究と芸術上の天才		池上周二	47
	科学の国支那の再見		山本鼎	51
	古史甄微（華文）	中華民国国立中央大学教授	蒙文通	60
第16号	**昭和5年9月1日発行**			
題字口絵	1、胡適先生題字			
	2、本会同人合影			
	3、上海滬江大学童子軍浙江警官学校、山内惇先生題字			
	4、中華民国平漢鉄路処長王潤貞一行立川飛行場視察記念撮影			
巻頭言				1
	十たび泰山の上に立ちて		田中逸平	3
	中華民国之農業与合作社	東京帝国大学教授・農学博士	佐藤寛次講演 劉信春訳	18
	カイザアリングの眼に映じたる支那（承前）		口田安信	23
	支那の美術に就いて		速水一孔	38
	雲と石の賦		児玉花外	70
	古史甄微（其の二）（華文）	中華民国国立中央大学教授	蒙文通	76
	滬大童子軍訪日感懐及記事（華文）		帥雲風	81
	渡日視察団の状況			86
第17号	**昭和5年10月1日発行**			
題字口絵	館山夏季消夏団記念撮影			
	関東大震災遭難学生追悼会並に陶烈君追悼会			
巻頭言				

	揚子江の魚類に就いて	東京帝国大学教授　農学博士	雨宮育作	1
	我国上古に於ける日華通交に就いて（一）		水野梅暁	18
	カイザアリングの眼に映じたる支那（承前）		口田安信	24
	東京を訪れて	朝陽大学、中国大学、女子師範大学、北平大学講師	方英正	35
	古史甄微（其の三）（華文）	中華民国国立中央大学教授	蒙文通	41
	国連与欧連（華文）		帥雲風	48
	東亜高等予備学校卒業式			50
消息	中華教育文化基金董事会			51
	新学術団体中華学芸社			54
	学報部啓事			56
	日華陸上競技会			57
	東京華僑学校			57
	関東大震災遭難学生追悼会			58
	陶烈君の追悼会			58
	館山中華消夏団			58
	監督処通告			61
	教育部布告			61
	教育部訓令			62
第18号	**昭和5年11月1日発行**			
口絵説明	東京大震災記念堂			
	中華民国仏教徒寄贈梵鐘			
	昭和5年10月15日中日学生懇親会（於教育会館）			
	中国国民党国慶祝賀会記念（於溜池三会堂）			
巻頭言				1
	国際政治の指導原理と東洋哲学		藤沢親雄	3
	我国上古に於ける日華通交に就いて（二）		水野梅暁	22
	維新志士の風格（一）		横山健堂	30
	中華民国供養大梵鐘に答うる詩		児玉花外	44
	吊霊鐘由来			46
	昭和6年特設予科生入学志願者心得		第一高等学校	48
文芸漢詩				
	病友		葛西善蔵著 譚覚真訳	49

	間歩柏崎山阿忽異常豪雨鉅風数時未巳	文学士	郭深沢	52
	鎌倉懐古、江島、日光華厳瀑布、乗汽車登日光山至中禅寺湖		黄元友	53
消息	第3回日華学会懇親会			54
	中華民国国慶記念祝賀会			54
	東亜同文会関係中華学生懇親会			55
	留日学生監督処布告			55
	日華学会寄宿舎状況			58
	学報部座談会			62
第19号	**昭和6年1月1日発行**			
口絵説明	(1) 学報子題字			
	(2) 木島桜谷氏筆　望郷			
	(3) 汪栄宝先生題字			
	(4) 劉燧昌先生題字			
	(5) 孫総理誕生慶賀会記念、山東省同郷会			
	(6) 横田明大学長中華視察記念、鉄道教習所日華学生懇話会			
巻頭言				1
	新年の辞	日華学会会長侯爵	細川護立	3
	現在思想の特質と将来に於ける展望		香原一勢	7
	支那回教と五教合同運動の一瞥		田中逸平	16
	維新志士の風格(二)		横山健堂	32
	我国上古に於ける日華通交に就いて		水野梅暁	43
文芸漢詩	東遊行		黄元友	53
	感懐、感時懐古		李治民	54
	中秋既望同鏡塘歩月		彭秋萍	54
	告別之辞(華文)		王克仁	55
	南米線新造快輪平洋丸(華文)	日本郵船公司船客課長	永島義治	57
	明大横田学長中華視察記	明治大学講師中華留学生係	師尾源蔵	60
彙報	中国教育部最近の事業報告(訳文)			65
	中華留日基督教青年会			67
	中華民国駐日同沢倶楽部			68
	山東省同郷会			69
	中華女学生招待会			69
	日華倶楽部記事			70
	東京工業大学付属工学			71

	鉄道局教習所日華学生懇話会			71
	東京工業大学生徒募集要項			72
	広島高等師範生徒募集要項			73
	日華学会寄宿舎学生表			75
第 20 号	**昭和 6 年 2 月 1 日発行**			
巻頭言				1
	国際政治の指導原理と東洋哲学其二		藤沢親雄	3
	渋沢栄一翁之人生観		黄明訳	29
	我国上古に於ける日華通交に就いて（続）		水野梅暁	32
	支那における日本研究		山崎百治	41
	「我」に反るまで		本田義成	60
	水仙花（七律四首）		李蘅皋	70
彙報	中華民国教育部最近の事業報告（二）訳文			71
	金沢通信	第四高等学校	沈学源	72
	大分通信	大分高等商業学校	蓋鍾万	73
	日華学報学生通信委員の委嘱			74
	遼西水災賑金東京華僑学校基金募集遊芸会			76
	腸チブス予防注射施行			76
	在日華学会寄宿舎学生表			77
	民国旅行者名表			79
	一高及工大特設予科入学試験合格者名表			80
第 21 号	**昭和 6 年 3 月 1 日発行**			
	考古学上より見たる東西古文化の関係（講演）	東京帝国大学助教授	原田淑人	1
資料				
	世界教育的旅行記（華文）		相沢煕著 帥雲風訳	32
	中華民国教育部最近の事業報告（三）			37
中華民国教育状況				40
	中国留学生の統計、全国高等教育概況、中国の大学教育と中学教育、北平に於ける中等以上の学校統計、北平市立民衆学校、民衆学校弁法大綱			

漢詩				49
学事				
学生募集要項	東京商科大学中華民国特別生入学試験要項			50
	長崎高商特設予科第二学年補欠募集			50
	奈良女子高師特設予科生徒募集(付特設予科規定)			52
特設予科入学試験問題	第一高等学校特設予科			56
	東京工業大学特設予科			58
	明治専門学校第2学年編入試験			60
消息				
	第八高等学校之沿革及其現状	第八高等学校	朱慶儒	63
	京都	京都帝国大学	易希陶	64
	仙台	仙台高等工業	劉雲山	65
	赴米田實博士教授、同夫人招待明大中国卒業生宴会代表諸同学致詞	明治大学	李治民	66
	神戸の一日（昭和5年12月30日旅行日記より）	東京高等師範	隆長卿	67
	文部督学官一行の民国教育視察			69
	学生寄宿舎省別表			71
第22号	**昭和6年4月1日発行**			
	日本の女子教育の特質		香原一勢	1
	我国上古に於ける日華通交について（続）		水野梅暁	14
	上生下生の問題		布川寿	46
	世界教育旅行記　二（華文）		相沢熙著 帥雲風訳	51
民国教育状況				54
	民国教育統計			
	民国社会教育の状況（1）			
	民国教育予算について（訳文）			
	蒋主席告誡全国学生書（訳文）			
	北平大学の整理			
	地方教育近訊			
	東北大学の改組			
	中国公学の接収			
	広州中山大学			
	江蘇、浙江、山東、福建、雲南、湖北、陜西、河北、青海、南京、北平			

	蒙蔵教育の教師養成			
学生募集要項	東京高等師範特設予科			71
入学試験問題				73
	長崎高等商業特設予科第2学年編入試験			
	広島高等師範特設予科			
	東京女子高等師範学校			
	日本女子大学			
入学氏名録	長崎高等商業特設予科第2学年編入者			80
	広島高等師範特設予科入学者			
	東京女子高等師範学校入学者			
	日本女子大学専門部			
	東亜高等予備学校卒業式			82
	東亜高等予備学校招募各科学生要項			88
消息	京都	京大	易希陶	90
	北海道	北海道帝大工科	何純鴻	91
	千葉	千葉医大	王烈	92
	鹿児島	鹿児島高等農林学校	王明啓	94
	第1回日華学生連合ピクニック			94
	日華学会寄宿舎学生表			96
第23号	**昭和6月5月1日発行**			
	若き日華学生の握手	東京基督教青年会総主事	斎藤惣一	1
	我国上古に於ける日華交通に就いて（続）		水野梅暁	5
	鉄道修学旅行記	鉄道教習所	周煥文	12
	九州	九州帝大	高敏	22
	若葉と亜洲の空（詩）		児玉花外	24
漢詩				
	春柳　春草		李蘅皐	26
	感懐　偶感		常静仁	27
	五首	東京高師	雲章	27
民国教育状況				
	教育部19年第4期			28
	民国社会教育の概況（続）			33
	日本官立学校学生一人一年之教育費			38
	李蘅皐先生之略歴			39
学生募集要項				
	東京鉄道局教習所専門部特設予科			40

	明治専門学校中華民国学生募集			42
	一高特設予科			45
	東京女子高等師範			46
	東亜高等予備学校招生			47
消息				
	悼陳君策華逝世	東京医専	周樹霖	49
	大阪より	浪速高等学校	朱江戸	50
	興津より	園芸試験場	陳文進	50
	「密斯」と「姑娘」北平通信			51
	日華絵画展覧会の開催			53
	日華学会寄宿舎在舎学生表			54
第24号	**昭和6月6月1日発行**			
	日本科学者之喜劇（華文）			1
	世界教育紀行三（華文）		相沢熙著 帥雲風訳	5
	本邦にて学位を得られたる隣邦の 諸士			9
民国教育状況	改正されたる専科学校規定			12
	学生制服着用の件			
	中等程度男女学生の結婚を禁ず			
	北平全市学生の学籍統計			
	鉄道教習所民国留学生入所経過概 要			18
漢詩	贈浜田武夫主事　春詠十八首		李蘅皋	26
	青島学院（紹介）			30
消息	日華女子籠球戦			33
	日華学生懇親会春季大会概況			
	日華医薬留学生談話会ピクニック			
	民国士人の来住			
	日華学会寄宿舎学生表			41
第25号	**昭和6年7月1日発行**			
日華学界之新 風景（華文）				1
	研究室的女博士			
	街頭的教授連			
	出版物的洪水			
	思想的官導			
	反宗教同盟			
	反反宗教同盟			
	世界教育的旅行記四（華文）		相沢熙著 帥雲風訳	6

民国教育状況				11
	文化基金年金			
	北京大学組織変更			
	清華研究院章程の修正			
	東北大学委員会			
	高等試験資格審査			
	西陲学術考案団			
	教育部訓令			
	吉林省教育の新気運			
	学生の休暇帰省と質屋の繁昌			
	目前此来東京時在釜山登船赴下関船中有感（漢詩）		銭魯民	21
	山口雁信	山口高師	劉翰魁	22
	天王寺便り	大阪商大	周伯棣	24
	明治専門学校中華民国学生募集			26
	今年的消夏团、中華基督教会日華学会通告			29
東亜高等予備学校				31
学生作品	昨晩の地震		湯淑吾	32
	日本留学の目的		同前人	32
	昨晩の地震		喩忠黔	33
	日本留学の目的		同	33
	日本留学の目的		胡秉正	34
	日本留学の目的		凌智	34
	浜園宿泊処見学		王南義	35
	友人		葛守光	35
	留学便り		厳賓堯	36
	雑感		孫日淋	36
	旅行		白墨君	37
	旅行		曹鈺	38
	私の貧乏の幸		尹植三	38
	東洋文化の特質に就いて		李一匡	39
	日華学会寄宿舎学生名表（昭和６年５月末現在）			41
消息				49
	中華留日学生作品展覧会			
	一高茶話会			
	閻甘団翁書画展覧会			
	日華映画の夕			
	天津美術館			

	支那語学会の成立			
	在日華学会寄宿舎学生学校別表			57
第26号	**昭和6年8月15日発行**			
	魏志に現れたる古代日本に就いて	商大学生	姜文濤	1
	中華民国に於ける蝗害と其の防除法	京大農学部	易希陶	10
	1930年日本内地人口			17
民国教育界状況				19
	教育部の事業報告			
	辺境探検に対する新提案			
	大学生活の一班（南京通信）			
東亜高等予備学校				30
	茶話会記事			
	演説の辞　同訳文	高級講読班	張雲濤	
	私の東京生活	予科第3班	趙煥章	
	日華学会常務理事の更迭			37
	東亜高等予備学校各科学生募集			38
	長崎高等商業特設予科第1学年募集要項			40
第27号	**昭和6年9月15日発行**			
	成城玉川両学園参観記	東京高師	王維常	1
	世界教育的旅行記五（華文）		相沢熙著 帥雲風訳	17
民国教育界状況				19
	北京大学と中華教育文化基金会との合款事業			
	留米学生の最近統計			
	中小学代用党義教師聘用弁法			
	一昨年及昨年各省社会教育経費統計			
	教育部編審処第37次審査会議			
	北平市専科以上学校の校長			
	清華大学三院長			
	教育改進社新董事長			
	山東教育統計			
	中華民国の陸軍大学			
	就任の辞	本会常務理事	砂田實	33
	東亜高等予備学校各科学生募集			34

消息	中華民国の水災と義賑			36
	愛知通信			39
留日学生の統計表				40
第28号	**昭和6年10月15日発行**			
	日本之県農政実績（愛知県事例）（華文）		黄明	1
民国教育界状況	教育文化基金董事会年度補助費及事業費及計画			16
	本期高等試験科目			18
	学校学年学期及休暇日期規定の修正			19
	師範大学第1第2部の合併			20
	庚款と五私立大学の補助問題			20
	中央政治学校概況（5月20日南京通信）			21
特設予科入学試験問題				26
	明治専門学校			
	長崎高等商業学校			
東亜高等予備学校				32
	在学生			
	第10回卒業式			
学生作品	東京と北平との暑さ	予3班	趙煥章	36
	夏休み	専修科	劉鴻忠	
	夏休み	同	顧徳増	
	夏休みを如何に過したか	同	胡樹桐	
	卒業生名表			
	消夏団状況			50
消息	所感	京都帝大	IST生	52
第29号	**昭和6年11月15日発行**			
	支那の建築について		伊東忠太	1
文苑	漢詩		右芹	28
	悲歌		黄明	
東亜高等予備学校				34
学生作品	中華国民	専修科	趙煥章	
	悲しき別れ	同	陳益希	
	私の希望	夜学作文買取班	胡秉正	
	卒業生名表（続前号）			

	卒業生内訳表			
	学生上級学校入学数内訳表			
民国教育界状況				47
	最近3年来の全国大学及専門学校概況			
	教育部の哀悼大会挙行通令			
	訓練総監部の軍訓方案			
	義勇軍教練綱領			
	今夏米国行留学生統計			
	芸術院			
	俄文法学院			
	中華農学会第14回年会			
	清華大学の三大工事			
	南京小学校状況			
	南京市立図書館19年度閲覧統計			
	広東省各県市教育費最近統計			
消息				71
	明治専門学校、長崎高等商業特設予科入学者			
	支那語学会の創立			
	日華学会寄宿舎在舎学生月表			
	日華学会寄宿舎在舎学生			
	渋沢栄一翁逝去			73
第30号	**昭和6年12月1日発行**			
	弔中日親善之棟梁渋沢栄一翁（華文）			1
	中国の鉄道について		周煥文	3
民国教育界状況	北平に於ける学術機関			12
	中華教育文化基金董事会			12
	社会調査所			
	高等試験の経過状況			17
	高等試験余録			24
	安陽の殷墟継続発掘			26
	平津学術団体対日連合会の活動			27
	雑信			28
	天津市の識字者			29
文苑	母上の死	早大第一高等学院	呉涵	30
	日本全国小学校教員会要訊（華文）			32
	走訪日本女子四教王記（華文）			33

東亜高等予備学校				38
学生作品	11月8日	予科第2班	謝彬	
	明治神宮参拝記	同	周拾禄	
	我々求学の目的	予科第1班	劉達人	
	秋夜の所感	同	梁文若	
	上野公園遊記	同	李敷仁	
	友に送る文	専修科	銭魯民	
	偶感	本科一期	万嘉熙	
	日本風俗論	同	鄭観利	
	法西斯蒂的国民基礎教育（華文）		パルビーノ・ヂュリヤーノ著 帥雲風訳	45
	日華学会寄宿舎在舎学生表			48
第31号	**昭和7年1月1日発行**			
写真	中華民国駐日大使　蒋作賓			
題字	新文部大臣　鳩山一郎			
	年頭の所感	外務省文化事業部長	坪上貞二	1
	新春の所感、日華の交通について		水野梅暁	2
	新春に寄す、日支学程連絡について	東亜高等学校予備学監	三輪田輪三	6
	日華学会在精神界給吾人的援助（華文）	中華留日基督教青年会総幹事	馬伯援	9
	秦氏物語	東京商大生	姜文濤	11
	東京工業大学特設予科生徒募集要項			18
	第一高等学校特設予科学生募集要項			19
民国教育界状況	学生義勇訓練弁法			20
	中学以上奨学金の設置			21
	北大学生盲目罷課反対			22
	満州各大学及留日帰国学生救済法			23
	エヂソン記念金募集			23
	八省水災被害状況			24
	昭和6年度選抜留学生省別学校表			26
	日本報徳社（華文）		黄明	27
東亜高等予備学校				
	卓球台新設と学生職員合同競技会			31

学生作品	読「日本全国小学教員会要訊」後感	予科第1班	陳東帆	32
	机の上	予科第3班	石樺	33
	私の家	同	段南奎	33
	私の家	同	林穀年	34
	私のうち	同	林鯤栄	34
	悲哀漫談	予科第1班	伝源	34
	冬の日に郷里を懐憶する	同	陳東帆	35
	随筆	専修科	陳益希	36
	進取	同	趙煥章	37
	愚公山を移す―留学生教育所感		山石槌	38
日華学会記事				43
	日華学会在舎学生表			46
32号	**昭和7年2月1日発行**			
	中国倫理思想について（一）	日本大学社会科学生	陳鴻年	1
	日本古代文学史一瞥	東京商科大学生	姜文濤	14
民国教育界状況				19
	国民教育実施方案（一）			
	中比庚款の大学論文奨金規定			
	学生義勇軍依然学生制服着用			
日本教育界				23
	学生的思想為甚麼左傾呢？（華文）			
東亜高等予備学校				27
	茶話会			
学生作品	東京	予科第3班	石樺	
	東京	予科第3班	段南奎	
	東京	予科第3班	林鯤栄	
	東京見物	予科1班	林穀年	
	日本新年の正月について	予科1班	李敷仁	
	東京工業大学特設予科生徒募集要項			33
	第一高等学校特設予科募集要項			34
	長崎高等商業特設予科第2学年補欠募集			35
	東京帝国大学農学部実科聴講生募集			36
	広島高等師範学校特設予科生徒募集			36
	東京高等師範特設予科生徒募集			37

	奈良女子高等師範特設予科生徒募集			38
付録	最近3年各校特設予科入学試験問題			
	第一高等学校			1
	東京工業大学			8
	東京高等師範学校			15
	広島高等師範学校			19
	明治専門学校			25
	長崎高等商業学校			32
第33号	**昭和7年3月1日発行**			
	中国倫理思想について（二）	日本大学社会科学生	陳鴻年	1
民国教育界状況				19
	国民教育実施方案（二）			
	国立北平大学七院長辞職			
	北京大学校長辞職			
	新任中央大学校長			
	教育費の停滞高			
	教育文化基金董事会			
	ロックフェラー財団と南開大学			
	河北省考選国外留学生暫行規程			
	河北省選抜留日学生逓補省費簡章			
	馮庸大学			
	請願団雑信			
文苑				27
	咏菊		光達	
	離東京前一日偶感三首		周煥文	
	旧詩数首	早大一高	呉涵	
東亜高等予備学校				29
学生作品	洪水	専修科	陳漢晁	
	盲目の予言者と虱捕りの女	同	陳益希	
	読書の楽しみ	同	趙煥章	
	偶感	同	陳漢晁	
	法西斯蒂的国民基礎教育（続）（華文）		バルビーノ・ヂュリャーノ著	
			帥雲風訳	32
雑彙				36
	留日学生監督処			

	浙江省経理処			
	広東省経理処			
	呉涵君の美挙			
	中華青年会			
	同沢倶楽部			
	敬悼井上準之助氏、喜多又蔵氏			26
留学生の声				37
	同沢倶楽部より			
	黄色人種の将来		C・K・生	
	在日華学会寄宿舎学生学校別表			40
第 34 号	**昭和 7 年 4 月 1 日発行**			
	対外文化運動（華文）	法学博士	三枝義智	1
	中国倫理思想に就いて（三）	日本大学社会科学生	陳鴻年	8
	法西斯蒂的国民基礎教育（続） （華文）		バルビーノ・ ヂュリャーノ 著 師雲風訳	20
文苑　（漢詩）			荘桜痴、荘桜 癡、郭沚涵、 荘玉坡	24
東亜高等予備 学校				
	新訂章程抄			26
	第 11 回卒業式			28
	第 11 回卒業生及び修了生名表			28
学生作品	日本の新年の風俗	予科第 3 班	林毅年	29
	日本の新年	同	林鯤栄	29
	私の故郷		同	30
	日華学会在舎学生卒業祝賀晩餐会			
	横浜高工、秋田鉱山卒業民国学生 内地見学旅行			32
	京都帝大卒業民国学生内地見学旅 行			34
	明治専門学校中華民国学生募集 （6 年度補欠）			35
	東京女子高等師範学校聴講生入学 試験問題			37
	在日華学会寄宿舎学生表			38
第 35 号	**昭和 7 年 6 月 1 日発行**			
口絵	留日学生遠足会、中日聯歓会、大 倉精神文化研究所			

	初夏の奈良（江浙学生旅行団）、日光神橋（吉林各界旅行団）			
	高校と大学との連絡について	九州帝大農学部	沈学源	1
	突破思想的凶暴（一）（華文）		里見岸雄著 彭生訳	4
東亜高等予備学校				16
学生作品	故国の友人に寄す	専修科1期	韓仲賢	
	私の東京に於ける生活	同	何茂宜	
	私の病気		同	
	私の家庭		同	
特設予科状況				
	特設予科会議			19
新入学者名表				22
	第一高等学校、東京工業大学、東京高等師範、広島高等師範、奈良女子高師、長崎高等商業、明治専門学校			
入学試験問題	第一高等学校、東京工業大学、東京高等師範、広島高等師範、長崎高等商業、明治専門学校			24
	ハーモニーの日（華文）		竹中繁子	36
	日華教育問題座談会			40
	日華学会学生春季遠足会			46
	支那語学会大会趣意書、会則、理事			47
布告類				50
	中華民国駐日学生監督処布告第44号、同45号、中国国民党駐東京直属支部執行委員会通知			
	日華学会寄宿舎学生表（3月）			52
第36号	**昭和7年8月1日発行**			
	突破思想的凶暴（二）（華文）		里見岸雄著 彭生訳	1
東亜高等予備学校				
学生作品	大倉山の遠足の記	専修科1期B班	何茂宜	15
	私の希望		何茂宜	15
	東京朝日新聞参観記		何茂宜	16
	日本の初夏の有様を故国の友人に報らせる文	専修科1期A班	呉植模	17

民国教育界状況				18
	本期各大学卒業生概況			
	中華教育文化基金董事会第８次年会			
	中央大学解散命令			
	教育の徹底的改造論			
	満州学生の学資免除			
	全国中小学訓育要項			
	1932 年的消夏团通告			33
特設予科生徒募集				34
	一高特設高等科補欠入学志願者心得　付　特設高等科規程			
	東京高等師範特設予科生徒募集　付　特設予科規程			
	明治専門中華民国学生募集 付　中華民国留学生予備教育規程			
	長崎高等商業学校生徒募集要項 付　中華民国留学生予備教育規程			
東亜高等予備学校概要				45
日華学会概要				50
	在日華学会寄宿舎学生別表			55
第 37 号	**昭和 7 年 10 月 1 日発行**			
	事変後の上海教育概況（翻訳）			1
	東亜高等予備学校の現況			33
	第一高等学校特設高等科補欠入学			37
	1932 年中華留学生消夏团			38
	故郷情調四首		周文煥	46
	日華学会寄宿舎在舎学生数			46
第 38 号	**昭和 7 年 12 月 1 日発行**			
口絵	東亜高等予備学校遠足団			
	突破思想的凶暴（三）(華文)		里見岸雄著 彭生訳	1
	大亜細亜主義の理論と其の哲学的根拠		揚吉祥	26
東亜高等予備学校				31
文苑	「奇跡的自剖」(華文)	東亜学校専修科	韓逋仙	37

	日華学会寄宿学生表（昭和7年11月末調）			40
特設予科補欠入学試験問題	第一高等学校特設高等科			42
	東京高等師範特設予科			
	明治専門学校			
特設予科補欠入学者	東京高師、明治専門学校			
第39号	**昭和8年2月1日発行**			
	突破思想的凶暴（完）（華文）		里見岸雄著 彭生訳	1
	友情は国境を越えて、東亜高等予備学校茶話会の記			20
東亜学校学生作品	日本の冬	専修科2期	郭景芬	27
	同	同	侯家傑	
	同	同	龔艾華	
	箱根一日旅行	同	楊永釗	
	同	同	凌智	
	同	同	楊永釗	
	同	同	羅賢	
	同	同	韓仲賢	
	同	同	郭景芳	
	同	同	黄志章	
	友達に近況を知らす	同	陳祝平	
	故内堀維文先生			35
	故李士俊君			37
	日華学生懇親会新年会			38
	元旦偶成（漢詩）		徐文達	39
	武居綾蔵氏之逝去			39
	日華学会寄宿舎学生表			40
	留学生募集要項			42
第40号	**昭和8年3月25日発行**			
写真	歓送留日卒業生大会、歓送迎新旧留日学生監督			
	再び留日学生予備教育に就いて		高橋君平	1
	日華学会歓送中国大学専門留学生卒業帰国大会席上演説辞（華文）	駐日留学生監督	黄霖生	15
	生物学的教育観（一）（華文）		福井玉夫著 光生訳	17
民国教育界状況	教育標準案			32

	福建教育庁長　鄭貞文先生			35
	新任駐日学生監督　黄霖生先生			37
	小林俊三郎氏之逝去			39
留日学務法令 規程（訳文）				
	修正留日学生監督処組織大綱			40
	監督処処務分掌規程			41
	監督処弁事細則			43
	監督処処務会議及経理員会議規程			46
	修正管理留日学生事務規程			46
	留日公費補助費生医薬費支給細則			49
	修正発給留学証書規程			50
	庚款補助留学生学費分配弁法			51
	補助費分配弁法条文疑義解釈			54
	陸海空軍留学条例			56
文苑	寄Ｓ姉（詩）		光達	58
	海辺の一日		金俊卿	58
東亜高等予備 学校				60
	対于留東学生之希望（華文）		椎木真一	
	卒業式、茶話会			
学生作品	懐感	専修２期	馬継視	
	海と山	専修３期	尤宗翰	
	ラヂオ	同	宋栄昌	
	初春	同	楊永戒	
	早春		楊永釗	
	歓送留日卒業生晩餐会			65
昭和８年度特 設予科及陸士 新入生名表				68
	一高特設高等科、東京工大付属予 備部、東京高等師範、広島高等師 範、長崎高商、陸軍士官学校			
	日華学会寄宿舎学生表			70
第41号	**昭和８年６月25日発行**			
口絵	日華学会、東亜高等予備学校主催 留学生汐干狩会			
	忙人閑話		山根石槌	1
	生物学的教育観（二）（華文）		福井玉夫著 光生訳	8
各省補費規定				33

	江蘇省選補留日官費生及補助費生暫行弁法			
	江蘇常熟県補助金暫行規程			
	浙江省派遣留学行法大綱			
	修訂浙江省選補留日補助費生暫行法			
	浙江省留日補助費生人員支配及選補順序			
	浙江省選補留日補助費生学校科目表			
	浙江省選補留日補助費生補充弁法			
	浙江省留日官費生請假弁法			
	修正安徽省費国外留学生規程			
	管理江西留学生事務規程			
	江西留日官補助費生補費弁法			
	修正湖北省政府教育庁選派公費留学生章程			
	湖北省公費留学生卒業後実習章程			
	湖北省政府教育庁東西洋留学生管理事務章程			
	湖北省公費留学生卒業帰国服務規則			
昭和８年度学校別新入生名				57
昭和８年度各校入学試験問題集				
	第一高等学校特設高等科			64
	東京工業大学付属予備部			67
	東京高等師範特設予科			69
	広島高等師範学校特設予科			73
	明治専門学校特設予科			76
	長崎高等商業学校特設予科			77
	日本陸軍士官学校			80
	日本女子大学			80
東亜高等予備学校				
	東亜高等予備学校在学生			82
	学生汐干狩会			82
学生作品	花	本科生	梁鴻富	83
	東京へ	本科生	牟新隆	84

	渡日後半年を顧みて	専2	陳光陲	85
	日本の春	専2	岳朝相	85
	日本の春	専2	徐維瑗	85
	日記一束	専1ノ1	楊凡	86
	攤破浣沙渓（詞）	専1ノ1	楊凡	87
日華学会記事				87
	在日華学会寄宿舎学生表			90
	留日学生消夏団通告			92
第42号	**昭和8年8月1日発行**			
	日本の文化的使命	外務書記官法学博士	三枝茂智	1
東亜学校				10
	評議員会			
	茶話会			
	入学要項（8，9月学期）			
生徒作品	東遊漫談	専2	訳家恪	
	夏	同	王来梅	
	山水の情趣	専1	汪履冰	
	中華教育文化基金事会			15
中華民国教育部頒布国外留学生規程				16
各省補費規定（二）				23
	湖南省留日公費生暫行規程			
	四川選補及管理留日官費生暫行弁法			
	福建教育庁選派公費留学生規程審査修正			
	修正広東駐日留学生経理処事務規程			
	修正広東留日省費生補費弁法			
	広西省費留学国外学生暫行規程			
	河北省選補留日省費学生規程			
	陝西省留日学生序補公費及補助費暫行規程			
	初度訪富士（華文）		韓逋仙	43
詩	懐郷		朱慶儒	50
	京大入学時寄妹		同	
	雪晩		同	
	別恩師河合先生		同	
	館山消夏団			50

	日華学会在舎学生表			48
第43号	**昭和8年10月1日発行**			
口絵	消夏団海水浴写真、汪公使遺像			
	生物学的教育観（三）（華文）		福井玉夫著 光生訳	1
	支那訳の日本書籍目録		実藤恵秀	14
付録	四庫全書選印に就いて（訳文）		袁同礼、向達	40
	中央図書館備口処と商務印書館との契約			44
	故宮博物院理事会修正の原文			46
	文津閣校勘に関する例案（吏部移会、都察院移会）			46
	修正広東省選派留学外国学生暫行規程			50
留日学生状況	一、留日学生省別年度別員数表			51
	二、学校類別員数表			
	三、研究科目表			
	四、特別予備学生内訳表			
	五、留日学生学費別表（八年度）			
	六、最近五年学費別表			
	七、研究科目内訳表			
	八、留日学生在留地方別表			
東亜学校				58
	袞父汪公使を悼む			59
	柯鳳孫先生を悼む			
	四庫影印追記			
	1933年の留学生消夏団			62
	中華留日ピンポ球隊章程			67
日華学会記事				69
	管理中英庚款董事会の留英公費生募集			71
	日華学会寄宿舎学生表			75
第44号	**昭和8年12月25日発行**			
題字	中華民国駐日公使　蔣作賓閣下			
	日本外務大臣　広田弘毅閣下			
	満州国国務総理　鄭孝胥閣下			
口絵	東亜学校学生遠足会			
	日本の文学		菊池寛	1
	生物学的教育観（四）（華文）		福井玉夫著 光生訳	10
中国教育				

	学制に関する諸規程			30
	専科以上学校諸表			37
	天津に於ける中学受験状況			43
	北平市民衆学校調査			47
	一高特設高等科入学志願者心得			51
	幼児の想像について	東京女高師	章玉美	52
	旅行雑感		荘禹霊	54
東亜学校				
	秋季遠足会			57
学生作品	病気の苦しみ	専修科２の２	姚大本	58
	旅行	専修科２の２	黄泰錦	
	日光遊記	本科	王一青、夏伝汾、梁鴻富	58
文苑	苔岑会啓事		徐光達	56
	焚影曲　和Ｓ姉原韻　付録　Ｓ姉原韻　寄Ｓ姉釈疑		Ｋ・Ｔ	64
	渋沢栄一翁の銅像を仰ぎて	本会常務理事	砂田実	64
	故汪栄宝先生追悼会			65
	董康先生講演会			65
学会記事				67
学生監督処布告				69
	在日華学会寄宿舎学生表			72
第 45 号	**昭和 9 年 2 月 15 日発行**			
	学理和実際的関係（華文）		大島居寄三著　展雲訳	1
	日光の今昔		松本亀次郎	11
	楊家駱著『図書年鑑』について		実藤実秀	25
	スパルタ的及アテナ的教育	東京高師文科	曹先錕	32
東亜学校				
学生作品	雪	専修科第３期	李祥麟	37
	雪	同	徐維瑗	37
	冬	同	楊哲民	38
	懐感	同	徐維瑗	39
留日学生各校入学心得	序			40
	文部省直轄学校外国人特別入学規程			42
	京都帝大			43
	一高特設高等科			46
	東京工大付属予備部			47

	東京高師			49
	広島高師			51
	長崎高商			53
	明治専門			56
	山口高商			57
	東京商大			58
	早大専門部			59
	東京慈恵医大			60
	女子美術			61
満州国国内外留学生募集について				61
	文教部派遣留学生受験要領			62
	満州国特派師範学校留学生			64
	江西剣声中学災区学生救済計画大綱			65
学会記事				72
	在日華学会寄宿舎学生表			74
第46号	**昭和9年6月25日発行**			
口絵	新旧監督歓送迎会			
	暨南大学及北平師範大学参観団記念撮影			
	弁理留東学務的基本条件（華文）	駐日留学生監督	周憲文	1
	周憲文先生略歴			2
	留学生諸君に望む	外務省文化事業部	小林隆助	4
	郷村工作の一部	中華留日基督教青年会総幹事	馬伯援	7
	中華民国留日学生美術展覧会			10
	巴黎大学中国学院概況（報告）	巴黎大学中国学院政府代表代理	劉厚	11
	中華教育文化基金科学研究補助金			19
	中国専科以上学生統計			21
東亜学校				22
	第15回卒業式、卒業生名表、謝辞、茶話会、留学生潮干狩			
学生作品	桜	本科第1期	蔣碩傑	6
東亜学校学生諸統計				26
	1　省別表			
	2　志望学校別表			
	3　各班在籍人員			

	4　出身学歴別数			
	5　出身省別			
	6　入学志望学校			
	7　8年4月上級学校入学数			
	8　9年4月上級学校入学数			
特設予科新入学生名表（昭和9年4月）				32
	一高、東京工大、東京高師、広島高師、明治専門、長崎高師、東京商大、慶大予科、東京医専、東京女子医専、日本女子大学、陸士			
文化視察団の激増	江蘇教育視察団			38
	満州医大			
	北満訪日団			
	中華児童教育社			
	南京市私立中学校長			
	清華大学			
	北京大学経済学系			
	暨南大学			
	杭州師範			
	満州天台仏教団			
	広東中山大学			
	北平師範大学			
	南通学院農科			
	安徽省国外留学公費生章程			46
	湖北省国外留学章程			51
	日華学会寄宿在舎学生表			62
	留学生消夏団通告			64
第47号	**昭和9年9月15日発行**			
口絵	一、周作人氏題字　二、周徐劉王諸氏歓迎記念撮影　三、消夏団記念撮影			
	「太平記」に現われたる日本精神論	広島高師史法科3年	陳国珠	1
	二胡について		蔣風之	13
中華民国大学及専科学校概要				15

	沿革—国立大学、省立大学、私立大学、私立独立学院、専科学校（国立、省立、公立、私立）			
	全国専科以上学校分布状況			
	全国専科以上学校各年卒業人数表			
	全国専科以上学生年齢表			
	全国専科以上学生成績統計—大学、独立学院、専科学校			
	少小不努力老大徒傷悲　（詩）			33
来東文化視察要録				34
雑彙				38
	祭孔要聞			
	周作人、徐祖正両氏来遊			
	中華旅日作家十人展			
	中華民国にて選派する満州留学生			
	長崎高商特予募集			39
	日華学会寄宿在舎学生表			40
第48号	**昭和9年12月15日発行**			
口絵	東亜学校秋季遠足会			
	中華留学生運動会			
	日華図書館の必要	早稲田大学	実藤恵秀	1
	プラトンのリパブリックを読んで	広島高師	陳国珠	5
留日学生現況				14
	（一）留日学生省別年度別表			
	（二）学校類別表			
	（三）研究科目別表			
	（四）特別予備学生内訳表			
	（五）学費別表			
	（六）最近六年学費別表			
	（七）研究科目内訳表			
	（八）在留地方別表			
東亜高等予備学校	各種表五件			21
	秋季遠足会の記		高仲生	24
学生作品	箱根旅行記	本科第2期	王兆瑞	27
来東文化観察者状況				29
留日学務要訊				33
	中華民国駐日学生監督処布告			

	満州国第3次補助留学生選抜考試要項			
	満州国学生日本陸軍士官学校入学志望心得案			
満州帝国留日学生諸表	1　国籍仮登録票			38
	2　性別表			
	3　籍貫表			
	4　年齢表			
	5　学費別表			
	6　処習学科別表			
	7　在籍学校表			
	8　在住地別表			
	9　卒業予定年表			
留学生募集要項				44
	一高特設高等科			
	東京工大付属予備部			
	中華留学生秋季運動大会			47
	王一亭氏の義挙			48
	日華学在舎学生表			50
文苑	函嶺行句抄	東亜学校	高仲、高圓	52
	日華学会役員移動			23
付録	昭和9年度各校入学試験問題			
第49号	**昭和9年12月20日発行**			
	各校入学試験問題集			
昭和9年度各校入学試験問題	一高特設高等科			1
	東京工大付属予備部			3
	東京高師特設予科			6
	広島高師特設予科			8
	東京商大専門部、予科			10
	長崎高商特設予科			11
	明治専門特設予科2年編入			12
	陸軍士官学校			14
	日本女子大学			15
	東京女子医専			16
満州国文教部補給生選抜試験問題（昭和9年2月）	高専留学、中等留学			18

昭和８年度各校入学試験問題	一高特設高等科			22
	東京工大付属予備部			25
	東京高師特設予科			27
	東京高師補欠入学			29
	広島高師特設予科			31
	明治専門特設予科２年編入			34
	長崎高商特設予科２年編入			35
	陸軍士官学校			38
	日本女子大学			38
留学生募集要項（10年度）	一高特設高等科			40
	東京工大付属予備部			41
	陸軍士官学校			43
第50号	**昭和10年3月20日発行**			
口絵	文部大臣題字			
	日華協会晩餐会			
	鉄道教習所留学生懇親会			
	上海華東基督教教育会視察団			
	中華閩南日本職業視察団			
	本会事業の現況	日華学会常務理事	砂田実	1
	江南の経済史的考察	早稲田大学教授	清水泰次	4
	中華留学生の入学に就き日本教育当局に望む		張清鑑	28
	従日本文化説到中国文化（華文）		會今可	31
	日本語学習の十則	東亜学校教頭	山根藤七	33
中国教育界	支那の外国留学と大学院		任鴻雋	36
	義務教育普及案と庚款	大夏大学副校長	欧元懐	38
	高等教育の改善について			39
	中英庚款			43
	天津留日同学会連歓会			43
来東文化視察状況				46
	鉄道教習所学生懇親会			47
	日華協会晩餐会			47
	中日仏教学会（華文）			48
留日学生募集要項				51
	一高、東京工大、東京高師、広島高師、奈良女高師、長崎高商、明治専門、東京商大、東京女子医専、早大法学部、陸軍士官学校			

漢詩	乙亥元旦	竹鄰庵主人	礼後子	
	桜花四絶序	東亜学校	李杏宜	32
	東京の生活	東亜学校	張楡芳	30
	陸士新入生名表			30
	日華学会在舎留学生表			44
	中華留学生秋季運動大会			53
第51号	**昭和10年5月20日発行**			
口絵	留日卒業学生送別会			
	浙江省立医薬専学生団			
	顧亭林先生の故郷			
	文芸と人生		鶴見祐輔	1
	顧亭林先生の故郷を訪う		清水泰次	12
	支那語の哲学		高田集蔵	15
	日支女子大学生の比較	九州帝大法学部卒業	朱毅如	20
	従日本文化説到中国教育（華文）		會今可	23
日本高等教育諸統計				24
	1, 高等諸学校数			
	2, 高等学校数			
	3, 官公私立大学学部数			
	4, 公私立大学教員数			
	5, 公私立高等学校教員数			
	6, 公私立大学予科教員数			
	7, 公私立専門学校教員数			
	8, 高等諸学校学生数			
留日学生新入学概況				31
	東京帝大、東京工大、一高、東京文理大、東京高師、東京女高師、東京商科大学、慶応大学、早稲田大学、明治大学、法政大学、日本大学、専修大学、中大、陸士、日本女子大、東京女子医、帝国女子医薬専、東洋歯科、帝国女子専			
	東亜学校学生年次別表			37
留日卒業学生送別会	付　留日卒業学生名表			37
	日華学会東亜学校潮干狩			43
中華教育界				
	中華民国の学位授与法			44
	第3次英国留学公費生の考選			45

	湯島聖堂の復興と儒道大会			47
来東文化視察状況				47
文苑	似中満両国留学生		竹鄰庵高田集蔵	54
	贈竹鄰庵主人		東　史	56
	覆剣南集		弾赦	46
	我国（満州）の住宅の改良について	日本女子大家政学部	于博敏	56
	僕等の恋愛観		東亜学校学生	57
創作	嘗瞻		漁帆	61
	昭和10年度東京工大付属予備部入学許可者氏名			65
	昭和10年度一高特設高等科入学者氏名			65
	日華学会在舎留学生表			66
第52号	**昭和10年8月30日発行**			
口絵写真	中華民国大使館茶会、北平工学院視察団、北平師大学生と一高校長、潮干狩記念			
	国際法上外交使節的地位（華文）		一林	1
	支那語の哲学（二）		高田集蔵	9
中国教育界				14
	各大学の募集定員の制限			15
	24年度教育補助費			16
	中央研究院評議員			17
	満州留学生の西洋留学			18
	修正卒業会考規程			19
	輔仁大学の中国語言研究近況			25
庚款文化事業				
	第3回留英公費生の考選			26
	中国の実習学生の英国派遣			26
	中美庚款会			26
	中華文教基金会の減収と緊縮			27
	中華文教基金会と義務教育経費補助案			28
	中徳文化事業選派赴徳交換研究学生簡章			28
留学関係	自費日本留学生の学費に関する規程			30
	察哈爾省の留学生			30

	昭和 10 年度文化選抜生			29
	在日華学会寄宿舎学生表			31
	潮干狩			8
東亜学校	在学生統計表			32
	東亜学校卒業茶話会			33
	東亜学校卒業修了者数			33
	卒業生答辞	専修科卒業生	孫勉之	34
	東亜学校を去る感想		孫文雪	35
	山井理事来東、松本亀次郎先生古希			35
来東文化視察団				36
	中国薬学大辞典の特色紹介			42
文苑	題画		弾赦	43
	題甑濤閣		東史	43
	鶴峰松本先生古希寿筵			
	聴郭沫若先生易談記感、其他九首		高田礼後	43
	悼聶守信君　付　聶耳小伝			45
	悼郭可鏁君			14
	中華民国留学生消夏団通告			46
付録、中華民国各省留学新規程				1
	広西省公費留学国外学生暫行規程			2
	山西省考選国外留学生弁法			7
	湖南省考送国外公費留学生章程			9
	湖南省国外留学自費生奨学金章程			14
	浙江省修正規程、駐日留学生監督処布告			15
	浙江省修正選補留日津貼補助生暫行弁法			16
	浙江省留日津貼生定員分配及選定順序			16
	浙江省選定留日津貼生校別及科別表			16
	山東省修正選補国外留学奨学金補助費生暫行弁法			16
	安徽省修正規程			24
	安徽省専科以上学校清寒優秀学生助学貸金章程			25
	陝西省修正規程			27

	陝西省留学生の公費及補助費補欠暫行規程			28
	江蘇省教育庁選補留日官費生及津貼生暫行弁法			30
日華学報合本第5号目次	自 第40号8年4月 至50号10年3月			(末6)
第53号	**昭和10年12月20日発行**			
口絵題字	鄒魯先生、何基鴻先生			
	日本文化の特徴		長谷川如是閑	1
	梁啓超の予言		実藤恵秀	12
	日本語の中の外来語		魚返善雄	23
留日学生の激増と現状				39
	昭和10年6月現在留学生学校別表			
	留日学生省別年度別員数表			
	学校類別員数表			
	研究科目別表			
	予備学生内訳表			
	留日学生学費別表			
	留日学生費別表			
	研究科目内訳表			
	留日学生在留地方別表			
東亜学校	秋期新渡来者状況			57
	在籍学生数			
	省別表			
	学歴表			
	入学志望学校表			
	各年度在学数表			
中国の教育界	最近6年中華民国国外留学生統計―留学国別表、費用表、23年度費用内訳、科別表、性別表			62
	国立北洋工学院の新入生			65
	清華大学の公費留米学生			
	清華大学公費留米実習生			
	任新任四川大学校長			
	中国科学社20周年記念会			
	中華学芸社年会			
	広東学海書院			
	三大学新聞学部の合併			
	簡字の普及			73

資　料　編

	河北教育庁長何基鴻先生		范生	75
	河北省教育行政			76
	河北省専科以上学校学生奨学金法			77
学務規程	浙江省日自費生奨学金暫行弁法			78
	湖南省日奨学金申請書類に関する教育庁通告			81
	湖北省学金章程に関する通告			81
	江蘇省留学費の停止			83
	駐日学生監督処布告			83
詩壇			郭虚中、弾赦、東史、尤炳圻、李用中	84
	東亜学校創立10周年記念園遊会			86
留学生募集要項	一高特設高等科			88
	東京工大附属予備部			
	中英庚款第4期留英公費生募集			91
	日華学会在舎学生表			91
	東亜寮落成			91
第54号	昭和11年2月20日発行			
題字	嘉納治五郎先生			
写真	駐日学生監督処員			
	鄒平県実験区の概況		木村重充	1
	武士道より見たる日本精神		陳国珠	14
	悼丁文江先生			28
中国教育界	五全大会宣言			29
	北洋工学院の沿革			
	中英庚款			
	綏遠省の教育概況			
	中国高等教育概況			48
	新任留学生監督陳次溥先生略歴			33
留学生状況	在京留学生学校別人員表			34
東亜学校				39
	在籍学生数			
	本国に於ける出身学校表			
	上級学校入学表			
	鉄道教習所留学生懇話会			46
	中華民国の人口			48
文苑	七懐		弾赦	49
	題後楽園図　他二首		東史	
			高田礼後	

	詩　七古		趙琦	
	集諺対連序		郭東史	
来東文化視察状況				51
	中華留日青年会の焼失			58
留学生募集要項	一高特設高等科、東工大付属予備部			60
第 55 号	**昭和 11 年 3 月 30 日発行**			
題字	許大使閣下			
写真	東亜学校 10 周年記念会			
	江蘇童子軍考察団			
	鉄道留学生謝恩会			
	日本外来語の歴史と来源		魚返善雄	1
	近代中国の儒教救国運動		譚覚真	19
	民国に於ける国語教科書の検討		木村重充	24
中国教育界				
	水利実習留学生			31
	各庚款機関の義務教育補助費			33
	中比庚款委員会			34
	山東省中学卒業会考			18
	南開学校重慶分校			59
	留学生の国際結婚禁止			59
	一高及工大本年度新入生			35
東亜学校	10 周年記念会			37
	東亜学校沿革概評			38
	東亜学校高等科規則概要			42
	付　奨学金支給規程			43
	国際学友会館の成立			
	日華学生懇話会			44
	鉄道教習所卒業生謝恩会（付学生代表挨拶）			45
中華民国駐日本留学生監督処布告集録	布告第 1 号～第 13 号			47
文苑	寄懐勁賢武昌		弾赦	
	寄東史并東青厓先生		同上	
	贈袖海先生		東史	
	吉野観梅六十韻		趙琦	
	梅渓曲		同上	55
来東文化視察状況				57

資 料 編

	『金』	東亜学校学生	張義烈	60
	敬悼　山本条太郎先生			30
第56号	昭和11年6月30日発行			
	漢籍文献批判に於けるガールグレン教授の業績		岩村忍	1
	中国文化復興大義十六則		江亢虎	82
	最近の中国文壇		木村重充	13
	広西農村建設試弁区工作紀要（華文）		黄明	43
	春期に於ける留学生の移動状況		本部調査	51
東亜学校	在籍数、省別表			70
	選抜補費日語試験			
来東文化視察精況				72
	英庚款董事会鉄実両部借款案			78
中国教育界	西北大学開設計画			78
	陝西省未教育児童			
	学費免除制度			
	清華大学の長沙分校			
	満州学生の留学試験			
	動物園交歓			
	満州医大旅行団			
	悼鮑伝綱君			81
第57号	昭和11年8月15日発行			
口絵	上海教育局小学教育視察団			
	本会新館四図			
	東方文化の復興		江亢虎	1
	「言語学」と「言文学」		魚返善雄	10
	カールグレンの支那言語学方法論		岩村忍抄訳	19
	支那語文に関するカールグレンの労作とその訳書に就いて		魚返善雄	26
	四年来日本農村経済更正之施設（華文）	農林省経済更正部長農学博士	小平権一	40
中国教育界	中英庚款			52
	文化基金会年会			52
	中央研究員の奨学金			52
	図書館協会と図書館総目録			53
	清華大学二十五周年			53
	清華大学農学院			54
	北平大学来年度教授名表			54
	四川大学近況			55

156

	中華自然科学社		56
	中国科学社年会　付同会設立沿革		56
	失業大学生の救済の計画、同就業訓導班		60
	模範中等職業学校の計画		62
	貧困学生の免費及公費学額の設置		62
	会考試験問題（天津、高中、初中、師範）		66
	中小学生卒業会考暫行規程		72
	東北青年救済処の拡張		73
	章太炎先生逝去		79
	二億の文盲		79
	燕京大学校務長司徒雷登博士略伝		74
来東文化視察状況			76
東亜学校	第23回卒業式、答辞（高級班総代伝俊儀、専修科第3期総代王晨星）		80
	第1回留学生産業組合講習会		82
	支那語支那時文速成講習会		83
	留日学生銷夏団の開設		25
	留日学生銷夏団		84
漢詩	寄懐中国文学研究会同人	東史	18
第58号	**昭和10年11月20日発行**		
口絵	呉文藻博士氷心女史歓迎会		
	北平教育文化記者協会参観団		
	北京大学理学院見学団		
	新築東亜寮		
	中国の日本留学史稿（一）	実藤恵秀	1
	日本外来語の語音と変化	魚返善雄	5
	日本語教授界の概況		44
東亜学校	在籍学生数、学生省別数、学期別在籍数		50
	中華留日学生連合会の成立		51
付録	中華留日学生連合会章程		54
	呉文藻博士氷心女史歓迎茶会		56
中国教育界			
	天津会考の結果		57
	北京大学新入学生		57
	清華大学新入学生		58
	北京大学名誉教授		58

	平大五院教授名単			59
	北平研究院七週年記念会			60
	中国科学社七団体連合会年会			61
	南開大学 32 周年記念			61
	東北大学の西安分校			62
	就業訓導班			62
	師大の労師訓練班			63
	大学卒業生の訓練			63
	大公報の奨学制度設置			64
	冀察教育庁学費免減額弁法			64
庚款	中英庚款			66
	第 5 回留英公費生			67
	清華留米公費生			67
来東文化視察状況				69
	塑像家金学成君			74
	哀惜魯迅先生			68
	魯迅先生追悼大会			77
	支那語支那時文講習会			75
	東方文化講演会			75
	中華民国留学生監督処移転			77
	日華学会在舎学生表			77
	敬悼柏原文太郎先生、河野久太郎先生			76
	法政大学日語学科			76
	有田外相の本会事業視察			4
付録	昭和 11 年度特設予科　留学生入学試験問題			
	一高特設高等科			1
	東京工大付属予備部			3
	広島高師特設予科			6
	東京商大予科専門部			8
	長崎高商特設予科			10
	明治専門特設予科			11
	陸軍士官学校中華部			14
	陸軍士官学校満州部			15
	東鉄教習所特設予科			17
	慶応義塾大学予科			18
	早稲田大学専門部			20
	日本女子大学			20
第 59 号	**昭和 11 年 12 月 25 日発行**			

口絵	東亜学校上級学生訓育遠足会			
	中国の日本留学史稿（二）		実藤恵秀	1
日本文化	現代日本文壇概観		佐藤春夫	22
	世界経済の現段階と日本		高橋亀吉	27
	現在日本の政治的動向		川原次吉郎	36
	東亜学校見学旅行記		高仲善二	42
東亜学校 在校生統計	学級別人員、学生省別人員、学生学歴別人員、学生年齢別人員、学生入学志望学校表、志望科別表			45
学生作品	日本語を学ぶに就いて	第3期	張岑	51
	我が留学の抱負	同	崔恒諧	
	秋の散歩	同	趙則龍	
	秋季見学旅行随筆	同	葉養民	
	鎌倉に旅行して	同	宋越倫	
	鎌倉に旅行して	同	胡汝新	
中国教育界				
国外留学	留学生公自費及其科別			57
	留学生の費別			58
	国外留学生国別内訳表			58
	留日自費生と留学証書			59
	湖南省の国外留学生			59
	東北青年教育処			60
国内教育	独立学院の分科概況			60
	高等教育各科卒業生			63
	専兼任教員の増減			63
	学術機関及団体状況			63
	中華学芸社20周年記念			64
	中国学院			66
	量才奨学基金団研究生			66
	青海学生上海留学			67
	西康学生上海に来る			68
	苗夷学生の優待			69
	専科以上の新入生統計			69
	各省市私塾収費改良の比較			69
	東北勤苦学生補助弁法			70
	上海の中華留日同学舎			44
	中央庚款			71
	中英庚款会と京贛鉄路			71
中華民国教育概況				72

	全国初等教育、中等教育、高等教育、社会教育、蒙蔵教育、其他			
招生	一高特設高等科入学心得			84
	東京工業大学付属予備部			85
昭和11年6月現在留日学生諸統計	学校別中満学生表			86
	学校類別員数表			87
	留日学生省別年度別員数表			88
	研究科目別表			90
	特別予備学生内訳表			90
	留日学生学費別表			91
	最近8年留日学生学費別表			92
	研究科目内訳表			92
	留日学生在留地方別表			93
第60号				
	中国人日本留学史稿（三）	早高教授	実藤恵秀	1
	東行日記を読む	慶大教授医学博士	藤浪剛一	14
東亜学校	卒業式			21
	昭和11年12月現在の諸表（学級別、省別、学歴、年齢、入学志望学校、志望学科）　昭和12年2月末現在の諸表　（学級別、省別）、学監交迭			
学生作品	私の書籍観	第3期	周大勇	29
	お月見に因んで	同	梁景熹	30
	農業と工業	高等科	呉元坎	31
	歴史について	同	韓清健	32
留日学会	留学生の資格問題			33
	陝甘留学生の救済			35
	日華学会在舎学生表			46
	中華留日学生史談片（銭稲孫氏談）			80
庚款文化				
	中英庚款　留英学生、史地教科書の募集、庚款会、鉄道部留学生、西北教育の補助、芸術の倡導			35
	留仏公費生			38
	中波文化会			39
	中外文化協会			39
	留米学生の学位			39
中国学界				
	中国哲学会年会			40

	中国社会学会			40
	中国心理学会			40
	西方語文学会			41
	中華学芸社新役員			41
	大公報科学奨金章程			41
	失学民衆の補習教育			42
	広西の中等教育			44
	上海市中学師範の卒業会考			44
	山東省会考の結果			45
	東北学生			45
	東北大学の善後弁法			45
	東北青年の公費留学			46
	冀東留日学生			46
	中等教育統計			80
	その後の楊家駱氏		実藤恵秀	47
	第三高等学校第一夜の回顧		伝広茂	50
来東文化視察状況	昭和11年10月8日～12年3月10日			52
	修正安徽省自費国外留学奨学金章程（25年8月公布）			56
	江蘇省留学国外自費生奨学金暫行弁法（25年8月）			59
	修正湖南省国外留学自費生奨学金章程（25年10月）			62
	中華民国修正小学規程（25年7月24日公布）			64
	満州国留学生規定（康徳3年9月17日勅令第143号）			74
日華学報合本第6号目次	自第51号10年6月至第58号			付録
第61号	**昭和12年3月31日発行**			
	中国人日本留学史稿（四） 付録　日中両国の西洋事始比較表	早高教授	実藤恵秀	1
	日本の華語教育界、華語教授の感想と希望			31
東亜学校				46
	学級別表、出身省別表、学歴表、入学志望学校表、在籍人員表、東亜学校学則			

中華民国公私立専科以上学校一覧表				
	全国大学一覧表			57
	全国独立学院一覧表			63
	全国専科学校一覧表			66
	全国専科以上学校分布表			70
	工大と一高新入学生名表			45, 56
中国教育界				
	中国教育学会			71
	世界教育会議出席問題			71
	地質学会			72
	中国合作学社			72
	北洋工学院陝西分校			72
	四川大学			73
	教育統計			73
	全国初等教育概況			73
	中学の教育時間と試験準備			74
	河南省学校統計			75
	江蘇省の文盲数と其の粛正計画			75
	河南省教育庁の国内研究生奨励			77
	広東教育概況			78
	広東省の留学生弁法			80
庚款文化				82
	中英庚款と史跡保存			
	中白庚款会			
	中波文化協会			
	中外文化協会と中芬文化			
中華民国駐日本留学生監督処布告	第19号、20号、21号、22号、23号（付訳文）			85
第62号	**昭和12年7月10日発行**			
	中華民国留学生消夏団通告			
口絵	張之洞			
	中野寄宿舎茶会			
	平和寮二寮			
	中国人日本留学史稿（五）	早高教授	実藤恵秀	1
	日語教授法の中国化と華語教授の日本化	大正大学教授	永持徳一	19

	日本文化の研究課題		譚覚真	23
東亜学校	卒業式―答辞（洪永安）、潮干狩記（高仲）			30
統計	一、学級別表、二、省別表、三、学歴表、四、年齢表、五、志望学校表			79
留学学務	公費留学生の許可制			33
	陝西省考送国外公費生			
	河南省の公費留学生			
監督処布告	28号、留日卒業後の資格証明 29号、軍事委員会留学生調査 30号、留日の学校及び科目制度			34
本春新入学生名表	工大予備部の追加入学、長崎高商特設予科、陸軍士官学校			39
	鉄道教習所第12期留学生謝恩会			40
	明大の支那留学生表			41
	東大医学部留学生会章程			41
	日華学会在舎学生			54
	東亜学校学則変更			65
	留日航空学生			65
	一高特設予科の生徒募集			65
	中野寄宿舎舎監更迭			29
	平和寮開設			32
文苑	紀春詩		郭東吏	
	潮干狩句屑		高仲、高円	43
	敬悼阿部房次郎先生			29
庚款文化				44
	中英庚款と国内固有文化の保存			
	中英庚款董事会			
	委員会、温渓造紙廠発起人会と章程			
	辺睡教育			
	西北教育			
	京贛鉄道			
	中華教育文化基金会第13回年会			
	清華留米学生第5回選抜試験			
	留独技術学生の実習費			
国内教育	山東省の本年度卒業会考			55
	国立五大学の連合入学試験			
	北洋工科研究所の碩士学位			
	学生の暑期西北考察団			

	東北大学国立に改組			
	東北大学留平学生			
	大公報の文芸奨学金受領者			
	天津識字宣伝会			
各種統計	高専新入生の成績			
	中等学校統計			
	高教の教育部補助			
来東文化視察状況				66
	鄰邦文化視察団参観先招待会			76
第63号	**昭和12年8月20日発行**			
口絵	最初の中国人女子留学生			
	明治36年の江蘇省留学生			
	中国人日本留学史稿（六）	早高教授	実藤恵秀	1
	支那を行く（上）	駒大講師	野村瑞峰	52
庚款文化	中英庚款26年度補助費			76
	清華大学派遣の研究生			
留日学務	選抜補費日語試験			82
	留日留学生監督処通告 - 第7回全国大運動会開催、山東省留日自費生の補助停止			83
	河北省国外留学生の考選（欧米日本へ10名補送）			84
	各省選派留学生の整理			86
	留日学生監督帰任			87
	日華学会在寮留学生調			75
	消夏団解散			95
中国教育界	中国教育学会			88
	北平市の会考			88
	天津市卒業会考			88
	北大清華入学応募者			89
	輔仁大学文理研究処			89
	厦門東北雲南三大学国立となる			90
	南開中学新生			91
	冀東学生			91
	北平の簡易小学制度拡張			91
	大公報懸賞論文第1回受賞者			91
	史量才奨学金			92
	膺白奨学金			92
	暑期西北考察団			93
	中華農学会第24回年会			93

	中国斐陶斐勧学会			93
	支那全国の面積及人口統計			94
第64号	**昭和12年11月30日発行**			
口絵	保定府での最初の天長節奉祝会			
	北京東文学社師生の一部			
	中国人日本留学史稿（七）	早高教授	実藤恵秀	1
東亜学校	学生在籍表、学生国省別表			63
中国教育界				65
中南支学校消息	蒋氏の留学教育軽視			65
	高等教育の補助費			65
	教育部布告　付表			66
	陝西臨時大学			70
	雲南留日学生帰国服務			70
	南京市臨時連合中学			70
	清華、北大、南開の臨時大学			70
	留日学生登記締切			71
	国立北平大学、北洋工学院駐京臨時弁事処			71
	中山大学文法学院は雲南へ			71
	抗敵会学術団体を召集			71
	抗日講演は下層社会へ			72
	河南教育界の抗敵工作団			72
	中央大学は重慶に移転			72
帰国留日学生	帰国学生民間宣伝に努力			72
	帰国学生救済			72
	留日帰国生救済弁法			73
	留日帰国学生の処置			73
北支学校消息	京津学生の青島通過			75
	三大長沙に臨時大学を			75
	北平市立中小学校開学			76
	学校消息―燕大、中院、輔大、平中、五三、鏡湖、文華、篤志、付中女校、成達			77
	北平維持会文化組			78
	北平図書館			78
	北京の日語教育			79
	北京近代科学図書館の日語基礎講座			80
来東文化視察状況				81
	館山夏季寄宿舎			83

資 料 編

学会記事	日華学会寄宿舎在舎学生表			85
	中野学寮			85
	職員の出征			85
	支那語支那時文講習会			85
	敬悼　有吉明先生			85
	天津教育局の留日学生考選			86
本年度の留日学生	例言			86
	学校類別員数表			87
	留日学生省別年度別員数表			88
	研究科目別表			90
	特別予備学生内訳表			90
	留日学生学費別表			91
	研究科目内訳表			91
	昭和12年度留学生学費別表			92
	留日学生在留地方別表			93
第65号	昭和12年12月30日発行			
	事変後の北京文化界の現状	北京	神谷正男	1
	支那を行く（下）	駒大講師	野村瑞峰	11
中華民国残留学生 昭和12年11月1日現在	例言			35
	学校別名簿目次			36
	学校別名簿			43
	省別名簿			62
	一般選抜生、特選生内訳表			67
	省別比較表			68
	地方別比較表			68
	東亜文化振興協議会			69
	支那語支那時文講習会			69
学生募集	東京工業大学付属予備部			前付2
	第一高等学校特設高等科			34
第66号	昭和13年2月8日発行			
口絵	日本亡命当時の康・梁			
	同盟会の人々			
	留学生の発行せる雑誌			
	東洋婦人会の女子留学生招待会			
	中国人日本留学史稿（八）	早高教授	実藤恵秀	1
東亜学校	各班別在籍表、種別表、学生名簿			41
	京津維持会施行の日語教員検試発表			44
	東洋婦人会「共楽会」のこと			45
	日本へ来てからの色々	東亜学校2期1班	厳希傑	47

166

第67号	**昭和13年3月31日発行**			
	留日的感想（華文）		包務	1
満州国留日学生会館				6
	満州国留日学生会館語学院			7
	同寄宿寮寮規、同寮則、同自治会規約			8
	満州国留日学生六大精神			20
北支文化界	中国留日同学会の成立			12
	留日同学会組織草案			13
	北大の人選			17
	国立師範学院			17
	国立女子師範学院			17
	中等師資講肄館			17
	学制研究会			18
	外国語学校			19
	覚生学校			20
	新民学院旅行団			5
昭和12年3月各校留学生入学試験問題	一高、東工大、東京商大、東京高師、広島高師、長崎高商、慶応大、法政大、東京鉄道教習所、日本女子大、東京女子医専、陸士			21
昭和13年3月入学試験問題	工大付属予備部、一高特設高等科			46
第68号				
題字	中華民国臨時政府行政院長王克敏先生			
口絵	冀東教育訪日団懇話会			
	満支留学生教育について		小林隆助	1
	訪日感想	冀東訪日視察団	張鴻賓	4
東亜学校	班別在籍表、省別表			9
	第29回卒業式			
	答辞（高等科楊南克、正科李永明）			
新入生名簿				12
	工大付属予備部			
	一高特設高等科			
	商大予科			
華北教育界				
	教科図書審査規程			15

	教科図書標準			16
	中学最後年級生編入検定試験			17
	同上実施状況			33
	北京大学の開校			17
	医学院教授名簿			18
	米国の団匪賠償金			18
	新民青年中央訓練処			18
	同上募集要項			
	北京生活学校			18
	中国留日同学会弁事細則			20
	同上議事規則			22
	日本大学の北京同学会			23
	大聖孔子讃歌			23
	抗日図書の保管			33
	武漢の文化界			23
	維新政府の教育方針			26
	満州建国大学			27
	東洋婦人教育会発会式			28
	華北婦女訪日団			29
	日華学会「中野学寮」規程			30
	日華学会寄宿舎在舎学生表			32
	敬悼粟屋謙先生、嘉納治五郎先生			14
第69号	**昭和13年8月1日発行**			
口絵	初期の日本留学生			
	東亜学校遠足記念			
	中国人日本留学史稿（九）	早高教授	実藤恵秀	1
	北京の日語学校		水野勝邦	37
東亜学校	在校生統計　学級別表、省別表、学歴別表、年齢別表、志望学校表			44
	江ノ島鎌倉見学旅行			47
中国教育会				
	中国留日学会			49
	中国留日同学会天津分会			50
	支那語専門学校			50
	北大工学院			50
	燕京大学生徒募集			50
	北京市立高級工業の土木班			54
	中学最後期編入検定試験			55
	輔大付属中学校の授業停止			55
	北京近代科学図書館の日語学校、西城分館			55

	明華日語学校			56
	中日同学会日語学校			56
	新民日語学校の公開授業			56
	古学院の古学講習処―章程、試験			58
	新民学院旅行団			60
	新民学院概説			61
	軍官学校学生再募集			62
	天津文化教育振興会の経書班			62
	山東文化教育委員会			63
	南北政府の教育一元化			63
	満州留日学生の夏季修練			64
東亜学生作品				
	江の島行	第 1 期第 1 斑	劉光鑑	65
	江の島行	同	王暉華	66
	見学旅行に行き建長寺を見ての感想			67
	鎌倉江の島旅行記			69
	中満留学生消夏団通告			73
第 70 号	**昭和 13 年 10 月 1 日発行**			
口絵	留学生関係の四大機関（日華学会、東亜高等予備学校、成城学校中華留学部、中華基督教青年会）			
	中国人日本留学史稿（十）	早高教授	実藤恵秀	1
	東方文化学院主催「東方文化講演会」(広告)			31
	東亜文化協議会の設立			32
9 月学期東亜学校学生調査表	各班別在籍表、省別表			38
日華学会雑報				39
	館山消夏団、震災記念行事、支那語速成講習会、平沼淑郎氏逝去			
中国学会消息	中華民国教育総会			40
	北京大学新入生募集			
	北京大学各学院長決定			
	師範学院入学試験			
	国立女子師範学院学生の寄宿制度			
	河北省模範小学校設置十年計画案			
	河北省教育庁の師範専科学校設立計画			
	山東省教育庁の中等学校設立計画			

	済南市小学校先ず15校を回復			
	北京中小学校新民教育学年始業指導週を挙行			
	新民会新民青年団結成要綱			
	教育部各学校学生制服規程を頒布す			
	北京市教育局主催日語暑期講習会			
	覚生女子中学開校			
	日華親善児童作品展覧会			
	新民会北京指導部新民少年団組織を計画す			
	河南省各学校開学			
	上海維新学院開校			
第71号	**昭和13年12月13日発行**			
口絵	留学生の発行せる雑誌			
	東亜学校秋期遠足会			
	天津愛善日語学校日本観光団			
	中国人日本留学史稿（十一）	早高教授	実藤恵秀	1
	留日学生数調査			61
	内政部総長就任に際し部員に対する訓話		王揖唐	62
	北京近代科学図書館日語学校について			65
中国学界消息				
	教育部各学校学年学期及休暇規程を定む			68
	北京市教育局私立各学校の整頓に着手			70
	北京市立中等学校日本人を日語教師に招聘			71
	国立北京女子師範学院各科系教授講師決定			71
	学生ラジオ演説競演会			72
東亜学校記事	秋季訓育遠足会記			72
日華学会雑報	東亜文化協議会事務処			73
	支那語時文講習会			
	昭和14年3月特設高等科及付属予科入学志願者心得		第一高等学校	74
第72号	**昭和14年3月1日発行**			
口絵	橋本関雪画伯揮毫			
	川合玉堂画伯揮毫			

	中国青年学徒各位に告ぐ	日華学会理事	砂田実	1
	中国	中華民国駐日弁事処長	孫湜	4
	中華民国27年度教育実施の回顧	臨時政府教育部教育局長	張心沛	8
中国学界消息				
	教育部次長更迭			13
	留日自費生留学証書暫行条例公布			13
	北京大学成立式挙行			15
	北京大学本部人事決定			16
	国立北京大学組織大綱公布			16
	国立北大工学院臨時組織大綱			19
	河北省教育の復活			20
	教育部編審会組織規程公布			20
	警官の日本留学規則			22
	維新政府教育部の過去の工作及び今後の教育計画			24
	新民学院第3回卒業式			26
	中小学校旧教科書排除			26
	新民会の語学検定制度			26
	察南学院開院式			27
	維新政府教育養成処奨励金制度			27
	外国語学校奨学金制度			28
	北京市教育局日語学校を設立す			29
	上海に中国教育協会を組織			29
東亜学校消息				
	学生調査表			30
	第31回卒業式			33
	赤間学監渡華			34
	渡辺三男氏北京留学			
文苑	箱根遠足の記	第2期第1班	王暉華	35
日華学会雑報	東亜文化協議会と本会人事			37
	日華学会各学寮冬季懇談会			
	本会主催支那語中級班速成講習会			
昭和14年度各学校特設予科学生募集要項	東京商科大学予科、専門部			39
	東京高等師範学校特設予科			
	広島高等師範学校特設予科			
	長崎高等商業学校特設予科			
	第一高等学校特設高等科及付属予科			
	東京工業大学付属予備部			
第73号	**昭和14年5月31日発行**			
口絵写真	中野学寮陰暦正月の集い			

	卒業留学生茶話会			
	支那語講習会修了茶話会			
	維新政府の教育方針教育本旨とその実施方針	維新政府教育部長	陳羣	1
	華北教育状況	臨時政府高等教育科長	陳佶	5
中国学界消息				
	維新政府教育部留学規程			11
	維新政府教育部督学規程			17
	北京大学学則草案公布			18
	北京女子師範学院学則修正			22
	出版法施行細則			28
	華北四省運動会			29
	北京教育界の東亜新秩序建設運動週間			30
	北京市教育局男女同学を厳禁			31
	蒙古連盟自治政府留日官費生を派遣			32
	国立南京大学創立準備			33
	南京教育局小学教材の一部を文言に改む			33
	東亜医科大学青島に設立さる			34
	北京新民報主催児童演説競演会			34
在京中日学界消息				
	外務次官主催卒業帰国留学生招待会			35
	東亜文化協議会理事会開催			38
	中華民国新民会東京事務処開設			38
	本年度各学校入学試験合格者氏名			39
東亜学校消息	学生調査表			41
	第32回卒業式			44
文苑	大日本天皇皇后両陛下第五皇女誕生祝辞	中華儒学研究会会長	汪吟龍	45
	維新政府周年記念賦呈梁院長		汪吟龍	46
日華学会雑報	本年度卒業中華民国留学生在京有志茶話会			96
	本会主催支那語速成講習会			
	愛善日語学校見学旅行団来京			
	天津市教育代表訪日視察団来朝			
付録	日華学報合本第7号目次（自第59号昭和12年1月至第72号昭			

	和14年3月）20冊（別冊号外共）			
第74号	**昭和14年7月31日発行**			
口絵写真	日華学会20周年記念晩餐会、同茶話会			
	東亜学校潮干狩全体撮影並潮干狩風景			
	東亜の将来と青年教育の重要性	中華教育総会委員	張紹昌	1
中国学界消息				
	外務省文化事業部官費補給留日学生の銓衡			5
	東亜文化協議会第2回評議会議決要案四項			8
	東京に於ける東亜文化協議会消息			9
	外国学生中国学校入学規則公布			9
	教育部専門家を聘し教材要綱を修訂せんとす			10
	教育行政会議規程			11
	華北教育行政会議			12
	維新政府各省市県教育行政人員会議規程			14
	同議事細則、同提案審議会規則			15
	維新政府各省市県行政人員会議			18
	臨時政府教育部立外国語学校学則			20
	民国28年度国立各院校経常費確定			25
	北京市教育局『好朋友』を刊行			25
	教育部各学校来学期の教科書7月中に発行			26
	北京大学文学院籌備処事務を開始す			26
	維新政府教育部各省市廃学学生の救済に乗り出す			26
	維新政府師範学校法を公布			28
	維新政府小学校暫行規程			29
	華北中学教員夏期講習班			37
	教育行政会議議定の社会教育綱領			39
	天津小学教員講習班			41
東亜学校記事				
	学生調査表（昭和14年3月31日調）			42

	同（昭和14年7月7日調）			45
	春季訓育潮干狩会			47
日華学会雑報				
	創立20周年記念会			48
	創立20周年記念茶話会			49
	隣邦留学生関係学校及視察団参観先招待晩餐会			53
	留日学生消夏団			56
	文学博士服部宇之吉氏薨去			57
	第19回支那語講習会修了			58
第75号	**昭和14年9月30日発行**			
口絵	館山消夏団記念撮影			
	中日文化の提携	臨時政府教育部総長	湯爾和	1
中国学界消息				
	東亜文化協議会第3回評議員会			6
	中国医学会第1回大会			9
	維新政府管下の各省市教育行政			14
	北京大学農学院見学団日本の農業情況を視察す			22
	南京教育局中等学校に対し専任教員制度を実施す			22
	維新政府高等学校法			23
	天津仏租界の各学校新課本採用に決す			24
	北京市教育局簡易小学校短期小学合併規程を公布す			25
	臨時政府教育部教育法規編審会規程			26
	維新政府簡易小学校暫行規程			27
	維新政府短期小学校暫行規程			28
	北京市教育局中学日語教科書を規定す			29
	河北省及北京市赴日留学生選抜方法			30
	江蘇省立中等学校長任免待遇規程			31
	維新政府暫行中学法			32
	太原の小学校復興			33
	教育部職業教育を推広す			34
	興亜美術展覧会開催			34
東亜学校記事				35
	東亜学校学生在籍表			

	赤間学監渡華さる			
	泉喜一郎氏の教育視察の為め渡華さる			
	佐久間重孝氏辞任			
	東亜学校秋季遠足会			
	小笠原豊氏逝去			5
日華学界記事				37
	各寄宿舎修繕模様替工事施行			
	房州館山消夏団無事終了			
	第20回支那語講習会			
	中華民国維新政府公選留日学生団の渡来			
	維新政府派遣留日公費生一覧			
第76号	**昭和14年12月30日発行**			
口絵	外務省文化事業部主催留学生懇話会			
	東亜学校訓育秋季遠足会（日光）			
	中野学寮在舎維新政府派遣留学生記念撮影			
	教育界は目下如何に努力すべきか	維新政府教育部社会教育司司長	徐公美	1
	吾等青年が如何にして興亜の重任を負ふべきか	維新政府教育部顧問	汪咏夔	7
	北支・蒙古並びに満州国に於ける日本語教授状況視察報告		泉喜一郎	11
中国学界消息	教育総会1周年記念会、同会一年の事業情況			15
	新民会体育協会北京市教育局の興亜体育週間			17
	北京大学文学院重要人事発表			20
	北京大学文学院外国学生選科入学規則			20
	華北各省県立師範学校設立を計画			21
	華北教育行政官日本視察団			21
	日本文化事業部選抜赴日留学生決定			22
	維新政府治下の社会教育概況			22
	維新政府中学暫行規程			26
	北京特別市中等学校一覧表			14
東亜学校記事				
	東亜学校在籍表			39

	東亜学校訓育見学旅行記			40
文苑	日光（張硯鏞）、日光旅行記（史奎）、私の旧友（陳韞華）、日光方面修学旅行記（王汝瀾）、同（李文雄）、同（戒清松）、友人に近況を知らす（鈕琳）、日光遠足記（張崇賜）			41
日華学会記事				
	外務省文化事業部学費補給留学生茶話会概況			53
	中野学寮茶話会			53
	白山学寮茶話会			54
	敬弔楊約瑟君			54
第 77 号	**昭和 15 年 2 月 30 日発行**			
口絵	本会経営各寄宿舎合同留学生新年懇話会			
	歓迎友邦留学生（華文）		椎木真一	1
	北京雑感		数納義一郎	4
	気		山根藤七	17
中国学界消息	新民学院 2 周年記念祝賀会			21
	教育部編審会最近の工作状況			21
	雑誌「中和月刊」刊行			22
	維新政府文化団体組織大綱			23
	同施行細則			24
	維新政府教育部地方社会教育事業経費補助暫行弁法			25
	維新政府宗教団体教育事業興弁条例			26
東亜学校記事	学生調査表（昭和 14 年 12 月末日調）			28
	本校学監赤間信義氏文部次官に就任			31
	杉栄三郎氏本校学監に就任さる			31
	高仲善二氏歓迎会			31
文苑	或る一日		兪菊舫	32
	留学の目的		呉玥	39
日華学会記事				
	本会評議員松浦鎮次郎氏文部大臣就任			42
	本会主催各寮留学生新年懇親会			42
	江蘇省南通県県公署派遣留学生			44

	本会主催支那語支那時文速成講習会記事			45
	第21回支那語速成講習会開催			45
	昭和14年度留日学生数			3
各学校入学試験心得				46
昭和14年度各校入学試験問題				53
第78号	**昭和15年3月30日発行**			
口絵	北支農業技術練習生赴日見学団			
	日本文化映画観賞会			
	邦書漢訳叢談		実藤恵秀	1
	日華文化人と興亜の前途		李牧伯	10
中国学界消息	北京教育局華籍日語教員を調査す			18
	北京大学各学院人数統計			
	北京の学校消費組合改組			
	北京中等学校学生総会規程			
	北京市中等学校学生会組織規程			
	維新政府各省市県区小学校教育推広弁法			23
	臨時政府教育部2年来の行政摘要			25
	総務事項に関して			
	文化事項に関して			
	教育事項に関して			
東亜学校記事	学生調査表（学級別人員、省別人員、学歴別人員、年齢別人員、志望学校別人員、15年3月末調査）			39
	日本文化映画留学生観賞会			42
日華学会記事	第21回支那語速成講演会開催			43
	最近日華学会の斡旋したる渡日参観団			
	東方文化学院講演会			
第79号	**昭和15年5月20日発行**			
口絵	東亜学校本期卒業生正科第3期第1班、同第2班			
	日華学会主催日華学生交歓会			
	日華学会白山学寮学生の団欒			
	余は何故新政府に参加したか	国民政府教育部長	趙正平	1
中国学界消息				

	維新政府教育部社会教育局最近の施政概況			8
	北京大学文学院文史研究所の設立を計画す			14
	華北政務委員会教育総署教員任用規則を頒布す			15
	北京大学文学院日本より教授を招聘す			18
	北京中国留日同学会 2 周年記念大会			18
	山東省の教育近況			20
	華北政務委員会教育部直轄編審会編纂教科書目録			21
在京日華文化界消息				
	東亜文学協議会記事			23
	東亜文化協議会理工学部会			24
	東亜文化協議会第 5 回理事会			26
	外務省文化事業部主催今春卒業帰国留学生招待会			27
	日華学生交歓会			28
	殷汝耕氏通州事件殉難者慰霊を行う			29
	昭和 15 年度各学校入学留学氏名			29
在京日華の集い				33
	新中央政府成立慶祝記念留学生弁論放送			
	中国在京留日学生主催新政府成立慶祝大会			
	安徽省訪日視察団及び在京中国留学生交歓会			
	雑誌「愛の日本」社主催在京各国留学生懇談会			
	基督女子懇談会青年会主催中国女子留学生招待懇談会			
	国際文化振興会主催華北中国人婦人記者招待懇談会			
	中華民国新政府成立慶祝婦人大会			
	留日華僑の南京還都慶祝大会			

	東洋婦人教育会主催お茶の会「共楽会」			
	在京外国人学生招待国際園遊会			
東亜学校記事	東亜学校在籍表			37
	第 35 回卒業式、卒業生総代答辞			
	職員移動			
	学生心得修正			
日華学会記事				40
	日華学会留学生教育部の設置			
	本会前主事高橋君平氏辞任、送別会			
	本会主事に佐竹一三斉藤甲一両氏就任			
	広東華南文化協会派遣留日学生来朝			
	武漢特別市政府教育視察団			
	在天津愛善日文協会日語学校第 3 回日本観光団			
	国際文化振興会紀元二千六百年海外徴文之簡章			
第 80 号	**昭和 15 年 7 月 25 日発行**			
口絵	日華学会各寮学生懇談会			
	東亜学校春季遠足会			
	新国民政府の教育方針	国民政府教育部長	趙正平	1
中国文化界消息	教育部長趙正平氏北京を訪問す			4
	中国教育建設協会成立			
	中国教育建設協会第 1 次常務理事会			
	中央大学復校準備委員会学生奨学金弁法を制定す			
	国立上海大学組織規程			
	南京国民政府教育部大学教育委員会			
	国立編訳館組織規程			
	各省市教育行政会議開会			
	各省市教育行政会議準備会規則			
	各省市教育行政会議提案審査会規則			
	各省市教育行政会議議事細則			

	華北政務委員会教育総署、専科以上の学校に対する訓育方針を制定す			
	蒙古聯合自治政府留日学生選派規程を制定す			
	北京師範学院新任日系教授			
	中央大学先修班を設立す			
	教育部各省市に師範教育状況の調査を通令す			
	国民政府教育部全国童子軍回復を計画す			
	上海市教育局少年団の復興を計画す			
	新民会中国系職員赴日留学			
	北京新民学院第7期本科生赴日見学			
	中華全国体育協進会成立			
興亜の集い	紀元二千六百年記念東亜教育大会			25
	紀元二千六百年奉祝海外同胞東京大会			
	満州皇帝奉迎大会			
	日本青年団本部主催中国青年を囲む座談会			
	東洋婦人教育会主催日華満女子学生共楽会			
	東亜文化協議会			
東亜学校記事	東亜学校在籍表（15年5月末調）			34
	留日学生学級別人員			
	省別人員			
	学歴別人員			
	東亜学校評議員会			
	東亜学校訓育遠足会（潮干狩）			
	正科第3期学生の市内外各施設見学			
日華学界記事	日華学会第23回年報印刷			37
	本会図書室整備			
	日華学会各寮学生懇話会			
	本会主催留日学生館銷夏団			
	北京私立体育専科学校訪日参観団			
	第21回支那語講会終了式			
文苑	小さき友へ		兪菊舫	40

付録	本年度各学校卒業留日学生名表			47
第81号	**昭和15年9月30日発行**			
口絵	留学生夏季銷夏団			
	故馬松喬君告別式			
	歌謡俚に表れた中国民諺思想		周容	1
中国学界消息				13
	国民政府教育部組織法			
	江蘇省教育庁の各県実験小学校設立弁法大綱			
	僑務委員会貧困僑民子弟の帰国入学補助規程を制す			
	中日文化協会事業計画大綱			
	南京国立中央大学第1次新入生発表			
	教育部国立理科実験処の設立を計画す			
	新民会語学検定合格者に対する奨励金支給規則			
	開封留日同学会付設の日語学院			
	華北政務委員会教育総署留日特別生派遣			
	国民政府孔子誕辰記念祭を復活す			
	首都補習教育推行委員会規則			
	広東教育の近況			
	国民政府教育部留日公費生選抜弁法を規定す			
	南京市教育局教育部の命を受け教科書審査を公布す			
	東亜文化協議会第4回評議員会			
	留学生馬松喬君の逝去を悼む			40
東亜学校記事	東亜学校在籍表			45
	東亜学校高等科昇格			
	第36回卒業式			
	杉学監渡華			
	高仲、千田両氏帰還			
文苑	参観記		張仁屏	48
日華学会記事	日華学会教育部事業計画			50
	教育部主催留学生関係各校学生主事懇談会			
	日華学会事務室移転			
	砂田理事、中川主事赴燕			

	本会主催留学生銷夏団			
	第22回支那語速成講習会			
	最近渡日せる中華民国留日学生			
	興建運動本部選抜留日学生			
	南京教育部選抜日外務省補助留日公費生			
	最近渡日せる中華民国見学団			
第82号	**昭和15年11月30日発行**			
口絵	在京留学生関係者招待会			
	東亜学校高等科修学旅行			
	東遊日記研究序説		実藤恵秀	1
	歌謡俚諺に表れた中国民衆思想(承前)		周容	24
中国学界消息	蒙古留学生後援会成立			36
	師資講肄館組織本綱修正			
	北京の日華学生修養会を組織す			
	華北教授訪日団			
	安徽省教育会議			
興亜の集い	東亜大都市連合大会			44
	新東亜建設東京懇談会			
	紀元二千六百年奉祝青少年大会			47
東亜学校記事	在籍表、省別在籍表、訓育修学旅行			48
学生の作文	私の志望	第1期第3班	陳国相	52
	秋の遠足	同	茫競餘	53
	箱根遠足記	正科第2期第1班	黄晋禧	54
	箱根旅行記	夜間講習普通班	解錦雲	55
	自己の抱負を故郷の先輩に告げる文	正科第3期	徐益三	56
詩苑	箱根雑詩		小川成海	57
中華民国留日学生会記事				58
	中華民国留日学生会規約			
	中華民国留日学生会入会者			
	在京留学生関係者招待会			
日華学会記事				61
	日華学生会各学寮皇紀二千六百年奉祝懇談会			
	近沢部長関西地方に出張			
	大山公夫人白山学寮に図書寄贈			
第83号	**昭和16年2月25日発行**			

口絵	日華学会学寮修学旅行			
	白山学寮女学生修学旅行			
	民国30年を迎えんとするに当り青年学徒に告ぐ	国立中央大学学長	樊仲雲	1
	歌謡俚に表れた中国民衆思想（承前）		周容	5
	「仮名」という称呼について		山根藤七	17
中国文化界消息				
	周作人氏華北政務委員会教育総署督弁に就任す			20
	華北演芸協会の設立			20
	華北文芸協会正式成立			21
	季刊華北農業出版			22
	教育総署華北教育統計を編輯			22
	万国道徳総会第三義務学校を設立			22
	王委員長芸文学校に寄付			22
	華北教育総署国立各院校日本語教師養成訓練情況を調査			23
	北京市教育分会日本語学校を付設			23
	広東教育庁教科書審査会議を挙行			24
相踵ぐ訪日見学視察団				24
学生の作文	水戸大洗旅行の印象	東亜学校高等科1年	王洪潭	29
白山学寮女学生の旅行記				33
	思い	東京女高師文科1年	王汝瀾	
	旅行記	明大女子部商科1年	史秋英	
	修善寺旅行	同	陳樹廉	
	修善寺の印象	東京女高師家事科1年	戎清松	
短歌	雑詠		瀧華川	38
東亜学校記事				
	学生の状況（昭和15年12月10日現在）			39
	第37回卒業式			48
	松本教頭表彰祝賀会			49
	東亜学校高等科理科新設			50
日華学会記事	紀元二千六百年記念日華学会学寮修学旅行			51
	白山学寮女学生修学旅行			52
	白山学寮寮監更迭			53

	中華民国留日学生会規約			55
特設入学案内				56
	東京商科大学昭和16年度予科商学専門部外国人特別入学志願者心得			
	長崎高等商業学校満州国及中華民国留学生特設予科生徒募集要項			
	東京高等師範学校			
	第一高等学校			
	東京工業大学			
	奈良女高師			
第84号	**昭和16年4月30日発行**			
口絵	日華学会図書室の内部、同書庫の一部			
	東亜学校高等科卒業生送別会			
	日華満蒙学生交歓会			
	先ず辞書の編纂より		永島栄一郎	1
中国文化界消息				6
	全国大学教授協会成立大会			
	上海市教育局の国民体操講習会			
	日語考試検定会第1次委員会			
	中日文化協会武漢分会の成立大会			
	蒙疆日系教員講習会			
	女流作家謝冰心逝く			
	国府還都一年来の教育事業概況			
東亜文化協議会記事				13
	文学部会、法経学部会、理工学部会、農学部会、医学部会、第6次理事会			15
	前会長故湯爾和先生追憶会			22
学生の作文	入学試験	東亜学校正科3期	賈克明	23
	春近づく	同	黄晋禧	
	我が故郷	同	高履泰	
	私の住居	同	畢華明	
	春近づく	同	黎青竹	
	私の進路	同	趙敬書	
東亜学校記事	高等科			28
	第38回卒業式			
	参観者			

	日本語夜間講習班			
日華学会記事				35
	大学高専卒業留学生見学旅行			
	山西省第１回公費留日学生			
	青島東文書院初中卒業留学生			
	汕頭市政府派遣短期留学生			
	愛善日語学校第４回日本見学団			
	第 23 回支那語速成講習会			
	図書室、食堂			
	理事長の決定			
	所管の異動			
	学会日誌			
	東京工大付属予備部入学者許可氏名			27
第 85 号	**昭和 16 年 9 月 15 日発行**			
口絵	汪主席閣下歓迎大会			
	中華民国留日学生会総会			
	館山夏季臨海団遊泳大会			
	留日学生に対する汪主席訓示			1
	日本文化の性格	東京帝大文学部長	今井登志喜	6
	日本道徳	北京女子師範学院講師	郭逭瀞	17
	留学生に対する日本語教授	東亜学校教授	有賀憲三	33
資料	中華民国留日学生生活概況（その一）		教育部	43
日華学会記事	中華民国留日学生会第１回総会			76
	汪主席閣下歓迎大会			76
	館山夏季臨海団			77
	最近訪日の主なる見学視察団			78
	学会日誌			78
東亜学校記事				80
	東亜学校学生在籍表			
	春季訓育遠足会			
	前教頭山根藤七氏古希賀会			
	正科第 39 回卒業式			
	会と催し			
	参観一束			
	高等科移転			
	高等科補欠入学			
	東亜学校高等科中野学寮		学生課	83
	双照楼近詠　対月		汪精衛	5
第 86 号	**昭和 16 年 11 月 15 日発行**			

口絵	移転した東亜学校高等科			
	東亜学校高等科の遠足			
	漢字音語の仮名書きに関する余の意見		山根藤七	1
	日本文化与中国文化（華文）	北京師範学院	梁盛志	20
	日本文化の特質		楊覚勇	30
資料	中華民国留日学生生活概況（その二）		教育部	43
	東京及び地方に於ける中華民国留学生の通学概況			65
日華学会記事	第 24 回支那語速成講習会			73
	最近の主なる留学生団			
	中華民国留日学生会の近況			
	学会日誌			
東亜学校記事	多摩聖蹟記念館拝観			75
	双十節慶祝午餐会（高等科）			
	東亜学校正科省別、班別在籍表			
	正科学生の漸増			
修正国外留学規程				77
	本年度興亜院補給学生			82
第 87 号	**昭和 17 年 1 月 15 日発行**			
口絵	中華民国留日学生会秋季大会			
	国民政府内政部長陳羣先生一行歓迎大会			
	東亜学校正科の遠足			
	大学専門学校卒業留学生送別晩餐会			
	留日学生に対する訓示	国民政府内政部長	陳羣	1
	日本文化の世界に於ける地位		李淇	6
	日本留学案内略稿		教育部	25
	留学生諸君に告ぐ		日華学会	45
	留学生の陥りやすい日本語上の誤謬		有賀憲三	46
	大詔奉戴誓詞		大日本興亜同盟	52
東亜文化協議会	雑記		保坂隆一	53
	第 5 次評議員会出席評議員名表			54
	各専門部建議案			54
	新評議員名表			55
日華学会記事	中華民国留日学生会秋季大会			57

	陳羣先生一行歓迎大会			
	大学専門学校卒業留学生送別晩餐会			
	広東省留学生			
	興亜院一行本会視察			
	本会評議員浜野虎吉氏逝去			
	学会日誌			
	本会主事中川義弥氏急逝す			56
東亜学校記事	狭山公園行			61
	正科第40回卒業式			61
	共栄の集い			61
	東亜学校正科班別、省別在籍表			61
	高等科学生の大東亜戦争献金			60
	明治節奉祝式（高等科）			60
第88号	**昭和17年5月25日発行**			
口絵	東亜学校高等科の卒業式			
	東亜学校正科の卒業式			
	故中川義弥氏の葬儀			
	日本の夫婦	東京帝大法学部長	穂積重遠	1
	米国「東亜政策」の歴史的回顧（一）		藤田重行	17
	日本語を教えて見て		鈴木正蔵	25
	中華民国留日学生各学校入学志望情況調		教育部	40
日華学会記事	寮生の東京宝塚劇場見学			48
	北京興亜高級中学第1回卒業留学生			
	故中川義弥氏の葬儀			
	評議員小川平吉氏逝去			
	学会日誌			
東亜学校記事	高等科の行事			51
	正科班別、省別在籍表			
第89号	**昭和17年5月25日発行**			
口絵	国立北京大学校長銭稲孫氏を迎えて			
	日米英戦争の意義と青年の責任		周作人	1
	米国「東亜政策」の歴史的回顧（二）		藤田重行	6
	中国新国学の樹立	東亜学校教授	角川源義	11
	日本語を教えて見て（続）		鈴木正蔵	20
	中華民国留日学生各学校入学概況		教育部	32

文苑	六義園遊記	水産講習所学生	陳霊秀	38
	東亜学校時代の生活	慈恵会医科大予科学生	伯纓	40
	鎌倉江ノ島見学	東亜学校高等科学生	張仁屏	42
東亜文化協議会	四専門部会、理事会		保坂隆一	44
	華北各省市留日公費生選抜派遣弁法綱要			51
	留日自費生留学証書発給暫行条例実施弁法			52
	修正学校卒業証書規程			37
	一高特設高等科、東京工大予備部入学許可者氏名			43
	中華民国留日学生会の近況			46
日華学会記事	広東省学生			47
	第25回支那語速成講習会			
	学会日誌			
東亜学校記事	高等科、正科の行事			49
	正科省別、班別在籍表			
第90号	**昭和17年7月25日発行**			
口絵	東亜学校正科の潮干狩			
	同高等科新校舎敷地の地鎮祭			
	中華民国留日学生会第2回総会			
	新築赤城学寮、同披露記念			
	梅博士と汪精衛	本会評議員	竹内義一	1
	米国「東亜政策」の歴史的回顧(三)		藤田重行	13
	鶴の草紙、蛤の草紙		角川源義	20
	清国公使館ものがたり	早稲田高等学院教授	実藤恵秀	29
	細胞学発達史（華文）		湯浅明 張耀斌訳	45
	通音に就いて（日本語の教壇）	東亜学校	有賀憲三	50
	華北日本語学校整頓暫行弁法			44
日華学会記事	中華民国留日学生会第2回総会			59
	各学校留学生関係者懇談会			
	支那事情講演会			
	赤城学寮竣工			
	大日本興亜同盟改組			
	学会日誌			
東亜学校記事	高等科、正科の行事			63
	正科班別、省別在籍表			

第 91 号	**昭和 17 年 9 月 25 日発行**			
口絵	東亜学校高等科第 3 回卒業予餞式			
	同正科第 42 回卒業式			
	夏季錬成団男子班、同女子班			
	支那の火薬及び大砲		佐久間重男	1
	米国「東亜政策」の歴史的回顧（四）		藤田重行	10
	中国の音楽について	東亜学校教授	鈴木正蔵	17
	性（華文）		湯浅明 張耀斌訳	22
	錬成団についての感想		留学生五名	30
	湯檜会日記 - 女留学生の錬成		池田朝子	34
	第 26 回支那語講習会			21
	各学校秋季入学志願者の状況			33
日華学会記事	留学生の夏季錬成団			37
	学会日誌			
東亜学校記事	高等科、正科の行事			41
	正科学生省別在籍表			
	正科の学制改革			
編輯後記				42
第 92 号	**昭和 17 年 11 月 25 日発行**			
口絵	昭和 17 年度華北選抜留日学生			
	東亜学校正科の秋季訓育旅行			
	日本の文化の本流	東京帝大教授	中村孝也	1
	新詩の前途（1）		郭紹虞 豊田穣訳註	22
	留学生佳話		千田九一	33
	悼亡友邱意（華文）		陳霊秀	36
	秋季の留学状況			38
	卒業留学生の就職を斡旋して		教育部	39
	華北選抜興亜院補給留学生			42
東亜学校記事	高等科、正科の行事			43
	正科学生省別、班別在籍表			
日華学会記事	学会日誌			45
	顧問清浦奎吾伯、評議員速水一孔氏逝去			44
編輯後記				46
第 93 号	**昭和 18 年 3 月 15 日発行**			
口絵	中華民国留日学生会第 2 回秋季大会（講演と体操）			
	東亜学校正科の秋季訓育旅行			

	故赤間信義氏			
	新年のことば	東亜学校高等科講師	山根藤七	1
	新詩の前途（2）		郭紹虞 豊田穣訳註	15
	語法教授の重点主義		有賀憲三	32
	留学生出国暫行条例			38
日華学会記事	大東亜省誕生、本会支那事務局へ移管			41
	中華民国留日学生会第2回秋季大会			
	赤間理事長急逝、理事白岩龍平氏逝去			
	学会日誌			
東亜学校記事	高等科、正科の行事			44
	正科学生省別、班別在籍表			
	正科秋季訓育旅行			
第94号	**昭和18年6月15日発行**			
口絵	東亜学校高等科増築落成記念、新築巣鴨寮			
	中華民国留学生会第3回総会			
	留学生諸君に語る	大東亜省支那事務局総務課長	堂ノ脇光雄	1
	郭定森君を偲ぶ		竹内義一	17
	中華民国留日学生会第3回総会記（華文）		孫景瑞	19
	昭和18年度春季大学予科専門学校入学紹介調査表		教育部	21
日華学会記事	東亜学校高等科増築落成式			23
	中華民国留日学生会第3回総会			
	巣鴨学寮落成			
	翠松寮を丸山伝太郎氏へ寄付			
	学会日誌			
	岩村成允氏逝去			23
東亜学校記事	高等科の行事			31
	正科第43回卒業式挙行			
第95号	**昭和18年11月25日発行**			
口絵	中華民国留学生夏季錬成甲班、乙班			
	故李賀林君慰霊告別式			
	中華民国の食糧問題に関する二三の考察	東京帝大名誉教授	佐藤寛次	1

	日本の科学の歴史	東亜学校高等科講師	湯浅明	16
	国史を一貫する精神	日華学会嘱託	関世男	29
	昭和 18 年度秋季卒業留学生の就職斡旋下ごしらえを了へて		教育部	37
日華学会記事	留日学生夏季錬成団概況			39
	夏季錬成団に参加して	東亜学校高等科 2 年	邢兆祥	
	夏季錬成団の感想	東亜学校正科高級班	黄秋斌	
	留学生李賀林君逝去			
	学会日誌			
	宮島大八氏逝去			47
東亜学校記事	高等科記事、正科記事			43
	中華民国留日学生高等諸学校分布調			47
第 96 号	**昭和 19 年 6 月 25 日発行**			
	吉田松陰の道義精神		岡不可止	1
	東洋に於ける化学発達の経路につきて		岡宗次郎	20
	昭和 18 年度秋季大学入学紹介調査表		教育部	41
日華学会記事	汪主席歓迎会			42
	大東亜結集国民大会参列			
	第 2 回日本文化講座開講			
	学会日誌			
	本誌発行につきて		編輯室	40
東亜学校記事	正科記事、正科省別、班別在籍表			44
第 97 回	**昭和 20 年 10 月 25 日発行**			
	中国文化の再認識	東京帝大教授	宇野円空	1
	昭和 19 年度秋季入学紹介調査表		教育部	20
日華学会記事	中華民国留日学生会第 4 回総会			24
	留学生夏季錬成			
	日華協会の設立と本会の合流			
	学会日誌			
東亜学校記事	正科記事、正科省別、班別在籍表			33

資料-4
『留東学報』目次

大里　浩秋

解題

『留東学報』は、民国24（1935）年7月から民国26年5月まで、中国人日本留学生（以下、留日学生と称す）が計16冊を発行した学術雑誌である。もっと続けて出す意志と準備があったのだが、時は盧溝橋事件が起こる直前であって、日本の出版取締はその続きの発行を許さなかったのである。以下、この雑誌を紹介するにはまだまだ準備が足りないことを承知の上、その中身をつまみ食いする形でいくつかのことを記すことにする。

創刊号が出たのは民国24年7月1日で、同号の「編者的話」によると、元々は6月15日に出版できるはずが印刷所の事情で遅れたとのことである。おそらく留学生間では、6月13日に創刊号が出た『留東新聞』とこの雑誌をペアで発行することを考えていたのであろう。筆者にとっては、『留東学報』（以下『学報』と略す）は上海市図書館で読むことができたが、『留東新聞』（以下『新聞』と略す）についてはどこに保存されているのかわかっておらず、目に触れることができていない。しかし、『学報』創刊号の「留日同学的〝播音台〟『留東新聞』現已出版」と題する記事によって、『新聞』発行当初の状況を知ることができる。そこで、この状況を知ることは『学報』創刊時の事情を知ることにもつながると考え、しばし上記の記事を追うことにする。

それによると、留日学生の数は日増しに増えて、留学生監督処に登録した数だけでも3400人以上になり、登録しない者を入れてこの数十年来（辛亥革命後の20数年来とするのが正確なところだろうが—大里）最多となったが、増えるに随って国内における留日学生の地位がますます下がっている。その原因は、ほかでもなく留日学生間で連絡が取れていないことにある。留学生と帰国留学生間しかり、ともに東京に住む留学生間しかり。それゆえ、そうした状況を克服すべく、留学生間の消息を通じ合う基礎作業として法大生向震、新聞学院生傅襄謨、張致中、早大生張先奇、簡泰梁等が「30年来留日界に未曾有の純学生新聞」を発刊した。「目的は、客観的態度で中日文化を紹介し、同学の消息を伝え、合作精神を促進して同学の学術研究の興趣を高めること」であり、内容は「学術論著、中日書報評論、学術研究消息、同学会・同郷会及び学術団体消息、監督処公使館・日華学会消息、国内同学消息、日本における同学の生活状況……等々の消息」である。毎週1回発行し、事務所は暫定的に中華青年会内に置く、というものである。

ここで、『学報』創刊号の巻頭に載る編集代表陳固廷の「創刊詞」を見ると、『新聞』創刊の動機となった留学生増加のことに触れていて、さらに、数年来東京で学術成果を発表する雑誌の出版を望んでいたと書いている。以下は「創刊詞」の引用である。

「わが留日学生は、過去において祖国の革命史上に光栄にして偉大な1ページを占めており、我々の『留東学報』は留日諸先輩の光栄偉大な事績を継承して、左の3つの目的を完成したいと思う。1、留日の同学たちに、あらゆる境界を打ち破り、一切の精神を集中し、この雑誌をかりてお互いに激励し切磋琢磨して、個々の同学が誠心誠意学問研究に努力するよう希望する。そうすることで、将来新中国を建設する任務を担う準備をすべきである。2、留日の同学たちに、この雑誌をかりて公開で中国を建設する際の実際の問題を討論するよう希望する。そうすることで、自らの学術研究で得た成果や理解を十分に発揮すべきである。3、留日の同学たちに、この雑誌をかりて可能な限り日本の政治、経済、社会、文化の現況を紹介し、とりわけわが国の政治経済、社会および文化の各方面に対する日本人の観察や批評には注意して、我が国の参考に供することを希望する。」

以上、留日の先輩の偉業を継いで3つの目的を果たそうとするのは、きわめてまじめな志から発するものであったと受け取れるが、そこにはさしあたって2つの秘めた動機があったことに思い至る。その1つは、上記の国内における留日学生の地位の低下と通底していることかもしれないが、この雑誌発行と同時期の動きとして、国内の教育界では、留学生の数を半減させてそれによって節約した費用で大学院を作るべしとか、文法科の学生（法学、経済、文学、教育等いわゆる文科系で学ぶ学生の意であろう—大里）を派遣するのを停止し、私費留学の文法科生も制限すべしとかの声が上がっていて、そうした国内の声がいかに現実を無視したものかに抗議して、留日文法科学生の存在の意義をアピールする狙いがあったのだと考えられる（陳業勲「関於留学教育問題」、創刊号、参照）。2つに、上記の目的の3に述べていることの別の表現になるけれども、日本の各方面の現況を観察し、満州事変以来中国への軍事的侵略を一層強めつつある日本の動きを分析し紹介することで祖国の防衛に役立てるべく、留学で得た専門知識を総動員しようとしたのだと推量できるのである。発行された16冊すべてにそのような動機によって書かれた文章が収められているとみて間違いなく、さらには、そういう意図を持ついくつもの文を載せたためについに17冊目が発行禁止になったのだろうが、その点は後述する。

『学報』を留日学生の学術研究の交流拠点にしようとしたことは、次の2つの動きによって確認できる。1つは、創刊から半年経った時点で、「いかにして留日同学の学術研究の興味を引き出すか」をテーマにして、『学報』の執筆者が34人集まって真剣な討論を展開している（「本刊第一次作者座談会紀録」、第一巻第三期）。2つに、『学報』創刊後1年が経とうとする民国25（1936）年6月7日に、その執筆者を中心に「留東学会」を結成して、活動をより活発に展開しようとした（「留東学会成立大会記」、第二巻第三期）。この成立大会には47人が集まって学会の運営内容を議論して「会章」を定めたが、その第

3条の本会会務としては、1、雑誌および叢書の発行、2、座談会および公開講座を開く、3、補習学校を開催する、4、新来の同学の日本語補習および入学手続きを助ける等々を挙げている。それらがどこまで実行されたかは不明であり、おそらくはその計画のほとんどを実施に移す間もなく解散に追い込まれることになったのであろうが、『学報』の編集が学会の名のもとに行われることになったのは、その後の『学報』で知ることである。なお、学術雑誌としての『学報』の質を高めようとする努力は、羅俊「留東学報一年来実績的分析及其批判」(第二巻第三期) からも感じ取ることができる。この文では、それまでに発行された8冊分について、質量をいくつかの角度から分析して、最後に今後載せるべき内容について注文をつけているのである。

ここで、筆者の関心に引き寄せてではあるが、『学報』中の見どころを1点にしぼって紹介する。それは、発行当時の留日学生を取り巻く情報、および留日学生の歴史が豊富に掲載されている点である。発行順に挙げるならば例えば次のようなものである。まず創刊号では、上でも触れた陳業勲「関於留学教育問題」は、当時留日学生がなぜ激増しているか、文法科を希望する学生がなぜ増えているかに詳しく言及している。また、蔚光「従上海到東京」は、留学希望者に向けた上海から東京に着くまでの道先案内で、この方面での当時の事情を知ることができる。さらに、松本亀次郎『中華留学生教育小史』の抄訳を「中華民国留学生教育之沿革」と題して載せ、続きを次号、次々号と計3回に分けて載せている。これを載せたのは、松本の文が「先輩の留日学生の往時の留学状況が詳細に述べられているからであり」(「編者的話」)、その歴史を知ることで現在留学生が置かれている状況を考えつつ行動してほしいとの願いが込められているのである。

次に、第一巻第二、三期合刊には、創刊号で論じたことの補充として陳業勳「再談〝関於留学教育問題〞」が載る他、陳固廷「留東学生出版小史」が1901年から10年までに留日学生が出版した雑誌を創刊年ごとに並べて簡単なコメントを加えているのは、この時期の出版事情を調べる上ではまことに有益な道しるべとなる。ここには中国の図書館でも今では見ることがむずかしそうな雑誌名がいくつもあって、今後の所在調査が待たれるところである。また、この二、三期合刊から始まり、その後も各期に数校ずつが取り上げられている「東京各大学概況」は、その大学に留学する学生が自らの日ごろの見聞に基づいて執筆を担当している意味でも貴重な大学最新情報となっているのであろう。

第一巻第四期では、当時の留日学生の各種の事情を網羅した「付録」が役立つこと請け合いである。そのうち、(一) 留日学生団体・代表・通信地址は、すでに出版物を出している学社、国内学術団体の分社、一般学術団体、国内の学校の留日同学会、日本の学校内の留日同学会、各省・県同郷会、臨時の団体の七つに分けて、その当時、すなわち民国25 (1936) 年の最新情報を整理しており、(二) 留日学生学校別・人数・研究科目一覧も、文部省直轄学校、その他の官庁および公共団体設立の学校、軍官学校、私立学校別に、同年6月段階の統計を載せていて、これらの情報や統計を利用することで、当時の留学生の

実態がこれまでの研究よりも一層具体的に明らかにできる可能性をもっている。ところで、それ以後の期には、「東京各大学概況」がほぼ毎期に載る他は、スペースを多くとって留学関連情報を伝える文章は見られなくなるが、創刊号から始まって毎期「留東学術団体消息」等の豆情報が載っているのは貴重である。

本来『学報』の最大の見どころとして、日本の現状を様々な角度から論じている諸論文に言及しなければならないのであるが、そのための準備ができていないことを遺憾とする。また、この雑誌の編集と執筆を担った陳固廷を始めとする留学生が当時、およびその後にたどった足跡も知らねばと思って果たせずにおり、この点も今後の課題として残すほかはない。なお、『学報』の毎期に載る「編者的話」あるいは「編後記」「編輯後記」などは、その期に載る論文とその執筆者について比較的詳しい説明をしていて、論文の意図や執筆者の履歴を知る上で手掛かりになりうるものであろう。

最後に、『学報』が16冊出た後の状況に触れる。16冊目の第三巻第五期の「編輯後記」を見ると、今期は印刷の仕事が遅れて、編集者としては出版期限に影響を及ぼすことを避けるために、掲載予定の4篇を次期に回すことにしたとしている。そして、その後17冊目の第六期の編集を進めていくが、のちに触れる『留東週報』の第十四期と第十六期に載る広告を比べると、民国26（1937）年5月の時点で掲載が予定された内容と、6月半ばの時点で準備された内容では3〜4篇の異同があり、そのいずれにも上述の編輯後記で次期に回すとした4篇のうちの3篇（石聯星「国難中的小学教育」、盧特「農業経営的携帯及其優越性的問題」、馮一民「農業与戦争」）が含まれていないことに気付く。これらの事実は何を意味するか。もちろんその詳細は不明とするしかないが、第六期を編集中の5月から6月にかけて編者が特高警察に何度も呼ばれて、掲載予定の論文にいろいろ干渉がなされて何度か変更を余儀なくされた結果、上記のような異同になったのではないか。筆者は数年前におそらく上海市図書館でだったと思うが、陳固廷の回想録を読んだことがあり、そこには、陳が特高警察に出向いて彼らの無理難題に従いつつもなんとか第六期の公刊にこぎつけたいと頑張った末に結局出版不許可となり、陳自身も帰国を余儀なくされたことが書かれていたと記憶するが、コピーしたはずのその資料が見当たらず、その後上海市図書館に行っても探し出せずにいる。そこで今は不確かな記憶に頼るしかないけれども、「留東学報2周年紀念号」と銘うった第三巻第六期は検閲でずるずると発行時期が延びた上、盧溝橋事件を迎えさらに日中関係が緊迫する状況の中で最終的に発行禁止処分を受けたのではなかったかと推察している。

『学報』が発刊される直前に『新聞』も出されたことは先に触れたが、それから2年後、『学報』が第三巻第二期を出す頃に並行して、『留東週報』（以下、『週報』と略称）が発行され出した。筆者が見ることができたのは上海市図書館所蔵の第十四期（民国26年5月31日）、十五期（同年6月7日）、十六期（同年6月14日）の3期のみであるが、その十四期の「本報緊要啓事」には、2月に発行を始め、十三期までは新聞形式であったものを

十四期から冊子形式に変えたこと、さらに、内容としては記事や時事問題の解説を重視し、国内通信、討論、学術小論文、文芸作品などを載せるなどと書かれている。「発行印刷編輯人」の余仲瑤は、『学報』中にも執筆者、早大留学生として名前が出ており、『学報』発行の目的と一致した考えの下で『週報』が出されていたと推量して間違いないであろう。また『新聞』と『週報』との関係は詳しくは後考に俟つしかないが、大きな流れとしては、先に出ていた『新聞』が何らかの理由で停刊になった後を受けて『週報』が出ることになったが、両者の方針にはさほどの隔たりはなかったと思われる。

『留東学報』 目次

	タイトル	氏名	頁
創刊号　第一巻第一期	**中国民国24（1935）年7月1日発行**		
創刊詞		陳固廷	1
	国際関係之歴史観	李能梗	1
	欧州国際政局鳥瞰	高橋清三郎著 池歩洲訳	2
	中国還能以農立国嗎？	周憲文	24
	中国貨幣恐慌的対策	孫礼榆	34
	美国銀対策及其対於吾国之影響	王道一	51
	日本憲法之「比較憲法学」的研究	林紀東	61
	日本文化短史	G.B.Sanson 著 耿廷楨訳	69
	独裁論	張鳴	79
	売淫在法律上的矛盾与調和	李景禧	88
	関於留学教育問題	陳業勲	97
	中華民国留学生教育之沿革	松本亀次郎 韓逋仙訳	106
	日語講座	陳文瀾	120
	日語叢談	陳文瀾	127
文芸			
小説創作	長楽亭	謝廷宇	139
	命運的悲劇	斐琴	144
	拉圾	流矢	151
	碧梧詩稿 自題碧梧存稿　与師大同学在東瀛閣緊餐 過東京旧居壊故人　偕師大畢業同学赴小 金井観落桜　岡公園観躑躅花　雷電神社 自題東瀛美談原稿　謁箕作先生墓	王桐齢	129
新詩	在族長的墓上	胡仏	155

	遊華所感	椎木真一	156
	従上海到東京	蔚光	161
	書報介紹	張光亜	168
補白	留東学生之播音台「留東新聞」出版		50
	監督処登記之留日学生調査		78
	留日各省公費生人数統計		105
	日語質疑規約		126
	本刊広告定価表		154
	詩歌二期要目		160
	留東学術団体消息—東流社、雑文社、新中華学社		167,171
	日本出版界小統計		173
編者之話		編者	174
第一巻第二、三期　合刊	**中華民国 24（1935）年 10 月 25 日発行**		
巻頭語		陳固廷	
	留東学報刊行趣意書（日文）	本刊同人	
	英日対華政策上有無調和点？（原文載国際評論十月号）	尾崎秀実述 陳文瀾訳	1
	現階段徳意志刑法学之概観	劉仰之	2
	法国金本位制的動揺	島田英一作 莫萱元訳	22
	美国戦時財政的研究	沈鍾霊	42
	「中国還能以農立国嗎」的回答	羅俊	55
	読了周憲文先生「中国還能以農立国嗎」書後	雷熾	76
	独裁論	張鳴	83
	留学生之日語問題	王桐齢	89
	再談「関於留学教育問題」	陳業勲	122
	中華民国留学生教育之沿革	松本亀次郎著 韓逋仙訳	130
	留東学生出版小史	固廷	148
	日本文化短史	G.B.Sanson 著 耿廷楨訳	154
	日本社会団体鳥瞰	顥川	166
	日本産業組合発展原因及分析	陳岩松	174
	中日民族性之比較観	陳献栄	179
	日本農村一瞥	呉蒲若	184
文芸創作			
	摸索　（長編小説）	斐琴	189
	桜花島国的月色（散文）	海屏	207
	囚徒之歌（新詩）	白莱	208

	箱根遊記	王桐齢	209
東京各大学概況			
	早稲田大学	光亜	233
	明治大学	暁芙	236
	東京農業大学	羅駿	240
	専修大学	陳爾希	241
補白	徳意志国家社会党運動綱領		21
	精神衛生的諸原則		41
	文化批判中国民族史研究特輯要目		88
	日本出版雑誌類別的統計		147
	列国陸軍野戦師団警備比較表		165
	東京帝国大学歴代総長一覧		206
	東京府図書館		209
	日本全国主要図書館数		232
	日本全国主要雑誌一覧		245
編後記		編者	243
第一号　第四期	**中華民国 25（1936）年 1 月 1 日発行**		
挿絵	本刊第一次作者座談会撮影		
巻頭語		編者	
	「輿論」究竟之什麼	陳固廷	1
	外交使節之沿革	李能梗	8
	美国戦時財政的検討	沈鍾霊	15
	東京之水祭与川柳	王桐齢	18
	日本文化統制概況	羅駿	36
	日本新聞紙的片面観	何名忠	43
	談々学日本語文	孫湜	55
	中華民国留学生教育之沿革	松本亀次郎著 韓逋仙訳	59
	摸索（長編小説）	斐琴	74
本刊作者座談会記	開会程序 　報告—演説—学報批判—座談—聚餐— 撮影—散会		86
	主題＝怎様鼓起留東同学研究学術的興趣		
	報告座談意趣	陳固廷	92
	学術研究的使命	陳次溥	92
	学術研究的工具	王桐齢　陳文瀾	95
	学術研究的方法	作者等	96
	結論	陳固廷	99
東京各大学概況			
	東京工業大学	朱光澄	106
	法政大学	韓逋仙	102

付録		羅駿（調製）	
	一、留日学生団体調査一覧		109
	二、留日学生学校人数研究科目一覧		115
	三、留欧美学生人数研究科目一覧		123
補白	外交評論第五巻第三期要目		73
	留東学報社特別啓示		85
	徴求日本各学校概況啓示		105
	雷雨日語訳本不日出版		108
	日文研究第五号要目		125
	文化批判第三巻第一期要目		126
	西神田民国理髪館開幕		127
	冀林日語班啓事		127
編者的話			125
第一巻　第五期	**中華民国 25（1936）年 2 月 10 日発行**		
	転換期的日本通信事業	陳固廷	1
	日本法西斯蒂運動的展望	池歩洲	7
	日本国際文化団体調査	李能梗	20
	中日科学進歩原因的検討	陳献栄	39
	日本行刑累進制的一考察	劉仰之	48
	東京之水祭与川柳	王桐齢	57
日語講座		陳文瀾	72
小論壇	対留東同学有感	凡夫	84
	中国目前之経済発展問題	景雲	86
	現代新聞的特殊性	張致中	88
	一九三五年日本農業之収穫	彭光毅	90
	一九三五年日本文芸界的回顧	景山三郎著 林果訳	96
	江之島鎌倉遊記	王桐齢	101
東京各大学概況			
	商科大学	邢振鐸	109
付録	（一）日本各大学経済学科権威教授一覧		117
	（二）中華留日学生在日本獲得博士学位者一覧		126
	（三）本社社員王桐齢先生小伝		130
補白	本刊特設「新聞界」欄啓事		19
	東流文庫『白夜』『錬』出版了		19
	本刊附録欄徴稿及更生啓事		128
編輯後記		編者	130
第一巻　第六期	**中華民民国 25（1936）年 3 月 20 日発行**		
	戦時金融恐慌及其対策	沈中臨	1
	我国幣制改革之形態及其影響	莫萱元	9

	日本地方自治的研究	沈清泉女士	17
	日本国際文化団体調査（続完）	李能梗	25
	日本軍備概況	池歩洲	42
新聞界	写在前面	編者	47
	二・二六事変後之東京新聞街	陳固廷	48
	新聞之機能与世界新聞之新動向	張致中	54
	探訪新聞的技術談	何名忠	62
小論壇	関於教部留日規程之商確	陳献栄	68
	小説与詩的精神問題	魏晋訳	70
小品・詩歌	車中的一夜	沈路初	74
	海夜泛棹・清晨	沈路初	75
	遊三原山	丁松成	24
	我們的未来	魏晋	76
	生的醒	蔣曜樺	77
	影	蔣曜樺	85
	假若我之小鳥（徳国民謡之一）	白莱訳	8
	不要忘記（徳国民謡之二）	白莱訳	16
	流浪者	辛木	41
東京各大学概況	日本大学概況	蒲若	78
付録	留日指南（転載）		84
	日本各大学法科権威教授調査	劉仰之	92
	日本之主要研究所試験場概覧	羅俊	99
編輯後記		編者	108
第二巻第一期	**中華民国 25（1936）年 5 月 1 日発行**		
	日本外交機関之沿革及其組織	李能梗	1
	日本近代農業商品生産化的発展	羅俊	13
	日本青年学校的研究	呉錫欽	28
	日本軍刑事法小考	劉仰之	40
	日本之現在与未来	邢振鐸	48
	戦時金融恐慌及其対策	沈中臨	61
	「研究社会科学」之研究	徐照	70
小論壇	対於留日女同学進一些膚浅的忠告	陳揆	74
新聞界	日本雑誌界的現状和批判	陳固廷	78
	関於輿論的本質与新聞政策之攷察	張致中	87
	新聞照片的価値及其取材	何名忠	93
東京各大学概況	中央大学	張国棟	100
参観記	東京幾個特殊教育場所之所見	張南山	102
	九州博多築港紀念大博覧会参観記	羅俊	110
新書月報			115
付録	日本法律学研究団体一覧	常賡武	117
補白	中外月刊第一巻五期目次		12

	文化批判第三巻二期目次		27
	外交評論第六巻第三期目次		77
編輯後記			119
第二巻第二期	**中華民国 25（1936）年 6 月 1 日発行**		
	戒厳令下之日本特別議会	陳固廷	1
	最近日本之金融与産業	莫祖紳	7
	日本不動産金融機関之検討	謝嗣	24
	日本之労働階級	鄧葆光	37
	日本青年学校研究	呉錫欽	43
	東京之水祭与川柳	王桐齢	64
	戦争与平和	莢根	78
	法西斯意大利之貿易政策	奠耳	85
新聞界	新聞戦争与 Propaganda	張致中	95
	新聞製稿論	何名忠	101
遊記	館林古河遊紀	王嶧山	108
書報介紹		羅俊	115
付録	東京近郊電車站名指南	王桐齢	118
補白	外交評論第六巻第四期目次		77
	中外月刊第一巻六期目次		84
	科学時報第三巻第五期目次		107
編輯後記			127
第二巻第三期、週年紀念号	**中華民国 25（1936）年 7 月 10 日発行**		
挿図	①留東学会成立大会撮影。②東京華僑学校師生全体会影。③東京華僑学校校景。其他銅版十一幅		
	週年紀念辞	陳固廷	1
	留学日本時期的自白	艾秀峰	1
	有田対華外交的蠡測	張廷錚	5
	日本兵役制度之沿革及概要	李国道	8
	図解日本社会的幾個特点	李能梗	14
	政友会之危機及政党大合同之機運	余仲瑤	20
	日本不動産金融機構之検討	謝嗣	25
	義亜戦争結果与国聯危機	韓桂琴	39
	中欧諸国土地制度及土地政策総観	羅俊	45
	警察事業管見	呂斅亮	
新聞界	中国新聞改造的検討	張致中	
	電伝照像的原理和応用	何名忠	73
	留東学報一年来実績的分析及批判	羅俊	78
	留東学会成立大会記		83
	東京華僑学校概況		87
書報介紹		劉仰之	89

	水郷遊記	王桐齢	93
特別付録			
	参観日本北陸関西東海線産業組合記	王桐齢	99
補白	①死別	侯覚民	18
	②高爾基小伝		19
	③擱浅了的恋	侯覚民	92
	④日本報紙対本刊之注意		145
広告	①外交評論第六巻第五期目録		56
	②中外月刊第一巻第七期目録		66
	③中国国際聯盟同志会月刊第一巻第二期		72
	④文化批判季刊三巻二期要目		92
編輯後記			146
第二巻第四期 日本農村経済専号	**中華民国 25（1936）年 9 月 10 日発行**		
巻頭語		固廷	
	農業経済的基礎認識	正剛	1
	日本農業及農業土地問題	馮一民	11
	日本租佃問題概述	儲醉醒	29
	日本政府対農村経済復興之特別補助辦法	姚仁泉	41
	日本農民負担之概況	商洪若	47
	日本農村経済更生運動的剖視	徐旭	62
	日本農村農業政策与合作運動的新動向	羅俊	70
	日本農業経営的特質	蕭強	82
	日本農村中堅人物之養成設施及其検討	黄道質	85
	日本救済農村的一個重要方策―整理農家負債	盧特	93
	日本農村経済的批判	羅俊	97
	談談日本農業教育	光毅	107
付録			
	一、中国与世界各国農業合作社比較表		109
	二、中日度量衡比較表		114
補白	①東京農業大学概況		10
	②日本蚕糸業団体調査		46
	③日本農業金融銀行調査		84
	④日本農村問題及農民問題分類		92
	⑤日本農業問題分類		106
編輯後記			116
第二巻第五期	**中華民国 25（1936）年 10 月 20 日発行**		
	各国工業地帯之統制与国防之関係	劉伝甲	1
	西班牙革命的由来及其国際関係	王献猷	7
	徳国所得税的発達及其特点	絢文	12

	英国的警察鑑識設備之概況	何一均	17
	廣田内閣国策之展望	池歩洲	30
	日本義務教育年限延長案之検討	李済民	32
	日本南進政策之基本方針論	姜季辛	39
	日本国民性展望	許栄顥	44
	日本人民戦線論之批判	余仲瑶	52
	儒教輸入日本之始末	耿廷楨	61
	日本軍備膨張対於農村経済之影響	姚仁泉	67
新聞界	日本新聞紙発達過程的一考察	陳固廷	70
	中国新聞改造的再検討	張致中	74
	「立報」論	一屏	77
	水戸観梅記	王桐齢	82
	東京帝国大学医学部之沿革及現状	胡成儒	93
補白	①中国国際聯盟同志会月刊第五期目次		11
	②衡陽謝廓晋先生「詩」		16
	③文瀾日語補習学院通告		43
	④本刊「新聞界」徴稿啓示		31
	⑤農学月刊第二巻第五期要目		74
編輯室談			
第二巻第六期	**中華民国25（1936）年12月1日発行**		
	日本之初等教育	李済民	1
	日本行政機構改革与政局	余仲瑶	9
	中日関係危機的現段階	何一均	15
	日本国民性之一考察	池歩洲	20
	日本農村人口与耕地面積間的矛盾	盧特	30
	中国原始之舞楽	常任侠	35
	意大利民族復興史序	姜季辛	40
新聞界	新聞記者与文学家	陳文幹	43
	国社党統制前後的徳国新聞事業	林一屏	45
新聞展望台	集納主義的解釈		43
	日本新聞統制之飛躍		45
	東京帝大新聞研究室蔵書分類目録		46
	一月来日本新聞界大事記		51
	憶魯迅	余紹凡	54
参観記	日本農民講道館参観記	呉錫欽	61
	北海道旅行参観記	蔣益明	67
日本各大学専門学校概況			
	日本東北帝国大学素描	尹樹生	74
	函館水産高等学校概況	閔菊初	78
付録	日本全国各府県地理名勝物産一覧		81
補白	我国在日之芸術家……金学成		29

	青年作曲家蔡継現作品獲好評		39
	我国在日之芸術家……蕭伝玖		42
	最近百年間西洋中国日本年暦対照表		60
	昭和十二年度日本空前之厖大予算表		53
編輯後記		編者	92
第三巻第一期	**中華民国26（1937）年1月1日発行**		
	迎歳辞	中臨	
	日徳協定的検討	陳公亮	1
一九三六年的日本（六篇）	一九三六年日本政治概観	池歩洲	6
	一九三六年日本財政之検討	張延鳳	11
	一九三六年日本教育之回顧	李済民	22
	一九三六年日本農業経済問題之総合的認識	馮一民	28
	一九三六年日本農業経営概況	盧特	49
	一九三六年日本農山漁村経済更生的回顧	蕭強	54
	敬陳対于此次国民大会之管見	楊寿彭	58
新聞界	新聞与文学	陳文幹	67
	徳国新聞的統制	林一屏	70
	留東消息—書報介紹		
	日本軍部之議会制度改革意見	余紹凡訳	79
	軍費膨張下日本金融政策	王立道	85
日本輿論選輯（六篇）	空前之厖大予算—日徳協定之疑問—日伊協定之考察—議会政治与言論機関—所謂準戦時経済統制—民族精神与中日交渉	星光	92
	日本人種改良之過程的研究	黄敦涵	97
	日本農業災害共済制度論	姚仁泉	106
日本各大学概況	九州帝国大学概況	馮一民	116
	広島文理科大学概況	李済民	125
補白	各国軍備負担額的比較		27
	外交評論第七巻第四期目次		48
	情感与感情		66
	一九三六年世界商船噸数		91
	蘇俄現有兵力一覧		124
編輯後記		編者	
第三巻第二期	**中華民国26（1937）年2月1日発行**		
	準戦時財政之世界的展開	鄭仲陶	1
	法国国家総動員之組織及其最近設施	中臨	13
	現代意大利外交政策論	姜季辛	20
	日本原料問題与原料政策	基真	26
	跛行景気下日本物価的騰貴与大衆生活	周碩仁	54
	日本的木材需給大勢与製材事業	蕭位賢	63

	日本明治維新之関鍵	耿廷楨	36
	日本中等教育之剖視	李済民	44
	「日本通」的定義	池歩洲	61
日本輿論選輯		星光	70
	中日関係之今後	（東京朝日新聞）	
	日本対華的両条路	（読売新聞）	
	一九三七年日本的財政経済政策	（読売新聞）	
	日本超百万之国債	（エコノミスト〔Economist〕旬刊）	
	政治観察	（読売新聞）	
新聞界	日本時事新報興亡記	陳固廷	73
	法国新聞事業概況	林一屏	78
付録	日本七十回議会便覧		86
補白	日本軍事費統計		19
	世界政治第一巻第一期要目		25
	文化批判第四巻第一期目次		60
	日本内地常備陸軍一覧		90
	日本全国各府県工場数		91
編輯後記			92
第三巻第三期	**中華民国26（1937）年3月10日発行**		
	日本之専売制度	張延鳳	1
	日本公司組織発展略史	余文輝	7
	日本的聾唖教育事業	楊慶光	12
	日本明治大正時代之疾病史	柳蒲清	19
	最近日本的生薬市場	明達	27
	日本農業保険制度的検討	馮一民	31
	日本木材界的近況	蕭位賢	39
	近代戦争与国民経済	森武夫著 陳志五訳	44
	国民経済建設運動的重要性	潘家驥	51
	蘇聯農業経営発展的過程	盧特	54
	農業上集約度与収利力的関係	蕭強	60
	世界食物的生産及消費状況	松冶	63
遊記	関西九州旅行記略	蔣益明	67
補白	更生		18
	日本専門雑誌調査（経済）		26
	日本専門雑誌調査		66
	日本国際文化団体調査		74
編輯後記			73

第三巻第四期	**中華民国26（1937）年4月10日発行**		
	不平等条約在日本	陳廷錚	1
	最近日本之民間航空事業	田惜庵	15
	日本之米穀統制	徐吾行	32
	租税組合与日本之納税組合制度	張延鳳	41
	日本之高等教育	李済民	47
	日本女子大学生的人生観和社会観	鐘旭訳	65
	日本青年結婚難之実相	姜季辛	75
	日本貴族学校—学習院素描	霜移訳	78
	世界最近土地制度改革的動向	盧勁秀	86
	老人的老嫗（短編小説）	菊池寛原作 念狂訳	93
編輯後記		編者	
第三巻第五期	**中華民国26（1937）年5月10日発行**		
論著	準戦時的日本資源	劉伝甲	1
	日本戦時食糧問題之検討	徐吾行	10
	日本軍事教育概況	李済民	16
	最近日本之民間航空事業（下）	田惜庵	29
	日本農業政策之批判	張延鳳	40
特殊研究	蝦夷民族之過去与現在	蔣益明	47
	日本体育事業発展之過程及其批判	黄敦涵	60
訳載	日本政治特殊性之検討（摘訳　文芸春秋雑誌五月号）	伍仲訳	67
	日本強力政治之現勢分析	新明正道著 雷季協訳	78
日本風俗研究	日本婚姻談	君猛	86
文芸	利己鬼（短編小説）	菊池寛原作 念狂訳	93
遊記	福岡県模範村参観記	蕭強	98
編輯後記			100

資料－5
『中国留日同学会季刊』目次

川島　真

解題

『中国留日同学会季刊』は、1942年9月に刊行された中国留日同学会の機関誌である。

中国には、1913年に梁敦彦を会長とし、詹天祐、蔡元培、顔恵慶、王正廷、周詒春、顧維鈞を発起人として設立された欧美同学会があった（現在も存在する）。だが、留日同学会は、清末にあれほどの留日学生を見たあと、1913年に一度結成されながらも自然消滅し、その後、大高倶楽部や早大同窓会があるだけであった。だが、関東大震災における留日学生たちの募捐活動などを背景として1924年8月に留日学生会が北京で再度結成された(1)。この団体は各派の連合体であり、北伐や南京国民政府の成立の中で実質的に自然消滅したようである(2)。

1938年3月15日、日本占領下の北京で「中国留日同学会」が創立された。この同学会が発行したのが『中国留日同学会季刊』である。この会の創立、運営は日本側の意向が強く反映したもので、湯爾和を理事長とした成立式の模様も、新民会の発行する『新民報』などで大きく報道された。組織形態は欧美同学会を模倣し、人員は各政府機関、軍関係者における日本留学経験者であったが、会員資格は卒業などを義務付けず、日本に留学したことがあれば紹介状を以って入会を認めることにしていた(3)。ただし、日本留学の「留学」について厳密な定義は与えられておらず、短期滞在なども含む鷹揚なものであった。

この時期の対日協力政権下においては、「日本精神」や「日本的なるもの」が重視されたために、日本と関連づけられた文化建設、文化交流とそれをメディアによって伝播させることがいっそう注目されていた。とりわけ日本語は「東亜新秩序の必須なる言葉」としてその普及が求められていた。新民会や華北交通はじめ、日本の統治に協力する諸団体が日本語教育事業に参加した。日本語を窓口として「日本」へと接近させるとともに、その延長上に対日協力者の養成も求められた。それは一般的なエリート層だけでなく、警察や農業建設など、華北において具体的に必要とされた分野でもっとも顕著に見られる現象であった。そのような華北における人材養成や文化政策、あるいは行政の担い手として期待されたのが、日本留学経験者であった。彼らは、日本語を話し、日本を知るものとして、特に人材養成の面で指導的な役割を果たすことが期待された。その留学経験者たちが組織した留日学生同学会は、留学斡旋事業もおこなったが、それは外務省の文化交流事業に関

連づけられていた(4)。同学会では常に会員増加が図られ、留日経験者たちの職業斡旋などをおこなったほか、留学補助、治安強化活動などの政府の政策の補助などもおこなった。日本語関連でも、日本語教室はもちろん、日本語作文コンクール、日本語等級検定試験の実施母体ともなった。そして、北京のみならず、天津、開封、青島、済南、保定、太原などに支部が設けられた。そして、同学会は興亜高級中学を運営した。これは日本に（国費）留学生を送り込む予備学校であった(5)。

この『中国留日同学会季刊』は、そうした活動の概要とともに成果を示すものであったと思われる。中国語（日本語も一部分含まれる）で縦書き、内容は以下に示される目次を見れば明らかなように、中国人の書き手による日本研究、日本人の中国論の翻訳、日本語関連のエッセイ、そして同学会や興亜高級中学の活動報告や募集記事、さらには実藤恵秀の「中国人留学日本史稿」などが掲載され、清末以来の日本留学の回想録も掲載された。書き手には、王揖唐などの同学会の中心メンバーや国府種武ら北京興亜高級中学校の日本人教員も少なくなかった。創刊号の編集後記には、創刊号の目的として日本文化学術の紹介、日本図書館や日本体育界を紹介することにあったとしている。創刊号の編集者は不明で、第二巻からは日本の大谷大学を卒業した高観如が担当するとしている（高は後に台湾に渡り仏教関係の著作を多く記している）が、以後の号のほとんどは孫作雲が編集を担当したものと思われる。

従来、対日協力政権から日本への留学生や、中国に帰国した留学生たち、とりわけ対日協力政権における留学経験者たちの位置づけや活動については、ほとんど研究がなされてこなかった。この史料は、そうした空白を補い、戦前と戦後を架橋する、あるいは断絶を示す、可能性豊かなものだと言えよう。

なお、中国留日同学会の結成より数ヵ月遅れて1938年9月に上海で結成され、10月にはその活動拠点を南京に移した団体として中華留日同学会がある。中国留日同学会と同様、対日協力政権下に結成されたこの団体は，1941年春に『中華留日同学会会刊』を創刊していて、その後数年間発行し続けたことが知られており，この団体と雑誌についても今後の検討課題となる。

●注

(1)「留日同学会第一幕」（『晨報』1924年8月17日）、王霊希「留日同学会創立経過」（『北京週報』1924年8月24日）など参照。

(2) 日本国内の中国人留学生の間にも中華民国同学会があり、「満洲国」の建国後には日本側によって同会を分裂させて「満洲同学会」を設けた。その後も、中華民国側の同学会は愛国と抗日のために活動をしたという。朱紹文「『虎穴にいらずんば』の思いを秘めて」（鍾少華編著・泉敬史、謝志宇訳『あのころの日本—若き日の留学を語る』（日本僑報社、2003年、35—36頁、60頁）など。

(3)「留日同學會組織草案 全文計十一章三十一條 俟成立大會通過後施行」(『新民報』1938 年 3 月 13 日)。

(4)「北京同学会語学校日語班助成関係一件」(外務省外交資料館保存記録、H.6.2.0.3) を参照。

(5) 拙稿「日本占領期華北における留日学生をめぐる動向」(〈特集＝中国人日本留学史、日本人中国留学史〉(『中国研究月報』61―8、2007 年 8 月、本書所載) 参照。

『中国留日同学会季刊』目次

分類	タイトル	肩書き	氏名	頁
第一号	**中華民国 31 (1942) 年 9 月発行**			
封面題字			王会長揖唐揮毫	
扉絵	旅順営城子漢墓壁画門神			
目次挿絵	斉白石先生法絵			
	中国留日同学会季刊祝詞		朱深理事長	
	中国留日同学会季刊題詞		余晋龢市長	
論文	中国文学之特質		沈啓无	1
	希臘与西域及張騫之通使		呉祥麒	5
	五更調的演変		傅芸子	14
	蔣山傭残稿跋		華忱之	23
	日本蝦夷族的宗教		姚鋻	33
	九歌湘神攷――二女伝説之分析		孫作雲	38
	利用電波之飛機速度計		銭端仁	54
	語言学綱要　服部四郎講述		銭端義訳	59
	宋之茶専売及官鬻法　加藤繁撰		莫東寅訳	73
介紹	日本中央図書館制度		朱君熇	78
	日本三十年来的体育界		畢殿元	88
	今日之国立北京図書館		王鍾麟	98
文苑	示外孫張喬治威内姪孫女蔡心鎰夫婦		王揖唐	102
	中南海四時読書楽戯拈示喬治		王揖唐	102
	寿蟄雲六十		王揖唐	103
	壬午之歳余年七十回憶以往経過所感百 端勉成一百五十八韻聊以寄慨		趙次原	103
	曼谷書簡		曼谷	108
	華土日人新句選　五家		銭稲孫	112
	一場春夢　永井荷風撰		尤炳圻訳	113
	隣家　山口青邨撰		周豊一訳	122
	伊勢物語選訳及評註		傅仲濤訳	126
	日文中訳漫談		張我軍	134
	日本語の味と香と色		秦純乗	147
	中国人留学日本史稿　実藤恵秀撰		張銘三訳	158
	本会会務事業進行之概況			179
	編後記			188

付録	中国留日同学会徴文啓			
補白五則	黄遵憲、姚茫父、周作人、銭稲孫、徐志摩諸先生			
第二号	**中華民国 32（1943）年 1 月発行**			
封面題字			王会長揖唐揮毫	
扉絵	旅順営城子漢墓壁画門神			
目次挿絵	斉白石先生画蟹			
写真	日本内閣文庫所蔵明刊本書影二幀			
第五次治強運動論文特輯	尊孔与生活革新	新民会北京市総会総務部部長	胡漢翔	1
	第五次治安強化運動之我見	国立北京師範大学	鍾右驥	6
	第五次治安強化運動之我見	私立平民中学	岳誠	10
	第五次治安強化運動之我見	私立孔徳小学校	薛又璧	13
	内閣文庫読曲続記		傅芸子	17
	海外訪書余録并序		華忱之	30
	「大学国文」序		沈啓无	36
	孔誕陽暦計法		張水淇	38
	欧冶賸譚（貢鏤篇）		姚偶士	40
	説婁羅		沈心蕪	49
	九歌湘神考——湘南二女伝説的演変		孫作雲	58
	語言学綱要　服部四郎講述		銭端義訳	86
介紹	東遊心影録		梁盛志	68
	白鳥博士之薨去		加藤繁述 莫東寅訳	76
文苑英華	講訳日本新選「愛国百人一首」(一)		銭稲孫	95
	伊勢物語選訳及評註（続前）		傅仲濤	116
	東山三題 萩原井泉水撰		周豊一訳	122
	山椒大夫 森鴎外著		魏敷訓訳	126
	日本和歌俳句選訳四十四首		楊燕懐訳	136
日中日語講座	夢 夏目漱石原作		張我軍訳解	140
史料	中国人留学日本史稿　実藤恵秀撰		張銘三訳	151
	本会会務事業進行之概況			158
	編後記			165
第三号	**中華民国 32（1943）年 3 月発行**			
題字			本会朱理事長	
挿図			白石老人末田利一教授	
扉絵			蔣兆和教授	
	殷桐声先生誄詞		朱深	1
	中国之参戦及其後		華	2

	梁任公著舜水年譜補正		梁盛志	5
	大蔵字母九音等韻跋		趙蔭棠	13
	天春園方志目叙		謝剛主	18
	江有誥老子韻読商権		許世瑛	21
	跋軟塵私議并論雅片戦時朝中之政策		陳嗣初	31
	九歌湘神考——漢水二女伝説的演変		孫作雲	42
文苑英華	大蔵聴松招集東京紅葉楼会者国分青崖 木下周南仁賀保香城土屋竹雨諸詩人次 竹雨韻東同座諸君		王揖唐	89
	伊勢神宮観察舞		王揖唐	89
	安貴王子歌一首并序		銭稲孫	90
	喩樨室話詩		黄越川	91
	山椒大夫　森鴎外撰		魏敷訓訳	96
	偶憶昔年東瀛游学有感		呉賛周	131
	留学的回憶		知堂	132
	日本留学追憶録		李鳳年　侯毓汶 朱頤年　白崇岱	136
	日本詩歌的起源　児山信一撰		王錫禄訳	54
	語言学綱要（続完）　服部四郎講述		銭端義	60
介紹	北原白秋的片鱗		張我軍	69
	狩野先生の「漸近の哲学」		国府種武	77
	日本警察之史的階段		葉徳浩	83
	談翻訳		洪芸蘇	105
	与謝蕪村春之俳句選釈		楊燕懐	110
	「東京城」書評		姚鑒	118
	本会会務事業進行概況			144
	本会図書室新著図書一覧			155
	編後記		雲	
補白　則				
第四号	**中華民国 32（1943）年 6 月発行**			
扉絵・挿図			蔣兆和 末田利一	
	山井崑崙事輯		梁盛志	1
	屈子疑年		孫海波	8
	蘇民将来—玩具の民俗学的考察		国府種武	14
	証司馬光不作切韵指掌図		許世瑛	23
	日本之儒教文化		彭炎西	29
	明武宗生母記疑		李光璧	37
	合生考		李嘯倉	47
	九歌湘神考——二女伝説的遠枝		孫作雲	59
	山歌　柳田国男撰		羅伯健訳	73

	俳句文学小言　内藤鳴雪		周豊一訳	78
文苑英華	常青樹　島崎藤村撰		張我軍訳	81
	規勧的故事		趙蔭棠	83
	喩樨室詩説		黄越川	90
	山路　夏目漱石撰		林美子訳	93
介紹	日本之東洋史研究		莫東寅	95
	日本之新聞事業略史		趙樹正	107
	介紹現代日本両位法学家		李以仁	112
	「上都」書評		姚鑒	115
日本留学追憶録			朱頤年、程光銘、白崇岱	123
	本会会務事業進行概況		編輯室	140
	本会図書室新到図書一覧		編輯室	144
	編後記		編輯室	148
補白	日本之学制改革		編輯室	72
第五号	**中華民国 32（1943）年 9 月発行**			
	追悼朱故理事長特輯			
扉絵・挿絵			末田利一教授	
写真	朱故理事長遺影三幀			
書影	博淵先生手鈔本「孫子」			
	本会恭祭理事長祭文			1
	追悼朱博淵理事長	本会副理事長 華北電電副総裁	許修直	2
	擬故華北政務委員会委員長朱公事略稿	本会理事　政委会秘書庁庁長	祝書元	3
	憶本会故理事長朱博淵先生	本会総務部部長 政委会外務局局長	荊嗣仁	6
	中国歴朝禪儈赴日伝法誌略		彭炎西	
	平淮西碑始末考		許世瑛	17
	顓頊考		宿白	30
	釈打			
	欧冶謄譚		姚偶士	
	豖与雨之伝説		翔雲	43
訳述	宗教上的性　Robort Briffault 撰		方紀生	39
	海底隧道		銭端仁	27
文苑	秋風之歌　島崎藤村撰		張我軍	7
	王叔魯先生原韻		呉畏因	16
	什公会長原韻		呉畏因	16
	説話的魚　柳田国男撰		羅伯健	53
	英人首遊日本紀		陳明蒭訳要	59

	本会会務事業進行報告		編輯室	65
	本会新到図書一覧		編輯室	74
	編後記		編輯室	77
第六号	**中華民国33（1944）年1月発行**			
扉絵・挿絵			末田利一教授	
巻頭言			銭稲孫	
特輯	中日同盟条約感言		蘇体仁	1
	中日同盟条約之理論的研究		徐化之	3
	満州語の話		今西春秋	11
	東事綴譚		兊之	21
	共存共栄和生物的進化		岸谷貞二郎	29
	明史列伝残稿五種		李光璧	39
	明代贖刑考		孫容軒	
	中国古代外交及国際法			
	中国民法之対照批評			
	説乾没　蕪斎札記之十四		沈心蕪	58
	談用典		詩英	131
	懶惰之説		尤炳圻	74
	宗教上的性　Robort Briffault 撰		方紀生訳	94
	釈姫　周民族以熊為図騰考		荀雨	105
	東京各女子大学与女子専門大学之介紹		楊晶	126
	彙報　本会会務事業進行概況			131
	本会新到図書目録一覧表			135
	編輯後記			138
第七号	**中華民国33（1944）年3月発行**			
題字			本会蘇理事長	
扉絵・挿絵			末田利一教授	
巻頭言				
	談翻訳		知堂	1
	抱甕蘆口占、 再畳兒韻答友、将帰次 答陳彦和敦格、見贈東遊作、畳休韻酬 何亜農澄、懐溥心畬儒三畳康韻、伊勢 神宮観祭舞		王揖唐	4
	万葉一葉		銭稲孫	6
	満州語の話（二）		今西春秋	10
	日本語中的「附辞」		張我軍	17
	共生と生物の進化		岸田貞治郎	26
	考古小記		姚茫子	32
	俳句習作		周之	
	無題二章		黄雨	59
	元曲趙氏孤児与服爾徳		王古魯	40

	安南国太子致明人魏九使書考　園田一亀		羅伯健訳	49
	中国之王道政治　小柳司氣太		艾廬訳	60
	茶之書　岡倉覚三		魏敷訓訳	66
	土佐日記　紀貫之		聶長振訳	70
	春鳥　国木田独歩		銭端義訳	89
介紹	各国軍需生産行政機構		佟昱昌訳	81
	日本婦女之点描		曼青	85
	本会会務事業進行概況			94
	編後記			69
第八号	**中華民国 33（1944）年 8 月発行**			
扉絵・挿絵			末田利一教授	
	金秋史		蛻庵	1
	満州語の話		今西春秋	18
	法国漢学概述		鮑文蔚	43
	共生と生物の進化	理博	岸谷貞治郎	36
	明代贖刑学（続完）		孫容軒	59
	閑情賦読後感		識因	67
	説鴟尾―中国建築上図騰遺痕之研究		孫作雲	25
	夏目漱石的現実　唐木順三著		尤炳圻訳	54
	莎翁作品中的典型人物　小泉八雲著		李忠霖訳	72
	零在数字中間的重要性　吉田洋一著		維錚訳	77
	茶之書　岡倉覚三著		魏敷訓訳	82
	土佐日記　紀貫之著		聶長振訳註	85
	本会会務事業進行概況			89
	編集室之話		雲	53
第九号	**中華民国 33（1944）年 11 月発行**			
題簽			本会蘇理事長	
扉絵・挿絵			末田利一教授	
	伐桀伐紂之歳考		蘆景貴	2
	世本宋衷注考		孫海波	26
	三銖銭鑄造年分考　加藤繁撰		莫東寅	33
	古語拾遺　斎部宿禰廣成撰		聶長振	57
	東北亜細亜民族誕生伝説之研究		孫作雲	39
	漢魏人対於諸葛武侯之評論		宿白	52
	雪冤之刃　国木田独歩撰		銭端義	70
	本会会務事業進行報告			73